Peter Messingfeld

Abenteuer

Seoul

ein Kultur- und Reiseführer
für Seoul und Umgebung

von Imke 04/2016

aktualisierte, überarbeitete und erweiterte
dritte Auflage

alle Sehenswürdigkeiten
Paläste, Tempel, Museen, Theater, Parks und Märkte
Hinweise zu Unterkunft, Verpflegung, Transport, Einkaufen,
Sprache, Feiertagen, Festivals, kulturellen Besonderheiten
viele Tipps für Individualreisende

Bibliografische Information der Deutschen Nationalbibliothek

Die Deutsche Nationalbibliothek verzeichnet diese Publikation in der Deutschen Nationalbibliografie; detaillierte bibliografische Daten sind im Internet über *http://dnb.d-nb.de* abrufbar.

ISBN: 978-3-00-039187-3

Titelfotos: Lotuslaternenfestival, künstliche Inseln neben der Banpo Brücke.
Fotos Rückseite: Braut in traditionellem Hochzeitskleid, Cheongnyangni Markt und Lampions im Tempel.

Erschienen im Verlag Lydia Messingfeld, 2012.

alle Texte, Fotos, Grafiken und Karten
© Peter Messingfeld

Satz und Layout: Peter Messingfeld

Gedruckt und hergestellt von QuickPrinter, Overath.

Inhalt:

Eine alphabetische Auflistung aller erwähnten Sehenswürdigkeiten und Ziele findet sich ab Seite 316.

Vorwort zur dritten Auflage

Während Japan und China fast täglich in deutschen Medienberichten auftauchen, wird über Korea nur selten und dann meist im Zusammenhang mit Provokationen des nordkoreanischen, diktatorischen Regimes berichtet. Die selbst auferlegte und erst zum Ende des 20. Jahrhunderts beendete Isolation wirkt weiterhin nach und so sind viele Aspekte des koreanischen Lebens bei uns praktisch unbekannt. Dabei gibt es seit vielen Jahren starke wirtschaftliche Verknüpfungen, wobei Samsung, LG und Hyundai die wohl bekanntesten südkoreanischen Firmen sind. Inzwischen kann es sich kaum ein deutscher Großkonzern noch leisten, nicht in Korea vertreten zu sein.

Als touristisches Ziel ist Korea aber weiterhin fast gänzlich unbekannt, obwohl das Land über eine Vielzahl von kulturellen und touristischen Attraktionen verfügt. Sei es Wintersport oder Badeurlaub, Bergwanderungen oder Wildwasserrafting, jahrhundertealte Gedenkstätten oder unberührte Naturparks – Korea bietet ein überaus spannendes, abwechslungsreiches und unverwechselbares touristisches Programm.

So entstand die Idee, dem Reisenden ein aktuelles und kompetentes Werk zur Verfügung zu stellen, das den kulturellen Traditionen, historischen Stätten und anderen touristischen Punkten gerecht wird. Dabei habe ich in diesem Buch versucht, soweit dies in der erforderlichen Kürze möglich war, die fremde Kultur und Denkweise im Kontext der beschriebenen Sehenswürdigkeiten verständlich zu machen. Dass dies gelungen ist, zeigen die fast ausnahmslos positiven Reaktionen zur ersten und zweiten Auflage. Die nun vorliegende dritte Auflage wurde umfangreich ergänzt und umfassend aktualisiert. Um in den vollen Genuss eines Koreaurlaubs zu kommen, ist es empfehlenswert, sich auf die fremde Kultur einzustellen und vielleicht auch die eine oder andere Verhaltensregel auf Seite 293 zu beherzigen. Als Belohnung erwartet Sie ein unvergessliches Erlebnis.

Durch die ungewohnten Schriftzeichen und die fremde Sprache kann man sich bei der Ankunft am Flughafen Incheon schon etwas verloren vorkommen. Aber spätestens wenn man bei einem der vielen Informationsschalter um Rat oder Hilfe nachsucht, wird man die Höflichkeit und Freundlichkeit, mit der Koreaner untereinander und ganz besonders Fremden gegenüber verkehren, kennen und schätzen lernen. Als eine der ersten Redewendungen wird Ihnen „Annyeong haseyo" begegnen. Dieser Ausruf bedeutet soviel wie „Hallo" oder „Guten Tag", und da er ohne zungenbrecherische Lautkombinationen auskommt, werden auch Sie ihn problemlos erlernen und einsetzen können. Schnell haben Sie die koreanischen Herzen für sich eingenommen, wenn Sie Ihre Sprachkenntnis durch obigen Gruß zum Ausdruck bringen.

Die südkoreanische Hauptstadt Seoul hat dem Besucher so viel zu bieten, dass ich in diesem Buch die unzähligen anderen Ziele in Korea nicht aufführen konnte. Aber lassen Sie sich nicht davon abhalten, die übrigen Landesteile zu erkunden. Einige Tipps dazu befinden sich ab Seite 277. Die koreanische Tourismusorganisation (KNTO, S. 288) wird Ihnen dabei mit Rat und Tat behilflich sein.

In Korea erwartet Sie ein Abenteuerurlaub der besonderen Art, ohne dass Sie auf Luxus und die Annehmlichkeiten des modernen Lebens verzichten müssen. Der günstige Wechselkurs macht den Aufenthalt in Seoul außerdem zu einem erstaunlich preiswerten Erlebnis. Ich wünsche Ihnen eine gute Reise. Der Abschied vom Land des Tigers und der Rückflug nach Europa wird Ihnen schwerfallen.

Ihr Autor

Peter Messingfeld

P.S.: Aktualisierungen und Ergänzungen zu diesem Reiseführer finden Sie im Internet unter *http://www.seoulinfo.de/*. Dort finden Sie unter anderem auch alle in diesem Buch aufgeführten Internetadressen als fertige Verknüpfungen.

Alle Preise und Wertangaben in diesem Buch waren bei Drucklegung aktuell. Sie sollten trotzdem nur als Anhaltspunkte verstanden werden, da auch in Korea die Preise einem stetigen Wandel unterliegen.

Mein Dank gilt allen koreanischen und deutschen Freunden und Bekannten, die mit ihrer Unterstützung, ihrem Rat und ihren Tipps dieses Buch in der vorliegenden Form erst möglich gemacht haben.

Die wichtigsten Ziele in aller Kürze

Muss man gesehen haben:
Mein Ratschlag für Besucher, denen nur wenig Zeit in Seoul zur Verfügung steht, ist zumindest einen Königspalast, einen Markt und einen Tempel zu besichtigen. Steht etwas mehr Zeit zur Verfügung sollte man auch ein Königsgrab in sein persönliches Besichtigungsprogramm aufnehmen.
Königspalast: Ich empfehle den Gyeongbokgung (gung=Palast, S. 12) als ältesten und traditionellsten der sechs Königspaläste in Seoul. Außerdem gibt es in der unmittelbaren Umgebung viele weitere interessante Ziele (Karten S. 55, 59 und 269). Bei einem Kurzurlaub empfiehlt sich ein Abstecher zur etwa 600 Meter entfernten Insadong-gil (gil=Straße, S. 56). Neben vielen Souvenirs, Galerien, Kunsthandwerkern und Imbissmöglichkeiten finden Sie in den Nebenstraßen auch traditionelle koreanische Restaurants und Teehäuser. Ebenfalls nicht weit entfernt befindet sich der Jogyesa Tempel (S. 211).
Markt: Der Namdaemun Markt (S. 24) hat trotz der Touristenströme seinen Charme behalten und dient nach wie vor vorrangig der Versorgung der einheimischen Bevölkerung. Direkt neben dem Marktgebiet befindet sich der wieder aufgebaute Nationalschatz Nr. 1, dass Namdaemun Tor oder Sungnyemun (S. 146).
Tempel: Als Alternative zu dem bereits erwähnten Jogyesa Tempel bietet die deutlich größere Anlage des Bongeunsa (sa=Tempel, S. 212) einen imposanteren Eindruck in koreanischer Tempelarchitektur und koreanischem Tempelleben. Der Tempel liegt direkt nördlich des COEX Zentrums in Gangnam (Karte S. 73). Zumindest als Geschäftsreisender wird man sich wahrscheinlich sowieso in dieser Gegend aufhalten.
Königsgrab: Ebenfalls in Gangnam befindet sich Seonjeongneung (neung=Königsgrab, S. 235) dessen Besichtigung man mit dem Besuch des Bongeunsa Tempels kombinieren könnte. Allerdings hinterlassen die Gräber am Stadtrand wie z.B. Heonilleung (S. 238) einen sehr viel erhabeneren Eindruck als es Seonjeongneung könnte. Empfehlenswert sind auch die Grabfelder Seooreung (S. 240) bzw. Donggureung (S. 242), allerdings muss man für deren Besuch mindestens einen halben Tag veranschlagen.

Sollte man gesehen haben:
Nach den links aufgeführten „Pflicht"-besichtigungspunkten kann man sich der „Kür" widmen. In den Abendstunden bietet sich dafür z.b. der Cheonggyecheon (S. 82), der N Seoul Fernsehturm (S. 126) oder der illuminierte Wasserfall von der Banpo Brücke (S. 111) an. Mit den drei Ende 2011 fertig gestellten künstlichen Inseln unterhalb der Brücke und der schwimmenden Bühne bietet der Banpo Uferpark weitere Attraktionen. Stöberer und Sammler kommen auf dem Hwanghakdong Flohmarkt (S. 30) auf ihre Kosten während Technikfans dem Techno Mart (S. 39) einen Besuch abstatten sollten. Ein angenehmes Geruchserlebnis bietet der Seoul Yangnyeongsi Kräutermarkt (S. 35). Viel Aktion findet man auf dem Noryangjin Fischmarkt (S. 34) und dem Dongdaemun Modemarkt (S. 26). Für Wanderer und Naturliebhaber ist der Bukhansan Nationalpark (S. 272) zu allen Jahreszeiten ein lohnendes Ziel. Vom sehenswerten Bongwonsa Tempel (S. 214) führt ein Wanderweg zu einer der frühen Signalstationen (S. 143) mit einem phantastischen Blick über Seoul. Insbesondere jugendliche Reisende werden sich in der Musik- und Clubszene von Hongdae (S. 79) wohlfühlen.
Kultur:
Das Chongdong Theater (S. 198) bietet einen zusammenfassenden Einblick in die traditionellen darstellenden Künste und vervollständigt damit einen ersten Einblick in koreanisches Leben und koreanische Kultur. Viele weitere Kulturstätten und Theater bieten eine Auswahl moderner und traditioneller Stücke die dem Anspruch einer Weltmetropole gerecht werden (S. 198ff). Als kleinen Geheimtipp empfehle ich Seoul Nori Madang und Pungryu Hanmadang (beide S. 207).
Auch die Auswahl an Museen (S. 166ff) ist hauptstadtgerecht. Das Nationalmuseum bietet z.B. nicht nur eine erstklassige Sammlung, auch architektonisch ist es einen Besuch wert.
gemeinsame Geschichte:
Korea ist, ebenso wie es Deutschland über lange Jahre war, ein geteiltes Land. Die Grenze zu Nordkorea (DMZ, S. 277) ist nur etwas mehr als 40 Kilometer von Seoul entfernt und ein beklemmender Ausflug in die aktuelle Geschichte.

5

Die Stadt, in der die Zukunft schon Gegenwart ist, die Vergangenheit aber gegenwärtig geblieben ist.

Seit 1394 ist Seoul die Hauptstadt Koreas und zwischen den modernen Hochhäusern ist der Geist vergangener Zeiten noch immer spürbar. Der ursprüngliche Stadtkern, früher von einer 18 Kilometer langen Mauer umgeben, ist nach wie vor das Herz Seouls. Alles ist dicht gedrängt und fast glaubt man die vielen unterschiedlichen Sehenswürdigkeiten zu Fuß erreichen zu können. Westlicher Standard und Komfort zu erschwinglichen Preisen, exotisches Flair, geschäftige Märkte, unzählige historische Kulturschätze und ein buntes Nachtleben machen diese Stadt für den Touristen zu einem einmaligen Erlebnis. Die eigentliche Stadt Seoul hat über 10 Millionen Einwohner, zählt man die Agglomeration mit rund 20 Großstädten, darunter die Millionenstädte Incheon, Suwon, Goyang und Seongnam dazu, kommt man auf eine Einwohnerzahl von über 20 Millionen. Damit ist die Metropolregion Seoul (nach Tokio und vor Mexiko-Stadt, New York und Mumbai) die zweitgrößte Ansiedlung der Erde. Deutlich mehr als 50 Prozent aller Koreaner leben in oder um Seoul herum. Die überwiegende Bebauung mit mehrstöckigen Wohnhäusern und Appartementanlagen führt in Seoul City dabei zu einer sehr hohen Bevölkerungsdichte von über 16.000 Einwohnern pro Quadratkilometer (fast das 35fache des südkoreanischen Durchschnitts). In dem am dichtesten besiedelten Bezirk Yangcheon-gu liegt sie sogar bei über 26.000 Einwohnern pro Quadratkilometer (die höchste Bevölkerungsdichte in Deutschland erreicht der Münchener Stadtteil Schwabing mit etwa 14500 Einwohnern pro Quadratkilometer). Der Durchschnitt für die gesamte Metropolregion Seoul liegt bei knapp über 4000 Einwohnern pro Quadratkilometer. Während des Koreakrieges (1950-1953) wurde Seoul fast vollständig zerstört. Mit Ausnahme der königlichen Paläste, Tempel, Gedenk- und Grabstätten sind kaum Gebäude aus früherer Zeit erhalten. Der Wiederaufbau erfolgte sehr rasch und bis 1960 waren fast alle Kriegsspuren beseitigt. Im Zuge des starken Wirtschaftswachstums erfolgte der Bau von Straßen und Gebäuden ohne große Rücksicht auf historische Gegebenheiten. Das auf jahrhundertealter Tradition und Religion beruhende Denken und Handeln der Koreaner erzeugt trotzdem ein harmonisches Stadtbild. Zu dem positiven optischen Eindruck trägt sicherlich auch die auffallende Sauberkeit bei. Es gibt praktisch keinen Müll auf den Straßen, Plätzen und in den Parkanlagen. Graffiti ist so gut wie nie zu sehen und auch die Kleinkriminalität stellt kein Problem dar. Selbst Taschendiebstähle sind äußerst selten. Natürlich erzeugen hohe Verkehrs- und Bevölkerungsdichte Probleme für die in Seoul wohnenden und arbeitenden Menschen, für den Touristen stellt sich die Hauptstadt aber überwiegend als hochmoderne Metropole mit unzähligen historischen Kulturschätzen und Sehenswürdigkeiten dar. Die bis an die Hochhäuser reichenden Gebirgsausläufer im Norden machen einen weiteren Reiz Seouls aus und tragen unter anderem zu dem Anfangs erwähnten Gefühl der Kompaktheit bei.

Geografie und Klima

Seoul befindet sich in der gemäßigten Zone auf 37° 35' nördl. Breite und 127° östl. Länge und damit auf einem Breitengrad mit Südspanien oder Sizilien. Die Sommertemperaturen sind vergleichbar hoch und können nahezu 40° Celsius erreichen. Das Klima von Juni bis September ist allerdings feucht/schwül mit monsunartigen Regenfällen, insbesondere im Juli, und dem August als heißestem Monat. Die Winter hingegen sind, überwiegend von kalten Winden aus Sibirien beeinflusst, bitterkalt und trocken. Die klimatisch angenehmsten Zeiten für Touristen sind deshalb der Frühling mit der Kirschblüte im April und der Herbst mit farbigem Laub im Oktober. Tagsüber kann das Thermometer in diesen Monaten deutlich über 20° C ansteigen, mit anbrechender Dunkelheit ab 17 Uhr werden die Abende und Nächte allerdings empfindlich kühl. Seoul liegt im Nordwesten der koreanischen Halbinsel, am Unterlauf des Han Flusses (Hangang) und nur rund 45 Kilometer von der Grenze zu Nordkorea entfernt. Der Han Fluss teilt Seoul in einen nördlichen und südlichen Teil. Das Gebiet südlich des Flusses wurde erst ab etwa Anfang der 1970er Jahre intensiv besiedelt.

Seoul breitet sich aus. Dabei wird die historische Bebauung immer mehr von modernen Hochhäusern verdrängt. Blick vom Bugak Himmelsweg (S. 93) über Seongbuk-gu nach Osten.

Heute leben bereits 60 Prozent der Seouler südlich des Hangang.

Geschichte

Archäologische Funde aus der Jungsteinzeit zeigen, dass das Gebiet im Becken des Hangang-Unterlaufs seit mindestens 3.000 Jahren bewohnt wurde. Die prähistorische Siedlung in Amsadong weist sogar auf eine Ansiedlung seit 4000 v. Chr. hin.

Die Geschichte Seouls als Hauptstadt kann bis in das Jahr 18 v. Chr. zurückverfolgt werden. Damals gründete das neue Königreich Baekje in diesem Gebiet seine Hauptstadt Hanyang. Knapp fünfhundert Jahre später verlegte das Baekje-Reich seine Hauptstadt. In der Folgezeit wurde das Gebiet des heutigen Seoul von wechselnden Dynastien verwaltet. In der späten Goryeo Dynastie, mit der zunehmenden Bedeutung des Han Flusses als zentraler Verkehrsader, nahm auch die Bedeutung Seouls zu.

Ab 1352 diskutierte man über einen Umzug der Hauptstadt nach Seoul. Tatsächlich wurde 1382 und 1390 jeweils für einige Monate aus Hanyang (dem heutigen Seoul) regiert, ein endgültiger Umzug mit dem Ziel einer Stärkung des Goryeo Königreichs fand allerdings nicht statt.

König Taejo stürzte 1392 die Goryeo Dynastie und gründete ein neues Königreich, die Joseon Dynastie. Mit dem Umzug der damaligen Hauptstadt Kaesong (jetzt Nordkorea) nach Hanyang Ende 1394 wurde mit dem Bau von Ahnenschreinen, Altären und dem Gyeongbokgung Palast begonnen. Die Stadt erhielt den Namen Hanseong (Festungsstadt am Han Fluss). Im Imjin-Krieg wurde Seoul 1592 von den Japanern erobert, 1635 nahmen die Mandschuren die Stadt ein. Unter König Yeongjo blühte die Stadt ab 1724 erneut auf und wuchs zum wichtigsten Handelszentrum heran. Bis 1876 verschloss sich Seoul (und damit ganz Korea) allerdings westlichen Einflüssen. Erst auf japanischen Druck öffnete sich das Land gegenüber dem Ausland. Erste Botschaften wurden eröffnet, 1882 wurde ein Deutsch-Koreanisches Freundschafts- und Handelsabkommen beschlossen. Langsam aber stetig begann die Einwohnerzahl, die über zwei Jahrhunderte bei 200.000 gelegen hatte, zu wachsen. Seoul wurde zur modernsten Stadt Ostasiens, die als erste in der Region über Elektrizität, Wasserleitungen, Telefon und Straßenbahn verfügte.

Die Japaner annektierten Korea im Jahr 1910 und machten Hanseong zur Kolonialhauptstadt unter dem neuen Namen Gyeongseong. Den Namen Seoul bekam die Stadt erst 1946, ein Jahr nach dem Ende der japanischen Besatzung. Mit der Gründung der Republik Korea (Südkorea) am 15. August 1948 wurde Seoul zur Hauptstadt erklärt. Erste Bemühungen der Stadtentwicklung wurden durch den Koreakrieg (1950-1953) unter-

brochen, aber nach 1953 begann mit amerikanischer Unterstützung ein enormes Rekonstruktions- und Modernisierungsprogramm, das den Lebensstandard der Einwohner deutlich verbesserte. Immer mehr Koreaner zog es nach Seoul und Verschmutzung und Umwelt wurden zu einem wichtigen Thema. Um die rücksichtslose Ausdehnung der Stadt zu kontrollieren wurde 1971 ein über 1500 Quadratkilometer großer Grüngürtel mit Baubeschränkungen eingerichtet. Nach der Lockerung der Baubestimmungen Mitte 2006 nahm die Bautätigkeit in der bisherigen Schutzzone allerdings sprunghaft zu.

Seoul als Gastgeber der Olympischen Sommerspiele 1988 und als einer der Austragungsorte der Fußballweltmeisterschaft 2002 verschaffte der koreanischen Hauptstadt endgültig internationale Anerkennung. Als bedeutendes Geschäfts- und Finanzzentrum liegt Seoul in-

Wangjo Sillok – das ultimative Geschichtsbuch

Zu Beginn der Joseon Dynastie maß man den historischen Ereignissen besondere Bedeutung als Spiegelbild und Beispiel für die aktuelle Politik zu. Der Gründer der Joseon Dynastie, König Taejo, begann deshalb mit der fortlaufenden Niederschrift der täglichen Ereignisse. Zwei Geschichtsschreiber, zwei Assistenten und vier Zensoren waren bei allen Besprechungen des Königs mit offiziellen Beamten zugegen und hielten alle Details der nationalen Angelegenheiten fest. So entstand eine tägliche Geschichtsschreibung, die auch unter schwierigen Bedingungen bis 1863 über einen Zeitraum von 472 Jahren fortgesetzt wurde. Heute sind diese Annalen die weltweit umfangreichsten und detailliertesten, die eine Nation aufweisen kann. Sprachkundige Gelehrte können hier genaue Informationen zu Politik, militärischen Angelegenheiten, Sozialsystem, Gesetzen, Wirtschaft, Industrie, Transportwesen, Kommunikation, Kunst, Handwerk und Religion nachlesen.

Nach dem Ende einer Herrscherperiode wurden aus diesen täglichen Aufzeichnungen und anderen offiziellen Dokumenten die Annalen des jeweiligen Königs zusammengestellt. Zum

Schutz vor Verlust oder Beschädigung der wertvollen Aufzeichnungen wurden seit 1445 vier Kopien an unterschiedlichen Orten aufbewahrt. So wurden z. B. die während der japanischen Invasion 1592 verbrannten Aufzeichnungen zwischen 1603 und 1606 durch einen Nachdruck der an einem anderen Ort aufbewahrten und nicht zerstörten Exemplare ersetzt. Im 20. Jahrhundert gelangte ein Exemplar der Annalen während der japanischen Besatzung in die Universität von Tokyo, wo es während des Erdbebens von 1923 verschwand. Während des Koreakrieges wurde ein weiterer Satz der Annalen von Nordkorea an die Kim-Il-Sung Universität gebracht. Wahrscheinlich befinden sie sich dort noch heute. In Südkorea sind insgesamt 2077 einzelne Bücher dieser Annalen in vier Sammlungen erhalten, die an verschiedenen Orten aufbewahrt werden. Die überwiegende Anzahl dieser Bücher befindet sich in der Nationaluniversität Seoul. Aus heutiger Sicht ist nicht nur der Inhalt interessant. Die aus den hochwertigsten Materialien hergestellten und den besten Handwerkern gebundenen Bücher sind ein eindrucksvolles Beispiel der Kultur und Technologie der jeweiligen Zeit. Zum Schutz sind diese wertvollen Nationalschätze für die Allgemeinheit allerdings nur als Mikrofilm bzw. CD zugänglich.

zwischen weltweit an siebter Stelle, wenn es um die Anzahl der hier beheimateten, internationalen Gesellschaften geht.

Stadtentwicklung

Lee Myung-bak, Bürgermeister Seouls von 2002 bis 2006 und ab 2008 Präsident Südkoreas kam mit neuen Ideen ins Rathaus und dem vorrangigen Ziel Seoul grüner und lebenswerter zu machen. Erstes offensichtliches Ergebnis dieses „Grünes Seoul Projektes" war die Umwandlung der riesigen Kreuzung vor dem Rathaus in eine Grünfläche. Seitdem ist die City Hall Plaza (S. 84) ein oft und gern genutzter Versammlungs- und Veranstaltungsort. Ungenutzte Flächen wurden zu Wald- und Parkanlagen mit dem Seoul Forest (S. 100) als größtem Projekt dieser Art. Lee's bedeutendstes Projekt war allerdings die Freilegung des Cheonggyecheon (S. 82) mit dem er sich zum Ende seiner Amtszeit als Bürgermeister selbst ein Denkmal setzte. Die Bemühungen der Stadtverwaltung um die weitere Verbesserung der Lebensqualität blieben auch unter den nachfolgenden Bürgermeistern bestehen. Unter anderem entstanden in den letzten Jahren viele hundert Kilometer guter Rad- und Wanderwege.

Der Bauboom in Seoul ist seit vielen Jahren ungebrochen. Kaum eine Stelle an der nicht ein Baukran in den Himmel ragt. Man versucht zwar verstärkt ökologische und historische Gesichtspunkte zu beachten aber oft müssen ganze historische Wohnviertel für Neubauten Platz machen. Es scheint auch so, dass in den nächsten Jahren zumindest einer der lange geplanten Super-Wolkenkratzer fertig wird (S. 129).

Stadtverwaltung

Innerhalb Koreas hat Seoul hat den Status einer eigenen Provinz und wird durch den Stadtrat und die Seouler Hauptstadtregierung verwaltet. Der Stadtrat und der Bürgermeister (als Vorstand der Hauptstadtregierung) werden direkt und für eine Amtszeit von jeweils vier Jahren gewählt. Am 26. Oktober 2011 wurde Park Won-soon der 35. Bürgermeister Seouls. Der unabhängig liberale Park Won-soon konnte den Kandidaten der herrschenden Großen National Partei deutlich schlagen. Zuvor hatte der seit 1. Juli 2006 im Amt befindliche und im Juli 2010 wiederge-

Blick vom Namsan auf den Stadtteil Jongno-gu – das alte und neue Zentrum Seouls.

wählte Oh Se-hoon am 26. August 2011 seinen Rücktritt erklärt nachdem er eine wichtige Abstimmung über kostenlose Schulmahlzeiten verloren hatte. In seiner fünfjährigen Amtszeit hatten sich die Schulden Seouls verdreifacht. Seoul ist in 25 Bezirke unterteilt (S. 313), die 1988 von reinen Verwaltungseinheiten für die Stadtverwaltung in politisch eigenständige Distrikte umgewandelt wurden. Seit 1995 besitzt jeder dieser Stadtteile einen eigenen, vom Volk gewählten Bürgermeister, ist relativ autonom und hat teilweise eigenständige, wirtschaftlich bedeutende Stadtzentren ausgebildet. Die 25 Bezirke (gu) sind in 424 Stadtviertel (dong) und diese wiederum in tong und ban unterteilt. Neben der Hauptstadt mit Sonderstatus ist Korea in neun weitere Provinzen (do) eingeteilt. Dabei wird Seoul vollständig von der Provinz Gyeonggi-do umgeben.

Paläste

궁전

Die beeindruckendsten Sehenswürdigkeiten Seouls sind die Königspaläste mit teilweise über 600jähriger Geschichte. Während Seoul fast überall den Eindruck einer engen, dicht gedrängten Stadt macht, bieten die Paläste unerwartete Weite mit viel Platz.

Während der Joseon Dynastie (1392-1910) wurden in Seoul sechs Paläste errichtet. Sie waren nicht nur Wohn- und Regierungssitz der jeweiligen Könige, sondern auch Arbeitsplatz für Minister und hohe Verwaltungsbeamte. Als 1394 Hanyang (heute: Seoul) zur Hauptstadt wurde, begann man mit dem Bau des ersten Palastes, des Gyeongbokgung. Weitere Palastbauten folgten 1405 (Changdeokgung), 1484 (Changgyeonggung), 1617 (Gyeonghuigung), sowie Deoksugung und Unhyeongung, die ursprünglich gar nicht als Königspalast erbaut wurden.

Erste Wahl für eine Besichtigung sollte der älteste und größte Palast, der Gyeongbokgung, sein. Besonders beeindruckend ist hier die Thron- und Audienzhalle (Geunjeongjeon), sowie die Vielzahl der Bauwerke und architektonischen Besonderheiten. Der Changdeokgung ist aus historischer Sicht bedeutsamer als der Gyeongbokgung. Der Changgyeonggung bietet sich für einen Besuch im Zusammenhang mit der Besichtung des Jongmyo Ahnenschreines an. Der Deoksugung ist zentral gelegen und besonders einfach zu erreichen. Allerdings bietet er, schon allein durch seine vergleichsweise geringe Größe, bei weitem nicht den grandiosen Eindruck wie die vorhergehenden Paläste. Vom Unhyeongung ist nur noch ein geringer Rest erhalten geblieben, während auf dem verkleinerten Palastgelände des Gyeonghuigung erst in den letzten Jahren einige Gebäude als Rekonstruktion errichtet wurden.

König Taejo (bürgerlicher Name: Lee Seong-Gye), der Gründer der Joseon Dynastie (1392-1910), ließ diesen Palast in den ersten Jahren seiner Regentschaft erbauen. Am 29. November 1394 wurde Hanyang (das heutige Seoul) zur neuen Hauptstadt und gleichzeitig begannen die Arbeiten an dem königlichen Herrschersitz. Der Gyeongbokgung ist damit der älteste und zudem weitläufigste (ca. 500.000 m²) und prächtigste der fünf erhaltenen Paläste der Joseon Dynastie. Im Jahr 1592 wurde der Palast während der japanischen Invasion niedergebrannt und blieb 273 Jahre lang eine Ruine. König Gojong (bzw. sein Vater und Thronverwalter Daewongun) ließ den Palast wiederaufbauen und im fünften Jahr seiner Herrschaft zog König Gojong im Juli 1868 vom Changdeokgung hierher. Während der japanischen Besatzung 1910 wurden die meisten der 200 Gebäude erneut dem Erdboden gleichgemacht. Seit 1990 läuft ein Restaurationsprojekt, so dass inzwischen fast alle Gebäude wieder im alten Glanz erstrahlen.

Durch das Gwanghwamun Tor (am nördlichen Ende der Sejongno Straße, einem breiten Prachtboulevard, der weiter südlich an der City Hall

Plaza und dem Namdaemun Tor vorbei zum Seouler Hauptbahnhof führt) kommt man auf einen großen Vorhof, auf dem regelmäßig Wachwechselzeremonien stattfinden. An der Nordseite dieses Platzes befindet sich das Heungnyemun Tor, der eigentliche Eingang zum Palastgelände. Über einen weiteren Vorplatz und ein weiteres Tor (Geunjeongmun) gelangt man geradewegs zum Geunjeongjeon – der Thronhalle. Es ist das dominierende Gebäude des Gyeongbokgung und das größte Gebäude der Joseon Architektur überhaupt. Hier wurden Staatszeremonien (zum Beispiel an Neujahr) abgehalten und ausländische Abgesandte empfangen. Ein dreispuriger Pflasterweg führt zur Thronhalle. Die mittlere, etwas erhöhte Spur war dem König vorbehalten. Die „Rangsteine" (Pumgyeseok) zu beiden Seiten dieses Weges markierten die Positionen, an denen die Beamten und Würdenträger unterschiedlichen Ranges zu stehen hatten.

Neben der Bibliothek (Sujeongjeon) und den persönlichen Arbeitsräumen des Königs (Sajeongjeon) und anderen Regierungs- und Verwaltungsgebäuden sind das Gangnyeongjeon (Wohn- und Schlaftrakt des Königs), das Gyotaejeon (Residenz der Königin) und das Jagyeongjeon (hier wohnte die Königinmutter) weitere wichtige Gebäude des Palastes.

Im Gyeonghoeru wurden Bankette veranstaltet und ausländische Gäste unterhalten. Anfangs nur ein kleiner Pavillon, ließ König Taejong ihn 1412 zu seiner heutigen Größe und Pracht ausbauen. Auf 48 Granitpfeilern mitten in einem künstlichen See stehend zeigt er die hochentwickelte Baukunst der Joseon Periode. Nicht so imposant aber genauso malerisch anzusehen ist das Hyangwonjeong im rückwärtigen Teil des Palastgeländes hinter den Schlafgemächern gelegen. Eine Holzbrücke führt zu diesem ebenfalls in einem See gelegenen Pavillon. König Gojong zog sich hierhin zurück, wenn er Ruhe und Besinnung suchte.

Dongsipjagak ist ein Wachturm an der südöstlichen Ecke der Palastmauer. Nachdem die Palastmauer verlegt wurde, steht dieser Turm nun

Die prächtige Thronhalle (Geunjeongjeon) im Gyeongbokgung Palast. Hier empfing der koreanische Regent ausländische Abgesandte.

Wachwechsel vor dem Gyeongbokgung Palast

mitten auf der Straße. Die Grundmauern stammen noch aus der frühen Joseon Periode (Ende 14. Jahrhundert). Das restliche Gebäude wurde 1867 von Prinz Daewongun im Zusammenhang mit der Restaurierung des Palastes erbaut und ist heute ein Beispiel traditioneller koreanischer Architektur. Ein zweiter Wachposten wurde während der japanischen Kolonialzeit zerstört.

Hyangwonjeong Pavillon im hinteren Teil des Gyeongbokgung, in dem der König Besinnung suchte.

Innerhalb des Palastgeländes befindet sich außerdem das nationale Volkskundemuseum dessen Besuch im Eintrittspreis enthalten ist.

Öffnungszeiten:
März-Okt. 09:00-18:00 (von Mai bis August an Wochenenden und Feiertagen bis 19:00) Nov.-Feb. 09:00-17:00, Einlass bis eine Stunde vor Schließung, Dienstag ist Ruhetag

Eintrittspreise:
19-64 Jahre 3000 Won, 7-18 Jahre 1500 Won bis 7 und ab 65 Jahre kostenlos

Verkehrsmittel:
Untergrundstation Gyeongbokgung, Linie 3 (orange) – Ausgang 5, Fußweg 4 Minuten

besondere Aktivitäten:
mehrmals täglich kostenlose Führungen (über Zeiten und Sprachen informiert eine Tafel am Haupteingang), in Englisch z. B. um 11:00, 13:30 und 15:30

Anschrift: 161 Bunji, Sajikno, Jongno-gu
Kontakt: +82-2-723-4283
Homepage: *http://www.royalpalace.go.kr/*

13

Der Gyeongbokgung Palast besitzt vier Tore. Das Gwanghwamun (mun = Tor) ist das Haupttor und mit seinen drei nebeneinanderliegenden bogenförmigen Durchgängen und dem doppelstöckigen Aufbau auch das eindrucksvollste.

Der Name Gwanghwamun bedeutet „Tor der Aufklärung". Es entstand 1399, kurz nach Beginn der Joseon Dynastie, und symbolisiert die Erneuerung des Landes durch die Gründung einer neuen Dynastie. Die beiden „Haetae" Steinfiguren rechts und links des Tores sollen den Palast vor Feuer bewahren. Der Berg Gwanaksan im Süden verkörpert nach der Feng Shui-Lehre das Element Feuer, dessen Einfluss die Haetae abwehren sollten.

Während der japanischen Invasion wurde das Gwanghwamun Tor im späten 16. Jahrhundert niedergebrannt. Der Wiederaufbau erfolgte 1865. Während der japanischen Besatzung wurde das Tor in den Norden des Gyeongbokgung Palastes verlegt und im Koreakrieg (1950-53) wurde es erneut zerstört. Eine Rekonstruktion des Bauwerks entstand 1968, allerdings wurden die hölzernen Elemente durch bemalten Beton imitiert. Deshalb wurde das Tor 2007 demontiert und eine dem Original der Joseon Dynastie entsprechende hölzerne Rekonstruktion errichtet. Gleichzeitig wurde das Tor um 14,5 Meter nach

Verkehrsmittel:
Untergrundstation Gyeongbokgung, Linie 3 (orange) – Ausgang 5, Fußweg 3 Minuten

besondere Aktivitäten:
Zwischen 10:00 und 16:00 Uhr stündlicher Wachwechsel der Torhüter sowie Öffnungs- und Schließungszeremonie des Palasttores.

Süden versetzt und um 5,6 Grad gedreht, so dass es jetzt genau am ursprünglichen Ort steht und die damalige Symmetrie zwischen Palast, Tor und der Umgebung wiederhergestellt ist.

Außerdem wurde der etwa 1000 m^2 große Platz zwischen Gwanghwamun und Heungnyemun (dem Eingang zum Gyeongbokgung) neu gestaltet, um einen repräsentativen Versammlungsort für Seoul zu schaffen.

Die offizielle Einweihung dieses nationalen Symbols fand am 15. August 2010, im Rahmen einer Feierstunde zum 65. Jahrestag des Endes der japanischen Besatzung, durch den koreanischen Präsidenten Lee Myung-bak statt.

Bereits 2009 wurde die vor dem Tor beginnende, neu geschaffene Gwanghwamun Plaza (S. 85) eingeweiht. Damit erhielt der gesamte Bereich vor dem Gyeongbokgung Palast die Pracht zurück, die ihm historisch zusteht.

Changggyeonggung Palast　창경궁

Der Changggyeonggung wurde 1484 im Auftrag von König Seongjong (9. König der Joseon Dynastie) erbaut. Unter dem Namen Suganggung hatte König Sejong (1397-1450) nach seiner Thronbesteigung 1418 bereits einen Vorläufer dieses Palastes für seinen alternden Vorgänger, König Taejong (1367-1422), bauen lassen. Auch der 8. König Yeojong fand hier seinen Ruhesitz. Der ursprüngliche Wohnpalast wurde während der japanischen Invasion 1592 durch Feuer zerstört. Weitere Feuer in der Folgezeit zerstörten viele Gebäude des Palastes, von denen einige wieder-aufgebaut wurden.

Während der japanischen Besatzungszeit Anfang des 20. Jahrhunderts wurde der Changggyeong-gung Palast verkleinert und mit einem zoologi-schen und botanischen Garten ausgestattet. Mit dem Umzug von König Sunjong (der letzte König der Joseon Dynastie) 1907 in den Changdeok-gung wurde der Changggyeonggung in Chang-gyeongwon umbenannt und für die Öffentlich-keit zugänglich gemacht. Die Seouler Stadtver-waltung ließ den Zoo 1983 verlegen und begann mit der Restaurierung des Palastes unter seinem ursprünglichen Namen.

Nach alter Tradition sind die Gebäude in Palästen immer nach Süden ausgerichtet. Im Chang-gyeonggung blickt das Myeongjeongjeon mit dem Arbeitsraum des Königs allerdings nach Osten. Der Grund dafür ist, dass der Ahnen-schrein Jongmyo im Süden lag und man nach konfuzianischer Tradition keine Tür in Richtung auf den Ahnenschrein bauen durfte.

Öffnungszeiten:
April-Okt. 09:00-18:30
Nov. und März 09:00-17:30
Dez.-Feb. 09:00-17:00
Einlass bis eine Stunde vor Schließung,
Montag ist Ruhetag

Eintrittspreise:
19-64 Jahre 1000 Won, 7-18 Jahre 500 Won
bis 7 und ab 65 Jahre kostenlos

Verkehrsmittel:
Untergrundstation Hyehwa, Linie 4 (hellblau),
– Ausgang 4, Fußweg ca. 10 Minuten
Alternativ kann man vorher den Jongmyo Königsschrein besuchen und von dort die direkte Verbindung zum Palast benutzen.

Anschrift: 85 Changggyeonggung-no,
Jongno-gu, Seoul
Homepage: *http://cgg.cha.go.kr/*

Heute ist der Changggyeonggung durch eine viel-befahrene Straße (Yulgongno) vom Ahnenschrein getrennt. Eine Fußgängerbrücke verbindet den Palast mit dem Ahnenschrein Jongmyo, so dass man nur einmal den Eintrittspreis bezahlen muss. Planungen sehen vor, die Yulgongno Straße zu verbreitern um damit eine Verbesserung des Ver-kehrsflusses zu erreichen. Allerdings soll die neue Straße als Tunnel ausgeführt werden, so dass die beiden Parklandschaften wieder eine Einheit bilden können.

Viele Nebengebäude des Changggyeonggung liegen in einer parkähnlichen Waldlandschaft.

Am bekanntesten ist der Changdeokgung für seinen sogenannten „geheimen Garten" (Huwon) im nördlichen Teil des Geländes. Der ebenfalls verwendete Name Biwon stammt aus der Zeit der japanischen Besatzung und ist deshalb unpopulär. Traditionelle koreanische Gartenkunst stellte hier einen Ausschnitt der Natur dar, in der sich die Monarchen erholen konnten. Von den noch 28 vollständig erhalten Gebäuden finden insbesondere die beiden Gebäude Buyongjeong und Juhamnu als Postkartenmotive Verwendung.

Der dritte Herrscher der Joseon Dynastie, König Taejong, ließ das ursprünglich Donggwol (der östliche Palast) genannte Bauwerk 1405 als Nebenpalast erbauen. Als Begründung gab er an, dass die Topographie des bestehenden Gyeongbokgung nicht den geomantischen Prinzipien entspreche. König Taejong kam erst nach der Ermordung seiner Halbbrüder an die Macht und der wahre Grund für den Neubau dürfte wohl gewesen sein, dass er nicht am Ort des Blutbades, dem Gyeongbokgung, leben wollte.

Der 15. Monarch, König Gwanghaegun, verlegte 1615 den Regierungssitz in den Changdeokgung. Insgesamt regierten 13 Könige das Land 258 Jahre lang von hier. Unter diesem Gesichts-punkt ist dieser Palast (mit 495.660 m² nur geringfügig kleiner als der Gyeongbokgung) von größerem historischem Wert als der Gyeongbokgung. Mit der erzwungenen Unterschrift von König Sunjong unter das japanische Annektierungsabkommen endete hier am 29. Oktober 1910 die Joseon Dynastie.

Während der japanischen Invasion 1592 wurde der Palast niedergebrannt und von 1606 bis 1610 wieder restauriert. Weitere Feuer in den Jahren 1623, 1803 und 1917 machten immer wieder Renovierungsarbeiten notwendig.

Nach dem Eintritt durch das Donhwamun Tor liegt auf der rechten Seite eine im Jahr 1411 gebaute Steinbrücke, die die älteste erhaltene Steinbrücke ihrer Art in Seoul ist. Die Audienzhalle Injeongjeon am Ende der Brücke hat mit Blumenmustern dekorierte Dachfirste. Diese Bemalung gibt es an keinem anderen Gebäude, da sie von den Japanern hinzugefügt wurde, um die königliche Familie zu entwürdigen. Bemerkenswert ist auch das aus einem einzigen Steinblock geschnittene Bulomun Tor.

Um die Gebäude den topographischen Gegebenheiten entsprechend in das leicht wellige Gebiet des Eungbong Tales harmonisch zu integrieren,

Im „geheimen Garten".

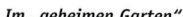

Thronhalle des Changdeokgung.

konnte der Palast nicht in der seit Jahrhunderten üblichen, strengen Anordnung angelegt werden. Deshalb ist das Layout der Gebäude im Changdeokgung freizügiger und lockerer. Dies bewirkt ein natürlicheres Erscheinungsbild im Vergleich zu anderen Palästen.

Um die im Changdeokgung besonders gut erhaltene Architektur der Joseon Dynastie im Originalzustand erhalten zu können, darf der „geheime Garten" nur in geführten Gruppen betreten werden.

Der Eingang zum Huijeongdang (täglicher Arbeitsplatz des Königs) ist besonders farbenprächtig und zeigt erste westliche Einflüsse.

Öffnungszeiten:
April-Okt. 09:00-18:30, Nov. und März 09:00-17:30, Dez.-Feb. 09:00-17:00
Einlass bis eine Stunde vor Schließung, Montag ist Ruhetag

Eintrittspreise:
19-64 Jahre 3000 Won, 7-18 Jahre 1500 Won bis 7 und ab 65 Jahre kostenlos
für den „geheimen Garten" zusätzlich
19-64 Jahre 5000 Won, 7-18 Jahre 2500 Won

Verkehrsmittel:
Untergrundstation Anguk, Linie 3 (orange) – Ausgang 3, Fußweg 5 Minuten
Untergrundstation Jongno 3-ga, Linie 5 (lila) bzw. Linie 3 (orange) oder Linie 1 (dunkelblau) – Ausgang 6, Fußweg 10 Minuten

besondere Aktivitäten:
Führungen in Englisch 10:30 und 14:30 Uhr, für den „geheimen Garten" 11:30 und 14:30. Durch ein Seitentor ist auch der Übergang in den Changgyeongung Palast bei Kauf eines entsprechenden Tickets möglich

Anschrift: 99 Yulgong-no, Jongno-gu, Seoul
Homepage: *http://eng.cdg.go.kr/*

17

Den heutigen Namen (Deoksugung = Palast der tugendhaften Langlebigkeit) bekam der Palast erst 1907. Seine ursprüngliche Bezeichnung lautete Gyeongungung. Der Deoksugung liegt im Herzen Seouls vom Rathaus und der City Hall Plaza (S. 84) nur durch eine mehrspurige Hauptverkehrsstraße (Taepyeong-no) getrennt. Den Haupteingang bildet das im Jahr 2005 renovierte Daehanmun Tor. Durch seine zentrale Lage ist der Deoksugung der einzige Palast Seouls, der in unmittelbarer Nähe von modernen Hochhäusern flankiert wird. Nach Auffassung der Koreaner verleiht dies dem Palast ein besonderes Flair.

Ursprünglich war der Palast lediglich die Residenz von König Seongjongs älterem Bruder Prinz Wolsan (1454-1488). Während der japanischen Invasion 1592 wurden alle Paläste in Hanyang (dem heutigen Seoul) niedergebrannt. Deshalb diente der Deoksugung sieben Jahre lang (von 1608-1615) ersatzweise als königlicher Palast.

Erst 1897 nutzte Kaiser Gojong den Deoksugung wieder als Herrschaftssitz. Er lebte hier bis zu seinem Tod 1919.

Das im Jahr 1900 erbaute Palastgebäude Jeonggwanheon ist das erste noch innerhalb eines Palastes erhaltene Bauwerk im westlichen Stil. Kaiser Gojong genoss hier seine Freizeit, hörte Musik und trank Kaffee oder Tee. Seokjojeon ist ein weiteres Palastgebäude westlichen Stils, erbaut von 1900 bis 1909. Kaiser Gojong empfing hier ausländische Abgesandte. Im Mai 1946, nach der Befreiung Koreas, tagte die gemeinsame russisch-amerikanische Kommission in diesem Haus.

Durch die japanische Besatzung wurde 1938 das Eingangstor Gwangmyeongmun in den südwestlichen Teil des Palastgeländes verlegt. Es dient heute als Unterstand für die älteste und größte Wasseruhr der Welt. Dieser 1434 gebaute und 1536 verbesserte Kulturschatz konnte zu einer bestimmten Stunde automatisch eine Glocke an-

Auch mitten in der Stadt hatten die Palastbewohner einen Garten, in dem sie lustwandeln konnten.

Die Rangsteine vor dem Junghwajeon gaben die Standorte der Würdenträger bei Staatsempfängen vor.

18

Der Deoksugung, im Herzen Seouls gelegen. Blick auf die Thronhalle (Junghwajeon) und dahinter die zwei im westlichen Stil erbauten Gebäude des Seokjojeon.

schlagen. Allerdings kann man wegen einiger fehlender Teile die genaue Funktionsweise nicht mehr nachvollziehen. Außerdem steht hier eine Batterie mit der raketengetriebene Pfeile 100 bis 150 Meter weit verschossen werden konnten. Dies ist die älteste Waffe, für die noch die Originalbaupläne vorhanden sind.

Daehanmun, das Eingangstor des Deoksugung.

Öffnungszeiten:
März-Okt. 09:00-21:00
Einlass bis eine Stunde vor Schließung
Montag ist Ruhetag

Eintrittspreise:
19-64 Jahre 1000 Won, 7-18 Jahre 500 Won
bis 7 und ab 65 Jahre kostenlos

Verkehrsmittel:
Untergrundstation City Hall,
Linie 1 (dunkelblau) – Ausgang 2 oder
Linie 2 (grün) – Ausgang 12, Fußweg 2 Min.

besondere Aktivitäten:
Wachwechsel der königlichen Garde um 11:00, 14:00 und 15:30 Uhr. Jeden Dienstag um 11:00 Uhr werden auch Pferde eingesetzt.

Anschrift: 58 Taepyeong-no, Jung-gu, Seoul
Homepage: *http://deoksugung.go.kr/eng/*

Tipp
Für die vier Paläste Changdeokgung (inkl. geheimer Garten Huwon), Changgyeonggung, Deoksugung, Gyeongbokgung und den Jongmyo Schrein gibt es ein Sammelticket für 10.000 Won das einen Monat lang gültig ist.

19

Der Unhyeongung ist besonders zum Ende der Joseon Dynastie von historischer Bedeutung. Hier fanden für die Epoche bedeutsame Ereignisse statt und wichtige Entscheidungen wurden hinter verschlossenen Türen vorbereitet.

Ursprünglich diente der Unhyeongung als Wohnung für die Verwandten des Königshauses und war kein Königspalast. Als König Cheoljong starb, ohne einen direkten Nachfolger zu hinterlassen, übernahm der hier wohnende Heungseon Daewongun (in vierter Generation Nachfahre von König Yeongjo) für 10 Jahre die Regierungsgeschäfte. Zwischen 1863 und 1873 war er als Thronverwalter für bedeutende Reformen im religiösen, politischen und finanziellen Bereich verantwortlich. Im Alter von 12 Jahren bestieg dann Daewonguns Sohn, König Gojong, als vorletzter Monarch den Thron.

Während der Herrschaft von Heungseon Daewongun wurde der Gyeongbokgung nach 273 Jahren als Ruine wieder zum Königspalast aufgebaut. Auch der Unhyeongung erlebte zur Zeit von Daewongun seine Blütezeit, er wurde palastähnlich ausgebaut und erhielt den Titel Königspalast. Überlieferungen sprechen davon, dass der Unhyeongung es im Grandeur mit den anderen Palästen aufnehmen konnte. Nach dem Tod Daewonguns 1898 verfiel der Palast zusehend, da keine ausreichenden Mittel für den Unterhalt zur Verfügung standen. Während der japanischen Kolonialzeit und im Koreakrieg wurde der Un-

Öffnungszeiten:
April-Okt. 09:00-19:00
Nov.-März 09:00-18:00, Montag ist Ruhetag

Eintrittspreise:
25-64 Jahre 700 Won, 13-24 Jahre 300 Won
bis 12 und ab 65 Jahre kostenlos

Verkehrsmittel: Untergrundstation Anguk, Linie 3 (orange) – Ausgang 4, Fußweg 3 Min.

besondere Aktivitäten: Jeweils an einem Wochenende im April und Oktober Nachstellung der königlichen Hochzeitszeremonie.

Anschrift: 464 Samildaero, Jongno-gu, Seoul
Homepage: *http://www.unhyeongung.or.kr/*

hyeongung stark beschädigt. Teile des Palastgeländes wurden später von der Deokseong Frauenuniversität und privaten Nutzern übernommen. Den verbleibenden kleinen Rest des Unhyeongung kaufte die Seouler Stadtverwaltung 1991 von Lee Chung (dem 5. Enkel Heungseon Daewonguns) und führte von 1993 bis 1996 ein Restaurierungsprogramm durch. Heute ist hier ein Forschungszentrum für traditionelle koreanische Häuser untergebracht. Außerdem bietet die ausgestellte persönliche Habe des Thronverwalters Daewongun einen guten Einblick in koreanische Kultur und Geschichte.

Schon das relativ unscheinbare Eingangstor zeigt, dass der Unhyeongung nur ein kleiner Palast ist.

Gyeonghuigung Palast 경희궁

Gwanghaegun, der 15. König (1608-1623) der Joseon Dynastie, begann 1617 mit dem Bau des Palastes als Ausweichquartier. Der ursprüngliche Name Gyeongdeokgung wurde von König Yeongjo 1760 in Gyeonghuigung (der Palast im Westen) geändert. Der Palast wurde an einem leicht ansteigenden Hügel gebaut und machte aus architektonischer und künstlerischer Sicht einen sehr gelungenen Eindruck.

Insgesamt verfügte der Palast über 100 größere und kleinere Gebäude. Aus finanziellen Gründen konnte König Gwanghaegun den Palastbau aber nicht vollenden. Erst sein Nachfolger, König Injo, nutzte Gyeonghuigung vorübergehend als Residenz. Insgesamt wohnten später zehn Könige im Gyeonghuigung.

Große Teile des Palastes brannten 1829 nieder, wurden aber schon wenige Jahre später wieder aufgebaut. Die Ausdehnung des Gyeonghuigung (über 100.000 m²) bis fast an den Nachbarpalast Deoksugung veranlasste König Gojong dazu, 1905 eine Verbindungsbrücke herzustellen.

Während der japanischen Besatzung wurde auf dem Palastgelände die japanische Gyeongseong-Mittelschule (heute Seoul Mittel- und Hochschule) eingerichtet und dabei viele Gebäude zerstört oder verlegt. Heunghwamun zum Beispiel, das bereits 1606 erbaute Eingangstor, gelangte 1932 nach Bukmun und war zuletzt Teil des Haupteingangs zum Silla-Hotel. Erst 1988, als die Seouler Stadtverwaltung mit der Restaurierung des Gyeonghuigung begann, kam es zurück auf das Palastgelände.

Öffnungszeiten:
09:00-18:00, an Wochenenden und Feiertagen 10:00-18:00, Montag ist Ruhetag

Eintrittspreise: kostenlos

Verkehrsmittel:
Untergrundstation Seodaemun, Linie 5 (lila) – Ausgang 4, Fußweg 7 Minuten oder Gwanghwamun, Linie 5 (lila) – Ausgang 7, Fußweg 10 Minuten

besondere Aktivitäten:
Di.-So., 10:30-17:00 Taekwondo Mitmachkurse, Mi.+Sa., 13:30-17:00 Taekwondo und traditionelle Vorführungen (je nach Wetterlage)

Anschrift: 50 Saemunan-gil, Jongno-gu, Seoul
Homepage: http://jikimi.cha.go.kr/english/royal_palaces_new/Gyeonghuigung.jsp

Heute ist das Palastgelände bedeutend kleiner als früher und so konnten nur einige der ehemaligen Gebäude rekonstruiert werden. Trotzdem lohnt ein Besuch des seit 2002 wieder für die Öffentlichkeit zugänglichen Gyeonghuigung, da dieser Palast von den Touristenströmen weitgehend unberührt bleibt. Im hinteren Teil des Geländes befindet sich ein markanter Felsen unter dem eine kleine Quelle entspringt. Der Palast ist auf drei Seiten von einer kleinen Anhöhe umgeben von der man über die Palastdächer hinweg auf die Skyline von Seoul blicken kann.

Die Seouler Skyline in der Abenddämmerung hinter dem Gyeonghuigung Palast.

21

Einkaufen

쇼핑

Neben den Königspalästen bietet sich ein Besuch in Seoul besonders zum Einkaufen an – zumindest aus Sicht der Stadtverwaltung. Dies trifft allerdings hauptsächlich auf Japaner zu. Trotz der Flugkosten ist Seoul für sie tatsächlich ein lohnendes Ziel für eine Shopping-Tour. Europäer werden allein aufgrund ihrer meist größeren Statur Probleme haben, ihre Konfektionsgröße unter den preiswerten Bekleidungsangeboten zu finden. Trotzdem ist ein Besuch z. B. auf dem Dongdaemun Markt ein Erlebnis, auf das man nicht verzichten sollte. Elektronische Geräte (Yongsan Elektronikmarkt) sind ebenfalls kein lohnendes Einkaufsziel, da das Preisniveau identisch mit Deutschland ist. Sucht man allerdings eine Computertastatur mit koreanischen Schriftzeichen oder einen MP3-Player, der die Titel in Hangeul anzeigt, ist man hier genau richtig. So etwas ist selbst via Internet in Deutschland praktisch nicht erhältlich. Der Kauf von Schmuck (Yejidong) könnte lohnend sein, allerdings nur wenn man über entsprechende Sachkenntnis verfügt. Wirklich preiswert sind Lebensmittel, die man jedoch kaum in größeren Mengen mit auf den Flug nach Hause nehmen möchte (vielleicht mit Ausnahme von getrocknetem Seetang oder Tee). Trotzdem gilt auch hier: die Eindrücke und Erlebnisse eines Lebensmittelmarktbesuches sollte man nicht versäumen. Dabei muss es nicht unbedingt einer der großen hier beschriebenen Märkte sein, fast in jedem Bezirk gibt es kleine Märkte, auf denen sich die lokale Bevölkerung mit dem täglichen Bedarf versorgt.

Für den Einkauf von Souvenirs (Papier- und Lackwaren, Masken, kalligraphische Arbeiten oder eventuell Porzellan) bietet sich Insadong an. Auch auf dem Namdaemun Markt lassen sich preiswert Reiseerinnerungen sowie Ginseng erstehen. Kunst und Antiquitäten aus Korea genießen inzwischen verstärktes weltweites Ansehen und werden als alternatives Mitbringsel immer beliebter.

Namdaemun Markt

Schon vor über 600 Jahren wurde hier, direkt neben dem südlichen Stadttor (Sungnyemun), Handel getrieben. Der Namdaemun ist damit der älteste Markt Koreas. Heute ist er einer der wichtigsten Umschlagplätze für Produkte des täglichen Lebens. Es gibt praktisch alles zu kaufen, seien es Blumen, Bettwäsche, Schreibwaren, Töpfe, Lebensmittel oder Baumaterialien. Natürlich gibt es auch jede Art von Kleidung und anderen Textilien. Lange Zeit fand der Markt unter freiem Himmel statt, inzwischen sind viele der etwa 10.000 Geschäfte in Markthallen, Gebäuden oder überdachten Ständen untergebracht. Aber es gibt auch immer noch den Händler, der mit einem riesigen Bündel anreist und seine besonders günstigen Waren (meistens aus China importiert) mitten auf der Straße ausbreitet.

Bei einem erstmaligen Besuch ist es fast unmöglich sich in diesem Gewirr enger Gassen, teilweise unterirdisch verbundener Hallen und kaufhausähnlicher Gebäude zurechtzufinden. Allerdings gibt es zwei Touristeninformationen auf dem Markt, die bei der Orientierung behilflich sind und bei der Suche nach einem bestimmten Artikel den Weg weisen.

Wer auf der Suche nach einem besonderen Mitbringsel ist, kann sein Glück im 2. Stock des C-dong Central Sangga versuchen. Im Angebot befinden sich koreanische Trachten (Hanbok), Handarbeiten und Lackwaren zu günstigen Preisen. Ein weiterer Tipp ist das D-dong Daedo Ladenzentrum. Wiederum im 2. Stock finden sich Reisemitbringsel, nette Einrichtungsgegenstände und traditionelle Handarbeiten in verschiedenen Preisklassen.

Aber auch ohne die Absicht etwas zu kaufen sollte ein Besuch des Namdaemun Markes zu jedem Touristenprogramm gehören. Nirgendwo sonst kann man so kompakt in koreanisches Leben eintauchen und Farben, Gerüche und Atmosphäre erleben. Auffallend ist dabei die schon fast erholsame Ruhe auf diesem Markt. Ohne marktschreierische Anpreisungen und größtenteils frei von Autoverkehr kann man sich ganz den optischen Reizen hingeben. Nachtschwärmern sei der „Gespenstermarkt" (Dokkaebi Sangga) empfohlen. Zwischen Mitternacht und Morgengrauen werden in den Untergeschossen der C-dong, D-dong und E-dong Gebäude Waren verkauft – insbesondere an Wiederverkäufer aus der Provinz.

Obwohl die Preise auf dem Namdaemun Markt um 10 bis 20 Prozent günstiger als auf anderen Märkten sind, erhält man Qualitätsprodukte. Zudem ist es durchaus üblich, um den endgültigen Preis zu feilschen. Eigentlich ist der Namdaemun kein Touristenmarkt, aber gerade in den Außenbereichen haben sich die Händler auf die inzwischen immer häufiger kommenden Touristen eingerichtet. Bei geringsten Anzeichen von Interesse wird man dort gerne mit sanfter Gewalt ins Geschäft bugsiert, um die ganze Warenvielfalt bewundern zu können. Oft bekommen die ausländischen Besucher hier Preise genannt, die sich ohne Probleme um 50 Prozent und mehr herunterhandeln lassen. Demgegenüber haben die Händler, die ihre Waren auf Decken oder Planen mitten auf der Straße ausbreiten, schon sehr niedrige Preise, über die, wenn überhaupt, nur geringfügig verhandelt werden kann.

Öffnungszeiten:
24h, dabei haben die unterschiedlichen Geschäfte stark voneinander abweichende Öffnungszeiten. Die Außenstände sind mindestens 10:00-17:00, viele auch länger, Einkaufszentren teilweise schon ab 04:00 geöffnet. Das MESA Einkaufszentrum z.B. ist von 11:00-07:00 Uhr, das CoCo Club Zentrum jedoch von 23:00-16:00 offen.
Manche Geschäfte haben Sonntags Ruhetag

Verkehrsmittel: Untergrundstation Hoehyeon, Linie 4 (hellblau) – Ausgang 5, 6 oder 7

Anschrift: Jung-gu, Seoul

Dongdaemun Markt

동대문시장

Der Begriff Markt ist etwas irreführend, handelt es sich hier doch um einen ganzen Bezirk mit 37 Verkaufszentren, die etwa 35.000 Geschäfte beherbergen. Es gibt Kaufhäuser mit bis zu zwölf Verkaufsetagen, riesige Lagerhallen, teilweise mehrstöckig, und auch richtige Marktstände. Seit seiner Eröffnung im Jahre 1905 entwickelte sich der Dongdaemun Markt mit etwa 400.000 täglichen Besuchern zu einem der bedeutendsten Märkte in Korea, der sich auf den Großhandel mit Kleidung spezialisiert hat. So werden z. B. Hüte gleich an einem ganzen Dutzend Verkaufsständen angeboten und eine mehr als fußballfeldgroße Halle ist fast ausschließlich für Damenunterwäsche reserviert. Es gibt wirklich alles in riesiger Auswahl zu kaufen, oft 20 bis 30 Prozent günstiger als andernorts. Dementsprechend herrscht zu jeder Tages- und Nachtzeit geschäftiges Treiben. Die großen Kaufhäuser öffnen morgens um 10:30 Uhr und haben dann bis 5 Uhr am nächsten Morgen geöffnet. Andere Geschäfte öffnen erst am frühen Abend und sind die ganze Nacht bis in den Vormittag hinein geöffnet.

Für den Touristen ist der Dongdaemun Markt aber nicht nur als Einkaufsziel interessant. Den Flair dieses besonders abends überlaufenen Handelszentrums und das Verhalten von Käufern und Verkäufern muss man erlebt haben. Tagsüber liefern stark überladene Mopeds neue Ware an, Händler schlafen auf einer Pritsche in ihrem Verkaufsstand oder treffen sich an einem Imbisszentrum. Auch Besucher sind herzlich willkommen, sich inmitten originaler Handelsatmosphäre zu stärken. Aber Achtung, die geschäftstüchtigen Köchinnen lassen einen auch gerne von ihren anderen Köstlichkeiten probieren. Bei der Abrechnung wird dann jedes Nachlegen extra berechnet. Auch hier gilt: Feilschen ist erlaubt.

Nachmittags und abends stapeln sich immer mehr Kartons mit den Tagesbestellungen auf den Bürgersteigen und warten auf die Auslieferung. Etwa gegen Mitternacht treffen Busse aus allen Teilen Koreas ein. Kaufleute decken sich bei den Großhändlern mit aktueller Mode ein, die in großen, mit Nummern versehenen Säcken am

Medizin · Shin-Jin-Markt · Beodeuldari · Dongdaemun Shopping Complex · JW Marriot Plaza · Dongdaemun · Ogansugyo · Dongdaemun Schuhmarkt · Spielzeug · Heimt beda · Cheonggyecheon · Bücher · Cheonggyecheon · Pyounghwa Markt · Pyounghwa Markt · Sinpyeonghwa Markt · Dongpyeonghwa Markt · Naraegyo · Tongil Markt · Donghwa Markt · Doota · N.P.H. · Art Plaza · Jung-gu Bürgerzentrum · Cerestar · Maxtyle · Jeil-pyeong-hwa Markt · Kwanghee Fashion Mall · Studio W · Elicium · Techno Markt · Migliore · Area 6 · Golden Town · Nationales medizinisches Zentrum · Hello apM · Team 204 · apM · Hullyeonwon Park · Dongdaemun History & Culture Park · u:us · Designer Club · Good Morning City · Seoul Fashion Center · Nuzzon · Dongdaemun Design Plaza · Fashion TV · Dongdaemun History & Culture Park · Ramodo · 50 m

Der Sinpyeonghwa Markt mit den Kaufhäusern Migliore, Doosan und Freya Town im Hintergrund. Ganz hinten unten rechts die bunte Lichtfassade des Pyeonghwa Marktes.

Straßenrand gelagert wird. Gegen vier Uhr morgens wird dann alles in die Busse verladen und es geht wieder zurück in die jeweiligen Landesteile.

Ende 2008 begann man mit dem Abriss der beiden Stadien gegenüber des Migliore Kaufhauses. An deren Stelle entstand zwischen 2010 und 2012 der Dongdaemun History & Culture Park. Der früher in einem der Stadien beheimatete Pungmul Flohmarkt wurde bereits im April 2008 auf das ehemalige Gelände der Sungin Mittelschule, 120 Meter von der U-Bahn Station Sinseol-dong verlegt (S. 28).

Rund um Dongdaemun haben sich immer mehr spezielle Verkaufszentren herausgebildet die sich auf einzelne Warengruppen spezialisiert haben. So gibt es z. B. neben der Ogansugyo-Brücke nur gebrauchte Bücher zu kaufen. Zwischen der U-Bahn Station Dongdaemun und Jongno 5-ga reiht sich ein Sanitätshaus an das andere während sich auf der anderen Straßenseite Apotheken und Händler für Sämereien und Gartenzubehör angesiedelt haben. Weiter südlich davon dann wieder Viertel in denen es nur Werkzeuge, Haushaltswaren oder Schulbücher gibt. Einige dieser speziellen Märkte werden auf den nachfolgenden Seiten gesondert vorgestellt.

Öffnungszeiten:
24 Stunden, mit unterschiedlichen Zeiten der einzelnen Verkaufszentren. Montag, Dienstag oder Samstag gibt es bei einigen Geschäften eingeschränkte Öffnungszeiten.

Verkehrsmittel:
Untergrundstation Dongdaemun History & Culture Park, Linie 2 (grün) – Ausgang 14, Fußweg 2 Min. oder Linie 4 (hellblau) – Ausgang 10 oder 1, Fußweg 3 Minuten oder Linie 5 (lila) – Ausgang 5, Fußweg 5 Minuten oder Untergrundstation Dongdaemun, Linie 4 (hellblau) – Ausgang 8, Fußweg 2 Minuten

besondere Aktivitäten:
vor den großen Kaufhäusern gibt es oft in den frühen Abendstunden ab etwa 19 oder 20 Uhr auf kleinen Bühnen Musikveranstaltungen, um die jugendlichen Käufer anzulocken.

Anschrift: Sungin-dong, Jongno-gu, Seoul
Homepage: *http://donami.or.kr/eng/,*
http://www.dongdaemun.co.kr/,
http://www.doota.com/,
http://www.migliore.co.kr/,
http://www.pyounghwa.com/

Changsindong Spielzeugmarkt · 창신동완구시장

In einer Seitenstraße zwischen den U-Bahn-Stationen Dongdaemun und Dongmyo werden seit über 30 Jahren alle Arten von Spielzeug,

Öffnungszeiten:
täglich 07:30-19:30, Sonntags geschlossen

Verkehrsmittel:
Untergrundstation Dongmyo, Linie 6 (braun) – Ausgang 1 oder
Untergrundstation Dongdaemun, Linie 4 (hellblau) – Ausgang 4, Fußweg 3 Minuten

Anschrift: Sungin-dong, Jongno-gu, Seoul

Schreibwaren sowie Werbe- und Promotionsartikel verkauft. Knapp zehn Minuten Fußweg vom Dongdaemun Markt entfernt bieten etwa 100 Geschäfte überwiegend kleinpreisige Artikel an. Souvenirs und Mitbringsel, wie man sie an den Verkaufsbuden in der U-Bahn, an Vergnügungsparks oder anderen stark frequentierten Stellen findet, werden hier überwiegend großhandelsmäßig vertrieben. Als Tourist findet man eine Vielzahl kleinerer Geschenke zu besonders günstigen Preisen. Bei den Einzelhändlern kann man sogar noch um einige Prozent Preisnachlass verhandeln.

Seoul Flohmarkt · 서울풍물시장

Der Pungmul Flohmarkt befand sich ursprünglich in Hwanghak-dong. Auch heute sind große Teile dieses Stadtviertels dem Gebrauchtwarenhandel vorbehalten (S. 30). Im Rahmen der Renaturierung des Cheonggyecheon wurden die Händler entlang des Flusses 2003 in ein Stadion des Dongdaemun Marktes umgesiedelt. Mit dem Abriss der beiden Stadien gegenüber des Migliore Kaufhauses war ein erneuter Umzug der Händler notwendig. Ein speziell zu diesem Zweck in traditioneller koreanischer Ästhetik erbautes Handelszentrum wurde am 26. April 2008 eröffnet. Knapp 150 Meter nördlich des Cheonggyecheon (zwischen den Brücken Hwanghakgyo und Bindanggyo) befinden sich auf 7900 m² über zwei Etagen verteilt fast 900 Verkaufsstände. Im Erdgeschoss werden überwiegend Handwerkskunst, Keramik und andere traditionelle Waren verkauft während sich Antiquitäten, Second-Hand-Läden und Kleidergeschäfte auf der zwei-

Öffnungszeiten:
10:30-19:00, jeden 2. und 4. Dienstag des Monats geschlossen

Eintrittspreise: kostenlos

Verkehrsmittel:
Untergrundstation Sinseol-dong, Linie 1 (dunkelblau) – Ausgang 6 bzw. Linie 2 (grün) – Ausgang 9 oder 10, Fußweg 3-5 Minuten

Anschrift: Dongdaemun-gu, Sinseol-dong 109-5
Homepage: *http://pungmul.seoul.go.kr*

ten Ebene befinden. Auf dem „people's market" kann jeder nach vorheriger Anmeldung und verfügbarem Platz seine ausgemusterten Gegenstände verkaufen. Als weiterer Anziehungspunkt verfügt der Flohmarkt über eine eigene Bühne auf der sich jedermann produzieren kann.

Ziel der Stadtverwaltung ist es, den offiziell als „Seoul Folk Flea Market" bezeichneten Bezirk als hochrangige Touristenattraktion, ähnlich den Flohmärkten in anderen Hauptstädten wie z.B. Prag oder Paris, zu etablieren.

Majang Fleischmarkt 마장축산물시장

Der Fleischmarkt in Majang-dong befindet sich am Unterlauf des Cheonggyecheon in einem Gebiet südöstlich der Gosanjagyo Brücke. Der Markt wurde 1963 von Sungin-dong in Jongno-gu nach Majang (Majang = Pferd) verlegt. Bereits in der frühen Joseon Ära befanden sich hier Pferdestallungen und Schlachthäuser. Jetzt ist es der größte Markt für Rind- und Schweinefleisch in Korea. Etwa 70 Prozent des Seouler Fleischbedarfs wird von fast 3000 Geschäften mit etwa 12.000 Angestellten gedeckt. Die Schlachthäuser wurden 1998 geschlossen, jetzt kommt das Fleisch jeden Morgen in Kühltransportern aus allen Landesteilen und Übersee.

Man kann hier etwa 20 bis 30 Prozent günstiger einkaufen als im Einzelhandel. Für 4000 Won bekommt man in einigen Restaurants entsprechende Beilagen und kann sich sein gerade gekauftes Fleisch am Tischherd selbst zubereiten. Für eine fertige Mahlzeit sollte man eines der vielen Restaurants in der Majang Grill-Gasse aufsuchen. Die Grill-Gasse befindet sich am östlichen Ende des Marktes.

Die beste Zeit für einen Besuch ist der frühe Vormittag da viele Händler bereits um die Mittagszeit ihre Geschäfte schließen.

Öffnungszeiten: ab 5 Uhr

Verkehrsmittel:
Untergrundstation Yongdu, Linie 2 (grün) – Ausgang 4, Fußweg 4 Minuten (über die Brücke, nach der Tankstelle Gasse links) oder Untergrundstation Wangsimni, Linie 2 (grün) oder Linie 5 (lila) – Ausgang 3, Fußweg 12 Min. bzw. zwei Stops (alle Busse ab Halt 04-111) Grill Gasse: Untergrundstation Majang, Linie 5 (lila) – Ausgang 2, Fußweg 4 Minuten (an der Tankstelle links, hinter der Schule rechts

Anschrift: Gosandeul-gil, Seongdong-gu, Seoul
Homepage: *http://www.mjmm.co.kr/*

Östlich des Dongdaemun Marktes und südlich des freigelegten Cheonggyecheon Flusses erstreckt sich dieser Markt (manchmal auch Bugaboo Markt genannt) über einen ganzen Stadtteil. In den 1950er Jahren war dieser Markt wegbereitend für den Handel mit Gebrauchtwaren. Hinter den Samil Apartmenthäusern gibt es in rund 1000 kleinen Läden fast alles zu kaufen. Kameras, Kühlschränke, Uhren, Sammlermünzen, Kalligraphien, Werkzeuge, Haarschneidegeräte, Buddha-Figuren oder Socken: Nichts, was es nicht gäbe – dieser Markt ist ein lebendiges Beispiel für aktives Recycling. Vieles, was andere weggeworfen haben, wird hier repariert (z. B. Elektrogeräte) und zum Kauf angeboten. Ein Eldorado für Leute, die mit wenig Geld auskommen müssen. Natürlich darf hier gehandelt werden – 20 bis 30 Prozent Rabatt auf den ursprünglichen Preis sind kein utopisches Ziel. Allerdings wird dieser Markt kaum von Touristen besucht und die wenigsten Händler verfügen über Fremdsprachenkenntnisse.

Die Antikläden in einem anderen Teil des Marktes bieten ein Sammelsurium an Artefakten, die nicht unbedingt antiken Ursprungs sein müssen.

Ob nun eine Ritterrüstung, eine alte Whiskeyflasche oder ausrangierte Straßenschilder – wer etwas Ausgefallenes z. B. für die Inneneinrichtung seiner Wohnung sucht wird hier fündig. Entlang des Cheonggyecheon Flusses werden insbesondere alte Bücher, Zeitschriften und Videos verkauft. Am östlichen Ende des Marktes, südlich von Sinseol-dong säumen riesige Industriemaschinen die Straßen, Schlosser fertigen massive Gepäckträger für Fahrräder und Mofas. Wieder zurück Richtung Marktmitte kann man einen Imbissstand oder eine ganze Restauranteinrichtung erstehen. Folgt man den ansteigenden Straßen Richtung Süden, gelangt man zu einer Hauptstraße, die das Ende des Hwanghakdong Marktes markiert. Entlang der Straße werden überwiegend Küchenutensilien und Haushaltsgegenstände angeboten. Südlich dieser Straße beginnt direkt der Sungdong Jungang Lebensmittelmarkt.

Öffnungszeiten: täglich 08:00-18:30

Verkehrsmittel:
Untergrundstation Sindang,
Linie 2 (grün) – Ausgang 1 oder 2 oder
Linie 6 (braun) – Ausgang 11,
Fußweg 5 Minuten in Richtung Hwanghakdong Bürokomplex nach Norden oder
Untergrundstation Dongmyo,
Linie 6 (braun) – Ausgang 5,
Fußweg 5 Minuten in Richtung Süden

Anschrift: Hwanghak-dong, Jung-gu, Seoul

Ob Ritterrüstung oder reparierte Industriemaschinen – auf dem Hwanghakdong Markt findet man alles.

Sungdong Jungang Markt

Der Markt beginnt direkt an der Sindang Untergrundstation und erstreckt sich auf einer größtenteils überdachten Straße Richtung Norden bis zum Hwanghakdong Flohmarkt. Der am 1. Mai 1946 eröffnete Markt gehörte früher mit Dongdaemun und Namdaemun zu den drei größten Märkten Seouls. Geblieben ist ein traditioneller Markt, auf dem hauptsächlich alle Arten von Lebensmitteln, Gewürzen und Fisch verkauft werden. In den nicht mehr benutzten Ladengeschäften östlich der Einkaufstraße haben sich unzählige kleine Großküchen niedergelassen, die fertig portionierte Mahlzeiten, z. B. für Büroangestellte oder Firmen ohne eigene Küche, herstellen. Überall brutzelt und gart es und die verschiedenen Gerüche allein lohnen einen Besuch dieser Gegend, in die sich kaum ein Tourist verirrt.

Öffnungszeiten: täglich 03:00-21:00

Verkehrsmittel: Untergrundstation Sindang, Linie 2 (grün) – Ausgang 1 oder 2

Anschrift: Hwanghak-dong, Jung-gu, Seoul

Einkaufen

In engen, dunklen Gassen neben dem Sungdong Jungang Markt werden unzählige Portionen leckerer Gerichte produziert (oben), während der helle und geräumige Markt eine Riesenauswahl frischer Zutaten bietet (unten).

31

Gwangjang Markt

광장시장

Der Gwangjang Markt wurde 1905 gegründet und ist damit der erste kaufhausartige Markt Koreas. Über Jahrzehnte war hier Koreas Zentrum für den Handel mit Seidenstoffen. Auch heute noch sind Seide, andere Textilien und Hanbok (traditionelle Kleider) ein bedeutender Teil des

Seidenstoffe in verschiedensten Farben und Qualitäten.

Angebots. Die Seide-, Satin- und Leinengeschäfte auf der zweiten Etage sind nach wie vor die größten und bekanntesten in ganz Seoul. Die Materialien in den meisten Geschäften stammen aus eigener Produktion. Von hier werden die nur einige hundert Meter östlich gelegenen Märkte Pyeonghwa und Dongdaemun mit Stoffen und Textilien beliefert. Man erhält im Gwangjang Markt zwar keine Designer-Marken, dafür aber hochwertige Qualität zu vernünftigen Preisen. Das weitere Angebot umfasst unter anderem Handarbeiten und Lackwaren mit Perlmutt-Einlegearbeiten (beliebtes Souvenir).

Öffnungszeiten:
07:00-19:00, Sonntags ist Ruhetag

Verkehrsmittel:
Untergrundstation Jongno 5(o)-ga, Linie 1 (dunkelblau) – Ausgang 7 oder 8, Fußweg 2-3 Minuten

Anschrift: Yeji-dong, Jongno-gu, Seoul
Homepage:
http://www.kwangjangmarket.co.kr/

Bangsan Markt und Papier Arkade

방산시장 +지물상가

Südlich des Gwangjang Marktes, auf der anderen Seite des Cheonggyecheon, befindet sich der Bangsan Markt, der sich mit der Papier-Arkade Richtung Jungbu Markt fortsetzt. Hier findet sich alles zum Thema Papier, Verpackung,

Druck und Werbung. Von PVC-Schildern über Geschenkpapier bis zu Schmuckschachteln, Aufklebern und Stoffdruck bietet sich ein buntes und vielfältiges Bild der koreanischen Papier- und Verpackungsindustrie.

Öffnungszeiten:
07:00-19:00, Sonntags ist Ruhetag

Verkehrsmittel:
Untergrundstation Euljiro 4 (sa)-ga,
Linie 2 (grün) oder Linie 5 (lila) – Ausgang 6, Fußweg 8 Minuten oder
Untergrundstation Jongno 5 (o)-ga, Linie 1 (dunkelblau) – Ausgang 7, Fußweg 6 Minuten

Anschrift: Jugyo-dong, Jung-gu, Seoul
Homepage: *http://www.bangsanmarket.net/*

Jungbu Markt

중부시장

Der auf getrockneten Fisch spezialisierte Großhandelsmarkt Jungbu wurde am 28. Februar
1957 eröffnet. Damals galt der Markt als hoch-
modern und seine 883 Geschäfte versorgten
Wiederverkäufer und auch Einzelkunden mit
landwirtschaftlichen Erzeugnissen, Meeresfrüchten und eben hauptsächlich getrocknetem
Fisch. Nach entsprechenden Verwaltungsplänen
zogen einige Händler im Juni 1985 auf den
Garak Großhandelsmarkt um. In Jungbu verblieben aber immer noch über 800 Händler, die
rund 10.000 Kunden pro Tag bedienen. Da die
Preise hier zehn bis zwanzig Prozent günstiger
sind als auf anderen Märkten, ist der Jungbu
Markt nach wie vor sehr beliebt.

Öffnungszeiten: 04:00-17:00

Verkehrsmittel:
Untergrundstation Euljiro 4(sa)-ga, Linie 2
(grün) oder Linie 5 (lila) – Ausgang 7,
Fußweg 3 Minuten

Anschrift: Ojang-dong, Jung-gu, Seoul
Lage: 37°33'55" Nord, 127°0'2" Ost

Chungmuro Druckerstraße

충무로 인쇄거리

Das gesamte Viertel nordwestlich der Chungmuro
U-Bahn-Station beherbergt über 1000 Verlage
und annähernd 300 Druckereien und ist damit
das koreanische Herz des Druck- und Verlags-
wesens. Die kleinen Gassen sind mit Paletten vol-
ler Druckpapier zugestellt und immer wieder
dringt das Rattern der Druckmaschinen durch ge-
öffnete Türen. Rund 20.000 Leute arbeiten in
über 3000 Geschäften, von denen über 90 % als
winzige Subunternehmer für die großen Gesellschaften tätig sind. Rund 30 bis 40 Prozent der
koreanischen Druckereierzeugnisse stammen aus
diesem Bezirk. Es gibt nichts, was man hier
nicht drucken lassen könnte und so sagt ein koreanisches Sprichwort: „Bringe das Manuskript
nach Chungmuro und das Buch wird fertig sein".

Verkehrsmittel:
Untergrundstation Euljiro 3 (sam)-ga,
Linie 2 (grün) – Ausgang 11 oder 12,
Fußweg 7 Minuten oder
Untergrundstation Chungmuro,
Linie 3 (orange) oder Linie 4 (hellblau) –
Ausgang 5 oder 6, Fußweg 3 Minuten

Anschrift: Chungmuro, Inhyun-dong, Jung-gu

Noryangjin Fischgroßmarkt   노량진수산시장

Der größte Fischmarkt Koreas wurde 1927 in Uijuro, Seodamun-gu, in der Nähe des Seouler Westbahnhofs gegründet. Lange Zeit war die Eisenbahn das Haupttransportmittel und die bahnhofsnahe Lage daher ideal. Als sich der Transport aber immer mehr auf die Straße verlagerte und der alte Standort zu eng wurde, entstand ein neuer und größerer Markt am jetzigen Standpunkt, der im April 1975 eröffnet wurde. An den Markt ist auch ein kleiner Bereich mit landwirtschaftlichen Erzeugnissen angeschlossen. Die Seouler Stadtverwaltung plant zur Zeit eine Sanierung des Noryangjin Fischmarkts und seiner Umgebung. Bis 2012 soll ein neues Zentrum mit Markt, Geschäftsbezirk und Wohnungen entstehen.

Die Lieferungen aus den 15 Hauptfischereihäfen Koreas und der Tiefseefischereiflotte erreichen Noryangjin gegen 1 Uhr. Die Großhandelsauktionen beginnen kurze Zeit später und am frühen Morgen liegt der Fisch bereits in den Seouler Geschäften zum Verkauf bereit. Rund 60 Prozent des in Seoul gehandelten Fisches kommen vom Noryangjin Markt. Weit über 800 Händler und 15.000 Kunden schlagen hier täglich mehr als 450 Tonnen Meeresprodukte um. Eine kaum vorstellbare Auswahl an Meeresfrüchten und geschäftiges Treiben rund um die Uhr – einem Vergleich mit dem Tsukiji Markt in Tokio kann der Noryangjin Fischmarkt problemlos standhalten. Während der Tokioter Mark aber von Touristen überschwemmt ist fallen die 10.000 bis 20.000 jährlichen Besucher in Noryangjin kaum auf.

Öffnungszeiten:
02:00-06:30 (Auktion)
02:00-20:00 (Einzelhandel)
24h (geschnittener Frischfisch)
ganzjährig geöffnet, keine Auktionen Sonntags und an Feiertagen

Verkehrsmittel:
Untergrundstation Noryangjin, Linie 1 (dunkelblau) – Ausgang 1 oder Linie 9 (gold) – Ausgang 2. Der Markt befindet sich hinter den Gleisen, Fußgängerbrücke benutzen.

Anschrift: Dongjak-gu, Seoul
Homepage: *http://www.susansijang.co.kr/*

Zahlreiche Restaurants auf der zweiten Etage des hangarähnlichen Marktgebäudes bieten eine riesige Auswahl von Fischgerichten. Es ist aber ebenso möglich, selbst einen Fisch zu kaufen (oder Muscheln, Krabben, Aale, Garnelen, Seegurken, Seesterne, Austern etc.) und diesen dann in einem der Restaurants gegen eine kleine Gebühr zubereiten zu lassen. Zu jeder Tages- und Nachtzeit nutzen Fischliebhaber die Möglichkeit, ständig frische Meeresfrüchte genießen zu können und dabei gleichzeitig die Vitalität und den Elan von Seouls größtem Meeresfrüchtebasar zu spüren.

Die beste Zeit für einen Besuch ist nachts bzw. vormittags, da im Laufe des Tages einige Händler ihren Stand vorzeitig schließen und das Angebot ständig geringer wird.

Seoul Yangnyeongsi 서울약령시

Direkt an der Jegidong Kreuzung, 150 Meter östlich der Untergrundstation Jegi-dong, befindet sich Koreas bedeutendster Kräutermarkt. Etwa 70 % aller in Korea gehandelten Heilkräuter und Naturheilmittel werden auf diesem Markt umgesetzt. Durch die Nähe zum Cheongnyangni Bahnhof und dem Majang-dong Intercity Bus Terminal versammelten sich die Händler hier etwa seit den 1960er Jahren. Knapp über 1000 Geschäfte und Verkaufsstände, traditionelle orientalische Kliniken und Kräuterapotheken machen Yangnyeongsi zum größten auf eine Warengruppe spezialisierten Markt der Welt. Mehr als 3000 Arten von Heilkräutern und Medizin werden angeboten. Der ganze Markt wird von wohlriechenden Düften durchzogen. Die Kräuter kommen direkt vom Erzeuger, oft baut der Verkäufer sie sogar selbst an, und so kann man mit 20 bis 40 Prozent Diskont ein-

kaufen. In kleinen Gassen findet man Ginseng oft 15 bis 20 Prozent günstiger als anderswo. Heilkräuter werden besonders im Spätherbst erntereif, so dass man sie von Oktober bis Dezember extra frisch und preiswert erstehen kann. Richtung Osten, bis zum Cheongnyangni Bahnhof schließen sich verschiedene Marktzentren für Obst, Gemüse und Haushaltswaren an. Nüsse und Trockenobst sind hier in besonders frischer und schmackhafter Qualität erhältlich.

Traditionelle Kräuterapotheke.

Öffnungszeiten:
09:00-18:30, einige Geschäfte sind auch nachts geöffnet, erster und dritter Sonntag des Monats ist Ruhetag

Verkehrsmittel:
Untergrundstation Jegi-dong, Linie 1 (dunkelblau) – Ausgang 2, Fußweg 3 Minuten

besondere Aktivitäten:
jährliches Kräutermarkt-Festival

Anschrift: Jegi 2(i)-dong, Dongdaemun-gu
Homepage: *http://www.seoulya.com/*

Nüsse, Kräuter und Wurzeln in unzähligen Variationen.

Garakdong Markt

Auf Koreas größtem Großhandelsmarkt für landwirtschaftliche Erzeugnisse und Meeresprodukte wird Fleisch, Fisch, Gemüse und Obst verkauft. Alle Seouler Lebensmittelhändler erhalten von hier ihre Ware. Einzelne Warengattungen werden zu festgelegten Zeiten über den Tag verteilt versteigert. Besonders viele Versteigerungen finden in der Zeit von 18:30 bis 02:00 statt. Kurz vor 18:00 Uhr rauchen die Händler und Arbeiter noch eine letzte Zigarette, dann erwacht der Markt langsam zum Leben und wird immer ge-

Versteigerung auf dem Garakdong Markt.

schäftiger. Gegen 19:00 sind dann die ersten Positionen verkauft und unzählige Lastwagen liefern weitere Ware. Gleichzeitig werden die ersten ersteigerten Kisten mit Handkarren, kleinen Elektrowagen und Transportern abgeholt. Dabei will sich natürlich jeder gleichzeitig durch die mit weiterer Handelsware zugestellten Gassen und Zufahrten einen Weg bahnen. Vor den einzelnen Hallen können Privatleute auch für den persönlichen Bedarf einkaufen.

Zwischen April 1982 und Juni 1985 wurde der Markt mit einem Kostenaufwand von etwa 80 Millionen Euro auf einer Fläche von mehr als 540.000 m² erbaut. Täglich werden rund 7500 Tonnen Waren im Wert von über 8 Millionen Euro umgeschlagen. Pro Tag kommen etwa 136.000 Käufer mit 45.000 Fahrzeugen.

Öffnungszeiten: 18:00-13:00
Sonntag ist Ruhetag

Verkehrsmittel:
Untergrundstation Garak Market, Linie 3 (orange) oder Linie 8 (rot) – Ausgang 1 oder 2

Anschrift: Songpa.gu, Seoul
Homepage: *http://www.garak.co.kr/*

Seocho Flohmarkt

서초벼룩시장

Dieser allwöchentlich zwischen den U-Bahn Stationen Isu (Chongshin Univ.) und Sadang stattfindende Flohmarkt (in einer Seitenstraße parallel zur Hauptverkehrsstraße) soll einer der größten in Korea sein. Auf etwa 700 Metern werden alle Arten von Gebrauchtwaren verkauft,

Touristen brauchen aber schon etwas Glück, um zwischen Kleidung, Schuhen und Accessoires, Antiquitäten, Elektro- und Elektronikartikel sowie Gegenständen des täglichen Gebrauchs ein brauchbares Mitbringsel zu finden. Natürlich darf hier um den Preis verhandelt werden.

Öffnungszeiten: Samstags 09:00-15:00
(der Abbau beginnt ab ca. 14:00)

Verkehrsmittel:
Untergrundstation Sadang, Linie 2 (grün) – Ausgang 13 bzw. Linie 4 (hellblau) – Ausgang 11 oder Untergrundstation Isu, Linie 7 (oliv) bzw. Linie 4 (hellblau) – Ausgang 6

Anschrift: Banbae 2-dong, Seocho-gu, Seoul

Yangjae Blumenmarkt

양재동꽃시장

In den Gewächshäusern und Lagerhallen direkt neben dem Yangjae Bürgerwald werden frische und getrocknete Pflanzen und Blumen angeboten. Seit 1991 kann man auf diesem ausgedehnten Markt eine große Auswahl von Büschen, Bäumen, Kakteen, Orchideen, Blumengestecken etc. erstehen. Bei den Topfpflanzen überwiegen die verschiedensten Orchideenarten, die es in allen möglichen Farbschattierungen gibt. Die Halle mit Schnittblumen durchdringt ein betörender Duft von Rosen und anderen Blumenarten. Neben der Belieferung des Groß- und Einzelhandels finden hier auch Versteigerungen statt.

Öffnungszeiten:
Schnittblumen 04:00-15:00
Topfpflanzen 08:00-19:00, Sonntag ist Ruhetag

Verkehrsmittel:
Untergrundstation Yangjae Citizen Forest, neue Bundang Linie (weinrot), Ausgang 4, Fußweg 3 Minuten

Anschrift: Yangjae-dong, Seocho-gu, Seoul
Homepage: *http://www.yfmc.co.kr/*

Moran Markt

모란시장

Chang-Sook Kim, ein im Ruhestand befindlicher Armee-Oberst, begann 1958 damit, Ödland südöstlich Seouls urbar zu machen. Daraus entstand die heutige Trabantenstadt Moran. Um Probleme in der Versorgung der Bevölkerung zu verringern, rief Chang-Sook Kim (wahrscheinlich im Jahr 1963) den alle 5 Tage stattfindenden Moran Markt ins Leben. Auch heute noch ist er ein großer Markt für landwirtschaftliche Produkte, Heilkräuter, Gemüse, Vieh und Haustiere. Unrühmliche Bekanntheit erlangte der Moran Markt im Westen dadurch, dass die angebotenen Haustiere (überwiegend Hunde) ebenso wie Vieh hauptsächlich als Nahrungsmittel angeboten wurden. Bereits seit 1991 existiert allerdings ein Gesetz, nach dem der Verkauf von Hunde- und Katzenfleisch verpönt wird.
Der eigentliche Moran Markt ist ein Gebäude neben der Untergrundstation, aber die Händler haben sich auch auf die angrenzenden Gassen und ein Freigelände, einige Meter vom Ausgang 5 entfernt, ausgebreitet.

Öffnungszeiten:
Der Markt findet alle fünf Tage am 4., 9., 14., 19., 24. und 29. jeden Monats statt.

Verkehrsmittel:
Untergrundstation Moran, Bundang Linie (gelb) oder Linie 8 (rot) – Ausgang 5 oder 6

Anschrift: Sungnam-dong, Jungwon-Gu, Sungnam, Provinz Gyeonggi

Yongsan Elektronikmarkt 용산전자상가

Mit rund 7000 Geschäften, die auf 24 Gebäude verteilt sind, ist dies der größte Umschlagplatz für alle Arten von elektronischen Geräten in Asien. Die Preise liegen im Allgemeinen 10 bis 30 % unter dem üblichen Niveau. Ursprünglich befand sich hier ein Markt für landwirtschaftliche- und Fischereierzeugnisse. Nachdem sich einige kleine Elektronikhändler niedergelassen hatten, entwickelte sich der Bezirk sehr schnell zum Mekka für Käufer auf der Suche nach den neuesten und aktuellsten Produkten. Der umge-

In jedem dieser Häuser bieten Hunderte von Händlern ihre Ware an.

Öffnungszeiten: ca. 10:00-20:00
jeder 1. und 3. Sonntag ist Ruhetag

Verkehrsmittel:
Untergrundstation Yongsan, Linie 1 (dunkelblau) – Ausgang 3, direkte Fußgängerverbindung zum Geschäftsviertel oder
Untergrundstation Sinyongsan, Linie 4 (hellblau) – Ausgang 5, Fußweg 5 Minuten

besondere Aktivitäten:
Yongsan Flohmarkt, jedes Wochenende (außer 1. und 3. Sonntag im Monat) 10:00-19:00 in der Arkade zwischen Yongsan Sangga und Najin Sangga

Anschrift: Hangangno 2-ga, Yongsan-gu, Seoul

baute Yongsan-Bahnhof als Ausgangspunkt des neuen Express-Zuges wurde entsprechend modern gestaltet und ist allein schon einen Besuch wert. Neben gepflegter Gastronomie und vielfältigen Einkaufsmöglichkeiten verfügt dieser Bahnhof sogar über einen großen Platz für Konzertveranstaltungen. Zukünftige Pläne für die Umgebung sehen die Entwicklung eines Kongresszentrums und die Ansiedlung innovativer Industrien vor.

Direkt hinter dem Bahnhof Yongsan beginnt Asiens größter Umschlagplatz für elektronische Waren.

Techno Mart

테크노마트

Techno Mart 21 wurde 1998 fertig gestellt. Es handelt sich um ein 189 Meter hohes Gebäude mit 39 Stockwerken, das im unteren Bereich als Einkaufs- und Vergnügungszentrum genutzt wird. Auf dem 1. bis zum 8. Stock sind mehr als 2.000 Elektronikläden verteilt. Damit ist Techno Mart nach dem Yongsan Elektronikmarkt das zweitgrößte Zentrum Seouls für alle Arten von elektronischen Geräten, Computern, Soundsystemen, Kommunikationsequipment etc. Auf fünf Untergeschossen (B1-B5) gibt es mehrere Einkaufszentren für Kleidung und Lebensmittel, den Lotte Discount Store sowie viele Parkplätze. Das

CGV Gangbyeon im 10. Stock war das erste Multiplexkino in Korea mit insgesamt 11 Vorstellungsräumen und über 2.000 Sitzen. Weitere Unterhaltung bieten die Arkaden mit den verschiedensten Spielautomaten, die in eine virtuelle Erlebniswelt entführen.

Öffnungszeiten: 10:00-20:00
nur an Feiertagen geschlossen

Verkehrsmittel: Untergrundstation
Gangbyeon, Linie 2 (grün) – Ausgang 1

Anschrift: Guui-dong, Gwangjin-gu, Seoul
Homepage: *http://www.tm21.com/*

Sewoon Arkaden

세운상가

Die Sewoon (Seun) Arkaden galten bei ihrer Fertigstellung 1967 als das modernste Gebäude in Seoul mit dem ersten Elektronik-Handelszentrum in Korea. Im Zuge der Stadtentwicklung bildeten 1987 einige der Sewoon-Geschäfte den Grundstock für den Yongsan Elektronikmarkt. Damit verlor Sewoon einen Teil seiner Bedeutung, war aber weiterhin für Halbleiter und Ersatzteile bekannt. Heute besteht das Angebot überwiegend aus Elektro-Hausgeräten, Computer-Zubehör und Reparaturdiensten.

Pläne des 2011 zurückgetretenen Bürgermeisters Oh Se-hoon sahen vor, die inzwischen unansehnlichen Gebäude durch einen 90 Meter breiten und einen Kilometer langen Park zu ersetzen und damit eine direkte Verbindung zwischen Jongmyo Schrein und Cheonggyecheon zu schaffen – mit einer möglichen Verlängerung bis zum Namsan. Zwischen 2008 und 2009 wurden die ersten Gebäude bereits abgerissen und haben dem Seun Greenway Park (세운초록띠공원) Platz gemacht.

Öffnungszeiten:
09:00-19:00, Samstags 09:00-18:00
Sonntags und an Feiertagen geschlossen

Verkehrsmittel:
Untergrundstation Jongno 3-ga, Linie 1 (dunkelblau) – Ausgang 12, Fußweg 3 Minuten

Anschrift: Jongno 3-ga, Jongno-gu, Seoul

Kyobo Buchzentrum

Im Kellergeschoss der Kyobo Lebensversicherung, direkt neben der Gwanghwamun Plaza, befindet sich Koreas größte Buchhandlung. Am 1. Juni 1981 eröffnet gilt Kyobo Mungo als erste große Buchhandlung Koreas. Nach einem Umbau 1991 wurde Kyobo als größte eingeschossige Buchhandlung der Welt wiedereröffnet. Ein zweiter, fünfmonatiger Umbau erfolgte 2010. Unter anderem wurde die Raumhöhe von 2,60 Meter auf 2,90 Meter erhöht. Zusammen mit klar strukturierten Gängen wirkt das Geschäft wesentlich höher und größer als zuvor. Computerterminals mit elektronischem Wegweiser erleichtern die Suche im Bestand von rund einer Million Büchern. Täglich werden ca. 30.000 neue Bücher angeliefert. Pro Jahr kommen 15 Millionen Besucher in den Büchertempel und kaufen etwa 10 Millionen Bücher.

Besonders beliebt nach dem Umbau ist die Möglichkeit sich „print-on-demand" Bücher direkt im Geschäft ausdrucken zu lassen. Bislang stehen rund 75.000 elektronische Buchtitel zur Auswahl die in der „Bücherfabrik" innerhalb kürzester Zeit hergestellt werden können.

Öffnungszeiten:
09:30-22:00, nur an koreanischen Feiertagen geschlossen

Verkehrsmittel: Untergrundstation Gwanghwamun, Linie 5 (lila) – Ausgang 3

Anschrift: Jongno 1 ga, Jongno-gu
Homepage: *http://www.kyobobook.co.kr/*

Die rot markierte Fremdsprachenabteilung (Sektion E) hält 150.000 ausländische Bücher, darunter auch deutsche Titel, bereit. Allein in der Kunstgalerie „Le Musée" gibt es rund 3000 Bücher die sich mit allen Bereichen der Kunst beschäftigen.

In der Zeitschriftenabteilung gibt es eine riesige Auswahl japanischer Mangas und koreanischer Manhwas (Kult-Comics). Abteilungen für Musik, Papierwaren und Künstlerbedarf sind ebenfalls vorhanden. Für Touristen dürften insbesondere die auf einem niedrigen Preisniveau erhältlichen Lehrbücher für Koreanisch und englischsprachige Bild- und Kunstbücher über Seoul und Korea von Interesse sein.

Tipp:
Neben den hier vorgestellten großen Buchhandlungen gibt es viele kleinere Läden in Seoul die fremdsprachige Literatur anbieten. Erwähnenswert sind folgende Geschäfte:
What the book? (왓더북) in Itaewon ist eine Versandhandlung (http://www.whatthebook.com/) die auch ein Ladengeschäft (Karte S. 70) betreibt. Dort stehen internationale Bücher und Zeitschriften sowie ca. 18.000 gebrauchte Bücher zur Auswahl.
Seit 1973 betreiben Herr und Frau Choi den Itaewon Foreign Bookstore (Untergrundstation Noksapyeong, Linie 6, Ausgang 2 – bergab zur Fußgängerunterführung, auf der anderen Straßenseite nach rechts, an der Post vorbei, vor dem Lexus Autohaus). Neben einigen neuen Büchern gibt es etwa 30.000 gebrauchte Werke. Das Geschäft ist sieben Tage die Woche von 10:00 bis 21:00 Uhr geöffnet.
Der Underground Foreign Bookshop ist ein kleiner Laden von etwa 4 x 5 Meter Größe im Seoul Plaza Untergrund Einkaufszentrum (Laden Nr. 213). Neben gebrauchten englischen Büchern gibt es auch einige deutsche und französische Titel. Mo.-Sa. 11:00-19:30 Uhr.

Youngpoong Buchhandlung

영풍문고

Mit sechs Zweigstellen und einer Online-Abteilung ist Youngpoong eine der großen Buchhandlungen neben dem Kyobo Buchzentrum. Youngpoong ist keine normale Buchhandlung, vielmehr handelt es sich um komplexe Kulturzentren, die mit allen Arten von Kulturgütern handeln. Bekannt und zentral gelegen ist das Geschäft in Jongno. Verteilt auf das 1. und 2. Untergeschoss befinden sich rund eine Million Bücher. Es gibt jede Art von Büromaterialien, eine Musikabteilung, Kopiergeräte, Fotostudio und natürlich die Möglichkeit Konzert- und Veranstaltungstickets zu erstehen. Durch die direkte Verbindung mit der U-Bahn ist das Geschäft einfach zu erreichen.

Öffnungszeiten:
09:30-22:00

Verkehrsmittel: Untergrundstation Jonggak, Linie 1 (dunkelblau) – Ausgang 5 oder 6, direkte Verbindung zum Geschäft

Anschrift: Sorin-dong, Jongno-gu, Seoul
Homepage: *http://www.ypbooks.co.kr/*

Bandi & Lunis

반디앤루니스

Die dritte große Seouler Buchhandlung hat Filialen im COEX Zentrum (S. 47) und im Untergeschoss des Jongno Towers (S. 124). Das COEX-Geschäft hält eine Auswahl von rund 150.000 Titeln, darunter auch ausländische Bücher, bereit. Neben englischen Romanen und Sachbüchern hat man sich auf Lehrbücher der koreanischen Sprache in englisch, japanisch, chinesisch, spanisch, französisch und russisch spezialisiert.

Öffnungszeiten: 10:00-22:00

Verkehrsmittel: COEX: Untergrundstation Samseong, Linie 2 (grün) – Ausgang 5 oder 6 Jongno Tower: Untergrundstation Jonggak, Linie 1 (dunkelblau) – direkter Zugang in das Untergeschoss

Anschrift: Coex, 159 Samseong-dong, Gangnam-gu, bzw. Jongno 2-ga, Jongno-gu, Seoul
Homepage: *http://www.bandinlunis.com/*

Munjeongdong
Modestraße (New Rodeo Street)   문정동로데오거리

Auf praktisch allen Seouler Modemärkten gibt es Markenkleidung internationaler Hersteller zu kaufen. Allerdings handelt es sich dabei oft um Fälschungen. Auf der Munjeongdong Modestraße

Öffnungszeiten: 10:00-21:00

Verkehrsmittel:
Untergrundstation Munjeong-dong, Linie 8 (rot) – Ausgang 1, Fußweg 3 Minuten

Anschrift: Songpa-gu, Seoul
Homepage: *http://www.rodeo1.co.kr/*

(auch „Neue Rodeostraße" genannt) gibt es jedoch internationale Markenkleidung als Original mit 30 bis 70 Prozent Nachlass auf den regulären Preis. Rund 120 Geschäfte bieten auf einer Länge von etwa 300 Metern junge Mode, Sport- und Freizeitmode sowie Schuhe und Accessoires von über 200 Markenherstellern an. Artikel aus Kollektionen der Vorjahre sind zu besonders günstigen Preisen erhältlich. Rückgabe einmal gekaufter Ware ist in der Regel nicht möglich, lediglich ein Umtausch wird akzeptiert.
In einer kleinen Touristeninformation am Anfang der Straße kann man eine Übersicht aller Geschäfte mit genauer Lage bekommen.

Ahyeondong Hochzeitskleidstraße   아현동웨딩거리

An der Sinchonno Straße zwischen den U-Bahn Stationen Ehwa Womens University und Ahyeon

Verkehrsmittel:
Untergrundstation Ahyeon oder Ehwa Womens University, Linie 2 (grün) – Ausgang 4, Fußweg 5 Minuten

Anschrift: Ahyeon-dong, Seodaemun-gu, Seoul

befinden sich über 2000 Geschäfte, die sich auf Brautmode spezialisiert haben und die Gegend zum Traum jeder Braut machen. Hier werden Kleider in allen Preiskategorien angeboten, es gibt die neuesten Brautmoden, Einzelanfertigungen oder auch die Möglichkeit ein Kleid für diesen besonderen Tag lediglich auszuleihen. In Fortsetzung der Hochzeitskleidstraße über die U-Bahn Stationen Ewha Frauenuniversität hinaus Richtung Haltestelle Sinchon ändert sich das Angebot der Geschäfte in aktuelle Mode. Leider ist die Sinchonno eine achtspurige Ausfallstraße. Lärm und starker Verkehr beeinträchtigen den Einkaufsbummel etwas.

Nagwon Arkade

낙원상가

Einkaufen

Direkt nördlich des Tapgol Parks, zwischen der U-Bahn Station Jongno 3-ga und Insadong befindet sich ein mehrstöckiges Paradies für Musiker (Karte S. 57). Über seitliche Treppen an dem etwas schäbig wirkenden Gebäude gelangt man zu mehr als 100 Geschäften, die eine außerordentlich reichhaltige Auswahl unterschiedlichster Musikinstrumente, Notenblätter, Lautsprecher, Mikrofone, Bühnen- und Studiozubehör anbieten. Auffällig ist auch die ungewöhnlich hohe Konzentration von langhaarigen Männern. Alles zukünftige Rock-Stars, die die Zeit bis zu ihrem großen Durchbruch hier als Verkäufer verbringen.

In der unmittelbaren Umgebung der Nagwon Arkade finden sich Spezialgeschäfte für Reiskuchen und koreanische Delikatessen.

Öffnungszeiten: ca. 10:00-19:30

Verkehrsmittel:
Untergrundstation Jongno3(sam)-ga, Linie 5 (lila) – Ausgang 5

Anschrift: Jongno-gu, Seoul
Homepage: *http://www.nakwon21.co.kr/*

Gwancheoldong Seidenarkade

관철동 주단상가

Gegenüber der Youngpoong Buchhandlung, hinter dem Bosingak Glockenpavillon beginnt eine Einkaufsstraße für Seidenstoffe und traditionelle koreanische Kleider (Hanbok). Dieses zu besonderen Anlässen getragene Kleidungsstück wird aus verschiedenen farbigen Seidenstoffen genäht und mit aufwendigen Stickereien verziert. Während einfache Hanboks schon für etwa 200 Euro erhältlich sind, kann man in den exklusiven Geschäften dieser Straße auch mehrere Tausend Euro für eine Maßanfertigung ausgeben. Selbst die verwendeten Seidenstoffe werden auf Wunsch individuell gewebt. In den letzten Jahren hat sich dieses Viertel aber immer mehr zu einem jugendlichen Vergnügungszentrum gewandelt und viele der traditionellen Geschäfte wurden verdrängt. Dadurch hat sich der seit 1905 bestehende Gwangjang Markt weiter als eigentliches Zentrum für den Handel mit Seidenstoffen und Hanbok etabliert.

Verkehrsmittel: Untergrundstation Jonggak, Linie 1 (dunkelblau) – Ausgang 4

Anschrift: Gwancheol-dong, Jongno-gu, Seoul

43

Janganpyeong Antiquitäten 장안평 고미술상가

In manchen Stadtplänen wird dieser Antiquitätenmarkt auch mit Jangandong bezeichnet. Es handelt sich um insgesamt drei Häuser (Songwha, Woosung und Samho), die einige Häuserblocks voneinander entfernt liegen. Von außen sehen die Märkte wie normale Bürogebäude aus, so dass man sie schnell verpassen kann. Lediglich einige Steinfiguren vor den unscheinbaren Eingängen geben einen Hinweis, dass man an der richtigen Stelle ist. Der Bereich nordöstlich der Dapsimni Haltestelle ist auch als Zentrum des Autoteilehandels bekannt. So ist z. B. das Erdgeschoss eines Antiquitätenhauses mit Zubehörhändlern belegt. Erst in den oberen Etagen finden sich Schätze aus vergangenen Jahrhunderten. Und die Suche lohnt sich. Rund 150 Groß- und Einzelhändler lagern hier etwa eine Viertelmillion antike Teile. Wunderbare Möbel, teures Porzellan, wertvolle Lampen, kleine Figuren oder tonnenschwere Steinskulpturen – für kenntnisreiche Sammler eine Fundgrube, für den Normal-

Öffnungszeiten:
10:00-19:00, erster und dritter Sonntag des Monats ist Ruhetag

Verkehrsmittel:
Untergrundstation Dapsimni, Linie 5 (lila) – Ausgang 3 oder 4, Fußweg 2 bis 5 Minuten

Anschrift:
Dapsimni-dong, Dongdaemun-gu, Seoul
Homepage: *http://www.janganantique.com/*

besucher ein Augenschmaus, der sich vielleicht mit dem Kauf eines preiswerten Ornaments zufrieden gibt. Der größte Teil der hier angebotenen Antiquitäten ist echt, aber es gibt auch Reproduktionen. Ohne entsprechende Sachkenntnis sollte man, zumindest bei hochpreisigen Objekten, Vorsicht walten lassen. Außerdem ist es ratsam, sich über etwaige Ausfuhrbeschränkungen für Kulturgüter zu informieren.

Der Janganpyeong Antiquitätenmarkt bietet eine große Auswahl hochwertiger Antiquitäten.

Yejidong Juwelen-Einkaufsstraße 예지동 귀금속

Die koreanische Regierung gründete 1976 den „IKSAN-Komplex" (etwa 200 km südwestlich von Seoul), in dem Firmen angesiedelt wurden, die für den Export bestimmte Edelsteine und Edelmetalle bearbeiteten. Wachsender Wohlstand ließ auch innerhalb Koreas die Nachfrage nach Juwelen und Schmuck steigen. Anfang der 1980er Jahre siedelten sich Juwelengroßhändler in einem Bezirk Jognos (Bongik-dong) an. Insbesondere die Olympischen Spiele 1988 in Seoul gaben dem Handel enormen Aufschwung. Rund 1500 Großhändler in 50 Gebäuden in Bongik-dong und weitere 500 Händler im benachbarten Yeji-dong wickeln heute rund 80 % des koreanischen Geschäfts ab. Natürlich lockte diese Massierung des Großhandels auch immer mehr Einzelhändler an. Ein erstes Gebäude nur für Juwelen-Einzelhändler wurde 1997 erbaut. Inzwischen sind es rund 50 Gebäude, in denen etwa 1000 Einzelhändler um die Gunst des Kunden werben. Die Jongno Bezirksverwaltung erklärte den Bereich deshalb im Jahr 2000 offiziell zum „Jongno Juwelenbezirk". Die einheimischen Steine wie Amethyst (von zart bis tief violett), Rauchtopas, weiße koreanische Jade und Rubine werden in besonders schöner und reichhaltiger Auswahl zu günstigen Preisen feilgeboten.

Die Trennung zwischen Groß- und Einzelhandel ist für den Touristen nicht unbedingt erkennbar. Wiederverkäufer bekommen lediglich andere Preise als Einzelkunden. Trotzdem ist das Preisniveau hier etwa 30 Prozent niedriger als anderswo in Seoul. Durch diese bereits niedrigen Preise gibt es nicht mehr viel Verhandlungs-

Öffnungszeiten:
09:00-ca. 20:00, Sonntag ist Ruhetag

Verkehrsmittel:
Untergrundstation Jongno 3-ga,
Linie 1 (dunkelblau) – Ausgang 2 oder 10,
Linie 3 (orange) – Ausgang 8 oder 9,
Linie 5 (lila) – Ausgang 3 oder 8

Anschrift: Yeji-dong, Jongno-gu, Seoul

spielraum. Ernsthafte Käufer sollten deshalb über das internationale Preisniveau informiert sein, um besonders günstige Preise erkennen zu können. Zumindest einen kleinen Nachlass wird man aber immer aushandeln können, bei Barzahlung gibt es einen weiteren Rabatt.

Viele Händler verfügen über angeschlossene Produktionsstätten und können Schmuckstücke nach Kundenwunsch herstellen. So sind z.B. kurz nach Erscheinen eines neuen Katalogs einer bekannten Überseemarke ähnlich-identische Designs in den Auslagen zu finden.

Seit Anfang des neuen Jahrtausends wirkt sich die nachlassende wirtschaftliche Lage, die Vielzahl der Geschäfte und neue Schmuckzentren an Plätzen mit viel Publikumsverkehr (z.B. Busbahnhöfen) negativ auf den Umsatz im Yejidong/ Jongno Juwelenbezirk aus. Um das angekratzte Image aufzupolieren, stellt man bekannten Künstlern leihweise besonders hergestellte Schmuckstücke zu Verfügung, die diese dann in beliebten Fernsehsendungen tragen und die Aufmerksamkeit wieder auf den Bezirk lenken.

Die Myeongdong Straße erstreckt sich über einen Kilometer von der U-Bahn Station Myeongdong zur U-Bahn Station Euljiro. Das gesamte Myeongdong Viertel mit allen Seitenstraßen gilt als das Mode-Mekka Koreas. Alle größeren Kaufhausketten wie Lotte, Shinsegae und Migliore sind mit Filialen vertreten. Es gibt mehrere, teilweise unterirdische Einkaufsarkaden und unzählige kleinere Geschäfte für Bekleidung, Schuhe, Accessoires und Kosmetik sowie Spezialitätenrestaurants (z. B. in der Fischsuppenstraße oder der chinesischen Straße), Cafés und Imbissketten. In der Nähe der U-Bahn Station Myeongdong (Ausgang 6, in das Viertel hinein und erste Straße links) gibt es sogar eine deutsche Wirtschaft (Löwenbräu Pub Restaurant).

Myeongdong ist besonders abends das wohl geschäftigste Viertel Seouls und führend, wenn es um neue Modetrends geht. Verglichen mit den Märkten Namdaemun oder Dongdaemun sind die Preise in den exklusiven Geschäften relativ hoch. Dafür gibt es aber auch luxuriösere Designs und Marken, die unter anderem viele Stars anlocken um ihre Einkäufe zu tätigen.

Vor den Kosmetikläden werden die jungen Damen mit kostenlosen Proben ins Geschäft gelockt, während die Modegeschäfte versuchen, den Nachbarladen durch die Lautstärke ihrer Musik zu übertrumpfen. Ab etwa 17:00 bevölkern

Öffnungszeiten:
je nach Geschäft ca. 06:30-22:00 oder länger

Verkehrsmittel:
Untergrundstation Myeong-dong, Linie 4 (hellblau) – Ausgang 5, 6 oder 7
Untergrundstation Euljiro 1(il)-ga, Linie 2 (grün) – Ausgang 6

besondere Aktivitäten:
Im April und September Straßenfestival mit Modenschauen, Konzerten, Schönheitswettbewerb und anderen Veranstaltungen. Fast täglich nachmittags und abends Talentshows nahe des Ausgangs 6, Myeong-dong Station.

Anschrift: Myeong-dong, Jung-gu, Seoul
Kontakt: +82-2-774-3890
Homepage: *http://www.myungdong.co.kr/*

viele fliegende Händler die Straßen und bieten ihre Waren zu relativ günstigen Preisen an. Fünfsternehotels, Bankzentralen und Sicherheitsfirmen sind ebenfalls in Myeongdong beheimatet. Da dieses Viertel von vielen Touristen besucht wird, gibt es z. B. in Apotheken und Kliniken oft englischsprachiges Personal. Die beeindruckende Myeongdong Kathedrale befindet sich am östlichen Rand des Myeongdong-Viertels.

Exklusive Kaufhäuser am Rand von Myeongdong ...

... und modische Boutiquen inmitten von Myeongdong.

COEX Mall

Mit rund 200 Restaurants, Theatern, Geschäften, Kaufhäusern, Banken und anderen Einrichtungen ist dies Koreas größtes unterirdisches Vergnügungs- und Einkaufsviertel. In der optischen Gestaltung des Zentrums hat man sich an der Natur orientiert und die einzelnen Promenaden in acht Themenbereiche eingeteilt. So gibt es den Seeweg, den Fluss- und Ozeanweg, den tropischen Weg, aber auch Gipfel- und Waldweg sowie den Pfad am Wasserfall und das Thema Canyon. Allerdings spiegeln diese Namen lediglich die farbliche Gestaltung der entsprechenden Passagen wieder. Nur am Wasserfall-Pfad gibt es tatsächlich einen Wasserfall.

Täglich mehr als 100.000 Besucher verteilen sich auf über 118.000 m² unterhalb des World Trade Centers Seoul. Neben anderem befinden sich hier auch das das Kimchi Museum und das COEX Aquarium. Die in sechs Themenbereiche aufgeteilte Unterwasserwelt beherbergt etwa 40.000 Meeresbewohner in 500 bis 600 Arten. Der einer Raumstation nachempfundene Megabox Cineplex Kinopalast mit 17 Leinwänden ist besonders bei der jüngeren Generation beliebt. Sehr interessant ist auch der Lake Food Court unter dessen durchsichtigem Boden Wasser fließt und die Bandi & Lunis Buchhandlung.

Öffnungszeiten:
Allgemein: 10:00-22:00
COEX Aquarium: 10:00-20:00
Megabox Cineplex: 08:00-01:00
Lake Food Court: 10:00-21:00
Bandi & Lunis: 09:30-22:30

Verkehrsmittel: Untergrundstation Samseong, Linie 2 (grün) – Ausgang 5 oder 6

Anschrift: Samseong-dong, Gangnam-gu, Seoul
Homepage: *http://www.coex.co.kr/*
http://www.coexaqua.co.kr/

Einkaufen

olleh square

올레스퀘어

Seit Mai 2010 bietet der Telekom-Gigant KT hier die Möglichkeit die neuesten IT- und Telekommunikationsgeräte in einer entspannten Atmosphäre zu erleben und auszuprobieren. Ein Café und eine Außenterasse bieten Ruhezonen. Eine besondere Attraktion sind die „1000 Won Vorstellungen". Fast an jedem Tag spielen Gruppen der verschiedensten Musikrichtungen in einem Amphitheater-artigen Raum.

Öffnungszeiten: 09:00-21:00

Verkehrsmittel: Untergrundstation Gwanghwamun, Linie 5 (lila) – Ausgang 2

Anschrift: 100 Sejong-ro, Jongno-gu, Seoul
Homepage: *http://ollehsquare.kt.com/*

47

Central City   센트럴시티

Dieser Begriff bezeichnet nicht, wie man vielleicht vermuten könnte, die Stadtmitte von Seoul, sondern den Bereich um den Seoul Express Bus Terminal mit dem City Air Terminal und angeschlossenem Einkaufszentrum. Diese Transport-Zentrale hat Haltestellen für über 60 Buslinien des öffentlichen Nahverkehrs. Fast 60 koreanische Städte werden von hier mit Expressbussen direkt angefahren, außerdem gibt es U-Bahn Haltestellen der Linien drei, sieben und neun. Das City Air Terminal bietet einen kom-

Öffnungszeiten: Die Öffnungszeiten der einzelnen Geschäfte und Einrichtungen variieren.

Verkehrsmittel:
Untergrundstation Express Bus Terminal, Linie 3 (orange) oder Linie 7 (oliv) – Ausgang 1 oder 2 oder Linie 9 (gold) – Ausgang 11

Anschrift: 19-3 Banpo 4-dong, Seocho-gu
Homepage: *http://www.centralcityseoul.co.kr/*

pletten Flughafen Check-In für Korean Air mit Gepäckaufgabe, Einwanderungs- und Zollkontrolle. Luxuriöse Limousinen-Busse erreichen den Flughafen Incheon in 50 Minuten.
Allein der Parkplatz mit 1300 Stellplätzen lässt auf die Größe dieses Komplexes mit Shinsegae Einkaufszentrum, Marriott Hotel, mehreren Veranstaltungshallen, Banken, Kliniken, Postamt und einer Shopping Mall mit unterschiedlichsten Geschäften und Kino schließen. Für das leibliche Wohl sorgen das „World Food Court", verschiedene Spezialitätenrestaurants und Cafés.

Garden 5   가든파이브

Am südöstlichen Stadtrand Seouls, dort wo es noch große unbebaute Flächen gibt, entsteht seit etwa 2008 auf über 400.000 m² ein ambitioniertes Projekt das Produktion und Verkauf bündelt. Bereits fertig sind das Kaufhaus Garden 5 life, Garden 5 works (Industrie) und Garden 5 tools (Industriemaschinen und -werkzeuge). Ein Logistikzentrum und ein Förderzentrum sind in Planung. Namensgebend und besonders beeindruckend ist das bis zu 16 Stockwerke hohe, aus vier Teilen bestehende, ringförmig um einen Innenhof angeordnete Kaufhaus. Die über Brücken und Stege verbundenen Dächer der einzelnen Gebäude, insgesamt etwa 20.000 m²,

Öffnungszeiten:
09:30-22:00, im Winter bis 20:00

Verkehrsmittel:
Untergrundstation Jangji, Linie 8 (rot) – Ausgang 3, direkter Zugang

Anschrift: 280 Munjeong-dong, Songpa-gu
Homepage: *http://www.garden5.com/*

sind garten- und parkähnlich gestaltet. Hier kann man picknicken, sich entspannen, sonnen oder bei einer Wanderung den Blick auf die umliegenden Berge genießen.

Times Square

Das Einkaufszentrum mit dem ambitionierten Namen wurde am 16. September 2009 eröffnet. Mit rund 300.000 m² ist TIMES SQUARE zurzeit das größte Einkaufszentrum in Korea. Knapp 200 Geschäfte verteilen sich auf zwei unterirdische und fünf oberirdische Etagen. Es gibt Sportstudios, medizinische Kliniken, Restaurants und ein CGV Multiplex-Kino. Das Shinsegae Kaufhaus, E-Mart und die Kyobo-Buchhandlung haben große Filialen eingerichtet. Weitere Gebäude sind vom Marriott Hotel, einer Amoris Konferenz-, Hochzeits- und Banketthalle für 600 Personen sowie Büroflächen belegt. Allein die beeindruckende Architektur des über mehrere

Öffnungszeiten: 10:30-22:00, einige Geschäfte abweichend, teilweise 24h

Verkehrsmittel:
Untergrundstation Yeongdeungpo, Linie 1 (dunkelblau) – Ausgang 3, Fußweg 4 Min.

Anschrift: 441-10 Yeongdeungpo-dong 4-ga
Homepage: *http://www.timessquare.co.kr/*

Ebenen gehenden gläsernen Atriums und einer parkähnlichen Plaza von fast 15.000 m² locken zu einem Besuch.

D-Cube City

Ein semi-ovales Hochhaus mit 41 oberirdischen und sieben unterirdischen Stockwerken öffnete im August 2011 seine Tore. Neben dem eigentlichen Kaufhaus das sich über sechs Etagen erstreckt gibt es im D-Cube City verschiedene Restaurants, Theater, Büro- und Veranstaltungsräume, Kliniken und das Sheraton Hotel. Um sich von anderen Einkaufszentrum, insbesondere dem nur eine U-Bahn Station entfernten Times Square zu unterscheiden gibt es im D-Cube City mehrere Wasserfälle, die, teilweise

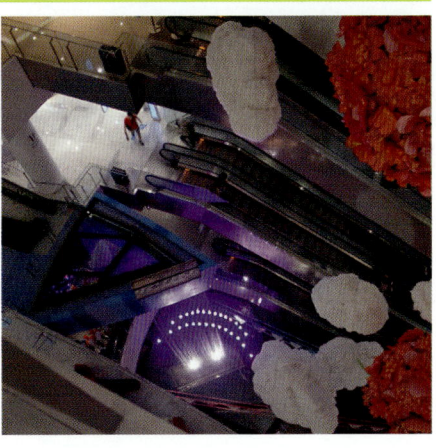

Öffnungszeiten:
11:00-21:30, Fr.-So. bis 22:00

Verkehrsmittel: Untergrundstation Sindorim, Linie 1 (dunkelblau) oder Linie 2 (grün) – Ausgang 1, direkter Zugang

Anschrift: 662 Gyeongin-ro, Guro-gu, Seoul
Homepage: *http://www.dcubecity.com/*

über mehrere Etagen, in Wasserflächen enden durch deren gläsernen Boden man in darunter liegende Ebenen schauen kann. Für kleinere Kinder gibt es sogar eine eigene Erlebniswelt, den Pororo Park.

populäre
Viertel

인기
지역

50

Szeneviertel und Stadtteile, die etwas besonderes bieten, findet man in jeder Stadt – und natürlich hat auch Seoul eine ganze Reihe von reizvollen, sehenswerten, attraktiven und außergewöhnlichen Bezirken vorzuweisen von denen die interessantesten auf den folgenden Seiten vorgestellt werden. Im schnelllebigen Seoul sind die angesagtesten Orte dabei einem stetigen Wandel unterworfen. So galt z.B. das Bukchon Hanok Dorf bis vor wenigen Jahren noch als Geheimtipp, heute ist es fest in der Hand einheimischer und ausländischer Besucher. Ob der neue Geheimtipp Seochon eine ähnliche Entwicklung nehmen wird bleibt abzuwarten. In der Garosugil Straße kann man dagegen jetzt schon miterleben wie ein neuer Hotspot entsteht. Es vergeht kaum eine Woche, in der dort nicht ein neues Geschäft oder Restaurant eröffnet.

Bukchon Hanok Dorf 북촌한옥마을

Das Stadtviertel Bukchon (nördliches Dorf) ist ein Bereich, in dem sich viele traditionelle Häuser (Hanok) befinden. Zwischen Gyeongbokgung und Changdeokgung gelegen, war es während der Joseon Dynastie Wohnort für Adlige und hohe Beamte.

Die Lage zwischen den beiden Palästen erlaubte es den Beamten schnell zur Stelle zu sein wenn der König rief. Durch die Hanglage entstand ein natürliches Abwassersystem. Die Südlage mit Blick auf den Namsan bot den Bewohnern einen grandiosen Ausblick und so entwickelte sich Bukchon zu einer exklusiven Wohngegend.

Als Folge der japanischen Kolonisation und dem Ende des Königreichs verkauften die Adligen und Beamten ihre Häuser, bevor sie die Gegend verließen. Als Käufer traten japanische Immobilienunternehmer auf die die großen Hanok zerstörten oder in Teilen verkauften. In den dreißiger Jahren des 20. Jahrhunderts entstanden kleinere Hanok für die Mittelklasse die nicht mehr viel an die traditionellen Hanok erinnerten. So sind die schmalen Gassen des Bukchon auch stumme Zeugen der tragischen Geschichte Koreas Anfang des 20. Jahrhunderts.

Bukchon besteht aus sechs Bezirken (dong) und hat eine Fläche von etwas über einem Quadratkilometer. Von den traditionellen koreanischen Häusern sind hier noch etwa 900 erhalten. So galt das malerische Altstadtviertel lange Zeit als touristischer Geheimtipp.

Verkehrsmittel: Untergrundstation Anguk, Linie 3 (orange) – Ausgang 3, Fußweg 5 Min.

Anschrift: Gye-dong, Jongno-gu, Seoul
Homepage: *http://bukchon.seoul.go.kr/eng/index.jsp*

Seit der Jahrtausendwende hat die Stadtverwaltung den Bezirk als erhaltenswert eingestuft und seit 2001 wurden im Rahmen des Bukchon Hanok-Projekts Fördermittel bereitgestellt um das fortschreitende Verschwinden der alten Bausubstanz zu stoppen. Mit insgesamt rund sieben Millionen Euro wurde die Renovierung von ca. 300 Hanoks subventioniert und mehr als vier Kilometer Straßenbelag erneuert. Weitere 18 Millionen Euro hat die Stadt Seoul für den Kauf von Hanoks ausgegeben die vom Abriss bedroht waren. Dank behutsamer Restaurierung und Verschönerung blieb der nostalgische Flair des Viertels mit seinen engen und steilen Gassen größtenteils erhalten. Eine besonders dichte Konzentration historischer Hanoks befindet sich nördlich der Jeongdok Bibliothek im Bereich 31 des Gahoe-dong Bezirks. Im Jahr 2009 erhielt die Stadt Seoul des-

halb für ihr Bukchon Renovierungsprojekt den UNESCO-Preis für die Bewahrung von Kulturerbe im asiatisch-pazifischen Raum.

Einige Hanoks dienen als Gästehäuser in denen man traditionell wohnen kann, ohne auf modernen Komfort verzichten zu müssen. Künstler und Handwerker öffnen ihre Hanoks und Werkstätten für Besucher und eine ganze Reihe von privaten Hanoks sind ebenfalls für interessierte Besucher geöffnet. Unzählige Boutiquen, Galerien, Cafés und Restaurants entlang der Samcheong-dong gil (gil = Straße) sind ein weiterer Touristen-Magnet und inzwischen ist Bukchon eine bei Touristen und Einheimischen gleichermaßen beliebte Attraktion.

TIPP
Informationen zu Führungen durch das Viertel und mobile GPS Informationssysteme (kostenlose Ausleihe) gibt es im Bukchon Kulturzentrum (Karte S. 55, Nr. 27).

35 Ausstellungsraum für immaterielles Kulturerbe (서울무형문화재 교육전시장) – traditionelle Handwerkskünste in einem open-house Hanok, Di.-So. 11:00-17:00, http://www.seoulmaster.com/
36 Eundeok Kulturzentrum (은덕문화원) – Seminar und Ausstellungsraum des Won Buddhismus in trad. Hanok
37 BongSanJae (봉산재) – open-house Hanok des Professors Na Seoungsook, Di.-So. 10:00-19:00 Uhr, http://bukchonart.com/
38 Lee's Haus (이가 문화체험원) – Kulturerfahrung und -lehrgang: Wie ein Koreaner leben, 10:30-20:00 Uhr
39 Lackierwerkstatt (옻칠공방) – Meister der Lackierkunst Sin Junghyeon, 10:00-17:00 Uhr
40 Woori Bitkkal Werkstatt (우리빛깔공방) – Design historischer Gegenstände für moderne Nutzung, Di-So. 10:30-17:00 Uhr
41 Haneul Mulbit (하늘물빛) – Studio für Knüpf- und Färbetechniken, http://www.macart.co.kr/
42 Puppen Tagebuch (한국 옛인형 일기) – Werkstatt für historische koreanische Puppen
43 ChungWonSanBang (청원산방) – Tischlereimuseum, Di.-Sa. 10:00-17:00 Uhr , http://www.sungsimart.com/
44 ‚DONGLIM' Knoten (동림매듭공방) – Museum und Werkstatt für dekorative Knoten, Di-So. 11:00-18:00 Uhr, http://www.shimyoungmi.com/
45 Gahoe Minhwa (가회 민화공방) – Museum und Werkstatt für Folklorekunst, Di.-So. 10:00-17:00 Uhr, http://www.gahoemuseum.org/
46 Jeotdae (북촌 젓대공방) – Werkstatt für traditionelle Bambusflöten
47 Gawon Handarbeits-Studio (가원공방)
48 Yido (이도) – Töpferei und Galerie, 10:00-19:00 Uhr, http://yido.kr/
49 Han Sangsoo (한상수 자수공방) – Stickerei-Werkstatt, Di.-So. 10:00 -17:00, http://www.hansangsoo.com/
50 Kum Bak Yeon (금박연) – Atelier für Golddruck, seit 1856, http://www.kumbak.com/
51 Bobine (보빈느 퀼트 공방) – Steppdeckenwerkstatt, http://www.bobine.co.kr/
52 Lackierwerkstatt ‚Chilwon' (옻칠공방 ‚칠원') – historische Lackiertechnik, Forschung und Ausstellung, Di.-So. 10:00-17:00 Uhr, http://www.ott.or.kr/
53 ‚Zeeno Space' (돌조각공방 ‚지노공간') – Choi Jinho's Steinskulpturen-Werkstatt, http://www.zeeno.net/
54 Kyungshin Werkstatt (경신공방) – Kim Kyungshin zeigt hier ihren Papierkunstschmuck, Di.-So. 10:00-17:00
55 Traditionelle koreanische Drachen (리기태 전통연공방) – Werkstatt von Rhee Kitai, Mo-Fr. 10:00-17:00 Uhr
56 Institut für die königlich koreanische Küche (궁중음식연구원) – Mo.-Fr. 10:00-16:00 Uhr, http://www.food.co.kr/

öffentliche Orte, Institutionen, Behörden
57 Residenz des Premierministers
58 Gahoe-dong katholische Kirche (가회동성당) – nach Abriss entsteht zur Zeit ein neues, modernes Gebäude, http://www.kahoe.or.kr/

54

Essen, Trinken, Schlafen, Einkaufen
59 Do Ga Hun (두가헌) – exklusive Weinbar und ital.-franz. Restaurant in altem Hanok das einem Angehörigen der königlichen Familie gehörte. http://dugahun.com/
60 Hovan (호반) – traditionelles koreanisches Restaurant, 11:00-22:30 Uhr, http://www.hovan.co.kr/

61 San Ne Ri (산내리 한정식) – traditionelles koreanisches Restaurant im ehemaligen Haus eines Adligen, 12:00-22:00 Uhr, http://www.sanneri.com/
62 egg – Café
63 mukshidonna to-ppo-kei (먹쉬돈나) – angesagtes Restaurant für Spagetti-Eintopf mit Beilagen nach Wahl, http://www.mukshidonna.com/
64 Bukchon Gamasot Seolleongtang (북촌가마솥설렁탕) – Hanok Restaurant spezialisiert auf Seolleongtang-Rindfleischsuppe
65 Mananim Recipe (마나님 레시피) – Restaurant mit traditioneller koreanischer Küche, 12:00-20:00 Uhr, http://gmananim.com/
66 Ramyeon Ttaengineun Nal (라면 땡기는 날) – populäres preiswertes Nudelrestaurant, 08:00-20:00 Uhr
67 Bukchon Kalguksu (북촌칼국수) – beliebtes Restaurant für handgemachte koreanische Nudeln, 11:00-21:30
68 Café in
69 AGIO – Pizzeria mit Außenterasse
70 Doo Roo – Café mit kleiner Außenterasse, 10:00-23:00
71 Ga Hwa Dang (가화당) – versteckt gelegenes traditionelles Teehaus in galerieartig renoviertem Hanok, Di.-So. 13:00-22:00 Uhr
72 Cha Masineun Tteul (차 마시는 뜰) – Teehaus, S. 193
73 Café Mium
74 Café Yeon (연) – ideal für eine Rast in altem Hanok
75 Dalhangari (달항아리) – koreanisches Mehr-Gänge-Restaurant mit Zutaten aus biologischem Anbau zu erstaunlich mäßigen Preisen
76 yookssam (육쌈냉면) – preiswertes Restaurant für koreanische Gerichte, http://yookssam.co.kr/
77 SoSonJae (소선재) – traditionelle koreanische Küche zu vernünftigen Preisen, 11:30-21:30 Uhr
78 Wano (와노) – japanische Küche
79 Yongsusan (용수산) – königliche Küche in luxuriösem Ambiente, http://www.yongsusan.co.kr/
80 zweitbester Platz in Seoul (서울서둘째로잘하는집) – urtümliches Teehaus, bekannt für seinen Rote-Bohnen-Brei (patjuk), 11:00-22:00 Uhr
81 Palette (팔레트) – Café, spezialisiert auf erstklassiges Gebäck, 10:00-23:00 Uhr
82 baedongbaji (배동받이) – traditionelles koreanisches Restaurant mit Blick über Bukchon
83 Sophia Guest House (소피아 게스트하우스) – Hanok Pension, http://sophiagh.com/
84 Anguk Guest House (안국 한옥체험관) – Hanok Pension, http://www.anguk-house.com/
85 Urijip, Our Home (한옥체험관 ‚우리집') – Hanok Pension
86 RakKoJae Guest House (락고재 한옥체험관) – Hanok Pension, http://www.rkj.co.kr/
87 Seoul Guest House (서울게스트하우스) – Hanok Pension, http://seoul110.com/
88 Tea Guesthouse (티 게스트하우스) – Hanok Pension, http://www.teaguesthouse.com/
89 Gahoe Guest House – Hanok Pension
90 Bukchon Guest House (북촌 한옥체험관) – Hanok Pension, http://www.bukchon72.com/eng_index.php
91 Doo Guest House (두게스트하우스) – Hanok Pension, http://www.dooguesthouse.com/
92 Yeonwoo House – Hanok Pension
93 Seoul Selection – Verlagsbuchhandlung, Reiseführer
94 mmmg (MilliMeterMilliGramm) – Papierwarengeschäft und Café, 10:00-23:00 Uhr

Bukchon

Rechnungs-prüfungsamt

Choong Ang Hochschule

50 m

Changdeokgung

Jeongdok öffentliche Bibliothek

Samcheong-dong gil

Daedong Hoch-schule

Verfassungs-gericht

Hyundai

Wonseo Park

Anguk

Unhyeongung

55

Durch die japanische Besatzung und das Ende des Joseon Königsreichs Anfang des 20. Jahrhunderts wurden die in Bukchon wohnenden Adligen und Hofbeamten um ihr Land und ihre Arbeitsplätze beraubt. Sie entließen ihre Angestellten und verkauften, was immer sie konnten. Damals siedelten sich in Insadong, einem Bereich der sich im Süden direkt an das Bukchon-Wohnviertel anschließt, die ersten Antiquitätengeschäfte an. Mit dem Niedergang Bukchons begann der Aufstieg Insadongs.

Heute ist Insadong ein Viertel im Herzen Seouls, in der man traditionelle koreanische Kultur sehen, erleben und kaufen kann. Besonders für Touristen, die sich nur wenige Tage in Seoul aufhalten, ist Insadong die erste Adresse, wenn es um die Suche nach authentischen Mitbringseln geht. Selbst reine Souvenirshops bieten relativ wenig Kitsch an. Läden die traditionelles Kunsthandwerk feilbieten, Mode-, Antiquitäten-, Papierwaren- und Kalligrafiegeschäfte sind eindeutig in der Überzahl. Bei schönem Wetter bieten unzählige fliegende Händler entlang der Hauptstraße Insadong-gil ihre Waren und Dienstleistungen an. Oft kann man zusehen wie kleine kunsthandwerkliche Dinge entstehen und sogar personalisierte Andenken auf Wunsch hergestellt werden. Und all dies zu Preisen die nur wenig höher sind als auf den preiswerteren Märkten. Straßenkünstler und rund 100 Galerien ergänzen das kulturelle Flair dieser Gegend. Sonntags zwischen 10:00 und 22:00 Uhr wird die Insadong-gil für Autos gesperrt und verwandelt sich in eine Fußgängerzone auf der man an manchen Tagen 100.000 Besucher zählen kann.

Öffnungszeiten:
etwa 10:00-18:00/22:00, variiert von Geschäft zu Geschäft

Verkehrsmittel:
Untergrundstation Anguk, Linie 3 (orange) – Ausgang 6, Fußweg 1 Minuten
Untergrundstation Jonggak, Linie 1 (dunkelblau) – Ausgang 3, Fußweg 4 Minuten
Untergrundstation Jongno3(sam)-ga, Linie 5 (lila) – Ausgang 5, Fußweg 3 Minuten

Anschrift: Insa-dong, Jongno-gu, Seoul
Homepage: *http://www.goinsadong.com/*

Man sollte auf keinen Fall versäumen in einige der kleinen abzweigenden Gassen hineinzuschauen und eines der unzähligen Teehäuser oder Restaurants aufzusuchen. Bereits nach wenigen Metern in diese schmalen Wege hinein fühlt man sich, inmitten traditioneller Häuser, um Hunderte von Jahren in die Vergangenheit zurückversetzt.

Insbesondere am Wochenende, aber auch an manchen Wochentagen, veranstaltet die Gesellschaft zur Bewahrung der traditionellen Künste Vorführungen auf dem kleinen Platz Naminsa am südlichen Ende von Insadong.

56

Theater, Galerie, Kunst, Kultur

6 Gana Art Space (가나아트스페이스) – Galerie für aufstrebende Künstler, 10:00-19:00 Uhr, http://gana.insaartcenter.com/

7 Mokin (목인박물관) – Museum und Galerie mit etwa 8000 Holzfiguren, 10:00-19:00 Uhr, http://www.mokinmuseum.com/

8 Kwanhoon Galerie (관훈갤러리) – Eröffnet 1979, eine der ältesten Galerien für moderne Kunst, 10:30-18:30, http://www.kwanhoongallery.com/

9 Insa Art Center (인사아트센터) – sechs Etagen mit koreanischer und moderner Kunst, 10:00-19:00 Uhr, http://www.insaartcenter.com/

10 Kyung-In (경인미술관) – Museum und Galerie (http://www.kyunginart.co.kr/) 10:00-18:00 Uhr, Eintritt frei – mit angeschlossenem traditionellem Teegarten Dawon (전통다원) 10:00-22:50 Uhr

11 Seoul Art Center (서울아트센터) – Galerie und Geschäft, 10:00-18:00, http://seoulartcenter.or.kr/

12 Moro Galerie (모로갤러리) – http://www.morogallery.com/

13 HwaBong Galerie (화봉문고) – Bücher, Landkarten, Drucke, Galerie, Buchmuseum (größtes und kleinstes Buch der Welt), Auktion, http://www.hwabong.com/

14 Galerie La Mer (갤러리라메르) – 10:30-18:30 Uhr, http://www.gallerylamer.com/

15 Sun Galerie (선화랑) – Mo.-Sa. 10:00-18:00 Uhr, http://www.sungallery.co.kr/

16 Teemuseum (아름다운 차 박물관) – Museum, Geschäft und Cafe, 10:30-22:00 Uhr, http://www.tmuseum.co.kr/

öffentliche Orte, Institutionen, Behörden

17 Jongno Tower (종로타워) – S. 124

18 Seungdong Presbyterianer-Kirche (승동교회) – gegründet 1902, eine der ältesten ev. Kirchen in Korea, roter Backsteinbau, http://www.seungdong.or.kr/

19 Insadong Culture Plaza (인사동 화마당) – kleine, mit Blumen und Bambus bepflanzte Fläche

20 Naminsa – Veranstaltungsplatz

21 Cheondogyo (천도교) – Zentraltempel einer nationalistischen religiösen Gruppe, Fertigstellung 1921, http://www.chondogyo.or.kr/

Essen, Trinken, Schlafen, Einkaufen

22 Balwoo Gongyang (발우공양) – vegetarisches buddhistisches Tempelessen, 12:00-15:00, 18:00-21:00 Uhr, http://www.baru.or.kr/, auf der 5. Etage des Templestay Informationszentrums, http://eng.templestay.com/

23 Viertel mit vielen traditionellen Restaurants

24 Palast (궁) – traditionelles koreanisches Restaurant, 11:30-21:30 Uhr, http://www.koong.co.kr/

25 Minga Daheon (민가다헌) – Fusion-Restaurant und Weinbar in „modernem" Hanok von 1930, http://www.minsclub.co.kr/

26 Viertel mit vielen traditionellen Restaurants

26 Sadongmyeonok (사동면옥) – koreanisches Restaurant, Spezialität: Maultaschen, 10:00-22:00 Uhr

28 Sanchon (산촌) – vegetarisches buddhistisches Tempelessen, serviert in traditionellen Ulmenholzschalen die auch verkauft werden, 11:00-22:00 Uhr, zwischen 20:00

und 20:45 Aufführung von Tempeltänzen (Seungmu und Bara), http://www.sanchon.com/

29 Il Mare (일마레) – Café, Nudeln und Galerie, 11:00-20:00 Uhr, http://www.il-mare.co.kr/

30 Yeojaman (여자만) – koreanisches Restaurant, Spezialität: Meeresfrüchte, 11:30-01:00 Uhr

31 Viertel mit vielen traditionellen Restaurants

32 Yukmi (육미) – Fischrestaurant, Spezialität: Spieße, 10:00-00:30 Uhr

33 Kumkang (금강) – Schuhgeschäft

34 VOOK'S (북스) – Buchgalerie und Cafe, 10:00-19:00 Uhr, http://www.gallery.co.kr/

35 Insa Korea (인사코리아) – Kunsthandwerk und Souvenirs

36 Nagwon Arkade (낙원상가) – S. 43

37 NSC (한국관광명품점) – nationales Souvenir Zentrum, 09:00-18:00 Uhr, http://www.souvenir.or.kr/

38 Park Yeong-suk Yo (박영숙요) – exklusives Keramikgeschäft, 09:00-18:00 Uhr

39 Tong-in (통인) – Antiquitäten auf fünf Etagen, seit 1924, 10:00-19:30 Uhr, http://www.tonginstore.com/

40 Sori Hana (소리하나) – populäres Geschäft für Kunsthandwerk von bekannten Designern, 09:30-20:00

41 Ssamzieil (쌈지길) – Markt mit 70 Geschäften auf vier Etagen, 10:30-21:00 Uhr, http://www.ssamzigil.co.kr/

42 Tongmunkwan (통문관) – Koreas ältestes Buchgeschäft, seit 1934, 10:30-18:30 Uhr, http://tongmunkwan.co.kr/

57

Seochon

Westlich des Gyeongbok-Palastes liegt das Stadt-viertel Seochon (Westdorf) in dem es das alte ge-mütliche Seoul der verwinkelten Gassen und Hanok-Häuser (noch) gibt. Nachdem Bukchon zu einer der beliebtesten Seouler Attraktionen avan-ciert ist gilt Seochon als neuer touristischer Geheimtipp. Unverfälscht und ungeschönt gibt es hier Bereiche in denen es noch (fast) so zu-geht wie zur Joseon Zeit.

Rund 300 der insgesamt etwa 1.400 in Seoul vor-handenen traditionellen Hanoks befinden sich in Seochon. Entlang der Hauptverkehrsstraßen, die das Viertel durchschneiden, sind die histori-schen Gebäude allerdings meistens verschwun-den. Man findet sie versteckt hinter Hochhäusern und Neubauten, an Gassen die zu schmal für den Autoverkehr sind. Den Hauseingang bilden massive Holzportale mit kunstvollen Messing-verzierungen. Links und rechts davon fungieren Blumenkübel als Vorgarten. Hinter dem auch heute noch oft unverschlossenen Eingang ver-steckt sich ein Innenhof in dem sich ein Großteil des täglichen Lebens abspielt. Dort unterhält man sich mit Nachbarn und Gästen, hängt die Wäsche zum Trocknen auf oder putzt Gemüse. Seochon ist eine der letzten Gelegenheiten Seoul so zu erleben, wie es sich vor über hundert Jahren während der Joseon Zeit darstellte.

In dieser Art von Viertel, „Wihang" genannt, wohnte die kleine Mittelschicht der Joseon-Dynastie: Techniker, Ärzte, Übersetzer, Gelehrte. Ende des 18. Jahrhunderts wurde hier die poe-tische Gesellschaft „Songseokwon" (Garten von Pinie und Fels) gegründet. Im Bezirk Ogin-dong traf man sich zum Dichten und Trinken. Heute erinnert ein Stein mit den Zeichen dieser Ge-sellschaft daran.

58

Verkehrsmittel:
Untergrundstation Gyeongbokgung, Linie 3 (orange) – Ausgang 1, 2, 3 oder 4

Lee Wan-yong, dessen Unterschrift Korea zur japanischen Kolonie machte, hatte hier sein Haus. Einer der bedeutendsten koreanischen Schriftsteller der frühen Moderne, Yi Sang (1910-1937) wohnte hier. Auch König Sejong der Große (1397-1450) wurde in Seochon geboren. All die-se historischen Orte sind jedoch verschwunden und nur noch durch kleine Hinweise markiert. Im Jahr 2008 besann sich die Seouler Stadt-verwaltung auf die historische Bedeutung Seochons und ließ die Möglichkeiten für den Erhalt der Viertels untersuchen. Ein entspre-chendes Restaurationsprojekt stieß aber nicht bei allen Bewohnern auf Zustimmung. Denn Neubauten bedeuten steigende Grundstücks-preise. Aber es gibt auch viele Stimmen für eine Anti-Neubau-Bewegung um die Identität und den Charme des Viertels zu bewahren. Sie inves-tieren in das alte Hanok-Erbe und schaffen Cafés, Restaurants oder Galerien und hoffen darauf, dass sich Seochon in den kommenden Jahren zu einem Kunst- und Kulturviertel entwickeln wird. Westlich des Gyeongbok-Palastes, hinter der großen Hauptstraße die Seochon in Nord-Süd Richtung trennt und unterhalb des Inwangsan werden die Gassen zunehmend enger und die Anzahl historischer Häuser häufiger. Dort findet man auch das in ganz Seoul für seine Hühner-suppe (Samgyetang) bekannte, in einem ganzen Komplex von Hanok-Häusern untergebrachte Restaurant Tosokchon. Ansonsten sind die Cafés, Galerien und Restaurants, die sich überwiegend im Bereich nahe des Gyeongbokgung befinden, kleine Einrichtungen in denen man in fast pri-vater Atmosphäre speisen und rasten kann.

1 Cheongwadae Sarangchae (청와대사랑채) – Präsi-dentenmuseum (S. 123), http://cwdsarangchae.kr/
2 pinus bungeana (통의동의 백송) – mehrere hundert Jahre alte Kiefer, Naturdenkmal. Stürzte während eines Sturms 1990 um, nur noch Baumstumpf vorhanden.

Theater, Galerie, Kunst, Kultur

3 Daelim-Museum (대림 미술관) – zeitgenössische Kunst, spezialisiert auf Fotografie, 10:00-18:00 Uhr, http://www.daelimmuseum.org/

Seochon

4 Galerie Simon (갤러리 시몬) – www.gallerysimon.com/
5 Artside (아트사이드) – Galerie, http://artside.org/
6 Jean Art Center (진화랑) – Galerie, www.jeanart.net/
7 Ryugaheon (사진위주 류가헌) – Fotogalerie,
10:30-18:30 Uhr, http://www.ryugaheon.com/
8 factory (고희) – Café und Galerie,
9 KunstDoc – Galerie, http://www.kunstdoc.com/
10 artga (갤러리 아트가) – Galerie, www.artga.net/

Essen, Trinken, Schlafen, Einkaufen

11 Soo:P – Café mit Pflanzendekoration
12 Ca' del Lupo (까델루뽀) – italienisches Restaurant
13 Duomo (두오모) – Bücher und Essen, 12:00-15:30,
18:00-22:00 Uhr, http://www.myduomo.com/,
14 6.1.4 – italienisches Restaurant, 12-15, 17-21:30 Uhr
15 Baeksong (白松 – 찜 수육 정식) – Restaurant für Rindfleischsuppe Seolleongtang (설렁탕)
16 Recipe (시피) – winziges italienisches Restaurant
17 Goghi (고희) – Café und Galerie, 11:00-22:00 Uhr,
http://www.goghi.kr/
18 Daerimjeong (대림정) – trad. koreanisches Restaurant
19 Bean Store (커피 공방) – Kaffeerösterei und Mini Café,
09:00-22:00 Uhr

20 mk2-Café, 11:00-21:00 Uhr
21 Gagarin (가가린) – gebrauchte Bücher und mehr,
Künstlerkollektiv, 12:30-19:30 Uhr
22 le Frenchie (르프렌치) – franz. Familienrestaurant,
http://www.lefrenchie.co.kr/
23 Maison Kiwa (메종 기와) – französisches Restaurant,
11.30-15.00, 17.30-22.00 Uhr
24 Gastro Tong (가스트로 통) – europäisches Restaurant
25 Euro Gourmet (유로구르메) – europäisches Restaurant
26 La Porta (라 뽀르따) – Ristorante, 12-15, 18:30-21 Uhr
27 Café 지인 mit skandinavischer Einrichtung
28 Tosokchon (토속촌) – Samgyetang Restaurant
29 Café Spring (카페 스프링) – Café, 11:00–22:00 Uhr,
http://www.cafe-spring.com/
30 Gamrodang (감로당) – Tempelessen, sachalfood.com/
31 봉평막국수 – Buchweizennudel-Restaurant
32 Hyoja Bakery (효자 베이커리) – Bäckerei
33 Tongin Markt (통인시장) – lokaler Markt
34 Sympa – Geschäft für selbst gemachte Lederwaren wie
Tagebücher und Terminkalender
35 The Soho – Residenz-Hotel, französisches Restaurant „La
Table de Picasso" und Galerie mit Originaldrucken von
Picasso, Chagall, Miro u.a. http://www.thesoho.co.kr/

Jeongdong –
Rund um den Deoksugung Palast

Während der Bau-Boom in Seoul über die letzten Jahrzehnte viele gewachsene, städtebauliche Strukturen zerstört hat, kann man in Jeongdong, im Herzen der Stadt, noch den Flair des alten Seoul spüren. Zur Zeit der Joseon Dynastie war das Viertel Jeongdong, direkt neben dem Deoksugung Palast gelegen, ein vornehmes Wohnviertel für Adlige und hohe Beamte. Zu Beginn des 20. Jahrhunderts bildeten diplomatische Vertretungen westlicher Länder, Schulen, christliche Kirchen und Missionare eine Stadt innerhalb der Stadt. Außerdem war Jeongdong das Herz des Daehan Kaiserreichs (1897-1910) das letztendlich mit der tragischen Annektierung Korea's durch Japan endete.

Gebäude wie das ehemalige Rathaus, der oberste Gerichtshof oder die Staatsanwaltschaft gibt es nicht mehr, aber viele kleinere Gebäude, oft über hundert Jahre alt, bilden eine eindrucksvolle Sammlung von Gebäuden im westlichen Stil die inzwischen auch gezielt erhalten und renoviert werden.

Verkehrsmittel:
Untergrundstation City Hall, Linie 1 (dunkelblau) oder Linie 2 (grün)
Untergrundstation Gwanghwamun, Linie 5 (lila)
Untergrundstation Seodaemun, Linie 5 (lila)

Vom Rathausvorplatz (City Hall Plaza) kommend gelangt man auf der Doldam-gil unter alten, schattigen Ginko-Bäumen, entlang der südlichen Palastmauer des Deoksugung, zu einem Kreisverkehr an dem die eigentliche Jeongdong Straße beginnt. Rund um diesen Kreisverkehr sind alte Karten in die Straße eingelassen, die die Entwicklung Jeongdongs seit Mitte des 18. Jahrhunderts dokumentieren.

Gegenüber der direkt am Kreisverkehr liegenden Chung Dong First Methodist Kirche befindet sich das Chongdong Theater. Im weiteren Verlauf der Straße trifft man auf zahlreiche kleinere und größere Ausstellungen, Galerien, Veranstaltungshallen, Kulturschätze und andere sehenswerte Orte. Da gibt es z.B. ein ehemaliges

In der Bildmitte die Chung Dong Cheil Kirche, links dahinter die russische Botschaft, vorne Teile des Deoksugung Palastes.

Gebäude der deutschen Nähmaschinenfabrik Singer, die Ewha Mädchenoberschule (von dem ehemaligen Campus sind nur noch ein historisches Eingangstor und die Simpson Memorial Hall erhalten) sowie ein Kloster. Den Abschluss der Jeongdong Straße, an der Kreuzung mit der Sinmunno-Straße, bildet das Gyeonghyang Zeitungsgebäude in dem sich heute u. a. das Nanta Theater befindet.

Der Turm der alten russischen Botschaft im Jeongdong-Park, das im Jahr 2009 renovierte Jungmyeongjeon (in dem der Annektierungsvertrag mit Japan unterzeichnet wurde), das Appenzeller Gedenkmuseum und das Seouler Kunstmuseum sind nur einige der in unmittelbarer Nähe befindlichen Ziele. Viele weitere, an anderer Stelle in diesem Buch näher beschriebene Sehenswürdigkeiten rund um den Deoksugung Palast kann man in wenigen Gehminuten erreichen. Dazu kommen, insbesondere im Viertel zwischen dem Historischen Museum Seoul und dem Sejong Kulturzentrum, unzählige Restaurants, Bistros und Imbissmöglichkeiten.

Ein Bereich in den sich kaum Touristen verirren, der aber einen authentischen Blick in das alte Seoul erlaubt, befindet sich hinter dem Polizeimuseum in Richtung Samsung Krankenhaus. In den extrem engen Gassen reiht sich ein traditionelles Restaurant an das nächste.

61

Daehangno 대학로

Wörtlich übersetzt heißt „Daehangno" Universitätsstraße, denn sie liegt am alten Campus der 1946 gegründeten Seoul Nationaluniversität. Diesen Namen erhielt die 1100 Meter lange Straße zwischen dem Hyeohwa-Kreisverkehr und der Ihwadong Kreuzung aber erst 1985. Nach dem Umzug der Seoul Nationaluniversität 1975 an den südlichen Stadtrand verblieben immer noch mehrere Universitäten und Institute in diesem auch Sunggyobang (Respekt vor dem Unterricht) genannten Bereich. Auf dem ehemaligen Campus der Seoul Nationaluniversität entstand der Marronnier Park, und Kultureinrichtungen mit den Schwerpunkten Schauspiel, Film und Musik siedelten sich an. Das Dongsung Art Center z. B. besteht aus multi-kulturellen Einrichtungen, die den verschiedensten Kunst- und Kulturformen die Möglichkeit zur Darstellung bieten. Ursprünglich von reiner Jugendkultur und kleinen, eher schäbigen Bars geprägt, zogen seit etwa 1980 immer mehr kleine Theater an die Daehangno. Inzwischen gibt es in den Seitenstraßen Dutzende von Spielstätten, von denen die meisten lediglich über ein paar Handvoll Plätze verfügen und in familiärer Atmosphäre einen besonders intensiven Kontakt mit den Schauspielern bieten. Über die Jahre entwickelte sich ein kulturelles Zentrum dem Kunsthallen, Musikcafés, Kinos, Imbissstuben und Restaurants folgten. Heute ist Daehangno eines der bedeutendsten Zentren für die darstellenden Künste in Korea, in dem sich mehr als die Hälfte aller Theater Seouls befinden. Oft begeben sich Zuschauer und Künstler nach der Vorstellung gemeinsam in die umliegenden Restaurants, was ebenfalls den besonderen Reiz dieses Bezirks ausmacht. Es gibt alles von koreanischer, asiatischer oder westlicher Küche bis zu Kombinationen von Spezialitäten verschiedener Länder, der sogenannten „Fusion-Küche". Selbst ein deutsches Restaurant gibt es in diesem „Schwabing" Seouls.
Während sich Theater, Live Clubs, Jazz Bars, Cafés und Restaurants auf der östlichen Seite der Daehangno konzentrieren, öffnet sich westlich in Richtung der Sungkyunkwan Universität eine gemütliche Einkaufsmeile, in der man jugendliche Mode und preiswerte Snacks findet. Auf dem Gelände der Sungkyunkwan Universität sind

64

Verkehrsmittel:
Untergrundstation Hyehwa, Linie 4 (hellblau)

besondere Aktivitäten:
Studentisches Kulturfestival um die Sungkyunkwan Universität etwa Ende Mai.
Daehangno Jugend- Kulturfestival im Marronnier Park im Oktober.
Philippinischer Markt: jeden Sonntag 09:00-17:00 vor der Dongseong Schule

Anschrift: Hyehwa-dong, Jongno-gu, Seoul

konfuzianische Gebäude und Tempel (Munmyo Schrein) aus der Joseon Zeit zu besichtigen. Die katholische Hyewha Kirche im nördlichen Abschnitt Daehangnos ist Treffpunkt der philippinischen Bevölkerung Seouls. Etwa 10 Minuten südwestlich des Marronnier Parks befindet sich das Ihwajang, ein traditionelles Gebäude, in dem Syngman Rhee von 1947 bis 1948 unter einfachen Verhältnissen lebte, bevor er als erster Präsident Koreas in das Gyeongmudae (das heutige Blaue Haus) einzog. Für Architekturliebhaber ist das 1907 nach den Plänen eines japanischen Architekten erbaute ehemalige Daehan Krankenhaus, etwa 5 Min. südwestlich des Marronnier Parks, innerhalb des Medizinischen Zentrums der Seouler Nationaluniversität, ein lohnendes Ziel.

touristische Ziele
1 Munmyo Schrein (문묘) – S. 248
2 Myeongnyundonggimjonggukga (명륜동 김종국가) – dieses historisches Wohnhaus gehörte einst zum Munmyo Schrein und ist jetzt in Privatbesitz, kann nur von außen besichtigt werden.
3 Wissenschaftsmuseum (국립서울과학관) – S. 184
4 Schlossmuseum (솟대박물관) – S. 188
5 Ihwajang (이화장) – S. 132
6 Samgunbuchongmudang (삼군부총무당) – S. 136

Theater, Galerie, Kunst, Kultur
7 Arko Theater (아르코 예술극장) – mit Café und Kunstgalerie, Teil des HanPAC (Hanguk Performing Arts Center), http://www.hanpac.or.kr/hanpac/eng/
8 Daehangno Theater (대학로 예술극장) – Teil des HanPAC
9 Hakchon Blau (학전블루소극장) – Theater
10 Live Jazz Club chunnyun (천년동안도) – 15:00-03:00 Uhr, http://www.chunnyun.com/
11 Hakchon Grün (학전그린소극장) – hakchon.co.kr/
12 Dongsoong Kunstzentrum (동숭아트센터) – http://www.dsartcenter.co.kr/en/

Daehangno

100 m

65

Pyeongchang-dong
Galleriestraße

평창동 미술관 거리

Pyeongchang-dong grenzt unmittelbar an den Bukhansan Nationalpark und ist eines der wohlhabendsten Stadtteile Seouls. Bewaldete Berghänge, luxuriöse Häuser und Stille stehen im Kontrast zur Hektik und Enge der Innenstadt die nur zehn Autominuten entfernt ist.

Anfang der 1970er Jahre begann die Stadtverwaltung mit dem Bau eines Autotunnels durch den Berg Bugak. Um das Budget aufzustocken wurde der Berghang in 100 bis 300 pyong (100 pyong entsprechen etwa 330,6 Quadratmetern) große Grundstücke aufgeteilt. Universitätsprofessoren konnten dieses Land für 30.000 Won pro pyong kaufen. Deshalb bilden auch heute noch Professoren die größte Bevölkerungsgruppe in Pyeongchang-dong.

Mitte der 1980er Jahres siedelte sich das Total Museum of Contemporary Art als erstes Kunstzentrum in Pyeongchang-dong an. Aber erst als 1998 die größte Gallerie des Landes, das Gana Art Center, eröffnete rückte das Gebiet in das Blickfeld des öffentlichen Interesses. Die Verfügbarkeit großer Grundstücke von 100 pyong und mehr und deutlich günstigere Preise (ein bis sechs Millionen Won pro pyong) als in anderen Kunstbezirken lockten schnell weitere Kunst-

Verkehrsmittel:
Untergrundstation Gyeongbokgung, Linie 3 (orange) – Ausgang 3, weiter mit Bus 1020 (ab Halt 01-116 bis Halt 01-160, 16 Stationen)
Untergrundstation Gireum, Linie 4 (hellblau) – Ausgang 3, weiter mit Bus 7211 (ab Halt 08-124 bis Halt 01-159, 9 Stationen)

zentren, Gallerien und Museen an. Viele Gebäude sind in sich selbst bereits architektonische Kunstwerke und bilden einen Wallfahrtsort für Kunstliebhaber. Inzwischen leben auch über 100 Künstler in dieser Gegend. Auf Grund der steilen Bergflanke ist Pyeongchang-dong vor einer großflächigen Sanierung geschützt und wird deshalb seine ruhige Atmosphäre auf absehbare Zeit behalten.

Theater, Galerie, Kunst, Kultur

1. Sang Myung Unimuseum (상명대학교 박물관) – 10:00-16:00, http://museum.smu.ac.kr/
2. Sigong Art Space (시공아트스페이스) – Architektur
3. Galerie Bandi Trazos (갤러리 반디트라소) – lateinamerikanische und spanische Kunst, Di.-So. 12:00-19:00 Uhr, http://www.banditrazos.com/ und Space 9 (스페이스 나인)
4. Galerie Gleemann (그림안) – Di.-So. 10:00-19:00, http://www.gleeman.co.kr/
5. Seoul Auction House Gana Art (서울옥션) – Kunstauktionen, http://www.seoulauction.com/
6. Gana Art Center (가나아트센터) – Kunstgalerie und -ausstellungen, 5000 Won, Di.-So. 10:00-19:00 Uhr, http://www.ganaart.com

7 Total Museum of Contemporary Art (토탈미술관) – zeitgenössische Kunst, 3000 Won, Di.-So. 11:00-18:00, http://www.totalmuseum.org/

8 Imageroot (상원미술관) – Sangwon Kunstmuseum, 10:30-17:30, 2000 Won, http://www.imageroot.co.kr/

9 Kim Chong Yung Museum (김종영미술관) – Skulpturen, Di.-So. 10:00-18:00, kostenlos, http://www.kimchongyung.com/

10 Pyeongchang Art (평창아트) – Kunst- und Antiquitätengalerie

11 Apollo (아폴로) – Kunstgalerie und -auktion und Growrich Galerie (그로리치화랑) – 10:00-18:30

12 Galerie Sejul (갤러리세줄) – Kunstgalerie, Mo.-Sa. 10:00-19:00, http://www.sejul.com/

13 KiMi Art (키미아트) – Galerie (10:30-19:00) und Café mit Terrasse (10:30-23:00), http://www.kimiart.net/

öffentliche Orte, Institutionen, Behörden

14 WATA (세계예술치료협회) – Weltvereinigung Kunsttherapie, http://www.wata.or.kr/

15 Haksan Bibliothek (학산도서관)

16 spacecroft (스페이스크로프트) – Büro für zeitgenössisches Design, http://www.spacecroft.com/

Essen, Trinken, Schlafen, Einkaufen

17 Cafe Montblanc (몽블랑) – 11:00-23:00

18 강촌쌈밥 – koreanisches Restaurant mit interessanter Einrichtung und gutem Blick auf Pyeongchang-dong, 11:00-21:00

19 am3 – Café

20 Cafe Lob – 10:00-23:00

21 Kunstmarkt (미술시장) – Verkauf und Auktion

22 Monet (모네) – Café mit Außenterrasse

23 Bugakjeong (북악정) – kor. Restaurant, 11:00-22:00

25m

Zu Beginn des 20. Jahrhunderts war Itaewon der bevorzugte Wohnort der japanischen Kolonialisten. Nachdem sie den pazifischen Krieg verloren hatten wurden sie 1945 von den Amerikanern ersetzt. Die US-Armee übernahm das riesige japanische Militärgelände in Yongsan. Itaewon, direkt neben dem Stützpunkt gelegen wurde zum Vergnügungszentrum der GI's.

Entlang der heutigen, 1,4 Kilometer langen Einkaufsmeile, begannen Händler damit, Souvenirs an amerikanische Soldaten zu verkaufen. Es folgten Läden mit Anzügen und Antiquitäten und ab etwa 1970 entwickelte sich Itaewon zu einem richtigen Einkaufsdistrikt. Ausländische Besucher aus Japan, Hongkong, China, Südostasien, Afrika und dem Mittleren Osten verdrängten immer mehr die amerikanischen Soldaten aus dem Straßenbild. Mit den Asiatischen Spielen 1986 und den Olympischen Spielen 1988 etablierte sich Itaewon mit rund 2000 Geschäften endgültig zu einem Viertel, das insbesondere die Bedürfnisse der Touristen deckt – z.B. indem man Kleider- und Schuhgrößen führt, die Koreaner auf Grund ihrer meist kleineren Statur nicht benötigen. Um insbesondere diese Touristen anzulocken, wurde Itaewon 1997 zur „speziellen Touristenzone" erklärt.

Fast alle Geschäfte haben Personal das englisch und japanisch spricht und so ist Itaewon (neben Insadong) ein besonders geeigneter Einkaufsort für Ausländer. Touristen können hier z. B. relativ problemlos Antiquitäten kaufen da die meisten Geschäfte auch den Export in das jeweilige Heimatland des Käufers übernehmen. Ein weiteres beliebtes Angebot sind maßgeschneiderte Anzüge.

Besonders länger in Seoul lebende Ausländer kommen nach Itaewon, wenn sie Sehnsucht nach heimischem Flair haben. Inzwischen strömen besonders am Wochenende auch viele Koreaner in dieses Viertel um die exotischen Anblicke, Gerüche und kulinarische Vielseitigkeit zu erfahren und zu genießen. Es gibt eine große Dichte an internationalen Restaurants (unter anderem deutsch, italienisch, türkisch, japanisch, indisch, pakistanisch, thailändisch, mexikanisch und sogar peruanisch) und ein lebhaftes Nachtleben das ursprünglich den verworfenen Ruf Itaewons ausmachte.

Verkehrsmittel:
Untergrundstation Itaewon, Linie 6 (braun) – alle Ausgänge da die Station mitten auf der Einkaufsstraße liegt, in der Nähe des Ausgangs 3 befindet sich eine Touristeninformation

besondere Aktivitäten:
Global Village Festival im Oktober

Anschrift: Itaewon-dong, Yongsan-gu, Seoul
Homepage: http://www.itaewon.or.kr/

Bars, in denen man sich bei überteuerten Getränken mit Hostessen unterhalten kann findet „Mann" heute vorwiegend auf der Anhöhe südlich der U-Bahn-Station Itaewon, dem berühmtberüchtigten „Hooker Hill". Nicht weit entfernt, auf dem „Homo Hill", gibt es sogar einige Bars und Nachtklubs für die von der koreanischen Gesellschaft ausgegrenzten Homosexuellen.

Die ausländische Kultur hat sich in Itaewon so etabliert, dass die noch verbliebenen koreanischen Merkmale durch den internationalen Einfluss fast vollständig überdeckt werden. In Itaewon kann man Menschen aus allen Kulturen und Winkeln der Welt finden. Um diese Gemeinschaft zu festigen findet jährlich im Oktober das „Itaewon Global Village Festival" statt. Alle Nationen können sich im „Welt-Dorf" präsentieren (meistens durch Imbissstände), gleichzeitig wird den Besuchern die koreanische Kultur durch Musik und Tanz näher gebracht.

TIPP

Die größte Restaurantdichte bietet der Bereich rund im die U-Bahn-Station Itaewon. Darüber hinaus gibt es unzählige Kaffeehäuser, Bars und Imbisslokale. Fast jede internationale und koreanische Restaurantkette ist in Itaewon mit mindestens einer Niederlassung vertreten. Besonders im Bereich des Hamilton-Hotels reiht sich ein Lokal an das nächste. Allein die Gasse hinter dem Hamilton Hotel beherbergt rund 500 Restaurants. Kaufhäuser und Geschäfte finden sich dagegen fast ausschließlich entlang der Hauptstraße. Auf der Suche nach Schneidereien (z. B. für Maßanzüge) wird man in den südlichen Nebenstraßen am westlichen Ende von Itaewon fündig.

69

Theater, Galerie, Kunst, Kultur

1 Galerie Through (갤러리 두루) –
Di.-So. 11:00-19:00 Uhr, http://www.through.co.kr/

2 Spazio Luce (스파찌오 루체) – Kulturzentrum in verglastem Gebäude mit italienischem Restaurant, Cafe, Konzert- und Veranstaltungshalle, Modestudio

3 LEEUM Samsung Kunstmuseum
(LEEUM 삼성미술관) – S. 171

öffentliche Orte, Institutionen, Behörden

4 Itaewon Land (이태원랜드) – Sauna, 24 Stunden geöffnet, http://www.itaewonland.com/

5 Seouler Zentralmoschee (이슬람 서울성원) –
http://www.koreaislam.org/

Essen, Trinken, Schlafen, Einkaufen

6 Al Saba (알사바) – pakistanisch-indisches Restaurant,
11:30-15:00, 17:00-23:00 Uhr, http://alsaba.co.kr/

7 Kokoro Bento (코코로) – japanisches Restaurant,
11:30-15:00, 17:00-22:00 Uhr

8 Santorini Taverna (산토리니) – griechisches Restaurant

9 All-American Diner (올 어메리칸 다이너) –
amerikanisches Restaurant, 07:00-02:00 Uhr

10 Hill Side (힐사이드) – Pub und Bistro,
Di.-Fr. 17:00-1:00, Sa.+So. 12:00-2:00 Uhr

11 Underground Market (국제아케이드지하상가) –
internationales Einkaufszentrum im Kellergeschoss

12a What the book? (왓더북) – internationale Bücher und Zeitschriften, ca. 18.000 gebrauchte Bücher, Online-Shop, http://www.whatthebook.com/

12b Wang Thai (왕타이) – thailändisches Restaurant,
11:30-22:00 Uhr, http://www.wangthai.kr/

13 Agra (아그라) – indisches Restaurant, 12:00-22:00 Uhr

14 Tabom (따봉) – brasilianisches Restaurant,
Mo.-Do. 11:30-22:00 Uhr, Fr.-So. 11:30-23:00 Uhr

15a The Rose & Crown – British Pub

15b Borie (카페보리) – Cottage Café

16 Azzurri (아주리) – Restaurant und Pub

17 les deux plats (레뒤플라) – Restaurant und Lounge,
11:00-2:00 Uhr, http://레뒤플라.com/

18 Chili King (칠리킹) – Burger Imbiss, 11:00-22:00 Uhr

19 Loving Hut (아그라) – vegetarisches Restaurant,
12:00-21:00 Uhr

20a Pattaya (파타야) – thailändisches Restaurant

20b Zelen (젤렌) – bulgarisches Restaurant, 12:00-24:00

21 3 Alley Pub (쓰리 앨리 펍) – große Auswahl europäischer Flaschen- und Faßbiere, 12:00-24:00 Uhr, http://www.3alleypub.com/

22 Le Saint-Ex (르생텍스) – französisches Restaurant, Weinbar und Bistro, 12:00-00:30 Uhr

23 Neals Yard (닐스야드) – Café und Geschäft

24 Tartine (타르틴) – Bäckerei und Café, 10:00-22:30 Uhr

25a Isabell's Porterhouse (이사벨) – amerikanisches Steak-Restaurant

25b Baby Guinness (베이비 기네스) – Irish Pub

26 Loco Loca (로코로카) – Pizzeria, 11:30-02:00 Uhr

27 Santorini (산토리니) – griechisches Restaurant,
12:00-22:00 Uhr

28 The Old Stand (올드 스탠드) – europäischer Pub und italienisches Restaurant

29a Buddha's Belly (부 다 스 밸 리) – thailändisches Restaurant, 11:30-24:00 Uhr

29b Usmania (우스마니아) – pakistanisch-indisches Restaurant, 11:00-22:00 Uhr

30 116-7 bonji (116-7번지) – Essen und Trinken,
12:00-24:00 Uhr

31 Gecko's Garden (게코스 가든) – Bar und Restaurant,
12:00-01:30 Uhr

32 Moghul (모글) – indisches Restaurant, 12:00-22:30 Uhr,
http://www.moghulkorea.com/

33 Hamilton Hotel (해밀톤호텔) –
http://www.hamilton.co.kr/

34 Maple Tree House (단풍나무집) – koreanisches Grillrestaurant, 11:30-22:30 Uhr,
http://www.mapletreehouse.co.kr/

35 All Swiss Chalet (알트스위스샬레) – Fondue Restaurant

36 9Timo (9티모) – Pizza, Nudeln und Wein

37 TomaTillo (토마틸로) – mexikanisches Taco-/Grill-Restaurant, 12:00-23:00 Uhr

38 All that Jazz (올 댓 재즈) – Café mit Live-Musik,
18:30-01:00 Uhr, http://www.allthatjazz.kr/

39 aligato (아리가또) – Sushi, 11:30-3:00 Uhr

40 The Bungalow (더 방갈로) – tropische Cocktailbar,
17:00-03:00 Uhr

41 The Flying Pan Blue (더 플라잉팬 블루) –
Pfannkuchenhaus, 10:00-22:00 Uhr

42a Smokey Saloon (스모키 살룬) – Hamburger Grill,
11:30-21:30 Uhr

42b Chakraa (차크라) – indisches Restaurant,
11:00-23:00 Uhr, http://www.chakraa.co.kr/

43a La Cigale Monmartre (라 시갈 몽마르트) – Bistro,
12:00-01:00 Uhr

43b La Tavola (라 타볼라) – italienisches Restaurant,
12:00-24:00 Uhr, http://www.latavola.co.kr/

44 Spice Table (스파이스테이블) – asiatisch essen und trinken, 11:30-22:30 Uhr, http://www.spicetable.kr/

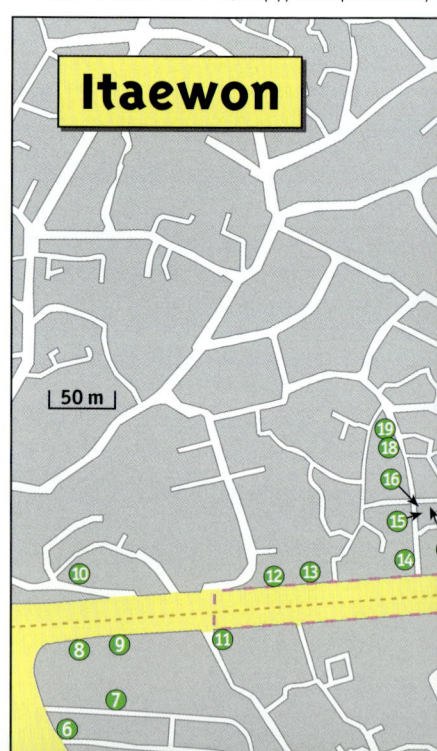

45 Cas Antonio (까사안토니오) – italienisches Restaurant, 10:00-22:00 Uhr, http://www.casantonio.co.kr/

46 China Town (차이나타운) – chinesisches Restaurant, 11:00-22:00 Uhr

47 La Pettie France (작은 프랑스) – französisches Restaurant seit 1992, 12:00-22:00 Uhr

48 Pishon (비손) – romantisches Bistro, 12:00-22:00 Uhr

49 ad locum (애드로쿰) – Café

50 Between (비트윈) – italienisch/spanisches Restaurant, 12:00-02:00 Uhr, http://www.betweenitaewon.com/

51 Ali Baba (알리바바) – ägyptisches Restaurant, 12:00-23:00 Uhr

52 Villa Sortino (빌라소르티노) – italienisches Restaurant und Cocktailbar, 12:00-15:00, 17:00-23:00 Uhr

53 La Bocca (라 보카) – italienisches Dessert-Café, 09:00-23:30 Uhr

54 IP Boutique Hotel (IP부티크호텔) – http://www.ipboutiquehotel.com/

55 Thai Garden (타이 가든) – thailändisches Restaurant, http://www.thaigarden.co.kr/

56 May Bell (오월의 종) – Bäckerei mit europäischem Brot und Gebäck, Mo.-Sa. 11:00-18:00 Uhr

57 Sigolbapsang (시골밥상) – traditionelles koreanisches Landrestaurant, 24 Stunden geöffnet

58 „Life is just a cup of cake" (이샘컵케이크) – Muffin-Bäckerei, 11:00-21:00 Uhr, http://www.leesaem.com/

59 Jiho (지호한방삼계탕) – koreanisches Restaurant, Spezialität: Huhn, http://www.jihofood.com/

60 Deutsches Haus (독일음식전문점) – Restaurant mit deutscher Küche

61 Bean's Village (빈스빌리지) – Café, 09:00-22:30 Uhr

62 Thai Orchid (타이 오키드) – thailändisches Restaurant

63 Manhattan (맨하탄) – Bar und Restaurant, 11:00-5:00

64 Kervan (케르반) – türkisches Restaurant

65 Maharaja (마하라자) – indisches Restaurant, 12:00-24:00 Uhr

66 Delhi Darbar (델리다르바르) – Tandori Restaurant, 11:00-24:00 Uhr

67 Marrakech Night (마라케시 나이트) – marokkanisches Restaurant, 11:00-24:00 Uhr, http://marakechnight.com/

68 Mama African – afrikanisches Restaurant

69a 정참숯화로 – koreanisches Restaurant

69b Happy Home Restaurant – afrikanische Küche

70a Don Valley (돈밸리) – koreanisches Grill-Restaurant, 24 Stunden geöffnet

70b Rollin (센 롤인) – japanische Sake-Bar, Sushi, 11:30-02:00 Uhr

71 Gecko's Terrace (게코스 테라스) – europäisches Restaurant und Bar, 11:00-01:30 Uhr, http://www.geckosterrace.com/

72 Il Song Jung (일송정본점) – koreanisches Restaurant

73 Jonny Dumpling (쟈니덤플링) – Maultaschen-Restaurant, 10:00-22:00 Uhr

74 Comedor (꼬메도르) – paraguayanisches Restaurant

75 the wolfhound (더 울프하운드) – irischer Pub

76 Sultan (술탄) – türkisches Restaurant

77 Nashville (내쉬빌) – Sport-Pub und Restaurant

78a Hamilton Shirts (해밀톤셔츠) – Hemden nach Maß

78b Outback Steakhouse (아웃백스테이크하우스) – australisches Steakhaus, 11:30-22:30 Uhr, http://www.outback.co.kr/

79 Hwangso Maeul (황소마을) – koreanisches Restaurant, http://www.02-794-6373.kti114.net/

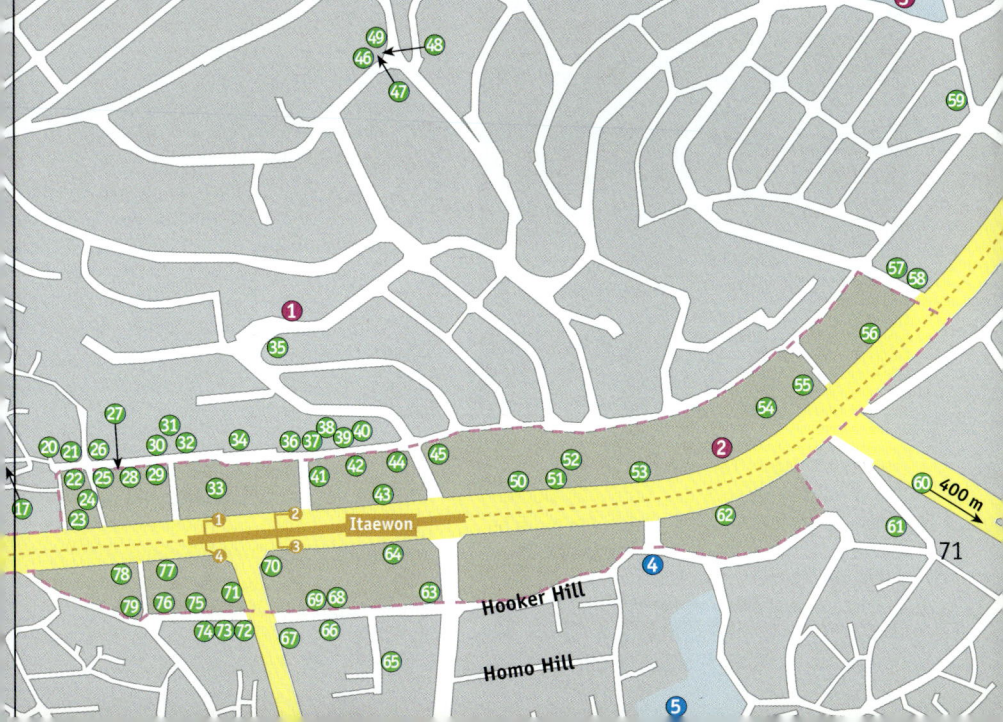

Itaewon

Hooker Hill

Homo Hill

400 m

71

Südlich des Han-Flusses, im Bereich zwischen den U-Bahn Stationen Apgujeong, Gangnam und Samseong sind die Geschäfte und Restaurants von Luxus und High Society geprägt. Um die U-Bahn Station Gangnam befinden sich unzählige Nachtclubs, Kinos, Restaurants, Modeläden und Kneipen. Ein reichhaltiges Angebot für Unternehmungen jeder Art, das besonders von jungen Leuten wahrgenommen wird. Weiter nördlich befindet sich die Garosugil, eine Straße mit europäischem Flair (S. 74).

Das Gebiet um die Apgujeongno-Straße, die sich von der U-Bahn Station Apgujeong über rund einen Kilometer bis zum Galleria Kaufhaus erstreckt, ist neben Myeongdong das angesagteste Modezentrum Seouls. Insbesondere in den Gassen und Querstraßen südlich der Apgujeongno werden neue Modetrends geschaffen. Ausge-

Verkehrsmittel:
verschiedene Untergrundstationen der Linien 2 (grün), 3 (orange), 7 (oliv), 9 (gold) und Bundang Linie (gelb)

Anschrift: Gangnam-gu, Seoul
Homepage: *http://global.gangnam.go.kr/*

fallene Cafés, Restaurants mit fremdländischer Küche und unzählige Kinos locken hauptsächlich jugendliches Publikum an. Insbesondere die weibliche Kundschaft wird durch eine hohe Dichte von Schönheitssalons verwöhnt

Direkt anschließend befindet sich das Cheongdam-dong Viertel mit glitzernden Geschäften, Kunstgalerien und Kaffeehäusern. Bis zur U-Bahn Station Cheongdam wird die zehnspurige Straße von Nobel-Autohändlern, Boutiquen internationaler Mode-Labels und Designer-Outlets der Luxusklasse gesäumt.

Zusätzlich zu den vornehmen Markengeschäften entstanden in den letzten Jahren eine ganze Reihe neuer Kunstgalerien. Ihr Angebot von meist experimenteller bzw. modernster Kunst aufstrebender Künstler richtet sich vornehmlich an junge, wohlhabende Sammler. Für den Bereich zwischen dem Galleria Kaufhaus und der katholischen Cheongdam-dong Kirche, in dem sich die meisten dieser rund 50 Galerien befinden, hat sich inzwischen der Begriff Cheongdam-dong Galeriestraße etabliert.

Neben der U-Bahn Station Samseong befindet sich das Welthandelszentrum mit dem COEX Einkaufs- und Vergnügungszentrum (S. 47), Hotels und Teheran Valley.

Mit den Seonjeongneung Königsgräbern (S. 235), dem Bongeunsa Tempel (S. 212), dem Dosan Park (S. 108) und einigen anderen Zielen befinden sich in diesem Bereich auch mehrere beliebte Touristenattraktionen.

Teheran Valley - Teheranno:
Während des Besuchs des Teheraner Bürgermeisters in 1977 schlug er als freundliche Geste den Austausch von Straßennamen vor. So wurde damals aus der Samseung Straße Teheran Valley. Mit der Ansiedlung von Computer-, IT- und Internetfirmen ab Ende der 1990er Jahre entstand daraus das Silicon Valley Koreas. Finanzinstitute, Versicherungen, Beratungsgesellschaften und Kanzleien folgten. Inzwischen haben auch viele koreanische Großkonzerne hier ihren Hauptsitz. Diese Konzentration großer und respektabler Firmen wird von ausländischen Investoren gerne als Startpunkt für die Aufnahme von Geschäftsbeziehungen nach Korea genutzt.

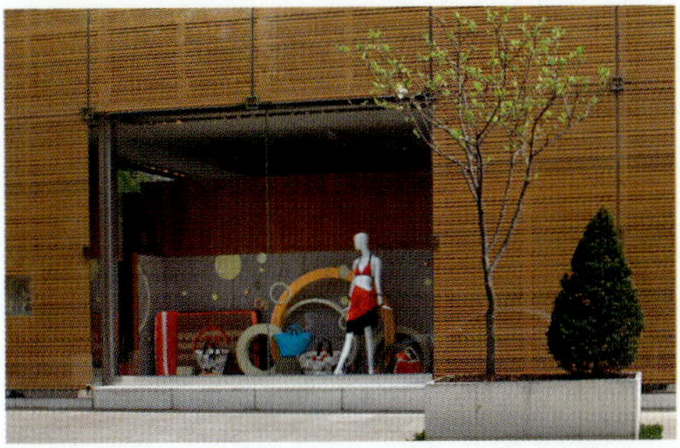

1. Galleria Kaufhaus (갤러리아 백화점) – http://dept.galleria.co.kr/
2. katholische Cheongdam-dong Kirche (청담교회) – Backsteinbau von 1907, http://www.chungdamchurch.net/
3. Horim Art Center und Museum (호림아트센터) – S. 174
4. Platoon Kunsthalle (플래툰 쿤스트 할래) – S. 177
5. kor. Stickereimuseum (한국자수박물관) – S. 197
6. Inter Vin World Liquor Store (인터뱅세계주류) – internationale Spirituosen
7. Kukkiwon (국기원) – S. 115
8. Nationalbibliothek für Kinder- und Jugendliteratur (국립어린이청소년도서관) – http://www.nlcy.go.kr/
9. LG Kunstzentrum (LG아트센타) – S. 206
10. Seoul Trainingszentrum für bedeutende Kulturträger (서울중요무형문화재전수회관) – S. 207

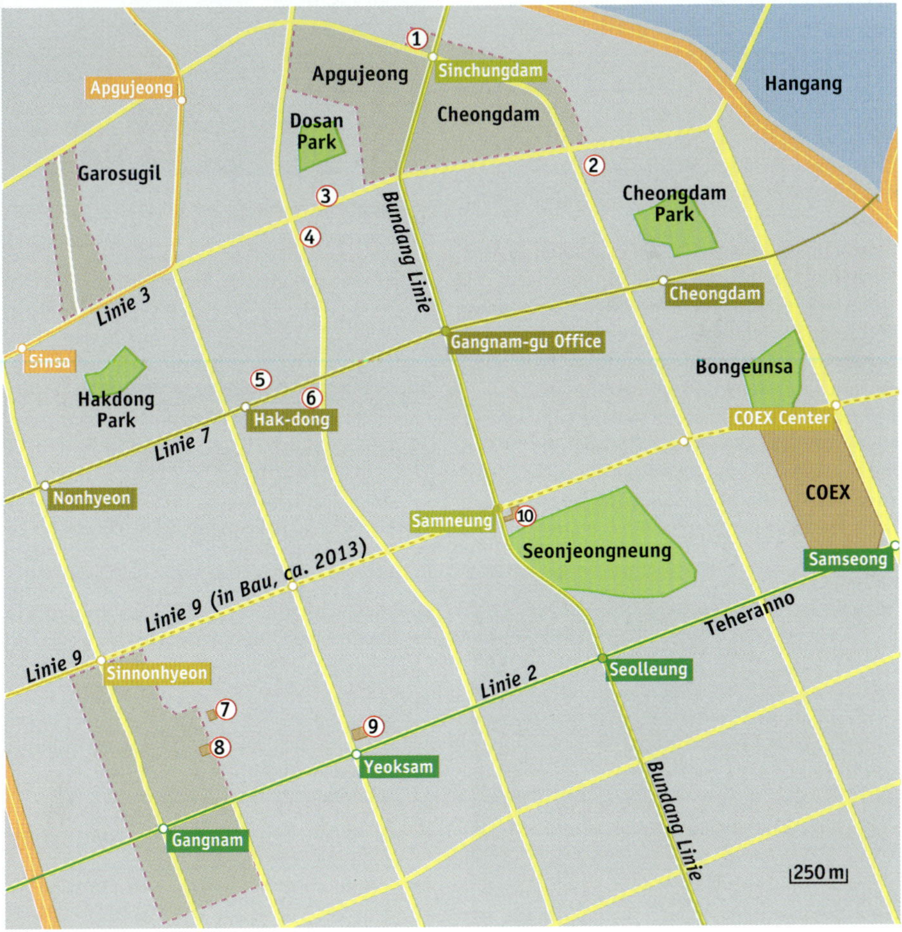

Apgujeong

① Apgujeong Sinchungdam

Dosan Park

Cheongdam

Hangang

Garosugil

③

④

Bundang Linie

② Cheongdam Park

Linie 3

Cheongdam

Sinsa

Gangnam-gu Office

Bongeunsa

Hakdong Park

⑤ ⑥ Hak-dong

Linie 7

COEX Center

Nonhyeon

COEX

Samneung ⑩

Seonjeongneung

Samseong

Linie 9 (in Bau, ca. 2013)

Teheranno

Linie 9

Sinnonhyeon

Linie 2 Seolleung

⑦

⑧

⑨ Yeoksam

Bundang Linie

Gangnam

250 m

73

Garosugil (von Bäumen gesäumte Straße) ist voll von Straßencafés, Boutiquen, Weinlokalen und Restaurants im europäischen Stil. Dabei wird die ursprünglich eindeutige Affinität für alles französische in diesem „Europa in Seoul" inzwischen immer mehr durch italienische und auch japanische Restaurants verdrängt.

Der 700 Meter lange, auf beiden Seiten mit Ginko Bäumen bestandene Boulevard bietet mehr Charme als die etwas weiter nach Osten liegenden Bereiche Apgujeong und Cheongdam-dong (Karte S. 73). Im Sommer spendet das grüne Blätterdach wohltuenden Schatten während man seinen Latté genießt oder an den Schaufenstern entlang bummelt.

Noch vor wenigen Jahren war Garosugil in keinem Reiseführer erwähnt. Inzwischen hat sich die offiziell als Dosan-daero buk 5-gil (도산 대로 북 5길) bekannte Straße zu einem angesagten Bereich entwickelt und die Mieten sind entsprechend hoch. Garosugil's Restaurants, Cafés und Geschäfte sind deshalb überwiegend eng und klein und bieten eine behaglich familiäre Atmosphäre.

Garosugil ist einem ständigen Wandel unterworfen und es ist gut möglich, dass Sie in einem Jahr einige der erwähnten Cafés oder Restaurants nicht mehr vorfinden. Franchise-Ketten versuchen verstärkt hier Niederlassungen einzurichten. Neue und kleinere Geschäfte ziehen sich in die Nachbarstraßen mit günstigeren Mieten zurück. Ähnlich wie Hongdae (S. 79) in den 1990ern wächst der Bereich ständig, so dass sich für die Umgebung von Garosugil bereits der Name Serosugil herausgebildet hat.

Verkehrsmittel: Untergrundstation Sinsa, Linie 3 (orange) – Ausgang 8, Fußweg 3 Minuten (dritte Straße links)

Anschrift: Sinsa-dong, Gangnam-gu

Theater, Galerie, Kunst, Kultur
1 Broadway Multiplex-Kino
2 Urban Art (어반 아트) – Galerie und Café, Mo.-Sa. 11:00-20;00 Uhr, http://www.urbanart4u.com/
3 Galerie Yeh (예화랑) – Mo.-Sa. 09:00-18:00 Uhr, http://www.galleryyeh.co.kr/
4 UM Galerie (UM갤러리)

öffentliche Orte, Institutionen, Behörden
5 J Tower (제이타워) – Bürogebäude

Essen, Trinken, Schlafen, Einkaufen
6 Woorang (우랑) – japanisches Restaurant und Bar, http://www.woorang.com/
7 Tudari (투다리) – Restaurant, Spezialität: Grill-Spieße, http://www.tudari.co.kr/
8 Blooming Garden (블루밍 가든) – italienisches Bistro, 11:50-24:00 Uhr
9a bibigo (비비고) – gesunde koreanische Küche
9b Loco Curry (로코커리) – Franchise-Restaurant, http://www.lococurry.com/
10 Il Più (일 삐우) – italienisches Restaurant
11 Ogi (오기) – japanisches Restaurant und Bar, 17:00-02:00 Uhr
12 Koko Bruni (코코 브루니) – hausgemachte Schokolade und Dessert, 07:00-23:00 Uhr
13 Jini – amerikanisches Grill Restaurant und Bar
14 Bajisun (바지선) – koreanisches Restaurant
15 tanukidonburi (타누키돈부리) – japanisches Restaurant, 11:30-21:30 Uhr, http://www.tanukidonburi.co.kr/
16 O (마루) – japanischer Imbiss, 11:00-05:00 Uhr
17 The Flying Pan (더플라잉팬) – Restaurant für Pfannengerichte, 10:30-22:00 Uhr

18 The Octopus (the 쭈꾸미) – Tintenfisch-Grillrestaurant
19 Dorothy Table (도로시 테이블) – Party-Service, Take-Away-Service, Mo.-Sa. 10:00-20:00, dorothy-t.com/
20 RoAnn (로안) – italienisches Restaurant
21 Café Jen – Café mit Außenterasse
22 Goldfish (골드피쉬) – chinesisches Restaurant, Spezialität: Dimsum
23 Bean Story – Franchise-Café, http://www.beanstory.kr/
24 Kuai19 (콰이19) – chinesisches Restaurant und Takeaway, 11:30-22:00 Uhr
25 Sarubia (사루비아) – Café und Weinstube, 12:00-01:00
26 Motoongi - The Corner House (모퉁이) – Restaurant und Bar
27 Bari e Malgm (바리에맑음) – Café, Mo.-Sa. 11:00-22:30
28 Dongboseong (동보성) – chinesisches Restaurant, 24h geöffnet
29 Buccella (부첼라) – Sandwich-Bar, 09:00-23:00 Uhr
30 Spain Club (스페인클럽) – exklusives spanisches Restaurant, 11:30-03:00 Uhr
31 Deli Heinzburg (딜리 하인츠버그) – hausgemachte Hamburger und Sandwiches, 10:00-23:00 Uhr
32 a story (에이스토리) – italienisches Restaurant und Bar, 11:00-02:00 Uhr
33 des Arts (카페데자르) – Café mit Trödelsammlung, 11:00-03:00 Uhr
34 sognare (소냐레) – Café und Restaurant, 11:00-01:00
35 mug for rabbit (머그포래빗) – Café, 10:00-32:00 Uhr
36 Crayz Horse (크레이지 호스) – live Jazz Club, 18:00-02:00 Uhr, http://www.crazyhorse.kr/
37 Villa Youk Shim Won (빌라 육심원) – Design-Atelier mit eigenen Merchandising-Artikeln und Galerie AM, http://galleryam.com/
38 Stephanie Cafe (스테파니카페) – organische, hausgemachte Backwaren, 11:30-24:00 Uhr, http://www.stephaniecafe.com/
39 Delirium Tremens und Café alley– Pizza, Café und Bar
40 Japanese Kitchen – Restaurant und Bar
41 Per Se (퍼세) – Bistro und Café, http://www.perse.co.kr/
42 Dal (달) – indisches Restaurant, 11:30-22:00 Uhr, http://www.dalindia.com/
43 Elbon The Table (엘본 더 테이블) – italienisches Restaurant, 12:00-24:00 Uhr, Design-Geschäft
44 Namaste (나마스테) – indisches Restaurant, 11:00-22:00 Uhr, http://www.namasterestaurant.co.kr/
45 Pain de Papa (빵드빱바) – europäische Bio-Brot-Bäckerei, 09:00-21:00 Uhr
46 Großmutters Tintenfisch (할머니현대 낙지아구감자탕) – koreanisches Tintenfischrestaurant, 12:00-22:00
47 The Lounge 303 (더라운지 303) – Reisebuch-Café
48 kkanbu chicken (깐부치킨) – Hühnchenrestaurant, 15:00-01:00 Uhr, http://www.kkanbu.co.kr/
49 fika (피카) – schwedisches Café und Bäckerei, 10:00-23:00 Uhr
50 Jiyugaoka 8ㄱ타 (지유가오카) – Café
51 oeraehyang (외래향) – chinesisches Restaurant, 11:00-21:30 Uhr
52 Forever 21 (포에버21) – Mode-Kaufhaus

Sinsa Mittelschule

Singu Grundschule

Hotspots

Garosugil

25m

Sinsa

Noch bis in die 1970er Jahre wurde der früher Seoaemaeul oder Seoritgaemaeul genannte Bezirk (seo = westlich, ae = strom, maeul = Dorf) regelmäßig überflutet wenn der Hangang über seine Ufer trat.

Manchmal wird der Stadtteil Seorae mit dem Beverly Hills der Hollywoodstars verglichen. Denn im Dorf Seorae haben sich ebenfalls viele koreanische Filmstars und Berühmtheiten in eindrucksvollen Villen niedergelassen.

Viel gebräuchlicher ist aber der Spitzname „Montmartre" für diesen Bezirk. Zum einen ist die Lage an einem Hügel, zum anderen die französische Gemeinde für diese Bezeichnung verantwortlich. Nachdem L'Ecole Francaise de Seoul, die einzige internationale französische Schule in Seoul, 1985 von Hannam-dong nach Seorae zog folgten die französischen Familien mit ihren Kindern nach. Inzwischen leben rund 560 Franzosen, davon 370 Kinder oder Studenten (ca. 40% aller in Südkorea lebenden Franzosen) in Klein-Paris.

Bistros, Bäckereien und Weingeschäfte eröffneten in der kleinen französische Ecke mitten in Seoul. Neben den vielen Geschäften die den französischen Stil widerspiegeln trug die Bezirksregierung ihren Teil dazu bei, Seorae ein

Verkehrsmittel:
Untergrundstation Express Bus Terminal, Linie 7 (oliv) – Ausgang 5 bzw. Linie 3 (orange) oder Linie 9 (gold) – Fußweg 6-10 Minuten

Anschrift: Banpo 4-dong, Seocho-gu

internationales Flair zu verleihen. Die Bürgersteige sind in den Nationalfarben rot-weiß-blau gepflastert und selbst die Straßenlaternen und die Gestaltung der Bushaltestellen sollen ein Stück französische Heimat nach Seoul bringen. Östlich des französischen Wohnviertels wurde im Jahr 2000 auf einem Hügel der Montmartre Park (몽마르뜨공원) eingerichtet. In der Nachbarschaft der nationalen digitalen Bibliothek, der nationalen Akademie der Wissenschaften und der nationalen Kunstakademie bietet der über 24.000 m² große Park einen ruhigen Platz zum Entspannen und einen Blick über Gangnam bis zum Hangang.

Authentische Baguettes in 14 verschiedenen Sorten gibt es in der Seorae Filiale von Paris Croissant (http://www.paris.co.kr/), einer koreanischen Bäckereikette die das Mehl dazu extra aus Frankreich importiert. Andere Paris Croissant Filialen backen lediglich zwei oder drei verschiedene Arten von Baguettes.

Das im Juni 2008 eröffnete Seorae Global Village Center befindet sich etwa auf halber Strecke entlang der Hauptstraße Seorae-gil im dritten Stock des Jeon-Gebäudes. Ausländische Mitbürger bekommen hier praktische Hilfe zur Organisation ihres Aufenthaltes. Für Touristen wird ein Stadtplan der Umgebung bereitgehalten. Das eigentliche französische Wohnviertel befindet sich überwiegend in den Straßen östlich des Global Village Centers.

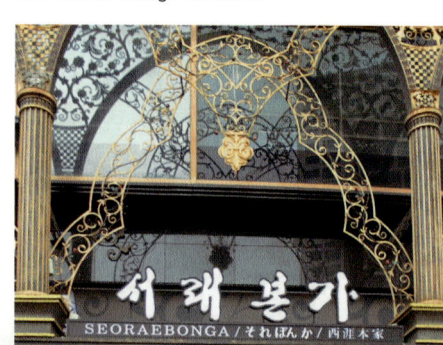

öffentliche Orte, Institutionen, Behörden

1 Montmartre Park (몽마르뜨공원)

2 Lycée Français de Séoul (서울프랑스학교) – französische Schule

3 Seorae Global Village Center (서래 글로벌센터) – Informationszentrum, Mo-Fr. 09:00-18:00 Uhr, http://global.seoul.go.kr/seorae/

Essen, Trinken, Schlafen, Einkaufen

4 Volare (장미의숲) – Pizzeria

5 Wine Terrace (와인테라스) – italienisches Weinlokal, 12:00-02:00 Uhr, http://wineterrace.co.kr/

6 Sweet Bean (스윗빈) – Café

7 Tombola (톰볼라) – italienisches Pizza-Restaurant, 12:00-15:30 und 18:00-23:00 Uhr, www.tombola.co.kr/

8 La Tavola Felice (라 따볼라 펠리체) – italienisches Restaurant, 12:00-15:00 und 17:00-22:00

9 달티 Izakaya (풍월) – japanisches Restaurant und Bar, 18:00-22:00 Uhr

10 Gran Piatti (그란 삐아띠) – italienisches Restaurant, 12:00-24:00 Uhr

11 Vino in Villa (비노 인 빌라) – italienisches Wein-Bistro, 11:30-24:00 Uhr

12 Seoraebonga (서래본가) – koreanisches Restaurant, 12:00-23:00 Uhr, http://www.seoraebonga.com/

13 Flieder (라일락집) – koreanisches Restaurant, seit 1977, 10:00-22:00 Uhr

14 Mamma Kiki (맘마 키키) – Bistro und Weinbar, 17:00-01:00 Uhr

15 Modern Tteok Cafe (담장옆에 국화꽃) – Reiskuchen-Café, 10:00-23:00 Uhr, http://www.ddeockzip.kr/

16 Kei Izakaya (케이 이자까야) – japanisches Restaurant und Sake Bar

17 Chun Ja Steak (스테이크 춘자) – Steakhaus, 11:30-22:00 Uhr

18 Wine Nara (비니위니) – Weinbar und Bäckerei, Kunst, 11:00-23:00 Uhr, http://www.winenara.com/

19 Arte (아르떼) – italienisches Restaurant mit Garten, 11:30-01:00 Uhr

20 L'École Douce (레꼴두스) – Café und Backschule, 10:00-22:00 Uhr

21 Cafe At: (카페 앳) – Café und Antiquitäten, 11:00-23:00

22 Shy Bana (샤이바나) – amerikanisches Restaurant, 11:30-15:00 und 17:30-21:00 Uhr

23 Popolarita (포폴라리타) – französisch/italienisches Restaurant, 12:00-24:00 Uhr

24 Poozim (푸짐) – koreanisches Restaurant

25 Paris Croissant (파리 크라상) – Bäckerei und Café, 07:00-22:40 Uhr

26 Musha (무샤) – japanische Sake-Bar, 17:00-03:00 Uhr

27 Saint Augustin (생어거스틴) – asiatisches Restaurant, Dachterrasse, 11:30-24:00 Uhr, www.augustin.co.kr/

28 Izakaya eung (이자카야응) – japanisches Restaurant und Bar

29a O' Fête (오페뜨) – Kaffee und Kuchen

29b Bufala (부팔라) – Pizza, Nudeln und Kaffee

30 Kitchen Flo (키친 플로) – französisches Restaurant, 12:00-15:00 und 18:00-01:00 Uhr, http://www.kitchenflo.com/

31 mom (맘) – koreanisches Bistro, 11:30-24:00 Uhr

32a Club Pinot (피노) – Wein und Music, 17:00-02:00 Uhr, http://clubpinot.co.kr/

32b Hwa (和 화) – japanisches Restaurant, 11:30-01:00 Uhr, http://www.hwakorea.com/

33 Red Brick (레드브릭) – Bäckerei und Café

34 Seorae Grill 92 (서래불고기 화로구이) – Grill-Restaurant, 11:30-2:00 Uhr

35 Fresh Meal (프레쉬밀) – Sandwich Take-Away, 08:00-20:00 Uhr

36 Yummy Kampong (야미 캄퐁) – Singapur Meeresfrüchte Restaurant

37 Sicily (시실리) – Röstkaffee und Nudelgerichte, 10:00-23:00 Uhr

38 vecchia & nuovo (베키아에누보) – Bäckerei und Café/Bistro, 8:00-21:00 Uhr

39 Tour du Vin (뚜르 뒤 뱅) – Weinbar und Verkauf, 10:30-01:00 Uhr

40 Yuta (儒多 유다) – japanisches Restaurant, Spezialität: Grillspieße, 11:30-14:00 und 18:00-04:00 Uhr

32 La Saveur (라 싸브어) – französisches Restaurant, 12:00-14:30 und 18:00-23:00 Uhr

A Ten to Ten (텐투텐) – Wein und Käse, 11:00-21:00 Uhr, http://www.bacchuswine.co.kr/

33 Stove (스토브) – Häppchen und Wein, Catering-Service, 10:00-02:00 Uhr, http://www.thestove.co.kr/

37 Oriental Spoon (오리엔탈스푼) – asiatisches Restaurant, 11:30-23:00 Uhr, http://www.orientalspoon.com/

77

Sinchon Gegend

신촌주변

Nördlich der U-Bahn Station Sinchon erstreckt sich die Sinchon Straße über 1,5 km bis zur Yonsei Universität (deshalb nennt man sie auch Yonsei Universitätsstraße). Mit weiteren drei großen Seouler Universitäten (Hongik, Sogang und Ewha) in der näheren Umgebung haben sich

Verkehrsmittel:
Untergrundstation Sinchon, Linie 2 (grün) – Ausgang 2 oder 3 für Sinchon Straße bzw. Ausgang 4 oder 5 für Modestraße

Anschrift:
Changcheon-dong, Seodaemun-gu, Seoul

die Gassen links und rechts der Sinchon Straße als beliebte Treffpunkte der Jugendlichen entwickelt. Die Atmosphäre ist auf die jüngere Generation abgestimmt, mit preiswerten Restaurants, Cafés oder Imbissständen. Modegeschäfte, Tanzschulen oder die allgegenwärtigen Karaokebars (Norebang) sind ganz auf die Jugend zugeschnitten.

Vor der Ewha Frauenuniversität beginnt die Modestraße, die sich über die U-Bahn Station Ewha Womans University bis zur Haltestelle Sinchon hinzieht. Unzählige Kleiderläden bieten erschwingliche Produkte der aktuellen Modetrends. Mit Markenartikeln, Second-hand Läden, Angeboten für Schuhe, Schmuck und Accessoires ist diese Einkaufsmeile bei der Seouler Jugend besonders beliebt.

Nahe der Ewha Universität befindet sich auch der Bahnhof Sinchon. Als erster Halt nach dem Hauptbahnhof Seoul auf der Eisenbahnstrecke Richtung Nordkorea und China hat diese Station eine besondere sentimentale Bedeutung.

Modestraße vor der Ewha Uni

Mitten im Vergnügungsviertel Sinchon.

Hongdae-ap

Im Bereich vor der Hongik Universität, einer der bedeutendsten Kunsthochschulen des Landes, siedelten sich seit Anfang der 1990er Jahre einige außergewöhnliche Cafés an. Es entstand die sogenannte „Picasso-Straße" mit mehr als 80 Clubs, Cafés und anderen typischen Jazz-, Punk-, Rock- und Techno-Bars. Eine einzigartige Ansammlung von Musikläden, kleinen Theatern und exotischen Geschäften machten dieses Viertel zum Geburtsort der koreanischen Untergrund-Jugendkultur. Es gibt viele Galerien und Veranstaltungsorte, die unkommerziell auf Experimente und freies künstlerisches Wirken setzen.

Tagsüber unterscheiden sich die Straßen vor der Hongik Universität kaum von der Umgebung anderer Universitäten. Spätnachmittags mit einbrechender Dunkelheit und dem Erstrahlen der Neonlichter bietet sich ein vollkommen anderes Bild. Jeder, der „trendy" sein will, ist in unverwechselbarer Kleidung unterwegs zu einem der vielen Festivals oder Partys. Inzwischen haben sich auch in anderen Stadtteilen wie Gangnam oder Itaewon Clubszenen entwickelt die besonders das Überleben kleinerer Clubs in Hongdae gefährden. Trotzdem ist das abwechslungsreiche

Verkehrsmittel:
Untergrundstation Hongik Univ., Linie 2 (grün) – Ausgang 6 (für Uni und Markt) oder Untergrundstation Sangsu, Linie 6 (braun) – Ausgang 1 oder 2 (für Clubs), Fußweg jeweils ca. 10 Minuten

besondere Aktivitäten:
Kunstgewerbemarkt (März bis Oktober), jeden Samstag/Sonntag von 13:00-18:00, gegenüber des Haupteingangs der Hongik Uni, mit einer breiten Palette handwerklicher Arbeiten.
Seoul Fringe Festival (früher Independent Art Festival), jedes Jahr im Aug. oder Sept., Forum für junge experimentierfreudige Künstler. (*http://www.seoulfringefestival.net/Eng/*)
Street Art Festival, Anfang Oktober, junge Kunststudenten zeigen ihre Arbeiten, ein unabhängiges Filmfestival und Straßenkünstler gehören ebenfalls dazu.
Nach fast 10jährigem Bestehen wurde das Club Day Festival, bei dem einmal im Monat ein ermäßigtes Kombi-Ticket Einlass in etwa 20 Clubs gewährte, am 28. Januar 2010 eingestellt.

Anschrift: Mapo-gu, Seoul

Nachtleben in Hongdae, auch bei Ausländern, noch immer die erste Adresse wenn es um Clubbing geht.

Auf dem Kunstgewerbemarkt vor der Uni verkaufen die Studenten jedes Wochenende selbst entworfenen Schmuck, Mode oder Kunstgegenstände. Hier lassen sich originelle (und meist preiswerte) Mitbringsel finden.

Parks

공원

Der Tapgol Park war 1897 der erste öffentliche Park in Seoul. Bereits 1887 gab es den „Waesongdae Park" für die japanische Bevölkerung, aus dem später der Namsan Park entstand. Bis zur Zeit der nationalen Unabhängigkeit (1945) war die Zahl der Parks auf gerade einmal zehn angestiegen. Nach 1970 gab es dann eine starke Zunahme und zum Jahrtausendwechsel war die Zahl der öffentlichen Parkanlagen auf fast 1500 gestiegen. Oft entstanden die Parks im Zusammenhang mit dem Bau anderer Einrichtungen wie z. B. Sportstätten. Gedenkstätten wurden zu einem Park erweitert oder aufgegebene Militäreinrichtungen in Parkanlagen umgewandelt. Der Seouler Bevölkerung dienen die meistens mit Bäumen bestandenen Parks als Ruheoase und in den heißen Sommermonaten zur kühlenden Erfrischung. Die größeren Parks sind besonders an Wochenenden beliebtes Ziel eines Familienausflugs.

Die Parks in der bergigen Umgebung Seouls ermöglichen den Seoulern, einer ihrer Lieblingsbeschäftigungen nachzugehen: Bergwandern und Bergsteigen. Hier kann man wohl den modisch gekleidetsten Bergwanderern der Welt in unüberschaubarer Zahl begegnen.

Nach 1894 fanden moderne Sportarten ihren Weg nach Korea. Gymnastik wurde ein offizielles Schulfach und entsprechende Sportanlagen entstanden. Viele der Parkanlagen bieten heute die Möglichkeit, verschiedene Sportarten zu betreiben. Die Benutzung der Einrichtungen ist dabei, mit Ausnahme der Tennisanlagen, kostenlos.

Dem Bildungshunger entsprechen viele Parks, indem sie Lehrpfade oder Mustergärten unterhalten. Auch die sogenannten „Barfußpfade" sind ein beliebter Teil in vielen Parks.

Bereits zu Beginn der Joseon Dynastie 1394 war der Cheonggyecheon ein Spiegelbild des Lebens in Seoul. Hier wurde gewaschen, getratscht und Kinder vergnügten sich im Spiel. Im Jahr 1760 begann die Regierung, den Fluss zu regulieren, um Überflutungen zu verhindern. Nach dem Ende des Koreakrieges 1953 begann der Wiederaufbau Seouls in rasantem Tempo. Flüchtlinge bauten ihre Baracken am Ufer und der „Strom aus klarem Wasser" (so die Übersetzung von Cheonggyecheon) verwandelte sich in eine faule, brackige Brühe, kaum besser als ein Abwasserkanal. Während des raschen Wechsels von der Agrarnation zum modernen Industriestaat boten die Flussläufe eine praktische Streckenführung für dringend benötigte neue Verkehrswege. In den 60er Jahren wurde der Cheonggyecheon mit einer Schnellstraße überbaut, die gleichzeitig auch den unansehnlich gewordenen und stinkenden Fluss versteckte. Obwohl hier zuletzt rund 170.000 Fahrzeuge täglich fuhren, fand Seouls Bürgermeister Lee Myung-bak die Zeit gekommen, um die Fehler der Vergangenheit zu berichtigen und der Natur mehr Raum und den Bürgern mehr Lebensqualität zu geben. In dreijähriger Bauzeit wurden deshalb sechs Kilometer des Cheonggyecheon mit einem Kostenaufwand von über 400 Millionen Euro freigelegt und die Ufer in Spazierwege umgewandelt. Der Bürgermeister verwirklichte damit sein ehrgeiziges Projekt noch vor dem Ende seiner Amtszeit Mitte 2006.

Rechts und links dieses ökologischen Bandes fließt zwar weiterhin der Verkehr, aber bei Koreanern und Touristen wurde diese neue Attraktion begeistert aufgenommen. In den ersten zehn Tagen nach der Eröffnung am 1. Oktober 2005 lustwandelten bereits 3 Millionen Besucher den Strom entlang, in den drei Monaten bis zum Jahreswechsel 2006 waren es schon rund 15 Millionen. Inzwischen hat sich der Andrang bei etwas über 100.000 täglichen Erholungssuchenden eingependelt. Auf den relativ schmalen Wegen kann es da auch schon einmal etwas eng werden. Trotzdem ist der Cheonggyecheon ein idealer Ort um eine kleine Pause einzulegen oder einen Spaziergang quer durch Seoul zu unternehmen (Karte S. 270).

Die Cheonggye Plaza neben dem Ilmin Kunstmuseum (S. 175), Startpunkt des freigelegten Teilstücks, bietet mit ihrer farbigen Beleuchtung und den illuminierten Wasserkaskaden besonders nachts einen reizvollen Anblick. Entlang des Cheonggyecheon gibt es viele Attraktionen, darunter z. B. die Gwangtonggyo Brücke (eine von insgesamt 22 über den restaurierten Flusslauf). Zwischen der Mojeongyo und Gwanggyo Brücke gelegen, wurde diese Flussquerung ursprünglich 1410 erbaut. Teile der Originalbrücke wurden für den jetzigen Neubau verwendet. Das größte Fliesen-Wandgemälde der Welt befindet sich neben der Gwanggyo Brücke und zeigt auf 5120 Kacheln König Jeongjo's Prozession zur Hwaseong Festung und ist ebenso wie der Mode-

platz, die Hoffnungsmauer oder der Tunnel-springbrunnen eine der Hauptattraktionen.
Im Cheonggyecheon Museum (S. 189) erfährt man mit modernster multivisions- und 3D-Technik etwas über das Aussehen, die Bedeutung und das Leben am Cheonggyecheon während der Joseon Dynastie.

Verkehrsmittel:
Untergrundstation Gwanghwamun, Linie 5 (lila) – Ausgang 5
Untergrundstation Euljiro 4(sa)-ga, Linie 5 (lila) – Ausgang 3 oder 4
Untergrundstation Dongdaemun, Linie 4 (hellblau) – Ausgang 8
Obige Stationen haben Ausgänge in unmittelbarer Nähe des Cheonggyecheon. Viele weitere Stationen der U-Bahn Linien 1, 2, 3, 4, 5, und 6 sind lediglich 2 bis 5 Minuten vom Cheonggyecheon entfernt.

Homepage: *http://cheonggye.seoul.go.kr/*

83

City Hall Plaza

서울광장

Eine vierspurige, eine achtspurige und zwei zehnspurige Straßen, dass war lange Jahre das Bild vor dem 1926 erbauten Rathaus. Im Frühjahr 2004 schließlich wurde die 13.200 m² große Kreuzung in eine riesige Rasenfläche umgewandelt. Nach nur zweimonatiger Bauzeit weihte man den Platz am 1. Mai 2004 mit einem neuntägigen Festival „Hi Seoul" ein. War die Fläche früher nur zu ganz besonderen Anlässen für den Verkehr gesperrt (so gingen z. B. die Bilder der dort versammelten begeisterten koreanischen Fans während der Fußballweltmeisterschaft 2002 um die ganze Welt), wird heute fast jedes Wochenende eine Veranstaltung vor dem Rathaus durchgeführt. Festivals, Kunstausstellungen, Open-Air Konzerte oder etwas anderes – immer ist die Rasenfläche mit koreanischen Familien oder Jugendgruppen besetzt, die in gemeinschaftlicher Atmosphäre auf ihren mitgebrachten Decken ein Picknick durchführen. Und all dies mitten in Seoul, umgeben von hohen Bürogebäuden und großen Hotels. Besonderes Flair erhält die City Hall Plaza noch durch einen begehbaren Springbrunnen, der durch 48 in den Boden eingelassene Scheinwerfer in unterschiedliches Licht getaucht werden kann.

Das nördlich des Platzes gelegene, 1926 von den Japanern erbaute Gebäude diente bis 2007 als Rathaus. Das hinter dem historischen Gebäude entstandene neue Rathaus wurde 2012 fertig gestellt.

Öffnungszeiten: 24h,
Montags darf der Rasen nicht betreten werden

Verkehrsmittel: Untergrundstation City Hall, Linie 2 (grün) – Ausgang 12, Fußweg 3 Minuten oder Linie 1 (dunkelblau) – Ausgang 5

besondere Aktivitäten:
an fast jedem Wochenende Open-Air Konzerte, Ausstellungen oder ähnliche Veranstaltungen.

Anschrift: 1-ga, Taepyeongno, Jung-gu, Seoul
Homepage: *http://plaza.seoul.go.kr/*
http://www.casp.or.kr/

Wird kontrovers diskutiert: der hochmoderne Neubau direkt hinter dem alten Rathaus.

Gwanghwamun Plaza

광화문 광장

Als Ergänzung zum Neubau des Gwanghwamun Tores (S. 14) begann man im April 2008 auch mit dem Umbau der Sejongno Prachtstraße vor dem Tor. Durch die Reduzierung von 16 auf 10 Fahrspuren entstand zwischen dem Gyeongbokgung Palast und der Cheonggye Plaza ein 34 Meter breiter und 557 Meter langer Fußgängerbereich der am 1. August 2009 der Öffentlichkeit übergeben wurde. Zusammen mit dem Gwanghwamun Tor stellt die Gwanghwamun Plaza die historische Bedeutung des Bereichs vor dem Gyeongbokgung Palast als Zentrum der koreanischen Geschichte, Politik und Kultur wieder her. An der früher hier verlaufenden Yukjo-Hauptstraße lagen viele Regierungsbehörden.

Unterschiedliche Gestaltungselemente und verschiedene Symbole und Figuren zeigen den geschichtlichen Wandel von der Joseon Dynastie bis heute. So kann man z.B. entlang eines Geschichtspfades in Form von zwei Wasserläufen die Entwicklung der Joseon Dynastie nachverfolgen. Im östlichen Bereich wird die Zeit von 1392 bis 2009 auf 617 Steinplatten dargestellt. Der westliche Wasserlauf ist noch leer um zukünftige historische Ereignisse aufnehmen zu können. Modernste LED-Technik sorgt bei Dunkelheit für eine effektvolle Beleuchtung.

Das bereits vorhandene Denkmal von Admiral Yi Sun Shin ist jetzt von Wasserspielen umgeben die seine Siege im 16. Jahrhundert und die dabei

Öffnungszeiten: 24h
König Sejong Ausstellungshalle: 10:30-22:30, Sonn- und Feiertags bis 20:30

Eintrittspreise: kostenlos

Verkehrsmittel: Untergrundstation Gwanghwamun, Linie 5 (lila) – direkte Verbindung zum „Haechi Madang" bzw. Ausgang 2

Anschrift: Sejongno, Jongno-gu
Homepage: *http://square.sisul.or.kr/*

eingesetzten „Schildkrötenschiffe" thematisieren. Der Name „Fountain 12.23" nimmt Bezug auf Admiral Yi's Bezwingung von 133 feindlichen Schiffen mit nur 12 Schildkrötenschiffen und seine insgesamt 23 Siege in 23 Schlachten.

Eine neue, 20 Tonnen schwere Bronzestatue von König Sejong, der im 15. Jh. die koreanische Schrift Hangeul entwickelte, wurde am 9. Oktober 2009 (Hangeul-Tag) feierlich eingeweiht. Etwas versteckt hinter dem Monument befindet sich der Eingang zu einem sehenswerten Museum (S. 182) das die Geschichte von König Sejong und Admiral Yi Sun Shin nachzeichnet.

Bei Bedarf kann zu besonderen Anlässen der Autoverkehr auf den verbliebenen 10 Fahrspuren eingeschränkt werden, so dass ein 100 Meter breiter Platz entsteht.

Parks

Die Gwanghwamun Plaza neben dem Sejong Zentrum (links). Hinter dem Standbild von Admiral Yi Sun Shin die Statue von König Sejong und das Gwanghwamun Tor. Ganz im Hintergrund links das Dach des Blauen Hauses vor dem Bugak Berg.

Tapgol Park

Der Park mit dem achteckigen „Palgakjung" Pavillon in der Mitte wurde 1897 von J. M. Brown, einem britischen Berater des Daehan Jeguk Reiches erbaut. Bereits in der Goryeo-Ära befand sich an dieser Stelle der buddhistische „Heungboksa" Tempel. Im Jahr 1465 (Joseon Dynastie) wurde der Wongak Tempel errichtet. Aus dieser Zeit ist noch ein zehnstöckiger Steinturm erhalten. Ein Gedenkmonument beschreibt die Geschichte der Errichtung des „Wongaksa". Wegen der vielen im Park befindlichen Steinmonumente und Pagoden hieß der Park früher Pagoda Park, am 28. Mai 1992 erhielt er aber seinen früheren koreanischen Namen zurück.

In der moderneren koreanischen Geschichte ist der Park besonders für seine Rolle in der Unabhängigkeitsbewegung bekannt. Am 1. März 1919 wurde hier die 1762 Worte umfassende Unabhängigkeitserklärung verlesen. In der Folge verbreitete sich der friedvolle und ohne Gewalt ablaufende Kampf gegen die Unterdrückung durch die Japaner über die ganze Nation. Trotz aller Gräueltaten der Japaner bewiesen die gewaltlosen Demonstrationen die Willensstärke des unterdrückten koreanischen Volkes. Kupferplatten an der Nordostmauer des Parks gedenken verschiedener Gruppierungen der Unabhängigkeitsbewegung aus dem ganzen Land. Weitere

Eintrittspreise: kostenlos

Verkehrsmittel:
Untergrundstation Jongno 3-ga, Linie 1 (dunkelblau) oder Linie 3 (orange) – Ausgang 1 oder Linie 5 (lila) – Ausgang 5, Fußweg 3-5 Minuten oder Untergrundstation Jonggak, Linie 1 (dunkelblau) – Ausgang 3, Fußweg 5 Minuten

besondere Aktivitäten:
beliebter Treffpunkt für Rentner

Anschrift: Jongno 2(i)-ga, Jongno-gu, Seoul

Monumente, die an die Bewegung des 1. März erinnern, wurden 1967 und 1980 errichtet. Der Unabhängigkeitsaktivist Byung Hee Son wird durch eine 1966 errichtete Bronzestatue geehrt. Die Bewegung des 1. März trug auch in anderen Ländern Südwestasiens (z. B. die Bewegung des 4. Mai in China) dazu bei, das Bewusstsein für nationale Unabhängigkeit zu festigen.

Heutzutage ist der Tapgol Park ein beliebter Treffpunkt für Rentner. Besonders westliche Besucher sollten sich deshalb darauf einstellen, angesprochen und in eine längere Unterhaltung verwickelt zu werden. Der Eingang befindet sich an der südlichen Seite des Parks.

Der achteckige Pavillon in der Mitte des Parks, dahinter die zehnstöckige Pagode, leider durch eine etwas unschöne Stahl-/Glaskonstruktion vor Umwelteinflüssen geschützt.

Unabhängigkeitspark

독립공원

Der 1992 eröffnete Unabhängigkeitspark verbindet mehrere Denkmäler und historische Bauwerke mit Symbolcharakter für die Unabhängigkeit Koreas. Zwischen 2007 und 2009 wurde der Park aufwendig renoviert und vergrößert. Unter anderem ersetzte man oft kritisierte japanische Gartenelemente durch Gärten im koreanischen Stil. Im Süden beginnt der Park mit dem Dongnimmun (Unabhängigkeitstor), das nach dem Vorbild des Arc de Triumph in Paris errichtet wurde. Ursprünglich stand hier das Yeongeunmun, ein Tor, an dem Gesandte aus China vom koreanischen König persönlich empfangen wurden (zwei Säulen dieses Tores sind vor dem Dongnimmun erhalten). Dieses Symbol für die Unterwerfung gegenüber China wurde 1898 durch das Dongnimmun ersetzt, unter anderem auch um den nach Korea eindringenden Japanern anzuzeigen, dass Korea ein unabhängiger Staat ist. Das aus Granitblöcken zusammengesetzte Tor hat eine Durchgangshöhe von über 14 Metern. Auf dem Torbogen steht in koreanischer Schrift das Wort „Unabhängigkeitstor", eingerahmt von zwei koreanischen Flaggen.

Weiter zur Mitte des langgestreckten, neben einer vielbefahrenen Ausfallstraße liegenden Parks befinden sich Denkmäler für die Unabhängigkeitserklärung zum 1. März und für patriotische Märtyrer. Auch die Unabhängigkeitshalle (Holzgebäude im traditionellen Stil mit Ausstellung) und die Statue von Seo Jae-pil (Zeitungsverleger und Verfechter der Unabhängigkeit) sind in diesem Bereich angesiedelt. Das Monument der Unabhängigkeitserklärung befand sich ursprünglich im Pagoda Park (in dem am 1. März 1919 die Unabhängigkeitserklärung verlesen wurde). Während der Renovierung des Pagoda Parks (heute: Tapgol Park) wurde das Denkmal 1979 demontiert und erst 1992 nach Forderungen aus der Bevölkerung hier wieder aufgebaut.

Der historisch bedeutendste Teil des Parks ist das Seodaemun Gefängnis im nördlichen Bereich der Gedenkstätte. Rund 1,3 Millionen, hauptsächlich koreanische und japanische Besucher pro Jahr informieren sich hier über die furchtbaren Zustände während des koreanischen Unabhängigkeitskampfes. Der Bau begann 1907 unter der japanischen Besatzungsmacht. Tausende von patriotischen Unabhängigkeitskämpfern gegen die

Öffnungszeiten: Park: 24h
Gefängnis: März-Okt. 09:30-18:00
Nov.-Feb. 09:30-17:00, Montag ist Ruhetag

Eintrittspreise: Park kostenlos
Gefängnis: Kinder 500 Won
Jugendliche 1000 Won, Erwachsene 1500 Won

Verkehrsmittel: Untergrundstation Dongnimmun, Linie 3 (orange) – Ausgang 4 oder 5, Fußweg 2 Minuten

Anschrift: Hyeonjeo-dong, Seodaemun-gu

japanische Invasion wurden hier hingerichtet oder fanden ein schreckliches Ende als Folge von Misshandlung und Folterung. Von den fünfzehn Gebäuden wurden sieben in ihrer ursprünglichen Form erhalten, darunter Zellengebäude, Verwaltung, Krankenstation, Hinrichtungsgebäude und Wachtürme.

Das Seodaemun Gefängnis – ein bedrückendes Zeugnis der japanischen Kolonialherrschaft.

Parks

87

Dongdaemun History & Culture Park

동대문역사문화공원

Im Herzen des Dongdaemun Marktzentrums erbaute die japanische Besatzungsmacht 1925 ein Baseball- und ein Fußballstadion. Ende 2008 begann die Seouler Stadtverwaltung mit dem Abriss der beiden Stadien gegenüber des Migliore Kaufhauses um Platz für die Dongdaemun Design Plaza zu schaffen. Bei den Bauarbeiten wurden jedoch rund 1000 Porzellanteile und weitere historische Relikte gefunden. Außerdem kamen Überreste der Stadtmauer, einer Verteidigungsterrasse und eines Schleusentors zum Vorschein. Zusammen mit dem beauftragten Architekten Zaha Hadid beschloss die Stadtverwaltung deshalb, die ursprünglichen Pläne zu ändern und dem Park den Namen „Dongdaemun Geschichts- & Kulturpark" zu geben. Statt eines funktionellen Erholungsparks entstand so ein Kulturpark in den die freigelegte historische Architektur eingebettet wurde. Durch geschwungenen Linien und aufwendig gestaltete Bauwerke konnten jedoch auch viele der ursprünglich geplanten Designelemente integriert werden.

Neben der restaurierten Stadtmauer (Seoul Seonggwak) und dem Schleusentor (Igansumun) entstand das Dongdaemun Geschichtsmuseum in dem die gefundenen Kulturrelikte ausgestellt sind. Zur Erinnerung an die abgerissenen Sportarenen wurden zwei Flutlichtmasten erhalten und eine Dongdaemun Stadium Erinnerungshalle eingerichtet.

Eintrittspreise: kostenlos

Verkehrsmittel:
Untergrundstation Dongdaemun History & Culture Park, Linie 2 (grün) – Ausgang 1 oder 2 oder Linie 4 (hellblau) – Ausgang 10 oder Linie 5 (lila) – Ausgang 8, Fußweg 3 Minuten oder Untergrundstation Dongdaemun, Linie 4 (hellblau) – Ausgang 7, Fußweg 2 Minuten

Anschrift: Euljiro 7(chil)-ga, Jung-gu, Seoul

Direkt neben dem Park befindet sich in einem neuen futuristischen Gebäude das Design Zentrum.

Naksan Park

낙산공원

Dieser Park befindet sich auf dem Rücken eines Hügels, der sich von Dongdaemun in Richtung Norden erstreckt. Vom Dongdaemun Tor folgt man einer kleinen Straße bergauf, bis nach ca. 150 Metern ein Durchgang auf die andere Seite der Stadtmauer führt. Auf rund zwei Kilometern Länge hat man entlang des Mitte 2002 eröffneten Parks die historische Stadtmauer restauriert. Es gibt viele Aussichtspunkte, die einen weiten Blick über Seoul in alle vier Himmelsrichtungen erlauben. Unter ambionierten Fotografen gilt der Naksan deshalb als Geheimtipp. Alternativ kann man den Naksan Park auch von Daehangno aus erreichen (Karte S. 65) indem

man den Straßen hinter dem Marronnier Park bergauf folgt.

Öffnungszeiten: 24 Stunden

Verkehrsmittel:
Untergrundstation Dongdaemun, Linie 1 (dunkelblau) oder Linie 4 (hellblau) – Ausgang 1, Fußweg 5 Minuten oder
Untergrundstation Hyehwa, Linie 4 (hellblau) – Ausgang 2, der Straße neben dem Marronnier Park bergauf folgen, Fußweg ca. 15 Minuten

Anschrift: Dongsung-dong, Jongno-gu, Seoul

Blick vom Naksan Park Richtung Südosten.

Marronnier Park

마로니에공원

Den Namen erhielt der Park nach einem großen Kastanienbaum in seiner Mitte. Der Marronnier Park entstand auf dem ehemaligen Campus der Seoul Nationaluniversität, nachdem diese 1975 an den südlichen Stadtrand Seouls umgezogen war. Der Park liegt mittig an der Universitätsstraße (Daehangno) und damit im Herzen der Daehangno Kunstszene. Der Bau des Parks war eine gezielte Maßnahme der Bezirksverwaltung, um die Attraktivität Daehangnos für darstellende Künstler noch weiter zu steigern. Der Park dient professionellen Künstlern ebenso wie Laiendarstellern als Bühne. Amateursänger, Poeten, Portraitzeichner, tanzende Teenager und viele andere nutzen die Open-Air Bühne um sich darzustellen. Insbesondere experimentelle Künstler, die mit ihren alternativen Darbietungen neue Kunstwerke schaffen wollen, im kommerziellen Wettbewerb aber (noch nicht)

Öffnungszeiten: 24 Stunden

Eintrittspreise: kostenlos

Verkehrsmittel: Untergrundstation Hyehwa, Linie 4 (hellblau) – Ausgang 2

besondere Aktivitäten:
Daehangno Jugend- Kulturfestival im Oktober

Anschrift: Dongsung-dong, Jongno-gu, Seoul

bestehen können, sind im Freilichttheater anzutreffen. Besonders an Wochenenden sind Konzerte, Dramen, Pantomimen, Musicals und Lesungen der Amateurdarsteller Anziehungspunk für viele Menschen. Diese Straßenkünstler gehören inzwischen zum festen Inventar des Parks.

Folkloregruppe im Marronnier Park.

Der über 120.000 m² große Park war ursprünglich das Gebiet Hyochangwon mit königlichen Gräbern, unter anderem von Kronprinz Moonhyo, Euibin Seong (Konkubine von König Jeongjo), Sukeui Park (König Sunjos Konkubine) und Prinzessin Yeongon. Nach der Befreiung Koreas wurden 1946 mehrere Patrioten (Yun Bonggil, Lee Bongchang und Baek Jeonggi) in Schreinen aufgebahrt und in den folgenden Jahren weitere Ehrengräber für die Präsidenten der provisorischen koreanischen Regierung in Shanghai („Baekbeom" Kim Gu, Yi Dongnyeong, Cha Iseok und Cho Seonghwan) erbaut. Für Kim Gu wurde auch eine Statue vor dem neben dem Park befindlichen Kim Koo Museum aufgestellt.

Eine Statue des Mönchs Won Hyo, ein antikommunistischer Gedenkturm und der leere Sarg des Patrioten Ahn Jung Geun sind weitere historische Punkte. Koreaner verbringen ihre Freizeit gerne in diesen Park, um zu joggen oder in waldiger Natur zu entspannen. Drei Rundkurse von 960, 1400 und 1820 Metern Länge führen durch die im Norden steil ansteigende Anlage. Am südlichen Ausgang des Parks befinden sich außerdem ein Fußball- und Hockey-Stadion sowie die Sieben-Patrioten-Gedenkstätte.

Die „Chumji" Skulptur im Hyochang Park. Die zum Himmel strebende esoterische Figur soll die heilige Bedeutung dieses Ortes unterstreichen.

Öffnungszeiten: 24 h

Eintrittspreise: kostenlos

Verkehrsmittel: Untergrundstation Hyochang Park, Linie 6 (braun) – Ausgang 1 oder 2, Fußweg 8 Minuten oder ein Stop mit Bus 405, 0018 oder 2016.

besondere Aktivitäten:
Jährlich am 13. April am Uiyeolsa Schrein Gedenkzeremonie aus Anlass der Gründung der provisorischen Regierung 1919.

Anschrift: Yongsan-gu, Seoul
Kontakt: +82-2-757-9759 (Lee Dongnyeong Assoziation), +82-2-719-1311 (Baekbeom Kim Gu Assoziation), +82-2-571-6388 (Sieben-Patrioten Assoziation)

Dieser geschichtsträchtige Ort lohnt einen Besuch, zumal sich das Moon Shin Museum mit einer interessanten Kunstsammlung und das Chung Young Yang Stickereimuseum, ebenfalls mit einer kleinen aber exklusiven Sammlung (beide innerhalb der Sookmyung Womens Universität) in unmittelbarer Nähe befinden.

Eingang zum Uiyeolsa Schrein mit sieben Portraits verschiedener Unabhängigkeits- und Freiheitskämpfer.

Namsan Park

남산공원

Der 265 Meter hohe „Nam"-Berg befindet sich in zentraler Lage mitten in der Stadt. Er ist daher ein idealer und beliebter Aussichtspunkt. Richtung Norden blickt man auf das Häusermeer des alten Stadtkerns mit den unzähligen Hochhausneubauten, gen Süden erblickt man den Han Fluss und die in den letzten 60 Jahren in der Flussebene entstandenen neuen Stadtteile. Auch im Westen und Osten Häuser soweit das Auge reicht, teilweise hinter Bergrücken in Tälern verschwindend, teilweise auch an den steilsten Bergflanken immer höher hinaus.

Einen noch besseren Blick hat man noch einmal über 100 Meter höher von der Aussichtsplattform des Fernsehturms auf der Spitze des Namsan. Bei guter Sicht kann man von hier bis zu 50 km ins Umland schauen. Im Osten erblickt man z. B. die Küste des Chinesischen (bzw. Gelben) Meeres bei Incheon. Besonders spektakulär ist eine nächtliche Fahrt mit der Gondelbahn und der Blick von der Aussichtsplattform (oder aus dem Turmrestaurant) auf die Lichter der Stadt.

Der Namsan selbst besteht aus Granit, trotzdem ist er fast durchgängig von dichtem Wald bedeckt. Dabei machen die 49300 Kiefern am Nordhang (von denen 18300 aus anderen Regionen Koreas nach hier verpflanzt wurden) 17,7 % des gesamten Waldbestandes am Namsan aus. Bei entsprechender Kondition (teilweise sind die Fußwege sehr steil) und der entsprechenden Zeit (für den Aufstieg sollte man ein bis zwei Stunden rechnen) lohnt sich deshalb auch eine Wanderung zum Gipfel. Auf halber Höhe des Westhanges befinden sich z.B. ein botanischer Garten, die Stadtbibliothek und die Ahn Jung Geun Gedenkhalle. Beim Aufstieg auf den Namsan sind an mehreren Stellen noch imposante Reste der Schutzmauer zu sehen.

Deutlich bequemer geht es aber mit der Gondelbahn oder einem der kleinen gelben Rundbusse der Linie 02 (z.B. ab Chungmuro), Linie 03 (z.B. ab Itaewon) oder Linie 05 (z.B. ab Yaksu).

Natürlich war der Namsan in früherer Zeit auch ein strategisch wichtiger Punkt. So befand sich auf dem Gipfel eines der über das ganze Land verteilten Signalfeuer. Das Bonghwadae auf dem Namsan war die letzte Station mit der Gefahren oder Invasionen über weite Strecken an den Königshof gemeldet wurden. Die gemauerte Konstruktion des Meldefeuers ist in restaurierter Form nach wie vor vorhanden. Zur 600-Jahrfeier der Stadt Seoul wurden 1994 auf den Bergen Achasan und Muaksan auch die benachbarten Meldefeuer restauriert. Der Namsan und andere die Stadt umgebende Berge (Bugaksan, Inwangsan, Naksan) waren natürlich ebenfalls Standorte für Befestigungsanlagen.

Öffnungszeiten:
24h, Gondelbahn 10:00-23:00

Eintrittspreise: kostenlos
Gondelbahn einfach 6000 W (Kinder 3500 W), Hin- und Rückfahrt 7500 W (Kinder 5000 W)

Verkehrsmittel:
Untergrundstation Myeong-dong, Linie 4 (hellblau) – Ausgang 3, Fußweg 10 Minuten zur Talstation der Gondelbahn

besondere Aktivitäten:
„Spirit of Korea" – mehrstündige historische Opferzeremonie an einem Sonntag im Oktober

Anschrift: Hoehyun-dong 1-ga, Jung-gu, Seoul
Homepage: *http://www.cablecar.co.kr/*

Das rekonstruierte Meldefeuer auf dem Namsan. Täglich um 12 Uhr Mittags wird ein Rauchsignal erzeugt.

Wörtlich übersetzt bedeutet Seongnagwon „Paradies in der Stadt". In der Tat ist dieses „Paradies" einer der wenigen noch verbliebenen Waldgärten aus der Joseon Ära in Seoul.

Erbaut wurde der Garten für Hwang Ji-sa während der Herrschaft von König Sunjo (1800-1834). Heutzutage ist Seongnagwon aber besser bekannt als Landhaus von Sim Sang-eung, einem hohen Beamten unter König Cheoljong (1849-1863). Ab 1920, bis zu seinem Tod 1955, nutzte der fünfte Sohn von König Gojong, Yi Gang bzw. Lord Euichin (1877-1955) diesen Ort als Nebenpalast.

Der Garten besteht aus drei Teilen: Eingangsbereich, innerer Garten (hier stehen die Hauptgebäude der Villa) und dem hinteren Abschnitt. Seongnagwon hat zwar nicht die flächenmäßige Ausdehnung wie Biwon im Changdeokgung Palast, trotzdem gilt dieser Garten als besonders schönes Beispiel für einen koreanischen Garten der sich harmonisch in die gegebene hügelige, felsige Landschaft einfügt. Die angelegten Objekte wie Pavillons, Teiche oder der künstliche Wasserfall verstärken die Wirkung der natürlichen Umgebung ohne sie zu dominieren. In ruhiger Umgebung kann der Besucher sich bei Blätterrauschen, Vogelgezwitscher und dem Geräusch fließenden Wassers entspannen.

In der späten Joseon Ära ließen sich wohlhabende Aristokraten in der malerischen Umgebung Seouls Villen bauen. Einige genossen dort ihre

Öffnungszeiten: bis auf Weiteres nur zu besonderen Anlassen und für Gruppen geöffnet.

Verkehrsmittel: Untergrundstation Hansung Univ., Linie 4 (hellblau) – Ausgang 6, Fußweg 15 Min., Taxi empfehlenswert

Anschrift: 2-22, Seongbuk-dong, Seongbuk-gu

Freizeit und erholten sich vom politischen Alltag, andere nutzten ihre Villa um Bündnisse zu verstärken und ihre Macht zu erweitern. Waldgärten dieser Zeit sind durch den Wunsch geprägt, die Natur in einen privaten Bereich zu integrieren um sie dort exklusiv genießen zu können.

Der nach Süden offene Abhang, auf dem sich Seongnagwon, direkt unterhalb des Bugak Himmelsweges, befindet bietet einen grandiosen Blick auf Seoul und ist nach wie vor ein bevorzugter Wohnort für wohlhabende Bürger und Diplomaten.

Bugak Himmelsweg

Eine beliebte, 19 Kilometer lange Straße, die überwiegend durch Waldgebiet um den Bugak-Berg hinter dem Präsidentenpalast herum führt. Als höchste Straße der Stadt bietet sie spektakuläre Blicke auf Seoul und den Han Fluss. In den Jahren nach der Eröffnung der Straße 1968 war eine Taxifahrt über den Bugak „Skyway" ein schon fast obligatorischer Bestandteil der Flitterwochen. Noch heute lockt das Panorama viele Liebespaare und natürlich auch Touristen an. Allerdings bietet der überwiegend dichte Wald nur an entsprechenden Aussichtspunkten einen Blick über Seoul.

Ursprünglich durften nur motorisierte Personen den Weg benutzen, da es auf der schmalen Straße keinen Platz für Fußgänger gab. Ein erster, 3,4 km langer Teilabschnitt des Himmelsweges wurde am 1. August 2005 für Fußgänger freigegeben. Der Bezirk Seongbuk-gu baute neben der Straße eine Fußgängerpromenade, die rund 200 Meter hinter dem Seongbuk Community Center an einem hölzernen Torbogen beginnt. Auf Holzplanken geht es unter Pinien- und Akazienbäumen, erst allmählich, später steil bergauf. An einer Stelle muss die Autostraße überquert werden. Vorbei an Forsythien, Ahorn- und Wachsbäumen führt der schmale Pfad weiter. Am höchsten Punkt der Promenade (342 Meter) lädt das Restaurant im achteckigen Palgakjeong Pavillon zur Rast ein. Die Aussichtsplattform bietet nicht nur nachts einen grandiosen Blick über Seoul. Richtung Norden schaut man z.B. direkt auf Pyeongchang-dong (S. 66). Der weitere Weg führt, jetzt oft abseits der Straße durch dichten Wald, zum westlichen Endpunkt am Jahamun Tor (auch Changuimun).

TIPP

Nach dem Start am Jahamun Tor kommt man nach etwa 500 Metern an dem angesagten Kunst-Café „Art for Life" (artforlife.co.kr/) vorbei. Hier lohnt sich eine Stärkung für die bevorstehende Wanderung. Alternativ empfiehlt sich ab Seongbuk eine Taxifahrt (etwa 5000 Won) zum Palgakjeong (북악팔각정) und ab dort der Fußweg bergab zum Jahamun Tor (hier befindet sich auch einer der Startpunkte für eine Wanderung entlang der Stadtmauer, S. 147, 148).

Öffnungszeiten: 24h, Pavillon 11:30-24:00

Verkehrsmittel:
Startpunkt Seongbuk: Untergrundstation Hansung Univ., Linie 4 (hellblau) – Ausgang 6, weiter mit lokalem Bus Seongbuk01 zum Seongbuk Community Center (roter Backsteinbau oberhalb der Appartmentblocks) oder Fußweg 20 Minuten (sehr steil).
Startpunkt Changuimun: Untergrundstation Gyeongbokgung, Linie 3 (orange) – Ausgang 3, weiter mit Bus 1020, 7022 oder 7212 (ab Halt 01-116), fünf Stationen bis Haltestelle Jahamun (Halt 01-107), Fußweg 2 Minuten.

Anschrift: Seongbuk-gu und Jongno-gu, Seoul

Oben: Der Palgakjeong am höchsten Punkt des Bugak Skyways. Unten: Beginn des Fußweges hinter dem Seongbuk Community Center.

93

Hongneung Arboretum

Diese wissenschaftliche Anpflanzung verschiedener Baumarten befindet sich gegenüber der König Sejong Gedenkhalle. Ursprünglich befand sich hier die Grabstätte der Königin Myeongseong. Als ihr Mann, König Gojong, 1919 starb, wurde sie nach Geumgok, Gyeonggi-do verlegt und die japanische Kolonialregierung begann 1922 damit, experimentelle Wälder auf dieser ursprünglich 300 ha großen Fläche anzulegen. Damals war das Arboretum auch Heimstatt für viele seltene Tiere aus der ganzen Welt. Während des Koreakrieges wurde das Gelände zerstört, aber auf einer 44 ha großen Teilfläche südwestlich des Berges Cheonjangsang wiederaufgebaut. Heute gehören zu dem wissenschaftlichen Forstwirtschaftsinstitut 12 verschiedene Gärten – z. B. Wassergarten, Nadelbaumgarten, Garten der breitblättrigen Bäume, Gärten mit essbaren und medizinischen Pflanzen, Feuchtwiesengarten. Inzwischen sind über 2000 verschiedene

Öffnungszeiten: März-Okt. 10:00-17:00, Nov.-Feb. 10:00-16:00. Für Einzelbesucher nur Sonntags geöffnet. Wochentags nur Gruppen ab 15 Personen mit Reservierung.

Eintrittspreise: kostenlos

Verkehrsmittel:
Untergrundstation Korea University, Linie 6 (braun) – Ausgang 3, Fußweg 8 Minuten

besondere Aktivitäten:
Sonntags um 10:30 und 14:30 geführte Touren. Treffpunkt vor dem Forstwissenschaftszentrum.

Anschrift: Cheongnyangni-dong 2(i)-ga, Dongdaemun-gu, Seoul
Homepage: *http://www.kfri.go.kr/*

Im Bereich 2, dem Koniferenwald, befinden sich z. B. 70 verschiedene Nadelbaumarten aus 28 Familien.

Pflanzen aus über 400 Arten und rund 70 verschiedene Tierarten hier heimisch. In der Saatgutbibliothek befinden sich gar 200.000 Pflanzen aus mehr als 2000 Arten
Seit 1993 ist das Arboretum für die Öffentlichkeit zugänglich und bietet umfassende Informationen zu Pflanzen und der Bedeutung des Umweltschutzes. Auf einem etwa dreistündigen Rundkurs kann man sein naturkundliches Wissen erweitern.
Innerhalb des Arboretums befindet sich das 1999 eröffnete Forstmuseum. Hier werden die einheimischen Bäume und deren Nutzung dargestellt. Eine interessante Ausstellung, allerdings nur mit koreanischen Erklärungen.

Jangchung Park

Zwischen der Dongguk Universität und dem Hotel Shilla gelegen, dient der Jangchung Park Studenten und Anwohnern als schattiger Ruheplatz. Dieser Park wurde erbaut, um Patrioten und Märtyrer der sogenannten „Eulmi" und „Chungsaengmun" Vorfälle zu gedenken. In der Mitte des Parks befindet sich der Jangchungdong Grab-/Gedenkstein, an dem im Frühjahr und Herbst jedes Jahres feierliche Zeremonien zu Ehren der im Eulmi-Jahr (1895 – japanische Im-

perialisten ermordeten Königin Myeongseong) heldenhaft gestorbenen treuen Bürger stattfinden. Oberhalb des relativ kleinen Parks befinden sich zwei Denkmäler, die an verschiedene Aspekte des Unabhängigkeitskampfes gegen die japanische Besatzung Anfang des vorigen Jahrhunderts erinnern.
Im Park selbst gibt es mit der 1420 erbauten Supyogyo Brücke ein weiteres historisches Monument. Ursprünglich überspannte sie den

Die 1420 erbauten Supyogyo im Jangchung Park.

Cheonggyecheon und ab 1441 las man hier auch den Pegelstand des Flusses ab. Daher stammt auch der Name Supyogyo (Brücke mit Zahlmarkierungen). Nach einem in der Nähe befindlichen Pferdemarkt hieß sie früher Majongyo (Pferdemarktbrücke). Mit dem Bau von Schnellstraßen entlang und über den Fluss wurde die historische Brücke 1959 nach Sinyeong verlegt und 1965 im Jangchung Park wieder aufgebaut. Der Pegelmesser befindet sich heute neben der König Sejong Gedenkhalle. Die Supyogyo Brücke zählt zu den bedeutendsten historischen Leistungen auf Seouler Stadtgebiet.

Öffnungszeiten: 24h

Eintrittspreise: kostenlos

Verkehrsmittel: Untergrundstation Dongguk Univ., Linie 3 (orange) – Ausgang 6

Anschrift: Jangchung-dong 2(i)-ga, Jung-gu

Yongsan Familienpark

용산가족공원

Dichter Wald, große Rasenflächen und ein langgezogener Teich machen den 1992 eröffneten Park zum beliebten Erholungsziel. Wilde Gänse und Enten, viele Vögel, ein Gemüsegarten und ein Naturerkundungsbereich locken besonders die jüngere Generation an. Über einen 4,6 km langen Pfad kann man alle Bereiche des Parks erreichen und im Schatten von rund 15.000 Bäumen eine Rast einlegen.

Während des Imjin-Krieges befand sich hier die Basis der Versorgungstruppe. Im Koreakrieg bauten die Amerikaner einen Kommandoposten und einen Golfplatz. Erst mit der Umgestaltung zum Park machte man den Bereich der Öffentlichkeit zugänglich. Im Oktober 2005 wurde am südwestlichen Ende des Parks das neue Nationalmuseum eröffnet.

Öffnungszeiten: 24h

Eintrittspreise: kostenlos

Verkehrsmittel:
Untergrundstation Ichon, Linie 1 (dunkelblau) oder Linie 4 (hellblau) – Ausgang 2 oder Untergrundstation Seobinggo, Linie 1 (dunkelblau) – Ausgang 1, Fußweg jeweils ca. 10 Min.

Anschrift: Yongsan-dong 6-ga, Yongsan-gu

95

Sajik Park

사직공원

Dieser Park entstand 1921 während der japanischen Besatzungszeit. Im Park befindet sich ein steinerner Altar (Sajikdan), der 1394 zu Beginn der Joseon Dynastie errichtet wurde. Dieser Ort diente zur Anbetung der Götter der Erde und der Ernte. Der Erdgott (Guksadan) wurde östlich, der Erntegott (Gukjikdan) westlich platziert. Während der gesamten Joseon Dynastie kamen die Könige hierher, um religiöse Dienste abzuhalten.

Öffnungszeiten: 24h

Eintrittspreise: kostenlos

Verkehrsmittel:
Untergrundstation Gyeongbokgung, Linie 3 (orange) – Ausgang 1, Fußweg 6 Minuten

besondere Aktivitäten:
Zweimal jährlich religiöse Rituale (Frühjahr und Herbst) am Sajikdan Altar.

Anschrift: Sajik-dong, Jongno-gu, Seoul

Der mit einem dichten Wald bewachsene Park beherbergt noch weitere historische Stätten, unter anderem Hwanghakjeong, einen achteckigen Pavillon, der einen Panoramablick auf Seoul bietet. Dieser 1898 erbaute Pavillon befand sich ursprünglich im Gyeonghuigung Palast, wurde aber 1922 hierher verbracht.

Im hinteren Teil des Parks gibt es einen Übungsplatz für Bogenschießen, auf dem auch heute noch Wettkämpfe stattfinden. Der Sajik Park (S. 96, Karte S. 59) ist außerdem ein guter Ausgangspunkt für den Wanderweg (mit beeindruckender Aussicht über Seoul) auf den Inwangsan. Der Berg ist mit Azaleen bedeckt die im Frühjahr für einen dichten Blütenteppich sorgen.

Oben: Blick über den Hwanghakjeong und den Bogenschießen-Übungsplatz auf Seoul.
Unten: Der Sajikdan Opferaltar.

Seosomun Park

Ein kleiner Park nördlich des Seouler Bahnhofs, der auf den ersten Blick kaum ein touristisches Ziel darstellt. Im Park befindet sich allerdings eine Gedenkstätte, die an die blutige Verfolgung der Christen im 19. Jh. erinnert. Drei Granittürme sind in Form eines antiken Prangers angeordnet, die goldenen Streifen stellen die Sakramente der Kirche dar. Eine steinerne Gedenktafel listet die Namen von 98 Katholiken auf, die 1866 während der Byeongin-Verfolgung außerhalb des Seosomun Tores hingerichtet wurden.

Seosomun war die Hinrichtungsstätte für Leute, die nicht gebilligten Glaubensrichtungen anhingen – in der Hauptsache Katholiken. Die jeweiligen Könige der späten Joseon Dynastie wollten die öffentliche Aufmerksamkeit auf die Hinrichtungen lenken und wählten deshalb Seosomun als markanten Punkt. Beginnend mit der Herrschaft König Sunjos starben seit 1801 in den folgenden siebzig Jahren rund 10.000 koreanische Katholiken und ausländische Missionare.

Öffnungszeiten: 24h

Eintrittspreise: kostenlos

Verkehrsmittel:
Untergrundstation Seoul Station, Linie 1 (dunkelblau) – Ausgang 2, Fußweg 7 Minuten

Anschrift: Jungnim-dong, Jung-gu, Seoul

Samcheong Park

An der östlichen Flanke des Bugaksan gelegen, wird dieser Park gerne für Spaziergänge genutzt. Direkt oberhalb des früheren Nobelviertels Samcheong-dong (Bukchon, S. 52) und der heutigen Künstlerstraße Samcheong-dong gil bietet dieser Park auch dem Touristen einen angenehmen und schattigen Ruheplatz. In der Mitte des Parks führt ein Weg zu einer Mineralquelle und die gewundenen Waldpfade sind für romantische Stelldichein beliebt. Angeblich wird ein Pärchen, das sich hier trifft mit Sicherheit auch heiraten.

Öffnungszeiten: 24h

Eintrittspreise: kostenlos

Verkehrsmittel:
Untergrundstation Anguk, Linie 3 (orange) – Ausgang 2 Fußweg 25 Minuten durch Bukchon oder Untergrundstation Gwanghwamun, Linie 5 (lila) – Ausgang 2, weiter mit Bus Jongno11 bis Endstation, dann Holzsteg neben der Straße folgen.

Anschrift: Samcheong-dong, Jongno-gu

Auch im Samcheong Park gibt es, wie in praktisch jedem Park, die gern genutzten Sportgeräte.

Parks

Yongma Wasserfall Park 용마폭포공원

Westlich des Yongmasan Gebiets befindet sich in einem Taleinschnitt der mit 51 Metern höchste (künstliche) Wasserfall Asiens. Links daneben gibt es noch den 21,4 Meter hohen Cheongryong (blauer Drache) Wasserfall und rechts den 21 Meter hohen Baekma (weißes Pferd) Wasserfall.

Öffnungszeiten: 24h.
Die Wasserfälle sind in Betrieb 11:00-13:00, 15:00-16:00, 17:00-18:00 und in den Monaten Juli und August auch 19:00-20:00.

Eintrittspreise: kostenlos

Verkehrsmittel:
Untergrundstation Yongmasan, Linie 7 (oliv) – Ausgang 2, Fußweg ca. 8 Minuten.

Anschrift: Mangu-dong, Jungnang-gu, Seoul
Lage: 37°34'22" Nord, 127°5'29" Ost

Das Wasser dieser drei (im April 1997 künstlich angelegten) Naturschauspiele mündet in einen 2314 Quadratmeter großen Teich. Neben den Wasserfällen als Hauptattraktion locken verschiedene Sportanlagen, eine große Picknickwiese und Konzerte die Besucher an. Eigentlich handelt es sich nur um einen kleinen Nachbarschaftspark, der lediglich durch seine Wasserfälle bekannt wurde. Auf Grund der etwas abgelegenen Lage am östlichen Stadtrand finden trotzdem nur wenige auswärtige Besucher den Weg hierhin. Zur Energieeinsparung werden die pumpenbetriebenen Wasserfälle nur stundenweise eingeschaltet und das oft auch mit halbstündiger Verspätung. Aber das Warten lohnt sich, es bietet sich ein unerwartet beeindruckendes Schauspiel.

Seoul Iris Garten 서울창포원

Zwischen der U-Bahn Station Dobongsan (Eingang zum Bukhansan Nationalpark, S. 272) und dem Oberlauf des Jungnangcheon, nahe der nördlichen Stadtgrenze Seouls, wurde ein botanischer Garten geschaffen der sich überwiegend der beliebten Blume Iris widmet. Insgesamt finden sich in dem am 7. Juni 2009 eröffneten Park rund 130 Arten von Iris in über 200.000 Exemplaren. Die rund 16.000 pyeong (über 52.000 m^2) große Anlage ist in zwölf Themebereiche eingeteilt. Neben dem Iris Garten gibt es z. B. einen botanischen Medizingarten in dem man die meisten der in Korea angebau-

Öffnungszeiten: 24h.

Eintrittspreise: kostenlos

Verkehrsmittel:
Untergrundstation Dobongsan, Linie 1 (dunkelblau) oder Linie 7 (oliv) – Ausgang 2

Anschrift: Dobong-dong 4-ga, Dobong-gu

ten Heilpflanzen begutachten kann. Von einer Beobachtungsplattform hat man einen Überblick auf die Flora und Fauna des Feuchtbiotops.

Jungnangcheon

Der Jungnang ist ein bedeutender, bis zu 150 Meter breiter, von Norden kommender Zufluss des Hangang. Er wird zwar von der Dongbu Expressautobahn gesäumt, trotzdem ist dieser nur wenige Kilometer vom zentralen Geschäftsviertel Seouls entfernte Bereich ein Geheimtipp für Rad- und Inlinefahrer, Wanderer und sonstige Naturfreunde. Wilder Senf und Sonnenblumen, Stiefmütterchen und Astern, Chrysanthemen und Ringelblumen säumen das Flussufer. Auch viele Arten von Gemüse werden hier angebaut. Angler freuen sich auf kapitale Karpfen und der Vogelfreund kann in den Feuchtgebieten seltene Arten beobachten. Wie überall in Seoul finden sich auch entlang des Jungnang historische Stätten. Die eindrucksvollste davon ist wohl die Jeongotgyo (Salgoji-dari Brücke) aus dem 15. Jahrhundert nahe der Mündung in den Hangang. Zwischen der Wolleung Brücke im Norden und der Jangpyeong Brücke gehören die Rad- und Wanderwege zum Bezirk Jungnang-gu, danach bildet der Fluss die Grenze zwischen Gwangjin-gu und Seongdong-gu. Die gesamte Strecke von Wolleunggyo (gyo = Brücke) bis zur Mündung beträgt etwa zehn Kilometer. Das Gebiet links der Mündung bildet der Seoul Forest. Der gesamte Unterlauf wurde in diesem Bereich seit 2005 als Schutzgebiet für Zugvögel ausgewiesen. Etwa 4000 bis 5000 Vögel von 40 verschiedenen Arten finden hier auf über einer halben Million qm einen Platz zum überwintern.

Öffnungszeiten: 24h

Eintrittspreise: kostenlos

Verkehrsmittel:
Untergrundstation Seokgye, Linie 1 (dunkelblau) oder Linie 6 (braun) – Ausgang 4 oder Untergrundstation Taeneung, Linie 6 (braun) oder Linie 7 (oliv) – Ausgang 1 oder 8, Fußweg jeweils 5 bis 7 Min. (Start Wolleunggyo) Untergrundstation Hanyang Univ., Linie 2 (grün) – Ausgang 2, Fußweg 5 Minuten (Unterlauf) – hier sollte man den Fluss über die Jeongotgyo Brücke (S. 140) überqueren.

Anschrift: Jungnang-gu, Seoul

Parks

Japanische Ulmen in Hwahyang-dong

Die japanische Ulme (zelkova serrata) ist ein Laubbaum der in Korea, Japan, Taiwan und China weit verbreitet ist. In Korea wurde dieser Baum traditionell in der Nähe von Dörfern angepflanzt um an Ruheplätzen Schatten zu spenden. Auf einem kleinen Platz auf einer leichten Anhöhe in Hwahyang-dong befindet sich eine seltene Ansammlung von sieben alten Zelkovas die unter besonderem Schutz stehen. Der 28 Meter hohe Baum in der Mitte ist ungefähr 700 Jahre alt und hat einen Stammumfang von 7,5 Metern. Früher befand sich hier ein Pavillon und eine Pferdezucht. Es ist bekannt, das sich König

Öffnungszeiten: 24h

Eintrittspreise: kostenlos

Verkehrsmittel:
Untergrundstation Children's Grand Park, Linie 7 (oliv) – Ausgang 4, Fußweg 4 Minuten

Anschrift: 110-34, Hwahyang-dong, Gwangjin-gu

Sejong (1397-1450) gerne hier aufhielt um die Landschaft und die herumtollenden Pferde zu genießen.

Seoul Forest

서울숲

Die Landzunge östlich der Mündung des Jungnangcheon in den Hangang sollte ursprünglich zu einem Spielplatz der Reichen mit Pferderennbahn und Golfplatz ausgebaut werden. Die progressive Stadtverwaltung setzte aber durch, dass diese über eine Million Quadratmeter Land in ein Naturparadies für alle Einwohner umgewandelt wurde. Zwischen 2003 und 2005 pflanzten die Seouler Bürger insgesamt 48.000 Bäume. Am 18. Juni 2005 öffnete das ambitionierte Projekt seine Tore. Neben einem Ökologiewald, in dem Rehe eine neue Heimat fanden, gibt es einen botanischen Garten, ein Feuchtgebiet und einen Kunst- und Kulturpark. Im drei Meter tiefen Spiegelteich soll sich der gegenüber des Seoul Forest befindliche Berg Eungbong spiegeln. Man unternahm größtmögliche Anstrengungen, um die natürliche Umgebung zu bewahren. So nutzen die Einrichtungen des Parks Solar- und geothermische Energie. Außerdem wurde das Feuchtgebiet als Schutzzone für Zugvögel ausgewiesen. Für Seouler ist ihr Seoul Forest wie der Central Park in New York oder der Londoner Hyde Park. Im südlichen Bereich des Seoul Forest entstand eine neue Anlegestelle am Hangang, so dass dieses Erholungsgebiet auch mit einem Ausflugsboot erreichbar ist. Gleichzeitig ist der Seoul

Öffnungszeiten: Park 24h, Besucherzentrum 09:00-18:00 ökologischer Wald (Tierzone) 07:00-20:00 Insektengarten 10:00-17:00, Montags geschlossen

Eintrittspreise: kostenlos

Verkehrsmittel:
Untergrundstation Ttukseom, Linie 2 (grün) – Ausgang 8, Fußweg 10 Minuten oder Ausgang 1 und zwei Stops mit Bus 2224 oder 2413 oder Untergrundstation Seoul Forest, Bundang Linie (gelb) – Neueröffnung 2013

Anschrift: 685 Seongsu-dong, Seongdong-gu,

Forest ein idealer Ausgangspunkt für Wanderungen entlang des Jungnangcheon (S. 99). Man kann auch die aus dem 15. Jahrhundert stammende Brücke Jeongotgyo (S. 140) nutzen um entlang des renaturierten Cheonggyecheon zu Fuß bis nach Gwanghwamun im Herzen der Hauptstadt zu gelangen. Südöstlich des Parks befindet sich auf dem Gelände des Ttukdo Wasserwerks ein historisch-technisch interessantes Wasserwerk-Museum (S. 188).

Dream Forest

북서울꿈의숲

Mit einer Fläche von über 660.000m² ist Dream Forest der viertgrößte Park Seouls (nach World Cup Park, Olympia Park und Seoul Forest). Seit 1971 wurde das Gelände durch Dream Land, einem der ersten Vergnügungsparks Seouls, genutzt. Schon damals standen Teile des Parks kostenlos zur Verfügung und waren ein beliebtes Erholungs- und Ausflugsziel der Seouler Bevölkerung. Nachdem der Freizeitpark Dream Land aus wirtschaftlichen Gründen schließen musste wurde der von sechs Stadtteilen (Gangbuk, Seongbuk, Dobong, Nowon, Dongdaemun und Jungnang) mit rund 2,67 Millionen Einwohnern eingeschlossene Bereich zwischen Oktober 2007 und Oktober 2009 zum einem öffentlichen Natur- und Erholungsgebiet umgestaltet. Seit der Eröffnung am 17. Oktober 2009 steht nun auch den Seouler Bürgern im Nordosten der Stadt ein großer Park zur Verfügung in der sie ihre Freizeit inmitten von Natur verbringen können. Jährlich kommen rund 3,3 Millionen Besucher in den Park, an einem Wochenende sind es rund 20.000 Bürger. Neben einem Waldgebiet mit über 200.000 Bäumen gibt es unter anderem eine Rasenfläche von der doppelten Größe des Seoul Plaza und den Mondlicht-Spiegelteich (Wolyeong) mit sieben Meter hohem Wasserfall. Besonders malerische Punkte (je nach Jahreszeit) sind der Kirschblütenpfad und der Ahornwald. Ein 500 Meter langer Fahrradweg mit lokaler Anbindung bietet schon jetzt vielen Besuchern die Möglichkeit, den Park ohne Auto zu erreichen. Später einmal wird er Teil des im Aufbau befindlichen Seouler Radwegenetzes sein.

Dream Forest wurde darüber hinaus auch als Kulturzentrum konzipiert. Es gibt eine Design Gallerie, ein Kunstmuseum und im Kunstzentrum

Öffnungszeiten: Park 24h
Besucherzentrum 09:00-18:00, Observatorium 10:00-22:00, Gebäude Montags geschlossen

Eintrittspreise: kostenlos

Verkehrsmittel:
Osteingang, Besucherzentrum: Untergrundstation Dolgoji, Linie 6 (braun) – Ausgang 3, weiter mit Bus 147 (6 Stops) oder Untergrundstation Wolgye, Linie 1 (dunkelblau) – Ausgang 2, weiter mit Bus 147 (5 Stops)
Westeingang, Kunstzentrum: Untergrundstation Miasamgeori, Linie 4 (hellblau) – Ausgang 3, weiter mit Bus 1124 (ab Halt 09-261, 4 Stops)

Anschrift: San 28-6 Beon-dong, Gangbuk-gu
Homepage: *http://dreamforest.seoul.go.kr*
Art Center: *http://www.dfac.or.kr*

mit mehreren Konzert- bzw. Ausstellungshallen finden regelmäßig kulturelle Veranstaltungen statt. Ein weiteres Highlight ist die schräg in den Himmel gebaute Aussichtsplattform. Von der Spitze des fast 50 Meter hohen Observatoriums (139 m ü. NN) kann man nicht nur den gesamten Park überblicken sondern auch die umliegenden Berge wie Bukhansan, Dobongsan und Suraksan sehen. Der Park beherbergt sogar einen Ahnenschrein. Changnyeong Wigung Jaesa (서울 빈동 창녕위궁재사) entstand im 17. Jahrhundert als Wohnhaus für König Injo's Premierminister. Anfang des 19. Jahrhunderts erfolgte die Umwandlung in einen Ahnenschrein nachdem König Sunjos zweite Tochter, Prinzessin Bokon, im Alter von 14 Jahren gestorben war.

Der Hangang (gang = Fluss) entsteht aus vielen kleinen Quellflüssen die den nördlichen und südlichen Han Fluss bilden. Bei Dumulmuhri, Yangsu-ri vereinigen sich die beiden Arme und bilden den Hangang der kurz vor der Mündung in das Gelbe Meer noch auf den aus Nordkorea kommenden Imjin trifft. Durchflussmessungen haben ergeben, dass der Geumryungso der eigentliche Quellfluss des Hangang ist. Mit einer Gesamtlänge von etwa 500 Kilometern ist der Hangang der viertlängste Fluss Koreas.

Der Hangang fließt von Osten nach Westen quer durch Seoul und teilt die Stadt in Nord und Süd. Die durchschnittliche Tiefe des Flusses beträgt lediglich 2,5 Meter, mit ca. 750 bis 1000 Metern ist der Hangang allerdings beeindruckend breit. Die intensive Erschließung des Gebietes südlich des Flusses begann erst in der zweiten Hälfte des 20. Jahrhunderts, so dass die heute 23 Brücken überwiegend aus neuerer Zeit stammen und einen eher nüchtern-neutralen Eindruck hinterlassen (S. 154).

Das Einzugsgebiet des Hangang diente Koreanern schon seit Urzeiten als Lebensraum. Die Herrschaft über das Gebiet des heutigen Seoul bedeutete aufgrund der geographischen Lage und der Transportmöglichkeiten, die der Fluss bot, die Oberhand über die koreanische Halbinsel. Zur Zeit der Drei Königreiche (4.-7. Jahrhundert n. Chr.) kam es deshalb zwischen Goguryeo, Baekje und Silla häufiger zu Kämpfen. Während der Goryeo-Zeit (918-1392) erlangten Siedlungen im Bereich des heutigen Seoul immer wieder mal den Status einer Hauptstadt.

Hangang Park Gangseo:
Feuchtgebiet mit Sümpfen und Inseln
Untergrundstation Banghwa, Linie 5 (lila) – Ausgang 1 oder 2, weiter mit lokalem Bus 06

Hangang Park Nanji:
vor World Cup und Haneul Park, Camping, Wassersport, Bogenschießen, Feuchtbiotop, Schilfpfad, elektrische Pendelbusse zum World Cup Stadium
Untergrundstation World Cup Stadium, Linie 6 (braun) – Ausgang 1, Fußweg 15 Minuten

Hangang Park Mangwon:
Wassersport, Picknickwiesen, nahegelegene historische Stätten
Untergrundstation Hapjeong, Linie 2 (grün) oder Linie 6 (braun) – Ausgang 8, Fußweg 20 Minuten

Hangang Park Yanghwa:
Picknickwiesen, World Cup Fountain, Rosengarten, Seonyudo Park
Untergrundstation Seonyudo, Linie 9 (gold) – Ausgang 2, Fußweg 5 Minuten

Hangang Park Yeouido:
Picknickwiesen, Wasserlauf, Ausflugsboot, Festivals, Wassersport, schwimmende Bühne
Untergrundstation Yeouinaru, Linie 5 (lila) – Ausgang 2 oder 3

Hangang Park Ichon: Rollschuh- und Inline-skating-Bahn, Naturspaziergang
Untergrundstation Ichon, Linie 4 (hellblau) – Ausgang 4 oder 5, Fußweg 7 Minuten

Hangang Park Banpo: künstliche Inseln
Untergrundstation Express Bus Terminal, Linie 3 (orange), Linie 7 (oliv) oder Linie 9 (gold) – Ausgang 6 oder 8, Fußweg 10 Min.

Hangang Park Jamwon:
Schwimmbad, Wassersport, Blumengarten
Untergrundstation Sinsa, Linie 3 (orange) – Ausgang 5, Fußweg 15 Minuten

Hangang Park Ttukseom: musikalischer Springbrunnen, Kletterwand, Schwimmbad, Wassersport, Kulturveranstaltungen
Untergrundstation Ttukseom Resort, Linie 7 (oliv) – Ausgang 2 oder 3

Hangang Park Jamsil: Fischtreppe
Untergrundstation Sincheon, Linie 2 (grün) – Ausgang 6 oder 7, Fußweg 10 Minuten

Hangang Park Gwangnaru:
Naturschutzgebiet, Ökologiepark
Untergrundstation Cheonho, Linie 5 (lila) oder Linie 8 (rot) – Ausgang 1, Fußweg 10 Minuten

Homepage: *http://hangang.seoul.go.kr/eng/*

Der Hangang Park Ichon von der Hangang Brücke aus gesehen.

Während der Joseon Ära nutzten Könige und hochrangige Persönlichkeiten Residenzen und Pavillons in Ufernähe um im Sommer den kühlenden Lufthauch vom Fluss zu genießen. Heutzutage ist der Han Fluss ein beliebtes Naherholungsgebiet für die Einwohner Seouls.
Zwischen 1982 und 1986 wurden über 85 Kilometer Uferpromenade zu Parks ausgebaut. Neben botanischen Gärten und großen Picknickwiesen gibt es die unterschiedlichsten Sportanlagen und Kinderspielplätze. Es gibt Möglichkeiten zum Angeln und für Wassersport – letzteres allerdings weniger als man erwarten würde, da die meisten Koreaner nicht schwimmen können. Auf über 100 Kilometern gut geteerter Wege kann man entlang des Flusses ganz Seoul durchqueren. Radfahrer und Inline-Skater machen hiervon regen Gebrauch.
Häufig finden im Hangang Park auch besondere Veranstaltungen wie Konzerte oder Festivals statt. Beim geplanten Besuch einer solchen Veranstaltung sollte man aber darauf achten in welchem der elf Uferparks (Gangseo, Nanji, Mangwon, Yanghwa, Yeouido, Ichon, Banpo, Jamwon, Ttukseom, Jamsil oder Gwangnaru) das Event tatsächlich stattfindet, da in entsprechenden Ankündigungen oft nur vom Hangang Park gesprochen wird.
Der Fluss mit seinen Parks ist auch ein natürliches Ökosystem, in dem 580 Pflanzenarten und 54 Tierarten vorkommen. Die 241.490 m² große

Brückencafés

Zwischen 2008 und 2009 erhielten die Hangang-Brücken Yanghwa, Hangang, Dongjak, Hannam, Jamsil und Gwangjin turmartige Anbauten mit Treppen bzw. Aufzügen um einen einfacheren Zugang zu den Uferparks herzustellen. In diese Anbauten wurden auch Cafés installiert die bei einem Getränk oder einem kleinen Imbiss einen Panoramablick auf den jeweiligen Park und den Fluss bieten.

Flussinsel Bamseom (vor Yeouido) war aufgrund ihrer landschaftlichen Schönheit in der Vergangenheit Ziel von Dichtern und Malern. Heute ist diese Insel als Vogelschutzgebiet ausgewiesen und darf nicht betreten werden.
Der Hangang Park Ttukseom (Windsurfing) und der Hangang Park Yeouido (Fährterminal und zahlreiche andere Attraktionen) sind am einfachsten per U-Bahn zu erreichen, während der Hangang Park Nanji zusammen mit dem World Cup Park besonders ausgedehnte und landschaftlich abwechslungsreiche Wanderungen erlaubt.

Tipp

Im Oktober sollte man auf keinen Fall das seit 2000 jährlich an einem Wochenende vor Yeouido stattfindende Internationale Feuerwerk Festival mit einstündigem Höhenfeuerwerk versäumen. Bester Aussichtspunkt ist der Hangang Park Yeouido oder die Mapo-Brücke.

Yeouido Park

여의도공원

Bis 1997 war dieser Park, der die Insel Yeouido im Han Fluss in zwei Hälften teilt, eine asphaltierte Fläche. Riesige Aufmärsche und Paraden fanden hier statt, ansonsten wurde die über 200.000 m² große Fläche zum Radfahren oder Rollschuhlaufen genutzt. Diese Sportarten sind auch heute noch möglich, jetzt aber in einem malerischen, im Februar 1999 eröffneten Park. Es gibt mehrere Themenbereiche, von Wald- und Rasenflächen, über einen kleinen See bis zu einem Veranstaltungsplatz. Ein Rundgang auf dem etwa 2,4 km langen Spazier- und Radweg vermittelt den Eindruck eines eleganten koreanischen Gartens.

Öffnungszeiten: 24h

Eintrittspreise: kostenlos

Verkehrsmittel: Untergrundstation Yeouinaru, Linie 5 (lila) – Ausgang 1 oder 2, oder Untergrundstation Yeouido, Linie 5 (lila) oder Linie 9 (gold) – Ausgang 2 oder 3, Fußweg jeweils 7 Minuten

besondere Aktivitäten: Yunjungno Kirschblütenfestival etwa ab Mitte April für zwei Wochen

Anschrift: Yeouido-dong, Yeongdeungpo-gu

Inmitten des Finanz- und Wirtschaftszentrums gelegen, bietet der Park den Büroangestellten eine grüne Ruheoase. Am Wochenende verbringen viele Familien hier ihre Freizeit. Jährlich kann der Park über 10 Millionen Besucher verzeichnen.
Im Nordosten stellt eine Fußgängerpassage unter der Uferstraße die Verbindung zum Hangang Park Yeouido her, am südwestlichen Ende des Yeouido Parks beginnt der Yeouido Saetgang Ökologiepark.

Yeouido Saetgang Ökologiepark

여의도샛강생태공원

Im September 1997 eröffnet war dies der erste Ökologiepark Koreas. Der Park befindet sich am südwestlichen Ufer der Yeouido Insel die hier vom nur wenige Meter breiten Hangang vom Festland getrennt wird (Saetgang = Nebenarm eines Flusses der eine Insel umfließt). Wasservögel, Fische, Amphibien und Insekten fanden hier ein von nur wenigen Besuchern genutztes Refugium. Nach einer im Oktober 2010 abgeschlossenen Sanierung (im Rahmen des bis 2030 angelegten „Hangang Renaissance Programms") hat der Park deutlich an Attraktivität gewonnen.

Öffnungszeiten: 24h

Eintrittspreise: kostenlos

Verkehrsmittel: Untergrundstation Saetgang, Linie 9 (gold) – Ausgang 4, Fußweg 1 Minute

Anschrift: Yeouido-dong, Yeongdeungpo-gu

Kildong Ökologiepark   길동자연생태공원

Die Planungen für diesen Park gehen bis auf das Jahr 1971 zurück. Aber erst 1997/1998 wurde er im Rahmen eines Fünfjahresplans zur Expansion der Park- und Grünanlagen in Seoul tatsächlich erbaut und am 20. Mai 1999 eröffnet.

Der knapp 81.000 qm² große Park befindet sich an der südöstlichen Stadtgrenze Seouls an der Kreuzung der Ausfallstraße Nr. 43 mit der Bangadarigil, unterhalb des 105 Meter hohen Seongsanbong. Ein rund 400 Meter langer Rundweg führt durch die Sumpf-, Wald-, Gras-, Farm- und Seelandschaft. Es gibt drei Vogelbeobachtungsstationen sowie mehrere rekonstruierte einfache Farmgebäude samt dazugehöriger Felder mit landestypischen Nutzpflanzen, die das spartanische Landleben in früherer Zeit darstellen. Mit über 30.000 Bäumen (mehr als 120 Arten), fast 200.000 Wildblumen, über 500 Pflanzen-, 1400 Insekten- und 200 Spinnenarten sowie rund 70 verschiedenen Vögeln bietet der eher unscheinbare Park insbesondere dem Naturbeobachter vielfältige Möglichkeiten auch für einen längeren Aufenthalt.

Die tägliche Besucherzahl des Parks ist auf 200 Personen beschränkt und eigentlich nur nach Anmeldung für geführte Gruppen möglich, einem einzelnen Ausländer wird man aber wohl kaum den Zutritt verwehren.

Öffnungszeiten:
10:00-18:00, Dienstags geschlossen

Eintrittspreise: kostenlos

Verkehrsmittel:
Untergrundstation Gangdong, Linie 5 (lila) – Ausgang 2, Fußweg 30 Min. oder Ausgang 4 und weiter mit Bus 23, 112, 341 oder 370 (Halt 25-012) bis Halt 93-130 (vier Stops)

Anschrift: 3 Kil-dong, Gangdong-gu, Seoul

Oben: eine der Vogelbeobachtungsstationen.
Unten: das Weibchen von Nephila clavata aus der Familie der Seidenspinnen wird einschließlich Beinen etwa Handtellergroß.

Parks

105

Seonyudo Park

선유도공원

Seonyudo ist ähnlich wie Yeouido eine Insel im Han Fluss – allerdings bedeutend kleiner. Früher befand sich auf dieser Insel eine Wasseraufbereitungs- bzw. Kläranlage. Vor einigen Jahren wurde die Insel, einschließlich der stillgelegten Anlage, zu einem Park umgebaut. Dabei wurde Wert darauf gelegt, dass die vorhandenen Bauwerke ein harmonischer Teil des Parks wurden und die frühere Nutzung der Insel sichtbar blieb. So wurde z. B. ein Klärbecken zum Feuchtbiotop umgewandelt und eine Cafeteria in einem alten Gebäude untergebracht. Insgesamt beherbergt der Park vier verschiedene Gärten, die die Wich-

Öffnungszeiten: 06:00-24:00

Eintrittspreise: kostenlos

Verkehrsmittel:
Untergrundstation Seonyudo, Linie 9 (gold) – Ausgang 2, Fußweg 6 Minuten oder Untergrundstation Hapjeong, Linie 2 (grün) oder Linie 6 (braun) – Ausgang 8, weiter mit Bus 760 oder 5714 (Halt 19-175), zwei Stops bis Halt 19-278

besondere Aktivitäten:
Jeden Samstag stehen englischsprachige Führer ab 11 Uhr am Informationszentrum im Park bereit. Anmeldung unter *hbongsa@seoul.go.kr*.

Anschrift: Yanghwa-dong, Yeongdeungpo-gu
Homepage: *http://sunyoudo.cafe24.com/*

tigkeit der Natur für eine lebenswerte Umwelt darstellen sollen. Im Jahreszeitenpark finden sich z. B. je nach Saison unterschiedliche Pflanzen mit charakteristischem Duft. In einem Geschichts-Pavillon wird der Ursprung des Han Flusses dargestellt und die zahlreichen Tiere und Pflanzen, die in ihm leben, gezeigt.
Die Insel ist direkt von der Yanghwa Brücke oder vom südlichen Flussufer über die Regenbogen-Fußgängerbrücke aus erreichbar.

Boramae Park

보라매공원

Der Name Boramae (junger Falke – das Symbol der Luftwaffe) gibt einen Hinweis auf den früheren Nutzer dieses Gebiets. Von 1958 bis zum 10. Dezember 1985 hatte die Luftwaffe hier einen Stützpunkt. Große Wiesenflächen dienen den Anwohnern jetzt als Ruhe- und Erholungszonen. Außerdem gibt es viele Sport- und Kultureinrichtungen. Von etwa Mitte Juli bis in den August öffnen rund 2000 Lotusblumen ihre

Blüten und bieten ein fantastisches rot-weißes Farbenspiel.
Der imposante „Seongmudaetap Turm" am Haupteingang und der „Boramae Turm" am Hintereingang sowie einige ausgestellte Kampf-

Öffnungszeiten: 24h

Eintrittspreise: kostenlos

Verkehrsmittel:
Untergrundstation Boramae, Linie 7 (oliv) – Ausgang 2, Fußweg 7 Minuten (Vordereingang) Untergrundstation Sindaebang, Linie 2 (grün) – Ausgang 4, Fußweg 5 Min. (Hintereingang)

Anschrift: Sindaebang-dong, Dongjak-gu

flieger und Hubschrauber zeugen nach wie vor von den ehemaligen Nutzern. Zum Park gehören

auch medizinische bzw. soziale Einrichtungen für ältere und behinderte Menschen. Ganz in der Nähe befindet sich das Boramae Krankenhaus und das 1999 erbaute Büro des Wetterdienstes.

Zwischen 2006 und 2008 wurde der Park modernisiert und teilweise neu gestaltet. So gibt es jetzt z. B. einen musikalischen Springbrunnen, der 9 mal täglich in Betrieb genommen wird.

Nakseongdae Park 낙성대공원

Ein kleiner ruhiger Park mit Gedenkstätte in der Nähe der Seoul Nationaluniversität. Nakseongdae (der Ort an dem ein Stern fiel) ist der Geburtsort von General Gang Gam-chan (948-1031) aus der Goryeo Periode (918-1392), der besonders für seinen überwältigenden Sieg gegen die einfallenden Khitaner im Guiju Kampf (1018) bekannt ist. Zur Erinnerung an seine Leistungen wurde eine dreistöckige Pagode am Standort seines Hauses erbaut. Die Pagode wurde 1964 von der Seouler Stadtverwaltung restauriert und 1973 an den heutigen Standort, dem Anguksa-Schrein im Nakseongdae Park, verlegt. Durch Zukauf von Land gelang es der Stadtverwaltung den Nakseongdae Park einzurichten, der 1974 eröffnet wurde. Am ursprünglichen Standort der Pagode wurde ein 2 Meter hohes Monument (Yuheobi) errichtet.

Öffnungszeiten: 06:00-18:00

Eintrittspreise: kostenlos

Verkehrsmittel:
Untergrundstation Nakseongdae, Linie 2 (grün) – Ausgang 4, Fußweg 12 Minuten bzw. weiter mit lokalem Bus Gwanak02 (fünf Stops)

besondere Aktivitäten:
Nakseongdae Inheonje, ein Gedenkgottesdienst zur Erinnerung an Gang Gam-chans patriotische Leistung findet jährlich im Oktober am Anguksa-Schrein statt.

Anschrift: Bongcheon-dong, Gwanak-gu, Seoul

107

Dosan Park

Dieser 1973 eröffnete Park wurde auf Betreiben von Präsident Park Jeong-Hui angelegt und gedenkt des Patrioten Dosan (bürgerlicher Name Ahn Changho). Neben einem Grabhügel mit Gedenksteinen beherbergt der Park auch eine Bronzestatue. Dosan organisierte 1907 die Unabhängigkeitsbewegung „New People's Association" (Shinminhoe), war aber gezwungen vor den Japanern in die USA zu fliehen. Sein Grab wurde vom Manguri Friedhof in den Dosan Park verlegt und auch die Asche seiner Frau, Lee Hyeryen, kam von Los Angeles hierher.

Zum 120. Geburtstag wurde am 9. November 1998 eine Gedenkhalle in dem fast 30.000 m² großen Park eingeweiht. Ausgestellte Fotos, Briefe und Dokumente aus Changhos Tagebuch geben einen Einblick in sein Leben und seine Philosophie.

Neben vielen Spazierwegen und einer Promenade, die an einen westlichen Garten erinnert, bietet der Dosan Park einen Blumengarten, Sporteinrichtungen und Ruheplätze.

Öffnungszeiten: 24 h, Sonntags geschlossen
Gedenkhalle: 10:00-16:00, Dienstag ist Ruhetag

Eintrittspreise: kostenlos

Verkehrsmittel: Untergrundstation Apgujeong, Linie 3 (orange) – Ausgang 3, Fußweg 10 Minuten

Anschrift: Sinsa-dong, Gangnam-gu, Seoul
Homepage: *http://ahnchangho.or.kr/*

Yangjaecheon

Der Yangjae Fluss zieht sich vom Gwanaksan über 5,5 Kilometer durch Gangnam-gu. Zwischen 1995 und 2000 wurde der ehemals stark verschmutzte Fluss in ein funktionierendes Öko-System verwandelt, so dass heute wieder verschiedene Vögel und Fische am und im Wasser leben. Es gibt zwei Schwimmstellen für Kinder und die Anwohner sorgen in Freiwilligengruppen für die Unterhaltung der Parkanlagen am Strom. Ursprünglich schien die Wasserreinhaltung an finanziellen Problemen zu scheitern, bis man ein neues preiswertes System versuchsweise einsetzte. Heute sorgen lediglich acht Kiesfilter ohne Einsatz von Chemikalien für die Reinhaltung des Yangjaecheon. Inzwischen nutzen rund 10.000 Besucher pro Tag die Umgebung des Flusses, um dem Lärm, Gestank und der Hitze der Stadt zu entfliehen.

Blick über den Yangjae auf die Anlage des Samsung Tower Palace in Dogok-dong, Gangnam-gu mit dem zur Zeit (noch) höchsten Gebäude (264 m) in Seoul.

Eintrittspreise: kostenlos

Verkehrsmittel: Untergrundstationen Maebong, Dogok, Daechi oder Hangnyeoul, alle Linie 3 (orange) – Fußweg 5 Minuten oder Untergrundstationen Guryong, Gaepo-dong oder Daemosan, alle Bundang Linie (gelb)

Anschrift: Gangnam-gu, Seoul
Homepage: *http://ypark.gangnam.go.kr/*

Paris Park

Der Park erinnert an das 100jährige Bestehen der Beziehungen zu Frankreich und ist ein Symbol für die Freundschaft zwischen Frankreich und Korea. Er entstand 1987 zwischen Apartmenthäusern und bietet insbesondere den Bewohnern der Umgebung einen Ort der Erholung. Im Park gibt es zwei Plätze (Seoul Plaza und Paris Plaza) und zwischen mehr als 15.000 Bäumen schlängeln sich gewundene Pfade.
Nur der Name und ein großer Springbrunnen heben diesen Park aus der Masse vieler kleiner Nachbarschaftsparks heraus. Als Besonderheit sind die zweisprachigen Hinweisschilder nicht mit englischen, sondern mit französischen Erklärungen versehen. Nördlich des Parks gibt es, eingezwängt zwischen Hochhäusern, den interessanten mehrstöckigen Tempel Beobanjeongsa. Südlich des Parks schließt sich eine Fußgängerzone an, die zu den Hyperion Towers führt. Eines

Öffnungszeiten: 24h / kostenlos

Verkehrsmittel:
Untergrundstation Omokgyo, Linie 5 (lila) – Ausgang 2, Fußweg 12 Minuten

Anschrift: Mok-dong, Yangcheon-gu, Seoul

dieser drei Appartementhäuser ist mit 256 Metern das zweithöchste Bauwerk in Seoul.

Seoseoul Seepark

Zwischen 1959 und 2003 befand sich hier das Gimpo Wasserwerk das täglich rund 120.000 Tonnen Wasser aufbereitete. Für die weitere Nutzung des Bereichs standen mehrere Alternativen zur Auswahl. Letztendlich entschied man sich für einen Bürgerpark der am 15. Oktober 2009 eröffnet wurde. Damit erhielt auch der Südwesten (seo = Westen) Seouls endlich einen großen Park der mit seinen Attraktionen eine Erholungsoase für die umliegenden Stadtteile bietet. Neben Wald- und Wiesenflächen gibt es mehrere Sportstätten. Der fest installierte rote Ereignistisch bietet 100 Personen gleichzeitig Platz für ein Picknick. Der West-Seepark ist nur rund einen Kilometer vom Flughafen Gimpo entfernt und bietet viele Gelegenheiten startende und landende Maschinen zu beobachten. Um der Lärmbelästigung zu begegnen hat man zu einem Trick gegriffen. Im zentralen 18.000 m^2 großen See wurde ein Wasserspiel mit 41 Düsen installiert das bei einem Pegel von über 81db automatisch seine Wasserfontänen einschaltet. Die Parkbesucher warten also förmlich auf ein Flugzeug um das Wasserspiel beobachten zu können.

Öffnungszeiten: 24 h

Eintrittspreise: kostenlos

Verkehrsmittel:
Untergrundstation Hwagok, Linie 5 (lila) – Ausgang 5, weiter mit Bus 6625 (Halt 16-205) oder Ausgang 7, weiter mit Bus 6627 (Halt 16-148), jeweils 7 Stationen bis Halt 15-338

Anschrift: Sinwol-dong, Yangcheong-gu

traditionelle koreanische Gärten

Die ältesten Hinweise auf koreanische Garten-
architektur stammen aus dem Silla Königsreich
(57 v. Chr. - 935 n. Chr.). Bei Wolseong (Gyeongju UNESCO Weltkulturerbe), zwischen 101 und
935 n. Chr. Standort des Silla Königspalastes,
sind noch heute Relikte eines historischen Gartens erhalten. Für die alten Koreaner war der
Garten ein Spiegelbild des Universums, eine architektonische Verkörperung des koreanischen
Weltbildes. Um diesen Eindruck zu erreichen
wurde der menschliche Einfluss auf ein Minimum
reduziert. Felsen, Bäche, Teiche und Bäume wurden so weit wie möglich unverändert belassen.
Gestaltung, Veränderung und Hinzufügung hatten lediglich das Ziel die Natur zu betonen oder
zu ergänzen und nicht zu dominieren. Der koreanische Garten drückt die Harmonie des Menschen mit seiner natürlichen Umgebung aus – ein
Thema das auch in der übrigen koreanischen
traditionellen Kultur immer wieder zum Ausdruck
kommt.
Traditionelle Gärten in Korea, Japan und China
ähneln sich insoweit, als dass sie alle die
Charakteristiken von Wasser, Steinen, Pflanzen
und Strukturen einsetzen. Die Unterschiede
liegen im Detail. So herrscht z.B. in einem koreanischen Garten die koreanische Rotkiefer vor
während der japanische Garten Kirschblüten und
der chinesische Garten den Wachholderbaum
bevorzugt. Es gibt aber grundlegende philoso-

Zitat:
Koreanische Gärten verkörpern die Philosophie
der Anpassung an die Natur in ihrem ursprünglichen Zustand. Die Elemente eines koreanischen Gartens beinhalten Land, Strukturen,
Blumen und Bäume, Bäche und Teiche, Felsen
und Wände, Brücken und Wege. Ein Garten
setzt diese Grundeinheiten durch geordnete
und funktionelle Anordnung innerhalb eines
definierten Bereichs in Harmonie zueinander.
*Aus: „Korean Gardens – Where Man and Nature
Become One" von Chung Jae-hoon, Professor der
traditionellen Landschadtsarchitektur*

phische Unterschiede zwischen diesen Ländern
bei der Gartengestaltung. Während der japanische Garten streng gestaltet und der chinesische Garten in allen Aspekten überwältigend
ist, vermeidet der koreanische Garten jede
Künstlichkeit.
Nach Möglichkeit enthält ein koreanischer Garten
auch einen Pavillon, entweder auf einer Anhöhe
oder neben einem Teich, um von dort einen
Panoramablick genießen zu können. In größeren
Gärten kann es auch mehrere Pavillons und/oder
eine thematische-philosophische Einteilung,
z.B. nach den vier Jahreszeiten, geben. So erwartet man im Frühlingsgarten nicht nur das
Erwachen der Natur sondern auch das Eintreffen
der Gäste.

Im „geheimen Garten" Huwon

Seoul:
Huwon, Changdeokgung (S. 16)
Seongnagwon (S. 92)

Korea:
Soswaewon Garten, Damyang-gun, Jeollanam-
do
Buyongjeong Garten, Insel Bogildo, Wando-
gun, Jeollanam-do
Heewon Garten, Ho-am Kunstmuseum, Yongin,
Gyeonggi-do
Jinrak-gong Garten, Cheongpyeong Tempel,
Chuncheon-si, Gangwon-do
Bahee Garten, Insel Ganghwa, Gyeonggi-do

Deutschland:
Größere koreanische Gärten gibt es in Berlin
und Frankfurt.

Springbrunnen und Wasserspiele

Besonders in den heißen Sommermonaten ist der kühlende Effekt, der von Wasser in jedweder Form ausgeht, für alle Seouler ein beliebter Anziehungspunkt. Glücklich wer sich während der Mittagspause oder zur Entspannung nach einem arbeitsreichen Tag an einem solchen Ort aufhalten kann. Seoul verfügt auf alle Stadtteile verteilt über mehr als 200 Springbrunnen die oft mit Lichteffekten und Musikuntermalung zu Wasserspielen ausgebaut sind. Üblicherweise sind die Seouler Springbrunnen von Anfang April bis Ende Oktober in Betrieb. Um Energie zu sparen, laufen die Brunnen aber nicht ständig, sondern werden täglich für etwa vier Stunden, verteilt auf die morgendlichen und abendlichen Hauptverkehrszeiten sowie die Mittagszeit, eingeschaltet. Springbrunnen mit Lichtuntermalung werden abends um eine Stunde verlängert betrieben.

Besonders beliebt sind die musikalischen Wasserspiele im Boramae Park (S. 106). Als Besonderheit kann man hier gegen eine Gebühr von 1000 Won die Musik selbst auswählen. Die Wasserfontänen im Boramae Park sind täglich neun Mal in Funktion. Die erste Vorstellung beginnt um 8:30 Uhr, die letzte um 21:10 Uhr.

Weitere beliebte Wasserspiele befinden sich im Olympia Park (S. 112, Eingang Friedenstor), auf dem Namsan (S. 91, botanischer Garten), im Seoul Forest (S. 100, Spiegelteich), auf der City Hall Plaza (S. 84), im Cheonggyecheon (S. 82, Dongdaemun) und an vielen weiteren Stellen. Natürlich hat Seoul auch einige besonders spektakuläre Wasserspiele, zwei davon sogar mit Weltrekordstatus, zu bieten. Da wäre zum einen der am 9. Oktober 2008 eingeweihte Regenbogenwasserfall von der Banpo Brücke. Auf beiden Seiten der Brücke, über eine Länge von jeweils fast 600 Metern werden minütlich 190 Tonnen Wasser durch mehrere hundert Düsen gepresst und bilden den weltweit längsten Wasserfall von einer Brücke. Die Flüssigkeit wird von 39 Pumpen aus dem Hangang entnommen und kehrt über eine Fallhöhe von 20 Metern wieder in den Fluss zurück. Dabei kann der Wasserfall zu 15 unterschiedlichen Musikstücken „tanzen". Abends wird das Schauspiel zusätzlich in Regenbogenfarben illuminiert. Das etwa zwanzigminütige Spektakel findet täglich um 12:00, 20:00 und 21:00 statt. Im Uferpark an der Brücke findet von Mai bis Oktober jedes Wochenende das Regenbogenfestival, oft mit Live-Musik und Ausstellungen statt. Die Fontänen sind dann zwischen 20:00 und 22:00 fast ununterbrochen in Betrieb. Spektakulär sind auch die bis 21 Uhr farbig beleuchteten künstlichen Inseln. Die Banpo Brücke erreicht man von der U-Bahn Station Express Bus Terminal mit der Linie 3 (orange), Linie 7 (oliv) oder Linie 9 (gold), Ausgang 8 bzw. 8-1. Fußweg etwa 15 Minuten.

Den zweiten Weltrekord hält die World Cup Fontäne, die zur Fußballweltmeisterschaft 2002 zwischen der Yanghwa- und Seongsan-Brücke nahe des Seonyudo Parks (S. 106) im Hangang erbaut wurde. Mit 202 Metern hat der World Cup Fountain die weltweit höchste Wasserfontäne. Er ist täglich zwischen 12:00 und 13:00 Uhr (an Wochenenden bis 14:00 Uhr) und von 17.00 bis 19:00 Uhr in Betrieb.

Regenbogenwasserfall von der Banpo Brücke

Der olympische Park wurde vom Umweltplanungsinstitut der Seoul Nationaluniversität gestaltet. Ziel war es, die Mongchon Festung in ihrer natürlichen Umgebung zu erhalten und gleichzeitig Wettkampfstätten auf Weltniveau zu schaffen. Die Fertigstellung des Parks erfolgte im Juni 1986, so dass hier im September/Oktober 1986 die 10. Asiatischen Spiele, sozusagen als Probelauf für die zwei Jahre später abgehaltenen 24. Olympischen Spiele, stattfinden konnten.

In Verbindung mit einem seeartigen Wassergraben bilden die fünf Sportarenen (Schwimm-, Turn- und Fechthalle sowie Halle für Gewichtheben und Radrennbahn) einen kreisförmigen Ring um den rund 1500 Hektar großen Park. Zusammen mit Anlagen im Randbereich wie Tennisplätzen, Sporthochschule und Jugendherberge umfasst der Park sogar fast 2 Millionen Quadratmeter.

Die Sportstätten stehen neben Wettkampfveranstaltungen für den Breitensport zur Verfügung. In der früheren Gewichtheberhalle befindet sich Korea Sport TV. Im Velodrom finden jedes Wochenende Radrennen statt, die sich großer Beliebtheit erfreuen. Die Einnahmen aus den Rennen werden für soziale Zwecke verwendet.

Die eigentliche Attraktion des Parks ist jedoch seine landschaftliche Gestaltung um die Mongchon-Erdwallfestung herum. Viele Ruheplätze im kühlen Baumschatten oder große Liegewiesen locken die Seouler Bevölkerung zu einem Picknickausflug. Die von Ginko-Bäumen gesäumte Wiryeseong Straße zwischen den Südtoren 2 und 3 ist besonders im Herbst attraktiv. Auf einer Open-Air-Bühne finden regelmäßig kulturelle Veranstaltungen statt.

Eine weitere beliebte Attraktion sind die Wasserspiele am westlichen Ende des rekonstruierten Wassergrabens. Es gibt 140 unterschiedliche musikalische Arrangements, die in der Nacht durch farbiges Licht ergänzt werden. In diesem Bereich wurde nach den Olympischen Spielen auch das Welt-Friedenstor erbaut. Die beiden ausladenden Dachhälften sind mit vier koreanischen Gottheiten in den repräsentativen Farben

Eine der vielen Skulpturen im Skulpturenpark.

Wasserspiele in der Nähe des Friedenstores.

Das Friedenstor am westlichen Eingang des Olympia Parks.

weiß, rot und blau geschmückt. Damit werden zum einen koreanische Traditionen ausgedrückt, zum anderen aber auch der in alle vier Himmelsrichtungen ausstrahlende Wunsch nach Welt-

Flaggenparade

frieden. So brennt im Mittelpunkt des Tores ein ewiges Friedensfeuer, während der an das Tor angrenzende Friedenspark mit unzähligen Flaggen der unterschiedlichsten Nationen geschmückt ist. Der mit Granit belegte Platz und die umliegenden Wege sind ein idealer und beliebter Treffpunkt für Inlineskater.

Um den kulturellen Aspekt der 24. Olympiade in Seoul zu unterstreichen und das Motto „Harmonie und Fortschritt" darzustellen, wurde zwischen Friedenstor und Radrennbahn ein Skulpturenpark geschaffen, der zu den besten fünf der Welt gezählt wird. Eingebettet in eine lichte, leicht hügelige Waldlandschaft befinden sich hier über 200 Skulpturen von Künstlern aus der ganzen Welt.

Öffnungszeiten: 24 h

Eintrittspreise: kostenlos

Verkehrsmittel:
Untergrundstation Olympic Park, Linie 5 (lila) – Ausgang 3 (Eingang Sportarenen)
Untergrundstation Mongchontoseong, Linie 8 (rot) – Ausgang 1 (Eingang Friedenstor)

Anschrift: Bangi-dong, Songpa-gu, Seoul
Homepage: *http://www.kspo.or.kr/english/park/index.asp*

113

World Cup Stadion

Die gemeinsam mit Japan ausgetragene Fußballweltmeisterschaft 2002 war ein Ereignis, über das die Koreaner nach wie vor sprechen. Immerhin erreichte die koreanische Mannschaft als Außenseiter das Halbfinale und unterlag mit lediglich einem Gegentor der deutschen Elf. Lebensgroße Abbildungen der Fußballer vor dem Stadion werden von den Besuchern noch immer heiß verehrt und Fotos von Spielszenen diskutiert. Auch während der 15minütigen filmischen Zusammenfassung (die ständig in einem kleinen Kino läuft) der koreanischen Erfolge während dieses Fußballfestes sind Begeisterungsausbrüche im Publikum an der Tagesordnung. Und wenn man dann das leere Station betritt und vielleicht auf der Trainerbank Platz nimmt, kann man versuchen, sich die damalige Stimmung in der rund 65.000 Zuschauer fassenden Arena vorzustellen. Von oben betrachtet ist das Stadion einem traditionellem koreanischen Drachen nachempfunden, der mit der Hoffnung auf Frieden und koreanische Vereinigung in die Welt hinausfliegt. Die Stützpfeiler entsprechen den Masten auf alten Segelbooten und die geschwungenen Linien des Daches erinnern an die Traufe koreanischer Dächer. Ein nicht nur architektonisch sehenswertes Bauwerk, sondern in Bezug auf Größe und Ausstattung auch das beste Stadion Asiens.

Um das Stadion herum befindet sich auf fast dreieinhalb Millionen Quadratmetern der World

Öffnungszeiten:
Parks: 24 h, Stadion: 09:00-18:00

Eintrittspreise: Parks: kostenlos,
Stadion: Erwachsene 1000 Won, Kinder 500 W.

Verkehrsmittel:
Untergrundstation World Cup Stadium, Linie 6 (braun) – Ausgang 1, 2 oder 3

Anschrift: Sangam-dong, Mapo-gu, Seoul
Homepage: *http://www.seoulworldcupst.or.kr/ http://worldcuppark.seoul.go.kr/* (Park)

Cup Park mit verschiedenen Themenbereichen. Es dauerte sieben Jahre, 92 Millionen Tonnen Müll auf umweltfreundliche Art zu entsorgen um die ehemalige Mülldeponie in den jetzigen beliebten Park umzuwandeln. Es gibt Bereiche, die zum Picknick oder zu Spaziergängen einladen. Ein Müllberg, heute nicht mehr als solcher zu erkennen und wunderbar begrünt, bildet den Haneul Park, den Park des Himmels: Von hier bietet sich ein fantastischer Blick über Seoul und auf die Berge Namsan, Bukhansan und Gwanaksan. Vom Neoul Park, dem Park des Sonnenuntergangs mit Neunloch-Golfanlage sollte man sich den Blick auf den Han Fluss bei Sonnenuntergang nicht entgehen lassen.

Nördlich des Parks entsteht seit 2009 die Digital Media City (S. 129).

Jamsil Sportkomplex und Asia Park 잠실종합운동장

Dieses Seouler Sportzentrum besteht aus einer Turnhalle, einem Hallenbad, einem Baseball Stadion und dem Olympiastadion. Hier fanden 1986 die Asienspiele statt, 1988 war Jamsil ein Austragungsort der Olympischen Spiele. Heute dienen die Anlagen als Trainingszentrum und Veranstaltungsort für Großereignisse. Vor dem Olympiastadion befindet sich die Straße der Olympischen Stars, auf der Erfolge koreanischer Sportler dargestellt werden. Im Bereich des Olympiastadions gibt es auch einen für die Allgemeinheit zugänglichen Inliner-Rundkurs.
Der angrenzende gepflegte Asia Park mit seinen weitläufigen Rasenflächen lädt zu Kulturveranstaltungen und Erholung ein.

Öffnungszeiten:
März-Okt. 09:00-18:00, Nov.-Feb. 09:00-17:00,
Inline-Strecke: 06:00-22:00

Eintrittspreise:
Olympiastadion 1000 Won, Park kostenlos

Verkehrsmittel:
Untergrundstation Sports Complex, Linie 2 (grün) – Ausgang 6 oder 7 bzw. 1 oder 2 für Asia Park

besondere Aktivitäten:
Saison für Baseballspiele: April bis Oktober

Anschrift: Jamsil-dong, Songpa-gu, Seoul
Homepage: *http://stadium.seoul.go.kr/*

Kukkiwon 국기원

Kukkiwon ist das Hauptquartier des Taekwondo-Weltverbandes. Diese aus Korea kommende Kampfsportart wurde 2000 in Sydney zur olympischen Disziplin. Der 1972 errichtete Komplex im Yeoksam Park enthält Büro-, Verwaltungs- und Übungsräume. Die Sportarena fasst 3000 Zuschauer. Hier wurde 1973 die erste Taekwondo-Weltmeisterschaft durchgeführt. Mittwoch- und Samstagvormittag trainiert das Demonstrationsteam seine spektakulären Vorführungen. Im angeschlossenen Museum sind Trophäen, Medaillen, Fotos und Uniformen zu sehen.

Öffnungszeiten: Museum: Montag-Freitag März-Okt. 09:00-17:30, Nov.-Feb. 09:00-16:30, Mittagspause 12:00-13:00

Eintrittspreise: kostenlos

Verkehrsmittel:
Untergrundstation Gangnam, Linie 2 (grün) – Ausgang 8, Fußweg 5 Minuten

besondere Aktivitäten:
Nationale und internationale Wettkämpfe in der Sporthalle (dojang)

Anschrift: Yeoksam-dong, Gangnam-gu, Seoul
Kontakt: +82-2-567-1058
Homepage: *http://www.kukkiwon.or.kr/*

Im Changgyeonggung Palast wurde 1909 der erste Zoo Koreas eröffnet. Beengte Platzverhältnisse und die immer stärker zunehmende Luftverschmutzung machten einen mitten in der Stadt gelegenen Tierpark nicht mehr tragbar. Die Seouler Stadtverwaltung beschloss daher, im Zusammenhang mit der Renovierung des Palastes, den Zoo an einen neuen Ort zu verlegen. So entstand zwischen 1978 und 1988, südlich von Seoul bei der Vorstadt Gwacheon, am Fuß des Berges Cheonggyesan, ein neues Freizeitgelände auf rund 6 Millionen m². Inzwischen gehört der am 1. Mai 1984 eröffnete Seoul Grand Park mit rund 3200 Tieren aus 360 Arten zu den zehn größten Zoos der Welt. Es gibt mehrere vom Aussterben bedrohte Tierarten, unter anderem eine seltene Giraffenart. Ein Insektenpavillon bietet einen faszinierenden Einblick in das Leben von Insekten aus aller Welt. Eine Delphin-Show wurde Anfang 2012 vorerst ausgesetzt, da die Delphine illegal gefangen wurden und man eine Auswilderung plant. Zu bestimmten Zeiten kann man Fotos zusammen mit Schlangen oder Papageien machen. Der Park ist landschaftlich reizvoll in ein dichtes Waldgebiet integriert und deshalb auch in den heißen Sommermonaten ein beliebtes Ziel.

Ein Jahr später, am 1. Mai 1985 folgte die Eröffnung des botanischen Gartens mit über 46.000 Pflanzen aus über 1200 Arten. Darunter ein 100 Jahre alter Kaktus oder die nur einmal im Leben blühende Jahrhundertpflanze. Im Rosengarten, direkt vor dem Eingang, wachsen 20.000 Rosen 200 verschiedener Arten. Das Freigelände im Rosengarten wird gerne für romantische Hochzeitszeremonien genutzt.

Direkt neben dem Seoul Grand Park wurde Seoul Land am 11. Mai 1988 eröffnet. Dieser erste Themenpark Koreas mit fünf Bereichen und über 40 Fahrgeschäften lockte weitere Besucher an, so dass man inzwischen jährlich über sechs Millionen Gäste zählt.

Zwischen 2012 und 2020 sollen diese drei einzelnen Bereiche zu einem hochmodernen Gesamtpark mit einzelnen Themenschwerpunkten umgebaut werden.

Seoul Land bietet neben Fahrgeschäften die Nachbildung „exotischer" westlicher Gebäude.

Weitere Attraktionen im Bereich des Seoul Grand Parks sind einzelne Freizeit- und Vergnügungsbetriebe, das 1986 eröffnete Museum für zeitgenössische Kunst, seit 1991 die Dongil Kabelbahn (Sky Lift) und seit 2008 das nationale Wissenschaftsmuseum Gwacheon. Außerdem gibt es, nur eine U-Bahn-Station entfernt, den Seoul Racecourse Park (Pferderennbahn) auf der man fast jeden Samstag Wetten abschließen kann. Wanderer können den Gipfel des 618 Meter hohen Cheonggyesan in etwa zwei Stunden auf einem leicht ansteigenden Weg relativ einfach erreichen. Vom Gipfel bietet sich ein Blick über die Stadt Gwacheon und das Parkgelände. Ein sieben Kilometer langer Wanderweg am Fuß des Berges ist ideal für einen erholsamen Waldspaziergang mit vielen Rastplätzen die gerne für ein Picknick genutzt werden.

Tipp:
Die Eingänge zum Seoul Grand Park, zu Seoul Land und zum Kunstmuseum liegen hinter einem großen See. Um auf die andere Seite zu gelangen benötigt man zu Fuß etwa 15 Minuten. Um den See herum fährt die Elefantenbahn (500-800 Won). Man kann auch den Sessellift quer über den See benutzen (3000-5000 Won). Innerhalb des Seoul Grand Park gibt es einen weiteren Sessellift (wieder 3000-5000 Won – Fahrkarte zusammen mit dem Zooeintritt lösen). Meine Empfehlung wäre es, zumindest für die zweite Teilstrecke den Sessellift zu benutzen. Sie schweben in luftiger Höhe über den Tierpark und bekommen so einen ersten Überblick. Zurück können Sie dann, auf einem Zickzackkurs, und bequem fast immer bergab, alle Gehege besuchen.

Öffnungszeiten:
Seoul Grand Park (Zoo):
April-Okt. 09:00-19:00, Nov.-März 09:00-18:00
Seoul Land: 09:30-18:00/22:00 (Endzeiten variieren nach Jahreszeit und Wochentag)

Eintrittspreise:
Seoul Grand Park (Zoo): Kinder 1000 Won
Jugendliche 2000 Won, Erwachsene 3000 Won
Seoul Land: Kombi-Pässe für die Nutzung der Fahrgeschäfte in verschiedenen Abstufungen Kinder 13.000-25.000 W, Jugendliche 15.000-28.000 W, Erwachsene 18.000-32.000 W

Verkehrsmittel: Untergrundstation Seoul Grand Park, Linie 4 (hellblau) – Ausgang 2

besondere Aktivitäten:
Im weitläufigen Bereich des Seoul Grand Park gibt es viele jahreszeitliche Festivals: Kirschblütenfestival im April, Rosenfestival im Juni, Herbstlaubfestival im Oktober.

Anschrift: Makgye-dong, Gwacheon-si, Gyeonggi-do
Homepage: *http://grandpark.seoul.go.kr/*, *http://eng.seoulland.co.kr/eng/index.html*

117

Lotte World

롯데월드

Lotte World, im Juli 1989 eröffnet, war der erste Themen-/Freizeitpark in Korea. Als größter überdachter Abenteuerpark der Welt wird Lotte World sogar im Guinness Buch der Rekorde erwähnt. Der Schriftzug auf dem Dach der Halle kann noch aus drei Kilometern Höhe entziffert werden. Eine Eislaufbahn, ein Folkloremuseum, ein Kino und auf 7562 m² der Abenteuerpark mit ultramodernen Achterbahnen, bunten Paraden, Lasershows, Varietévorstellungen und anderen Vergnügungen sind unter einem Dach vereint. Besonders populär sind die regelmäßig wechselnden Paraden und Festivals mit teilweise 200 tanzenden und singenden Darstellern.

Magic Island im Außenbereich mit Nachbauten europäischer Burgen und Schlösser und weiteren atemberaubenden Fahrgeschäften (z. B. freier Fall aus 70m Höhe) gehört ebenfalls zu Lotte World. In diesem Vergnügungszentrum im Stadtzentrum Jamsils werden jährlich rund 8 Millionen Besucher gezählt.

Öffnungszeiten:
Mo.-Do. 09:30-22:00
Fr., Sa., So. 09:30-23:00

Eintrittspreise:
Erwachsene 25.000 Won,
Jugendliche und Rentner 22.000 Won,
Kinder 19.000 Won (unter drei Jahren frei)
Tagespass für die Benutzung aller Attraktionen einschließlich Eintritt (ohne Eislaufarena) 40.000 Won, 35.000 Won bzw. 31.000 Won, nach 16:00 Uhr ermäßigter Eintritt

Verkehrsmittel:
Untergrundstation Jamsil, Linie 2 (grün) oder Linie 8 (rot) – Ausgang 4

Anschrift: Jamsil-dong, Songpa-gu, Seoul
Kontakt: +82-2-411-2000
Homepage: *http://www.lotteworld.com/*

Lotte World gehört zum Kaufhauskonzern Lotte, dessen elegante Kaufhäuser überall in Seoul zu finden sind. Neben dem eigentlichen Vergnügungspark gehören auch ein Kaufhaus, ein Hotel, ein Supermarkt, Duty-Free Läden und ein Fitness-Zentrum zu Lotte World. Bis etwa 2015 entsteht außerdem der Lotte World Tower, mit geplanten 555 Metern dann das höchste Gebäude Koreas. Eine hochwertige kulturelle Ergänzung zum übrigen Freizeitangebot ist das zwischen Lotte Hotel und Lotte World gelegene „Charlotte Musical Center" (S. 200). Es ist das erste Theater in Korea das ausschließlich für Musicals konstruiert wurde. Hinter der historisch-europäischen Fassade verbirgt sich ein hochmodernes Zentrum mit über 1150 Zuschauerplätzen.

Kinderpark (Children's Grand Park) 어린이대공원

Bei seiner Eröffnung am 5. Mai (Kindertag) 1973 war der Children's Grand Park der erste Vergnügungspark Koreas speziell für Kinder. Auf fast 55.000 m² Wald- und Wiesenflächen bietet er Seouler Familien einen leicht zu erreichenden Ort, an dem man sich vom Alltagsstress erholen kann. Rund 70 Prozent des Parks sind mit Wald bedeckt und besonders in den heißen Sommermonaten wegen der frischen Luft beliebt. Neben einem Zoo und einem botanischen Garten gibt es auch eine Vielzahl von Karussells und anderen Fahrgeschäften. Es gibt Tierdressuren, die Elefantenwelt, Kamel- und Ponyreiten und weitere Kinderbelustigungen. Ein Paradies für Kinder mit gleichzeitiger Bildungsförderung durch den Besuch im Zoo oder des botanischen Gartens. Open-Air Tribüne, Tennisplatz, Schwimmbad, Veranstaltungshalle und Hochzeitszentrum ergänzen das Parkangebot. Im Frühling bieten Forsythien-Bäume, Azaleen und die Kirschblüte einen beeindruckenden Anblick.
In einem Mitte 2009 eröffneten Open-Air Theater können Großveranstaltungen mit rund 10.000 Zuschauern durchgeführt werden.

Öffnungszeiten:
05:00-22:00 (Zoo 09:00-18:00)

Eintrittspreise:
Park kostenlos, für Zoo, botanischer Garten, Elefantenland, Ponyreiten, etc. sind jeweils Gebühren fällig. Für die Fahrgeschäfte gibt es einen Tagespass.

Verkehrsmittel:
Untergrundstation Children's Grand Park, Linie 7 (oliv) – Ausgang 1, Fußweg 2 Minuten
Untergrundstation Achasan, Linie 5 (lila) – Ausgang 4, Fußweg 4 Minuten

besondere Aktivitäten:
Blumenfestival im April/Mai
Baumschatten-Sommerfestival im Juli/August
Laubfestival im Oktober/November
Wintererinnerungen-Festival im Dezember

Anschrift: Neung-dong, Gwangjin-gu, Seoul
Kontakt: +82-2-450-9311
Homepage: *http://www.childrenpark.or.kr/*

Parks

Seoul verfügt über eine Vielzahl politisch/militärisch geprägter Denkmäler und überwiegend religiöser Gedenkstätten. Erdwall-Festungen sind Beispiele früher Bautätigkeit im Seouler Raum und die gut erhaltene Jeongotgyo Brücke aus dem 15. Jahrhundert zeigt die bereits damals hoch entwickelte Baukunst. Aus architektonischer Sicht waren einstöckige, hölzerne Häuser bis in die Moderne die vorherrschende Bauweise in Korea. Neben den Königspalästen aus der Joseon Ära sind besonders die buddhistisch geprägten Tempel, Schreine und Gedenkstätten sehenswerte Gebäude aus älterer Zeit.

Mit der Öffnung Koreas Ende des 19. Jahrhunderts wurde die Holzbauweise langsam durch Stein abgelöst. Noch erhaltene, frühe westliche Gebäude sind z. B. die Myeongdong Kathedrale, die Jeongdong Kirche oder das Seokjojeon im Deoksugung Palast. Auch das alte Gebäude des Seouler Bahnhofs hat unverkennbar westliche Einflüsse. Seit etwa 1920 haben auch koreanische Architekten ihre Spuren hinterlassen (z. B. beim Hauptgebäude der Korea Universität). Mit dem verstärkten Wirtschaftswachstum ab den 1960ern nahm auch die Bautätigkeit stark zu. Das Nationaltheater, das Sejong Kulturzentrum oder die Nationalversammlung auf Yeouido sind Beispiele aus dieser Zeit. Es folgten immer höhere Geschäftshäuser, die heute die Skyline Seouls bestimmen. Einige der neueren und markanten Bauwerke sind der Jongno Tower, das Nationalmuseum, die Hauptpost und das Rathaus. Geplante bzw. in Bau befindliche Hochhäuser mit bis zu 665 Metern würden das höchste Gebäude Asiens (nach Taipei 101 mit 508 Metern) und das zweithöchste Gebäude der Welt (nach Burj Khalifa mit 828 Metern) nach Korea holen.

Inzwischen versucht man frühere Bausünden aus der Zeit des rasanten Wirtschaftswachstums zu berichtigen (z. B. Freilegung des Cheonggyecheon, Seoul Forest, Uferrenaturierung des Han-Flusses). Allerdings wurden Mitte 2006 die Baubestimmungen für den schützenden Grüngürtel um Seoul herum gelockert und innerhalb kurzer Zeit nahm die Bautätigkeit in diesem Bereich stark zu. Immer wieder neue und oft sehr rasch umgesetzte Planungen und Projekte werden auch in Zukunft für einen stetigen Wechsel des Stadtbildes sorgen.

Blaues Haus (Cheongwadae)

Die blauen Dachziegel (früher war diese Farbe dem königlichen Palast vorbehalten) gaben dem Blauen Haus, dem Sitz des koreanischen Präsidenten, seinen Namen. An der Stelle des heutigen Präsidentenpalastes ließ König Sukjong aus der Goryeo Dynastie im Jahr 1104 eine königliche Villa erbauen. Mit dem Bau des Gyeongbokgung 1395 wurde der Bereich der Villa zum rückwärtigen Garten des Palastes, in dem Nahkampftechniken trainiert wurden.

Nach der japanischen Besetzung 1910 wurde Gyeongbokgung zum Sitz der Besatzungsmacht. Die meisten Gebäude im hinteren Garten wurden von den Japanern abgerissen. 1939 bauten die Japaner eine Gouverneurresidenz (Gyeongmudae) am Platz des heutigen Cheongwadae. Um nicht ständig an die japanische Kolonialzeit erinnert zu werden änderte Präsident Yun Bo-seon die Bezeichnung 1960 in den noch heute gebräuchlichen Namen Cheongwadae.

Während seiner Präsidentschaft ließ Roh Tae-woo (1988-1993) ein neues Bürogebäude, eine neue Residenz und ein Pressezentrum (Chunchugwan) bauen. Präsident Kim Yeong-sam ließ dann 1993 noch das alte japanische Verwaltungsgebäude abreißen. Er entfernte damit gleichzeitig ein bedeutendes Symbol der japanischen Besatzungsmacht und unterstützte die Aufbruchstimmung in Korea.

Während der Bauarbeiten wurde 1989 eine Mauer mit der Inschrift „Der gesegnetste Platz auf Erden" freigelegt. In der Tat hat der Präsidentenpalast eine sehr glückliche Lage. Am Fuß des Bugaksan gelegen schützt dieser Berg gegen böse Einflüsse aus dem Norden. Zusätzlich wird der Bugaksan von zwei weiteren Bergen flankiert, dem Naksan als Symbol für den blauen Drachen und dem Inwangsan, der den weißen Tiger symbolisiert. Im Süden bietet der Namsan Schutz. Gleichzeitig lässt das klare Wasser des Cheonggyecheon und des Hangang alles Gute hereinfließen.

Heute gibt es neben dem eigentlichen Blauen Haus noch weitere Gebäude auf dem Gelände. Rechts des Präsidentenpalastes z. B. der Chunchugwan Pavillon, in dem der Präsident Pressekonferenzen gibt. Links des Hauptgebäudes liegt Yeongbingwan, das Gästehaus, in dem Bankette für ausländische Staatsgäste gegeben werden.

Der kürzeste Fußweg zum Blauen Haus führt von der U-Bahn Station Gyeongbokgung an der Westseite des Gyeongbokgung vorbei. Bei großzügigerer Zeitplanung empfiehlt sich jedoch ein Spaziergang um den Gyeongbokgung herum. Beginnen Sie den Weg an der Ostseite des Palastes und folgen Sie der Samcheongdong gil Straße bergaufwärts. Auf der linken Straßenseite gehen Sie unter schattenspendenden Bäumen an der Palastmauer entlang, während sich auf der rechten Straßenseite Kunstgalerien mit traditionellen Häusern abwechseln und verschiedene geschmackvoll eingerichtete Cafés zum Verweilen

Im Sangchunjae innerhalb des zum Blauen Hauses gehörenden Nokjiwon Gartens finden inoffizielle Treffen mit Staatsbesuchern oder Bewirtungen kleinerer Delegationen statt.

einladen. Die Samcheongdong Straße ist viel ruhiger als Insadong und deshalb ein beliebtes Ziel bei kunstinteressierten Ausländern. Am höchsten Punkt der Straße wird Sie ein Kontrollposten immer im Auge behalten. Hier geht es rechts weiter Richtung Samcheong Park. Zum Blauen Haus müssen Sie aber nach links, weiterhin der Palastmauer folgen. Die Straßensperre können Sie in der Regel problemlos überqueren, nachdem Sie, sicher nicht zum ersten Mal auf diesem Weg, von einem in dezentem Schwarz gekleideten Mann kontrolliert wurden. Bergab geht es dann zum Eingangstor des Blauen Hauses. Hier können Sie unbesorgt fotografieren, während Sie dies an anderen Stellen in der Nähe des Blauen Hauses nur sehr unauffällig oder gar nicht tun sollten.

Weiter bergab endet die Tour an einem großen Platz, dessen Mitte ein Kranichbrunnen und mehrere Statuen schmücken. Im Nordwesten schließt sich der Hibiskusgarten an diesen Kreisverkehr an – während der Blütezeit von Juli bis Oktober ein beliebter Ort für Fototermine. Noch einige Meter weiter nördlich liegt Chilgung (S. 246) – ein Schrein zum Gedenken an mehrere Mütter von Joseon-Königen. Am südlichen Ende des Platzes befindet sich das Cheongwadae Sarangchae (Präsidentenmuseum, S. 123). Unter anderem ist hier eine Kopie des Präsidentenbüros aufgebaut.

Öffnungszeiten:
Wochentags und jeden 2. und 4. Samstag des Monats gibt es täglich vier kostenlose Führungen – um 10, 11, 14 und 15 Uhr. Für die Teilnahme muß mindestens drei Wochen vorher eine Anmeldung auf *english.president.go.kr* erfolgen. Treffpunkt für die Tour (20 Minuten vor Beginn) ist der Informationskiosk am östlichen Parkplatz des Gyeongbokgung Palastes. Von dort erfolgt der Transport zum Präsidentenpalast mit einem Shuttle-Bus.

Verkehrsmittel:
Untergrundstation Gyeongbokgung, Linie 3 (orange) – Ausgang 5, Fußweg 15-20 Minuten

besondere Aktivitäten:
Drill und Militärparade der Ehrengarde, jeden Samstag 10:00-11:30
Pferdepatrouille, Fr. und Sa. 14:00-16:00 (nur April, Mai, Juni, September und Oktober)
Motorradstaffel, Sa. bis Do. 10:00-11:00 und 14:00-15:00 (nur April bis Oktober)
Inline Skater Staffel und Fahrradstaffel, tägl. 10:00-12:00, 14:00-16:00 (nur April bis Okt.)
Polizei Blaskapelle, jeden Donnerstag 10:00-11:00 (nur April bis Oktober)

Anschrift: Jongno-gu, Seoul
Homepage: *http://english.president.go.kr/*

123

Jongno Tower (Millennium Plaza) 종로타워

Eines der weithin sichtbaren Wahrzeichen Seouls mit hohem Wiedererkennungswert ist der Jongno Tower. Das von dem Architekten Rafael Viñoly geschaffene Bauwerk ist mit 132 Metern Höhe und seiner ausgefallenen Architektur ein unverwechselbarer Orientierungspunkt. Die Fertigstellung erfolgte 1999, gerade rechtzeitig zur Jahrtausendwende. Dementsprechend firmieren die Untergeschosse des Jongno Tower mit zahlreichen Restaurants, Geschäften und Boutiquen unter dem Namen „Millennium Plaza". Die meisten der 24 oberirdischen Stockwerke werden allerdings als Büroraum vermietet.

Nach der obersten Büroetage klafft ein großes Loch in dem Gebäude und lediglich von drei Säulen getragen folgt erst im 32. Stockwerk eine weitere Etage. Hier befindet sich das exklusive „Top Cloud" Restaurant (*http://www.topcloud.co.kr/*), von dem man, insbesondere bei Nacht, einen fantastischen Blick über Seoul hat. Um einen Tisch am Fenster zu erhalten (nur bei

Verkehrsmittel: (Karte S. 57) Untergrundstation Jonggak, Linie 1 (dunkelblau) – Ausgang 3, bzw. direkter Zugang in das Untergeschoss des Millennium Plaza

Anschrift: Jongno 2-ga, Jongno-gu, Seoul

Schwindelfreiheit ratsam), ist eine drei- bis viertägige Vorbestellung (Tel.-Nr. +82-2-2230-3000) notwendig. Ohne Vorbestellung erhält man einen Platz im Bar-Bereich des Restaurants. Von 12:00 bis 14:00 und von 18:00 bis 20:30 gibt es ein Büfett für etwa 25 Euro. Von 12 bis 24 Uhr werden sonst nur Getränke und Cocktails im Bar-Bereich serviert. Von etwa 19:30 bis 23:30 gibt es auch Livemusik in der Top Cloud Bar. Wer die Aussicht ohne Restaurantbesuch genießen möchte, sollte trotzdem in den 32 Stock fahren. Im Flur vor dem Restaurant bietet ein Seitenfenster bereits einen eindrucksvollen Blick entlang der achtspurigen Jongno-Straße über Ost-Seoul.

Jongno Tower – modernes Wahrzeichen Seouls.

Blick aus der obersten Etage Richtung Osten.

63 Building

Mit 60 oberirdischen und 3 unterirdischen Etagen war dieser Multifunktionskomplex mit 249 Metern ab 1985 lange Zeit das höchste Gebäude Koreas. Abgelöst wurde es 2003 durch die Hyperion Towers (256 m) und 2004 durch den Samsung Tower Palace 3 (264 m). Die goldene Glasfassade am östlichen Ende der im Han Fluss gelegenen Insel Yeouido fällt schon aus großer Entfernung ins Auge. Neben Einkaufspassagen, Restaurants, Bars, einem I-Max Kino, einem Fitness-Club, einer Sauna, einem Bowling-Center und vielen kleinen Imbissständen gibt es hier auch die 63 Sea World – ein Aquarium mit 20.000 Meerestieren in 400 verschiedenen Arten und als neueste Attraktion seit einigen Jahren auch ein Wachsfigurenmuseum. Mit einem gläsernen Fahrstuhl gelangt man zur Aussichtsplattform (63 Sky Art mit Kunstmuseum) im obersten Stockwerk. Der fantastische Blick auf den Han Fluss und große Teile Seouls ist insbesondere in den Abendstunden mit den farbig beleuchteten Brücken und den Lichtern der Stadt faszinierend.

Öffnungszeiten:
10:00 - 22:00 Uhr, kein Ruhetag

Eintrittspreise:
bis 3 Jahre freier Eintritt
Aquarium: Erw. 15.000 W, Jugendl. 14.000 W
63 Skyart: Erw. 11.000 W, Jugendl. 10.000 W
Kino: Erw. 11.000 W, Jugendl. 10.000 W
Museum: Erw. 13.000 W, Jugendl. 12.000 W
3er Kombi: Erw. 30.000 W, Jugendl. 25.000 W
4er Kombi: Erw. 34.000 W, Jugendl. 30.000 W

Verkehrsmittel:
Untergrundstation Yeoinaru, Linie 5 (lila) – Ausgang 4, Fußweg 12 Minuten oder gebührenfreier Pendelbus vor Sambu Apt.
Der Pendelbus fährt auf einem Rundkurs und hält auch an folgenden Untergrundstationen: Daebang, Linie 1 (dunkelblau) – Ausgang 6, Haltestelle ca. 40 Meter Richtung Yeouido
Saetgang, Linie 9 (gold) – Ausgang 1
Yeouido, Linie 5 (lila) – Ausgang 5, Abfahrt vor dem Sungmo Krankenhaus

Anschrift: Yeouido-dong, Yeongdeungpo-gu
Homepage: *http://www.63.co.kr/*

Architektur

Inmitten der Stadt, auf der Spitze des Namsan Berges gelegen, ist der Seouler Fernsehturm ein weithin sichtbares Wahrzeichen der Stadt. Nach der Fertigstellung im Jahr 1975 diente der ursprünglich Namsan Tower genannte Fernsehturm vorerst lediglich für Funkübertragungen. Mit der Umbenennung in Seoul Tower wurde er 1980 auch für Besucher geöffnet. Allerdings war die Inneneinrichtung zum Ende des 20. Jahrhunderts in die Jahre gekommen, und auch das Turmrestaurant hatte keinen besonders guten Ruf. Lediglich die fantastische Aussicht lockte weiterhin Besucher an. Die Lösung fand sich Anfang 2005 in Form eines Pächters, der CJ Corp., die einen Pachtvertrag über 10 Jahre abschloss und den Turm in sieben Monaten mit einem Aufwand von 15 Milliarden Won vollständig renovierte. Nach der Neueröffnung am 9. Dezember 2005 deutet äußerlich lediglich die farbige Beleuchtung auf Änderungen hin, das Turminnere erfüllt jetzt jedoch auch höchste Ansprüche. Dementsprechend wurde dem alten Namen noch der Buchstabe „N" hinzugefügt. Dabei steht „N" gleichzeitig für Namsan und für Neu.

Das rotierende Restaurant (n.GRILL) auf Etage T5 wird von einer Steakhauskette betrieben und bietet mehrgängige Menüs mit atemberaubender Aussicht. Das höchste Restaurant Seouls benötigt zwei Stunden für eine Umdrehung. Es ist von 11 Uhr bis 23 Uhr geöffnet. Reservierungen unter 02-3455-9297/9298.

Etwas tiefer auf T3 befindet sich das digitale Observatorium, das einen Teleskop-Blick auf die Seouler Sehenswürdigkeiten aus völlig neuer Perspektive ermöglicht. Über digitale Multimedia-Einrichtungen kann die 600jährige Geschichte Seouls oder der Wechsel der Jahreszeiten simuliert werden. Die „Shocking Edge" ist nur für schwindelfreie Besucher geeignet. Eine Etage tiefer auf T2 befindet sich die ursprüngliche Aussichtsplattform, jetzt analoges Observatorium genannt, mit dem Sky Cafe. Besonders erwähnenswert und einen Besuch wert sind hier die Toiletten. Kein anderes „stilles Örtchen" in Seoul bietet einen solch grandiosen Fensterblick. Auf T1 befindet sich ein weiteres Restaurant (Hancook), das koreanische Küche in familiärer Atmosphäre serviert.

Durch den neu gestalteten Eingangsbereich des Fernsehturms unter anderem mit Souvenirläden, Fotostudio und Imbiss hat der N Seoul Tower an Anziehungskraft gewonnen. Im Teddybärmuseum wird die 600jährige Geschichte Seouls in mehreren Szenen dargestellt.

Öffnungszeiten: Aussichtsplattformen 10:00-23:00, Restaurants 11:00-23:00, Teddybärmuseum 10:00-22:00, kein Ruhetag

Eintrittspreise:
Aussichtsplattform: Erwachsene 8000 Won, Jugendliche 6000 Won, Kinder 4000 Won
Teddybärmuseum: Erwachsene 8000 Won, Jugendliche 6000 Won, Kinder 5000 Won
Gondelbahn:
einfach 6000 Won, Kinder 3500 Won
Hin- u. Rückfahrt 7500 Won, Kinder 5000 Won

Verkehrsmittel:
Untergrundstation Myeong-dong, Linie 4 (hellblau) – Ausgang 3, Fußweg 10 Minuten zur Talstation der Gondelbahn oder Ausgang 1, weiter mit Bus 05
Die gelben Namsan Busse 02, 03 oder 05 verkehren in kurzen Abständen von 07:30-23:30 und halten auch an den Untergrundstationen Dongguk Univ., Linie 3 (orange) – Ausgang 6
Chungmuro, Linie 3 (orange) oder Linie 4 (hellblau) – Ausgang 2 (Linien 02 und 03)
Itaewon, Linie 6 (braun) – Ausgang 4 (Bus 03)
Hangangjin, Linie 6 (braun) – Ausgang 2 (03)
Yaksu, Linie 6 (braun) – Ausgang 7 (Bus 03)

besondere Aktivitäten:
Unterschiedliche Veranstaltungen auf Multifunktionsbühne.
Täglich um 12:00 Uhr wird am rekonstruierten Meldefeuer ein Rauchsignal erzeugt.
Bei Dunkelheit 10minütige Lasershow „Electronic Fire" jeweils zur vollen Stunde.
Am Pavillon direkt neben dem Turm an einem Sonntag im Oktober „Spirit of Korea", eine nach historischem Vorbild gestaltete Opferzeremonie, die fast den ganzen Tag andauert.

Anschrift: Yongsan-dong 2 ga, Yongsan-gu
Homepage: *http://www.nseoultower.co.kr/*

Blick von Süden über Itaewon auf den Namsan

Zum Schutz der Natur ist die Benutzung der Straße zum Fernsehturm für private Fahrzeuge verboten. Wer nicht zu Fuß oder mit der Gondelbahn auf den Namsan kommen will, kann alternativ einen der gelben Namsan Busse nehmen, die auf verschiedenen Rundkursen mehrere U-Bahn Stationen abfahren. Auch mit einer Stadtrundfahrt (City Tour Bus) kann der Fernsehturm erreicht werden.

Etwa alle 30 Minuten wiederholt sich dieses bunte Schauspiel. Im Normalfall ist der Turm weiß angestrahlt. Sollte die Feinstaubbelastung in Seoul unter den Wert von 45 µg/m³ fallen wird dies durch eine grüne Beleuchtung weithin sichtbar signalisiert.

127

Seouler Hauptpostamt 서울중앙우체국

Zwischen dem Myeongdong Einkaufsviertel und dem Namdaemun Markt gelegen ist das im Jahr 2007 fertig gestellte Seouler Hauptpostamt (Seoul Tower) ein weiteres architektonisches Wahrzeichen Seouls. Es steht damit im direkten Kontrast zu dem gegenüberliegenden ehemaligen Sitz der koreanischen Nationalbank im Renaissance Stil.

Die zwei, am Fuß zusammenlaufenden Türme des Postverwaltungs- und Bürogebäudes sind in der Mitte durch ein Atrium verbunden. Das Gebäude ist mit modernster Umwelttechnik ausgestattet und wurde als besonders umweltfreundlich zertifiziert. Spezielles Augenmerk

Öffnungszeiten: (der Postschalter)
09:00-20:00 Uhr (Montag bis Freitag)
09:00-13:00 Uhr (Wochenende und Feiertage)

Verkehrsmittel:
Untergrundstation Myeongdong, Linie 4 (hellblau) – Ausgang 5, Fußweg 4 Minuten

Anschrift: 21-1 Chungmuro 1 ga, Jung-gu
Homepage: www.koreapost.go.kr/se/100/

legte man auf einen niedrigen Energie- und Rohstoffverbrauch, z. B. durch den Einsatz von Geothermiepumpen und Solarenergie. Durch eine zurückgenommene Bauweise schuf man Platz vor dem Gebäude um die durch die zwei Türme entstehende luftige Wirkung zu verstärken. Ein abgesenkter Garten mit Ruhemöglichkeiten erlaubt einen direkten Zugang zu den im 1. Untergeschoss liegenden Postschaltern. Ebenerdig gelangt man in eine großzügige Empfangshalle. Insgesamt besteht das Gebäude aus 21 oberirdischen und 7 unterirdischen Etagen.

Tipp
Der internationale Paketversand aus Korea ist wie alle Dienstleistungen im Land relativ preiswert. Eine ideale Möglichkeit um schwere bzw. große Mitbringsel nicht im Koffer nach Hause schleppen zu müssen bzw. hohe Gebühren für Übergepäck zu vermeiden. Ein Zehn-Kilo-Paket kostet auf dem Land-/Seeweg nach Europa etwa 18 Euro und ist vier bis sechs Wochen unterwegs.

Dream Hub Yongsan 용산드림허브

Bis 2024 sollen im Bereich des Bahnhofs Yongsan verschiedene Wohn-, Geschäfts- und Kulturzentren entstehen. Nach den Prinzipien von Feng Shui hat die über eine halbe Million Quadratmeter große Fläche eine ideale Lage zwischen Fluss (Hangang) und Berg (Namsan). Das Studio Daniel Libeskind aus New York arbeitet zusammen mit der Yongsan Entwicklungsgesellschaft an der innovativen Neugestaltung dieses im dichten Stadtzentrum gelegenen Bereichs. Unter

Einbeziehung des Flussufers sollen inselartige Nachbarschaften mit über drei Millionen Quadratmetern Nutzfläche entstehen, die durch ausgedehnte Naturflächen verbunden sind.

Anschrift: Hangangno 3-ga, Ichon-dong, Yongsan-gu

Homepage: *http://www.dreamhub21.com/ eng/mainReal.asp*

Digital Media City

디지털미디어시티

Zwischen 1978 und 1993 diente die Insel Nanjido im Han Fluss als riesige Müllhalde. Die rasante Entwicklung der Stadt Seoul ließ auch die Abfallmengen ständig steigen. In den 90er Jahren des 20. Jahrhunderts sorgten täglich 3000 Lastwagenladungen Müll für ein Anwachsen der zwei Kilometer langen Halde auf 95 Meter Höhe – entsprechend dem 34fachen Volumen der Cheops-Pyramide in Gizeh.

Die Seouler Stadtverwaltung startete 1996 ein Stabilisierungsprojekt um eine von der Müllhalde ausgehende Umweltbelastung zu verhindern. Im März 1997 wurde die inzwischen an das Festland angeschlossene Insel zur Wohn-Entwicklungszone erklärt. Ab 1998 begann man mit der Modifizierung der Pläne um ein komplett neues Seouler Stadtzentrum entstehen zu lassen. Im Vorfeld des Jahrtausendwechsel wurde Sangam New Millennium Town als Zentrum für Information und Ökologie konzipiert. Inzwischen wurden die Pläne weitgehend in Beton umgesetzt. Es entstanden die eigenständigen Projekte World Cup Park (S. 114), eine umweltfreundliche Wohnbebauung (Sangam City) und eben Digital Media City (DMC).

Die DMC, ein Hochtechnologiezentrum für IT und digitale Medien, wurde ab 2002 auf einer Fläche von 570.000 m² erbaut. Vernetzte Büros, Apartments, Ausstellungs- und Konferenzhallen sowie Kulturzentren lockten schon viele Firmen der Rundfunk-, Film- und Musikwelt sowie aus dem Bereich E-Learning in die DMC. Auch das

Verkehrsmittel:
Untergrundstation Digital Media City (Susaek), Linie 6 (braun) – Ausgang 2, Fußweg 14 Minuten

Anschrift: Sangam-dong, Mapo-gu

Homepage: *http://dmc.seoul.go.kr/*

koreanische Filmarchiv und das koreanische Filmmuseum haben sich in der DMC angesiedelt.

Die Pläne für einen als Wahrzeichen der Digital Media City geplanten 640 Meter hohen Wolkenkratzer (Digital Media City Landmark Building – 디지털 미디어 시티 랜드마크 빌딩 – *http://www.som.com/content.cfm/digital_media_city*) werden allerdings wahrscheinlich nicht verwirklicht.

Architektur

Lotte World Tower

롯데월드 타워

Nach über 13 Jahren Planung und Vorbereitung wurde im März 2011 der Grundstein für diesen 555 Meter hohen Wolkenkratzer gelegt. Dieses Projekt des Lotte-Konzerns, direkt neben dem Freizeitpark Lotte World (S. 118), ist zurzeit das einzige Super-Hochhaus in Seoul an dem aktiv gebaut wird. Die Fertigstellung ist für 2015 geplant. In dem kegelartigen, an der Spitze diagonal gesplittetem Gebäude mit leicht konvex geschwungenen Seiten sollen Geschäfte, exklusive Büro- und Wohnräume, Kunstgalerien, ein

Verkehrsmittel: Untergrundstation Jamsil, Linie 2 (grün) oder Linie 8 (rot) – Ausgang 2

Anschrift: Jamsil-dong, Songpa-gu, Seoul

Homepage: *http://www.lottecorp.com/*

Hotel und auf 495 Meter die höchste Aussichtsplattform der Welt entstehen. Für die Außenverkleidung ist eine durch koreanische Keramik inspirierte, leicht getönte Verglasung geplant.

In den 1960ern war die Flussinsel Yeouido (mit rund 8,4 Quadratkilometern etwa viermal so groß wie Helgoland) nur ein holpriger Flugplatz. In der Vorstellung der Politiker sollte hier ein koreanisches Manhattan entstehen. Um dieser Idee Nachdruck zu verleihen und die Entwicklung der schlammigen Sandbank voranzutreiben, wurde an der Westspitze von Yeouido das Regierungsgebäude erbaut. Die Hoffnung dadurch weitere private Investoren anzulocken erfüllte sich. Heute ist Yeouido mit knapp 30.000 Einwohnern das Finanz- und Wirtschaftszentrum Koreas.

Das größte Parlamentsgebäude Asiens wurde 1975 nach sechsjähriger Bauzeit fertiggestellt. Es entstand noch zur Zeit eines diktatorischen Regimes und ist dementsprechend wuchtig-eindrucksvoll gestaltet. Die 24 Granitsäulen, die das Gebäude umgeben, sollen die unterschiedlichen Meinungen der Bevölkerung symbolisieren, die in der glänzenden Kuppel zusammenfließen.

Am Hintereingang gibt es einen Informationsschalter, von dem aus man sich einer der regel-

Öffnungszeiten:
Führungen (Dauer ca. 100 Minuten) von 09:00-17:00, an Wochenenden keine Führungen, d.h. nur das Besucherzentrum und die Gedenkhalle können besichtigt werden.
Während nationaler Feiertage und Sitzungen des Parlaments keine Führungen.

Eintrittspreise: kostenlos

Verkehrsmittel:
Untergrundstation National Assembly, Linie 9 (gold) – Ausgang 1 oder 6

besondere Aktivitäten:
Die von rund 1400 Kirschbäumen gesäumte, sieben Kilometer lange Junjungno Straße um die Nationalversammlung lockt mit ihrer Blütenpracht im Frühling viele Besucher an. Anfang April findet ein mehrtägiges Kirschblütenfestival statt.

Anschrift: Yeouido-dong, Yeongdeungpo-gu
Kontakt: +82-2-788-3656/3664
Homepage: *http://www.assembly.go.kr/*

mäßigen Führungen anschließen kann. Die Besucher werden durch Teile des Gebäudes, einschließlich des Plenarsaals, sowie verschiedene Einrichtungen und Ausstellungshallen geführt. Auch die Beratungen des Parlaments sind grundsätzlich für die Öffentlichkeit zugänglich – ohne Sprachkenntnisse sind die bürokratischen Zugangsmodalitäten aber kaum zu bewältigen.

Gyeonggyojang 경교장

Eine 1938 für Choe Changhak im westlichen Stil erbaute Residenz. In dem von Kim Seyeon erbauten Haus spiegelt sich die elegante Architektur der 1930er Jahre wieder. Choe, der sein Vermögen mit einer Minengesellschaft gemacht hatte, stand unter dem Verdacht der Kollaboration mit den Japanern. Trotzdem, oder vielleicht gerade deswegen, stellte er nach der Befreiung Koreas das Haus „Baekbeom" Kim Gu, dem letzten Präsidenten der provisorischen koreanischen Regierung, zur Verfügung.

Kim Gu lebte hier ab November 1945, bis er am 26. Juni 1949 in seinem Büro im 2. Stock einem Attentat zum Opfer fiel. Danach ging das Haus zurück an Choe und diente später dem taiwanesischen Botschafter als Residenz. Während des Koreakrieges war hier eine US-Armeespezialeinheit untergebracht. Die Samsung Stiftung kaufte das Haus 1967, und seither gehört es zum Gangbuk Samsung Krankenhaus. Unter anderem diente es als Apotheke und Ruheraum für Ärzte. Samsung ersuchte 1996 um eine Baugenehmigung, um Gyeonggyojang zu verlegen und an dieser Stelle eine 17stöckige Krankenhauserweiterung zu errichten. Dies rief jedoch erhebliche Proteste hervor, die letztendlich sogar in einer Restauration des Hauses endeten. Ende 2004 konnten die Originalbaupläne in Japan gefunden werden, und bereits Mitte 2005 wurde das Büro, in dem „Baekbeom" erschossen wurde, der Öffentlichkeit zugänglich gemacht. Selbst mit der Rekonstruktion der Attentats-Einschusslöcher in der Fensterscheibe gab man sich viel Mühe. Zwischen Januar 2011 und

Öffnungszeiten:
Mo.-Fr. 10:00-17:00, Sa. 10:00-12:00

Eintrittspreise: kostenlos

Verkehrsmittel:
Untergrundstation Seodaemun, Linie 5 (lila) – Ausgang 4, Fußweg 5 Minuten (Karte S. 63)

Anschrift: Pyeong-dong, Jongno-gu, Seoul
Homepage: *http://www.kyungkyojang.or.kr/*

August 2012 wurde das Gebäude noch einmal aufwendig restauriert.

Das zweistöckige Gyeonggyojang liegt etwas versteckt am Fuß hoher Bauten am nördlichen Ende des Krankenhaus-Innenhofes. Die obere Etage des Hauses dient als Lager für medizinisches Material. Rechts vom Eingang geht eine Treppe nach oben und zwischen Kisten mit Bandagen und Spritzen kommt man zum Büro Kim Gu's. Obwohl sich nur weniger Besucher nach hier verirren, steht eine Krankenhausmitarbeiterin zum Empfang der seltenen Gäste bereit.

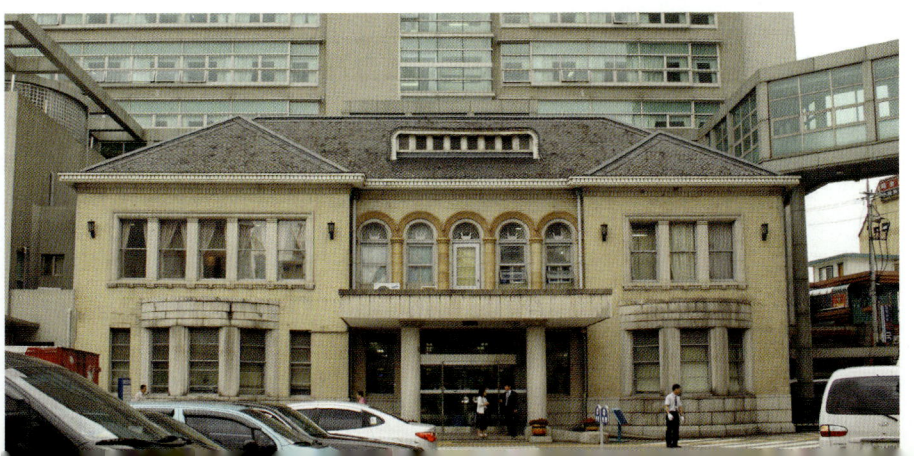

Ihwajang

이화장

Nach der Befreiung Koreas von den Japanern lebte Syngman Rhee 1946 weniger als ein Jahr in diesem Haus bevor er als erster Präsident Südkoreas in das präsidiale Anwesen (das heutige Blaue Haus) zog. Allerdings besuchte er Ihwajang um sich in dem wunderschönen Garten aufzuhalten. Studentische Proteste die sich gegen Rhee's undemokratische Führung richteten verhinderten 1960 seine vierte Amtszeit. Er lebte kurz wieder in Ihwajang bis er von den USA ins Exil nach Hawaii ausgeflogen wurde wo er 1965 starb. Seine Frau Franziska Donner, Tochter eines

Öffnungszeiten: Im Juli 2011 wurde die Gedenkhalle nach einem Wasserschaden bis auf weiteres geschlossen.

Verkehrsmittel:
Untergrundstation Hyehwa, Linie 4 (hellblau) – Ausgang 2, Fußweg 12 Min. (Karte S. 65)

Anschrift: Ihwa-dong 1-2, Jongno-gu, Seoul
Homepage: *http://www.syngmanrhee.or.kr*

österreichischen Diplomaten, kehrte 1970 zurück nach Korea und lebte bis 1992 in Ihwajang. In dem Haus wurde eine Gedenkhalle eingerichtet in der eine Auswahl von Syngman Rhee's persönlichen Gegenständen zu sehen sind.
Ihwajang ist im modernisierten Stil eines Hanok-Hauses erbaut und zeigt die Veränderungen an einem traditionellen Baustil unter japanischer Herrschaft. Der Adoptivsohn Dr. In-soo Rhee und seine Gattin wohnen weiterhin in Ihwajang.

Yunboseonga

윤보선가

Ein weiterer, historisch und architektonisch bedeutender Wohnsitz eines ehemaligen Präsidenten (Yun Boseon, 1960-1962) befindet sich im Herzen Bukchons. Er wurde 1870 erbaut und etwa 1910 von Yun's Vater gekauft. Yun lebte in diesem herrschaftlichen Haus seit seiner frühen Jugend. Auch während seiner Präsidentschaft zog er es vor die Staatsgeschäfte von hier statt aus dem Blauen Haus zu regeln.
Von außen scheinen die auf einem großen Grundstück verteilten Häuser im traditionellen Hanok-Stil erbaut zu sein. Viele Details sind jedoch nach chinesischem Vorbild gestaltet die Yun während der provisorischen Regierung in

Öffnungszeiten: Das Anwesen ist nur selten zu besonderen Anlässen für die Allgemeinheit zugänglich.

Verkehrsmittel:
Untergrundstation Anguk, Linie 3 (orange) – Ausgang 1, Fußweg 4 Minuten (Karte S. 55)

Anschrift: 110-240 Anguk-dong, Jongno-gu

Shanghai kennengelernt hatte. Dadurch war das Haus zu seiner Zeit einzigartig. Die Inneneinrichtung orientierte sich überwiegend am westlichen Standard in den einige traditionelle koreanische Elemente gemischt wurden. Auch die Gestaltung des Gartens orientierte sich mehr an modernen Gesichtspunkten die Ende des 19. Jahrhunderts ihren Weg nach Korea fanden.
Das Haus ist die Geburtsstätte der ersten koreanischen demokratischen Partei. Von den 1950ern bis in die 1970er war es Büro und Konferenzort der Oppositionspartei. Yun starb 1990. Heute steht Yunboseonga unter der Verwaltung der Yeongan Gesellschaft.

Jangwidonggimjinheungga

장위동 김진흥 가옥

Kim Jinheung's Haus in Jangwi-dong.
An dieser Stelle lebte König Sunjo's dritte Tochter, Prinzessin Deokon (1828–1844) mit ihrem Ehemann Namnyeongwi Yun Uiseon und dem Pflegekind Yun Yonggu. Ihr Ziehsohn bestand die staatliche Joseon Prüfung und diente sowohl als Kultur- und auch Kriegsminister. Nach seinem Rückzug aus der Politik verbrachte Yun Yonggu seinen Lebensabend in diesem Haus. Entsprechend der im Haus gefundenen Unterlagen wurde es 1865 erbaut. Der spätere Besitzer, Kim Jinheung, überließ es im Dezember 1998 einer buddhistischen Stiftung zur Nutzung

als Tempel. Entsprechend heißt der Tempel „Jinheung Seonwon".

Die teilweise verbundenen Haupt- und Nebengebäude dieser Anlage und die zweilagige Steinplattform vor dem Herrenhaus und im rückwärtigen Garten sind erstklassige Beispiele der formellen Schönheit koreanischer Architektur.

Eintrittspreise: kostenlos

Verkehrsmittel:
Untergrundstation Dolgoji, Linie 6 (braun) – Ausgang 3, Fußweg 10 Minuten oder Bus 147, 261, bis Hana Bank (zwei Stationen)

Anschrift: 76-59, Jangwi-dong, Seongbuk-gu

Architektur

Dojeonggung Gyeongwondang

도정궁 경원당

Gyeongwondang, Teil von Dojeonggung.
Ursprünglich stand dieses Haus in Sajik-dong und war einziges Überbleibsel des herrschaftlichen Wohnsitzes Dojeonggung. Gyeongwondang musste einer neuen Straße Platz machen und wurde 1979 an den jetzigen Standort auf das Gelände der Konkuk Universität verlegt.
Dojeonggung war die Villa von Yi Hajeon (1842-1862) einem Nachfahren des Vaters von König

Seonjo (1552-1608). Entsprechend der Überlieferung soll der Regent Heungseon Daewongun Gyeongwondang 1872 erbaut haben.
Details an Türen und Fenstern zeigen Adaptionen ausländischer Merkmale die zum Wechsel ins 20. Jahrhundert immer populärer wurden. Im Grundriss, der nicht dem traditionellen Muster entspricht, spiegeln sich ebenfalls die Wechsel im alltäglichen Lebenswandel wider.

Öffnungszeiten: 24h
Das Haus ist nur von außen zu besichtigen.

Verkehrsmittel:
Untergrundstation Konkuk Univ., Linie 2 (grün) oder Linie 7 (oliv) – Ausgang 4, oder Untergrundstation Children's Grand Park, Linie 7 (oliv) – Ausgang 3, Fußweg jeweils 10 Min

Anschrift: Konkuk University, 445, Hwayang-dong, Gwangjin-gu, Seoul

Janggyodonghangyuseolga

장교동 한규설 가옥

Han Gyuseol's Haus in Janggyo-dong

Dieses Haus gehörte Han Gyuseol (1848-1930), dem stellvertretenden Premierminister während des großen koreanischen Kaiserreichs zum Ende der Josen-Zeit. Han Gyuseol weigerte sich unter lautem Protest den Eulsa Proktektoratsvertrag mit Japan (Nov. 1905) zu unterzeichnen und wurde seines Amtes enthoben.

Das etwa 1890 erbaute Haus befand sich ursprünglich in Janggyo-dong, Jung-gu bevor es

Öffnungszeiten: 09:00-17:00, Sa., So. und während der Semesterferien geschlossen.

Eintrittspreise: kostenlos

Verkehrsmittel:
Untergrundstation Gireum, Linie 4 (hellblau) – Ausgang 3, weiter mit Bus 1117 1213 oder 7211, bzw. 153, 171

Anschrift: Kookmin University, 855-2, Jeong-neung-dong, Seongbuk-gu, Seoul

im Dezember 1980 an den jetzigen Standort an der Kookmin Universität verlegt wurde. Neben dem jeweils L-förmigen Haupt- und Herrenhaus und einem Schrein besteht das Anwesen aus mehreren Nebengebäuden. Das Haus bewahrt den Baustil der städtischen Oberklasse während der Joseon Ära in dem bereits westliche Einflüsse sichtbar werden (so genanntes „modifiziertes koreanischen Haus").

Seongbukdong ijongseokbyeoljang

성북동 이종석 별장

Lee Jongseok's Villa in Seongbuk-dong.

Lee Jongseok (alias Lee Jongsuk oder Lee Jongsang) war während der japanischen Besatzungszeit als reicher Händler bekannt. Er machte sein Vermögen durch den Verkauf von eingelegtem Fisch und soll der Besitzer der meisten Handelsschiffe im Bereich Mapo gewesen sein. Die Villa entstand in den 1900er Jahren. Wahrscheinlich kaufte Lee sie von einem königlichen Familienmitglied. Dies würde die leicht erhöht ange-

Öffnungszeiten: Bei Interesse kann das gegenüberliegende Seongbuk Global Village Center einen Schlüssel besorgen.

Verkehrsmittel: Untergrundstation Hansung Univ., Linie 4 (hellblau) – Ausgang 6, Fußweg 18 Min. oder Bus 1111, 2112 bis Dongbang Graduate School (sechs Stops bis Halt 08-225)

Anschrift: 243-4, Seongbuk-dong, Seongbuk-gu

brachte hölzerne Veranda (numaru) erklären, die sonst aristokratischen Häusern vorbehalten war. Das Haus besteht aus einem Hauptgebäude und einer Unterkunft für die Bediensteten. Früher sollen auch noch ein Pavillon und ein Teich vorhanden gewesen sein. Dieses Sommerhaus (Lee hatte seinen Hauptwohnsitz in Mapo) gibt einen seltenen Einblick in den Lebensstil der wohlhabenden Händler zum Ende der Joseon-Zeit. Auch heute noch strahlt die Villa eine malerische Eleganz aus.

Sangheoitaejunga

상허 이태준 가옥

Sangheo Lee Taejun's Haus

Der Dichter und Schriftsteller Sangheo Lee Taejun lebte hier zwischen 1933 und 1946. In seinem Aufsatz „Museorok" schildert er den Entstehungsprozess des 1933 erbauten Hauses und die Geschichte des Ortes auf dem es entstand. Das Haus ist nicht sehr groß aber sorgfältig konstruiert mit einer durchdachten Raumaufteilung und aufwendigen Details. Der Grundriss entspricht der traditionellen L-Form, die zusätzlichen Räume an der Rückseite des Hauses zeigen jedoch den Versuch sich an veränderte Anforderungen einer neuen Zeit anzupassen.

Info

Zwischen 1977 und 1997 hat die Seouler Stadtverwaltung zwanzig historische Wohnhäuser und Villen als schützenswert eingestuft. Es können aber nur einige davon besichtigt werden da die meisten auch heute noch bewohnt sind. Einige der interessantesten Häuser werden hier vorgestellt.

Öffnungszeiten: 09:00-18:00

Verkehrsmittel: Untergrundstation Hansung Univ., Linie 4 (hellblau) – Ausgang 6, Fußweg 18 Min. oder Bus 1111, 2112 bis Dongbang Graduate School (sechs Stops bis Halt 08-225)

Anschrift: 248, Seongbuk-dong, Seongbuk-gu

Lee's Enkelin betreibt heute in einem kleinen Nebengebäude ein traditionelles Teehaus.

Architektur

Manhaehanyongunsimujang

만해 한용운 심우장

Manhae Han Yongun's Haus Simujang.

In diesem Haus verbrachte der berühmte Mönch und Dichter Manhae (1879-1944), bürgerlicher Name Han Yongun, ab 1933 seine letzten elf Lebensjahre. Sein Gedicht „Lover's Silence" (nimui chimmuk – 님의 침묵) wurde in viele Sprachen übersetzt und ist auch heute noch in koreanischen Schulbüchern zu finden.

Manhae war ein führender Aktivist der Unabhängigkeitsbewegung, für seine Teilnahme an den Protestdemonstrationen 1919 kam er ins Gefängnis. 1926, vier Jahre nach seiner Entlassung, wurde das Gedicht veröffentlicht und prompt verboten da die japanische Besatzung in Manhae ein Symbol der Widerstandsbewegung sah. Manhae ließ das kleine und einfache Haus 1933 an einem nach Norden ausgerichteten Berghang erbauen, damit seine Blicke nicht in Richtung Süden zum Sitz der japanischen Kolonialregierung gingen. Der Name Simujang für sein Haus geht auf eine buddhistische Geschichte zur Wahrheitsfindung zurück. Der japanische

Öffnungszeiten: Mo.-Fr. 09:00-18:00

Verkehrsmittel: Untergrundstation Hansung Univ., Linie 4 (hellblau) – Ausgang 6, Fußweg 18 Min. oder Bus 1111, 2112 bis Dongbang Graduate School (sechs Stops bis Halt 08-225)

Anschrift: 222-1, Seongbuk-dong, Seongbuk-gu

Wacholderbaum im Garten soll von Manhae selbst gepflanzt worden sein. Im Haus befindet sich eine kleine Sammlung die Manhae's Aktivitäten nachzeichnen.

135

Samgunbuchongmudang

삼군부총무당

Hierbei handelt es sich um das Gebäude des Hauptquartiers (Chongmudang) der Militärverwaltung (Samgunbu) im späten Joseon-Reich. Ab etwa 1867 war die Organisation voll funktionsfähig und hatte die gesamte Armee einschließlich der königlichen Garde unter Kontrolle.
Das als Hauptquartier gedachte Chongmudang Gebäude wurde 1868 in Samgunbu (südlich des Gyeongbokgung Palastes) an der Stelle der heutigen zentralen Regierungsverwaltung erbaut.

Öffnungszeiten:
nur von außen zu besichtigen

Verkehrsmittel: (Karte S. 65)
Untergrundstation Hansung Univ., Linie 4 (hellblau) – Ausgang 3, Fußweg 10 Minuten

Anschrift:
innerhalb des Samseon Abenteuerspielplatzes, 512-160, Samseon-dong 1-Ga, Seongbuk-gu

Chongmudang wurde 1930 an den jetzigen Standort in den Samseon Park verlegt. Nach einer kompletten Renovierung 1979 zeigt sich das Gebäude in seiner ursprünglichen Form. Chongmudang, zusammen mit dem ebenfalls erhaltenen Cheongheondang Gebäude (1967, vor dem Bau des Regierungskomplexes, auf das Gelände der koreanischen Militärakademie verlegt) sind wichtige Prototypen aus denen sich Stil und Lage anderer Joseon-Regierungsgebäude ableiten lassen.

Jongchinbu

종친부

In diesem Gebäude befand sich das Büro des königlichen Haushalts während der Joseon Dynastie. Es war für den Stammbaum der königlichen Yi Familie, Portraits aller Yi Könige sowie der Garderobe für König und Königin zuständig. In den Aufgabenbereich fielen außerdem Hochzeiten und Beisetzungen sowie die Verwaltung von Titel und Stand des Hofstaates und der erweiterten königlichen Familie.

Öffnungszeiten:
nur von außen zu besichtigen

Verkehrsmittel:
Untergrundstation Anguk, Linie 3 (orange) – Ausgang 1, Fußweg 5 Minuten (Karte S. 55)

Anschrift: 1, Hwa-dong, Jongno-gu, Seoul

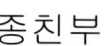

Jongchinbu entstand 1433 und entwickelte sich aus Jaegunbu in der Goryeo Dynastie. 1894 änderte sich der Name in Jongjeongbu und 1905 in Jongbusi. Schließlich wurde das Büro komplett geschlossen und die Aufgaben 1907 an Gyujanggak, das Palastarchiv, übertragen. Das Gebäude wurde 1981 von Samcheong-dong an den jetzigen Standort auf das Gelände der Jeongdok Bibliothek in Bukchon verlegt. Die noch existierenden Teile bestehen aus einer mittleren Halle und einem, mit einem Gang verbundenen Anbau.

Jungmyeongjeon 중명전

Ursprünglich war das zweistöckige Gebäude im Renaissance-Stil das erste westlicher Bauart innerhalb des Deoksugung Palastes. Durch die Verlegung der Palastmauer liegt es heute ausserhalb des Palastgeländes. Nach einer umfassenden Renovierung ist es seit dem Sommer 2009 für die Öffentlichkeit zugänglich.

Es wurde 1897 vom russischen Architekten Seredin Sebatin als königliche Bibliothek entworfen. Nach einem Feuer im Palast verlegte Kaiser Gojong sein Büro in dieses Haus und nutzte es zum Empfang ausländischer Würdenträger. Damals wurde der Name des Gebäudes von Suokheon in Jungmyeongjeon (Halle des unendlich strahlenden Lichtes) geändert um den Anspruch Koreas auf Unabhängigkeit und Selbstbestimmung zu unterstreichen. Um so tragischer ist es, dass das japanische Militär Jungmyeongjeon in den frühen Morgenstunden des 18. November 1905 angriff und Kaiser Gojong und seine Beamten dazu zwang, Koreas diplomatische Rechte an Japan zu überschreiben und damit Korea in ein Protektorat Japans verwandelte. Das deutsche Konsulat berichtete damals: „Vor zwei Tagen, um zwei Uhr morgens, wurden alle Regierungsbeamten abgesehen vom Ministerpräsidenten dazu gezwungen, ihre Siegel unter die von den Japanern vorbereiteten Papiere zu setzen."

Die Inneneinrichtung wurde 1925 bei einem Feuer weitgehend zerstört. Nach der Befreiung von den Japanern 1945 wurde das Gebäude für verschiedene Zwecke genutzt. Erst im September 2006 kam es in den Besitz der Kulturerbeverwaltung. Nach der Restaurierung sollen die Räume im Erdgeschoss jetzt wieder genau so aussehen wie vor 100 Jahren. In den vier Ausstellungsräumen werden verschiedene Aspekte des Protektoratsvertrages dargestellt.

Auf dem Weg in den 1. Stock sind alte russische Mosaikfliesen hinter Glas zu bewundern. Das goldene königliche Siegel in Schildkrötenform ist ausgestellt und die koreanische Flagge Taegeukgi über dem Kamin soll das älteste existierende Exemplar der Flagge von 1880 sein. Außerdem ist Musik zu hören. Das von dem deutschen Kapellmeister Franz Eckert komponiert Stück war von 1902 bis 1910 die Nationalhymne des koreanischen Kaiserreiches.

Öffnungszeiten:
Führungen um 10:00, 11:00, 13:00, 14:00, 15:00 und 16:00, Montag ist Ruhetag

Eintrittspreise: kostenlos

Verkehrsmittel: (Karte S. 63)
Untergrundstation City Hall,
Linie 1 (dunkelblau) – Ausgang 1 oder
Linie 2 (grün) – Ausgang 12, Fußweg 7 Min.

Anschrift: Jeong-dong 1-11, Jung-gu, Seoul

Architektur

137

Daehan Krankenhaus

Das ehemalige Daehan Krankenhaus ist ein architektonisches Prunkstück aus der Zeit des Daehan Kaiserreichs (Daehan Jeguk, 1897 bis 1910). Es wurde 1907 nach den Plänen eines japanischen Architekten erbaut und entstand aus der Zusammenfassung dreier medizinischer Zentren: dem Gwangjewon (eines der ersten koreanischen Krankenhäuser im westlichen Stil, gegründet 1899), der Gyeongseong Medizinschule und dem Rot-Kreuz Krankenhaus. Als Standort wählte man einen Hügel in einem Außengarten des Changgyeonggung.

Damals war das Daehan Krankenhaus das Beste seiner Art und spiele eine Rolle vergleichbar mit den Universitätskrankenhäusern unserer Zeit. Mit der Besetzung Koreas durch die Japaner im Jahr 1910 wurde es zum Regierungskrankenhaus. 1926 integrierte man es in die kaiserliche Keijo Universität als Universitätskrankenhaus. Nach der Befreiung von der japanischen Herrschaft wurde es zum SNU Medizinzentrum.

Um Platz für ein neues, moderneres Krankenhaus zu schaffen wurden 1979 die alten Gebäude des Daehan Krankenhauses abgerissen. Lediglich die Haupthalle wurde verschont und befindet sich jetzt direkt vor dem Medizinzentrum der Seoul National Universität. Da es sich inmitten der SNU Medizinschule befindet wird das überwiegend aus roten Backsteinen und Granit erbaute Haus, das jetzt das SNU-Medizinmuseum beherbergt, von Touristen kaum wahrgenommen.

Verkehrsmittel:
Untergrundstation Hyehwa, Linie 4 (hellblau) – Ausgang 3, Fußweg 5 Min. (Karte S. 65)

Anschrift: 28-2, Yeongeon-dong, Jongno-gu, Seoul (innerhalb des SNU Krankenhauses)

Besonderes Merkmal des symmetrischen, im monumentalen neo-klassistischen Stil erbauten Gebäudes ist der zentriert angebrachte Uhrenturm. Ein weiteres beachtenswertes Element ist der Eingang, der so konstruiert wurde, dass Fahrzeuge direkt bis vor die Tür fahren konnten.

138

Nationales Industrieinstitut 국립공업시험원

Das ehemalige Hauptgebäude des nationalen Industrieinstituts (Gongeop Jeonseupso) wurde 1908, also ebenso wie das Daehan Krankenhaus, während des Daehan Kaiserreichs erbaut. Auch hier war das Takjibu (Finanzministerium) und ein japanischer Architekt für die Gestaltung zuständig. Zu Beginn des japanischen Imperialismus wurden Gebäude im westlichen Stil aus Holz (in späteren Jahren wurden auch andere Materialien eingesetzt) von den japanischen Architekten besonders bevorzugt. Das Industrieinstitut ist damit eines der frühesten noch erhaltenen Beispiele westlicher Architektur die während der Daehan Zeit unter dem Takjibu entstanden. Bei der Gründung hatte das Institut sechs Abteilungen - Architektur, Bauwesen, angewandte Chemie, Metall- und Hüttenkunde, Färbetechnik und Keramik. Die erste Klasse des seinerzeit höchsten Industrieinstituts hatte 74 Studenten.
Nach der Befreiung von der japanischen Besatzung wurde das Institut zu einem Industrie-Forschungszentrum und ist heute Teil der nationalen koreanischen Fernuniversität (Open

Verkehrsmittel: (Karte S. 65)
Untergrundstation Hyehwa, Linie 4 (hellblau) – Ausgang 2, Fußweg 5 Min.

Anschrift: Ihwa-dong, Jongno-gu, Seoul

University). Es befindet sich südlich des Marronnier Parks, nur rund 300 Meter entfernt von Daehan Krankenhaus.

Architektur

Gwangtonggwan 광통관

Gwangtonggwan ist eines der ältesten durchgängig genutzten Bankgebäude in Korea. Die Cheon-il Bank (nach mehreren Namensänderungen jetzt Wooribank) betreibt weiterhin eine Filiale in diesem zwischen modernen Hochhäusern eingezwängten Kleinod.
Das 1909 vom Finanzministerium des Daehan Kaiserreichs (Takjibu) in einer Kombination von roten Ziegeln und Granitblöcken errichtete Gebäude brannte 1914 nieder, wurde 1915 aber wieder aufgebaut. Bei der Rekonstruktion wurden die ursprünglichen ionischen Säulen durch Pilaster mit barocken Verzierungen ersetzt. Zwei barocke Kuppeln und weitere Stilelemente tragen zum eleganten Erscheinungsbild des Gebäudes bei und machen es zu einem schönen Beispiel der damaligen modernen Baukunst.
Gwangtonggwan symbolisiert die koreanische Abwehr gegen den immer stärker werdenden japanischen Einfluss zu Beginn des 20. Jahrhun-

Verkehrsmittel:
Untergrundstation Euljiro 1(il)-ga, Linie 2 (grün) – Ausgang 3 (etwa 120 Meter nach Norden Richtung Cheonggyecheon)

Anschrift: 19 Namdaemunno, Jung-gu, Seoul

derts und den Versuch europäische Architektur und modernes Bankwesen in der Gesellschaft zu verankern.

Gwansanggam Gwancheondae Observatorium

관상감 관천대

Dieser 1434 erbaute Beobachtungsposten befand sich über 500 Jahre lang etwas östlich des jetzigen Standortes auf einem kleinen Hügel. Im Jahr 1983 wurde er auf eine extra angelegte Erhöhung vor dem Hyundai-Gebäude westlich des Changdeokgung verlegt. Während der Joseon Dynastie diente das Observatorium der Registrierung von Bewegungen von Sonne, Mond und Sternen. Auch Sonnen- und Mondfinsternisse sowie Wetter und Erdbeben wurden registriert. Man nannte es auch Iryeongdae (Sonnenobservatorium), da es gleichzeitig als Sonnenuhr diente. Das Personal arbeitete in Schichten, die tagsüber zweimal, nachts alle zwei Stunden wechselten. Bei besonderen Vorkommnissen musste die gesamte Mannschaft anwesend sein. Um eine lückenlose und sichere Beobachtung zu gewährleisten wurden in Seoul mehrere Observatorien gebaut. Das Gwancheondae ist mit dem Observatorium im Changgyeonggung Palast aus dem 17. Jahrhundert vergleichbar. Zusammen mit den Observatorien (Cheomseongdae) in

Verkehrsmittel: Untergrundstation Anguk, Linie 3 (orange) – Ausgang 3, Fußweg 2 Min.

Anschrift: Gye-dong, Jongno-gu, Seoul

Gyeongju (Silla Periode) und Gaeseong (Goryeo Periode) ist das Gwancheondae ein wertvolles Relikt, um die Geschichte der koreanischen Astronomie zu studieren.

Jeongotgyo (Salgoji-dari)

전곶교 (살곶이다리)

Der Bau der ehemals längsten Brücke der Joseon Dynastie begann 1420. Fehler in der Konstruktion verzögerten die Fertigstellung allerdings bis 1483. Früher hieß die Brücke Jeongwangyo, bis zum Ende des 15. Jahrhundert nannten die Benutzer sie auch Jebangyo (wie auf Felsen gehen), da man auf ihr wie auf festem Boden ge-

Verkehrsmittel:
Untergrundstation Hanyang Univ., Linie 2 (grün) – Ausgang 2, Fußweg 5 Minuten

Anschrift: Haengdang-dong, Seongdong-gu

Auch nach über 500 Jahren ständiger Nutzung macht die Jeongotgyo Brücke einen stabilen und zuverlässigen Eindruck.

hen konnte. In der Tat besteht die Oberfläche der Brücke aus flachen Steinplatten, die selbst heute noch mit dem Fahrrad befahren werden können. Die Brücke vermittelt ein Gefühl von Stärke und Stabilität und ist ein Beispiel für die Ingenieurskunst der frühen Joseon Dynastie. Die 6 Meter breite Brücke ist auf einer Länge von fast 100 Metern im Original erhalten und überspannt den Jungnangcheon, einen nördlichen Zufluss des Hangang. Jeongotgyo befindet sich etwa einen Kilometer von der Mündung ent-

fernt. Während der Joseon Dynastie war die Brücke eine wichtige Verbindung aus den südlichen oder östlichen Landesteilen in die Hauptstadt. Oft wurde die Brücke auch von königlichen Prozessionen benutzt, da die Grabstätten Heolleung, Illeung, Seolleung und Jeongneung so bequem erreicht werden konnten.

> **Tipp:** Nach Überquerung der Brücke kann man entlang des Jungnangcheon flussaufwärts wandern (Seite 99)

Gwacheon Hyanggyo

과천향교

Öffnungszeiten: 09:00-16:30

Verkehrsmittel:
Untergrundstation Gwacheon, Linie 4 (hellblau) – Ausgang 7, Fußweg 10 Minuten

Anschrift: 81, Jungang-dong, Gwacheon-si, Gyeonggi-do

Hyanggyo bezeichnet eine in der frühen Joseon Dynastie gegründete Erziehungs- und Bildungseinrichtung. Gwacheon Hyanggyo ist eine konfuzianische Schule gegründet 1398 durch Yeol, einen Anhänger des Hohepriesters Muhakdaesa. Im Jahre 1400 wurde die Schule durch Feuer zerstört, später aber wieder aufgebaut. Weitere Zerstörungen folgten 1592-1598 (japanische Invasion) und 1636/1637 (Invasion durch Qing Chinesen). Anfang des 17. Jahrhundert wurde die Schule wieder aufgebaut.

Da immer wieder Feuer ausbrachen und nur wenige Studenten das staatliche Examen bestanden kam die Verwaltung zu der Auffassung, dass die Schule an einem ungünstigen Ort errichtet wurde. Deshalb wurde sie 1690 an den heutigen Standort am Eingang zum Gwacheon Park verlegt. Von den erhaltenen Gebäuden sind Daeseongjeon (Ritualschrein) und Myeongnyundang (Haupt-Unterrichtshalle) die wichtigsten.

Wie bei den meisten hyanggyo die an einem Berghang erbaut wurden befindet sich der

Schrein (Daeseongjeon) hinter, aber höher als der Unterrichtsraum (Myeongnyundang). Bei Schulen die auf ebenem Gelände erbaut wurden ist die Anordnung genau umgekehrt um die Bedeutung des Schreins zu unterstreichen.

> **Tipp:** Vom Gwacheon Hyanggyo führt ein beliebter Wanderweg entlang eines Gebirgsbaches auf den Gwanaksan (S. 274). Die etwas über drei Kilometer lange Strecke kann man in zwei bis drei Stunden bewältigen.

Zwei Mal jährlich (im Frühjahr und Herbst) findet ein konfuzianisches Ritual zu Ehren der Vorfahren statt.

Info
Hyanggyo waren lokale staatliche Schulen die es bereits während der Goryeo-Ära (918-1392) gab. Während der Joseon-Periode (1392-1910) wurde in jeder größeren Stadt des Landes ein solches Bildungsinstitut eingerichtet. Die konfuzianisch geprägte Erziehung stand überwiegend Kindern der herrschenden Oberklasse offen die hier auf die Prüfung für den Eintritt in den Beamtenstatus vorbereitet wurden.

Bosingak Glockenpavillon

Früher, zur Zeit der Joseon Dynastie, gab die Glocke das Zeichen zum Öffnen und Schließen der vier Stadttore. Morgens um 4 Uhr wurde 33 Mal geläutet (die 33 Himmel des Buddhismus), und abends um 19 Uhr schlug man die Glocke 28-mal an (die 28 Sonnen-Tierkreiszeichen). Wenn ein Feuer ausbrach, erklang die Glocke ebenfalls. Der Glockenturm wurde 1396 am heutigen Eingang zu Insadong erbaut. 1413 wurde er zur Jongno Kreuzung verlegt. Ein Neubau mit einer Länge von 5 kan in Ost-West Richtung und 4 kan von Norden nach Süden erfolgte 1440. Ein Brand während der japanischen Invasion zerstörte den Pavillon 1592, der Wiederaufbau erfolgte 1619. Erneute Zerstörungen durch Feuer und Wiederaufbau erfolgten 1686 und 1869.

Nach Straßenbauarbeiten 1915 wurde das Gebäude leicht nach Süden versetzt und nach der Zerstörung im Koreakrieg noch etwas weiter von der Straße entfernt. Mit der Reorganisation des gesamten Bereichs wurde der Glockenpavillon 1979 von der Seouler Stadtverwaltung am jetzigen Ort, direkt gegenüber des Jongno Towers aufgebaut.

Die 1468 gegossene, 3,18 Meter hohe Bronzeglocke hing ursprünglich im Wongaksa Tempel, der sich auf dem Gelände des heutigen Tapgol Parks befand. Mit dem Wiederaufbau des

Öffnungszeiten:
Der Pavillon ist normalerweise nicht zugänglich, die offene Bauweise erlaubt jedoch einen Blick ins Innere.

Verkehrsmittel: Untergrundstation Jonggak, Linie 1 (dunkelblau) – Ausgang 4

besondere Aktivitäten:
Täglich um 12 Uhr mittags läuten Glöckner in traditionellen Kostümen. Gleichzeitig wird von dem historischen Signalfeuer auf dem Namsan eine Rauchwolke aufgelassen.

Anschrift: Gwancheol-dong, Jongno-gu, Seoul

Pavillons 1619 wurde die Glocke dann an ihren neuen Einsatzort verlegt. Heute befindet sich das Original in einem Pavillon vor dem Nationalmuseum, im Bosingak Glockenpavillon befindet sich seit 1985 eine Nachbildung.

Heutzutage wird die Glocke alljährlich zum Jahreswechsel, am Tag der Unabhängigkeitsbewegung (1. März) und am Tag der Befreiung (15. August) geläutet. Neujahr nehmen Tausende von Zuschauern an diesem Schauspiel teil und feiern auf der Jongno-Kreuzung den Jahreswechsel.

Bonghwadae (Signalfeuer)   봉화대

Vermutlich gab es bereits vor Christi Geburt, zur Zeit der drei Königreiche, ein System von Meldefeuern. Während der Goryeo-Ära (918-1392) etablierte sich dieses Nachrichtensystem landesweit. Während der Joseon Dynastie, insbesondere unter König Sejong (1418-1450) kam es zu einer verbesserten nationalen Organisation dieses Signalsystems.

Die Feuerstellen wurden in regelmäßigen Abständen auf Berggipfeln installiert. Tagsüber wurde mit Rauch, nachts mit Feuerschein gearbeitet. So konnten Meldungen (z.B. von Überfällen fremder Mächte) an den Herrscher weitergeleitet werden. Bei Regen, Schnee oder Nebel wurden Signale auch per Trompete oder Artillerie übermittelt. Allerdings dauerte es doch recht lange bis eine Nachricht übermittelt und von der Grenze oder Küste, über viele Signalstationen kommend, beim König in Seoul eintraf.

Während der japanischen Invasion von 1592 zerstörten die japanischen Streitkräfte die Signalfeuer. Nach dem Ende des Krieges ergänzte das Pabalje-System mit Meldereitern die Signalfeuer. Ab 1894 ersetzte ein modernes Telefon-Kommunikationsnetz diese Meldesysteme.

Neben dem restaurierten Meldefeuer auf dem Namsan (S. 91) gibt es zwei weitere Signalstationen die 1994 aus Anlass der 600-Jahrfeier Seouls rekonstruiert wurden.

Muakdongbongsudaeji 무악산 동봉수대 터

Auf dem Berg Muaksan wurden 1438 je ein Meldefeuer auf der Ost- und Westseite erbaut. Die Rekonstruktion von Muakdongbongsudaeji steht an der Stelle der früheren östlichen Signalstation. Der westliche Standort ist heute durch moderne Kommunikationsantennen belegt. Von dem östlichen Signalfeuer erfolgte die Verbindung mit Pyeongan-do und Hwanghae-do über die Station auf dem Sojildal (Ilsan-gu, Goyang-si). Der westliche Standort erhielt seine Signale vom Gobong an der Grenze zwischen Deokyang-gu in Goyang-si und Eunpyeong-gu in Seoul.

Vom Ansan bietet sich ein weiter Blick nach Osten über Seoul. Den Aufstieg kann man nördlich des Seodaemun Gefängnisses beginnen. Von dort geht es allerdings sehr steil, teilweise über Felsen, nach oben. Angenehmer ist es vom Bongwonsa Tempel weiter bergauf zu wandern.

Verkehrsmittel:
Untergrundstation Sinchon, Linie 2 (grün) – Ausgang 3 oder 4, weiter mit Bus 7024 (Halt 13-324), 6 Stops bis Bongwonsa Tempel oder Untergrundstation Dongnimmun, Linie 3 (orange) – Ausgang 5

Anschrift: Bongwon-dong, Seodaemun-gu

Achasanbongsudaeji 아차산 봉수대 터

Das Achasan-Meldefeuer befindet sich auf dem Gipfel des 160 Meter hohen Bonghwasan. Es war das letzte Signal vor der Endstation auf dem Mokmyeoksan (heute: Namsan) und erhielt seine Signale vom Hanisan in Yangju. Meldungen aus den Bereichen Hamgyeong-do and Gangwon-do liefen über diesen Weg.

Von der Aussichtsplatform hat man einen guten Blick auf den Jungnangcheon und Ost-Seoul.

Verkehrsmittel: Untergrundstation Meokgol, Linie 7 (oliv) – Ausgang 2, Fußweg ca. 40 Min.

Anschrift: Muk-dong, Jungnang-gu, Seoul

Architektur

Muakdongbongsudaeji

Achasanbongsudaeji

Hongjimun Tor

Hongjimun (auch Hanbukmun – Tor nördlich von Hanseong – genannt) wurde im Jahr 1719 zusammen mit dem Ogandaesumun-Schleusentor unter der Herrschaft von König Sukjong erbaut. Bereits vier Jahre früher hatte er hier die Tangchundaeseong Festung errichten lassen. Der Name leitete sich von dem 100 Meter östlich auf einem Hügel von König Yeonsangun erbauten Tangchundae ab, dem Ort, an dem sich heute der Segeomjeong Pavillon befindet. Da sich die Festung im Westen Seouls befand, wurde sie auch Seoseong (seo = Westen, seong = Festung) genannt.

Die im Nordwesten Seouls gelegenen Gebiete Sinyeongdong und Gugidong galten bereits seit der Periode der drei Königreiche als strategisch wichtige Punkte, da sich hier Lagerhäuser mit den Steuerabgaben und militärischen Versorgungsgütern befanden. Gleichzeitig wurde mit Seoseong eine Verteidigungslücke zwischen der Seouler Stadtmauer und der Bukhansan Festung im Norden geschlossen.

Im Januar 1921 fiel das Hongjimun Tor teilweise zusammen, und Ogandaesumun wurde im

Verkehrsmittel:
Untergrundstation Gyeongbokgung, Linie 3 (orange) – Ausgang 3, dann mit Bus 1020, 1711, 7016, 7018, 7022 oder 7212 (ab Halt 01-116), bis Sangmyung Universität oder Untergrundstation Hongje, Linie 3 (orange) – Ausgang 1, dann mit Bus (Haltestelle 13-164 400 m entfernt unter Schnellstraße) 110, 153, 7018 oder 7730, 5 Stops bis Segeomjeong

Anschrift: Hongji-dong, Jongno-gu, Seoul

August des gleichen Jahres von einer Flut fast vollständig weggeschwemmt. Zusammen mit der Seoseong Festungsmauer wurden die beiden Tore 1977 wiederaufgebaut.

Tipp:
Hongjimun befindet sich einige Meter unterhalb der Zufahrt zur Sangmyung Universität. Ganz in der Nähe befindet sich auch der Segeomjeong Pavillon (S. 161) und ein bekanntes traditionelles Restaurant (Daewongunbyeoljang) in historischen Gebäuden.

Das Hongjimun (im Hintergrund) mit dem Ogandaesumun. Das Schleusentor wurde allerdings ohne Funktion rekonstruiert. Die noch vorhandenen Festungsmauern sind so stark überwachsen, dass man sie kaum erkennen kann.

Heunginjimun (Dongdaemun) 홍인지문 (동대문)

Traditionsbewusste Koreaner benutzen auch heute noch den unter König Sejo (1455-1468) geprägten Namen. Auch auf Stadtplänen und Wegweisern findet man weiterhin die alte Bezeichnung Heunginjimun für das östliche Stadttor. Im allgemeinen Sprachgebrauch wird das in unmittelbarer Nähe zum Dongdaemun Markt gelegene Tor aber inzwischen einfach nur Dongdaemun (Ost Tor, „mun" = Tor) genannt. Es wurde 1396 unter König Taejo erbaut und 1453 von König Danjong renoviert. Seine heutige Gestalt erhielt das von einer halbmondförmigen Schutzmauer umgebene Tor 1869 unter König Gojong. Diese zusätzliche Schutzmauer umschloss den Hofraum vor dem Tor und ergänzte die an dieser Stelle flache und daher schwierig zu verteidigende Stadtmauer. Die unterschiedlichen Farben der Steinquader zeugen von häufigen Renovierungsarbeiten. Das Dongdaemun ist im gleichen Stil erbaut wie das Namdaemun (Sungnyemun – Südtor), aber architektonisch detaillierter gestaltet und reicher verziert – ein Beispiel für den Geschmack in der späten Joseon Periode. Heute bildet das Tor den Mittelpunkt eines großen Kreisverkehrs, in den mehrere vielbefahrene Straßen münden. Die starke Luftverschmutzung durch Abgase lassen leider immer wieder graue Ablagerungen am Tor entstehen.

Das vom Verkehr umbrauste Heunginjimun. Im Hintergrund die Kaufhäuser des Dongdaemun Marktes.

Verkehrsmittel: Untergrundstation Dongdaemun, Linie 1 (dunkelblau) – Ausgang 6 oder Linie 4 (hellblau) – Ausgang 9

Anschrift: Jongno 6(yuk)-ga, Jongno-gu, Seoul

Tipp:
Direkt nördlich des Dongdaemun führt eine kleine Straße entlang der restaurierten Stadtmauer zum Naksan Park (S. 88) mit beeindruckender Aussicht auf den Norden Seouls.

Architektur

Gwanghuimun (Sugumun) 광희문 (수구문)

Nur wenige Minuten südlich des Dongdaemun befindet sich das Südosttor (im allgemeinen Sprachgebrauch als Sugumun bezeichnet), eines von vier kleineren Toren in der Stadtmauer. Die obere Holzkonstruktion des Tores fiel 1915 zusammen und wurde 1975 rekonstruiert. Während Richtung Süden noch ein Teil der Stadtmauer erhalten ist, wurde die Mauer nördlich des Tores in Richtung Heunginjimun 1966 abgerissen, um Platz für eine Straße zu schaffen.

Verkehrsmittel:
Untergrundstation Dongdaemun History & Culture Park, Linie 4 (hellblau) oder Linie 5 (lila) – Ausgang 4, Fußweg 4 Minuten oder Linie 2 (grün) – Ausgang 3, Fußweg 2 Minuten

Anschrift: Gwanghuidong 2(i)-ga, Jung-gu

Sungnyemun (Namdaemun) 숭례문 (남대문)

Das allgemein Namdaemun (großes Südtor) genannte Bauwerk war bis 2008 das älteste in Seoul erhaltene Holzbauwerk und galt als Nationalschatz Nr. 1. Es wurde von 1395 bis 1398 während der Herrschaft König Taejos (Joseon Periode) erbaut und war ursprünglich ein Teil der alten Stadtmauer. Reste der mit Sungnyemun verbundenen Stadtmauer wurden Anfang des 20. Jahrhunderts entfernt um für einen besseren Verkehrsfluss zu sorgen. Das Tor liegt heute leicht erhöht im Kreuzungspunkt mehrerer vielbefahrenen, bis zu zehnspurigen Straßen.

Das größte Stadttor Seouls besitzt einen regenbogenförmigen Durchgang (Hongyemun) in der Mitte der Mauer, flankiert von zwei Türen links und rechts des Hauptdurchgangs. Über dem Tor wurde ein zweistöckiger Pavillon erbaut. Die gut durchdachte Konstruktion war ein schönes Beispiel für die Bauweise in der frühen Joseon Periode. Um die nach den Feng Shui-Prinzipien vom Berg Gwanaksan ausgehende Feuergefahr zu bannen, wurden die chinesischen Zeichen auf dem Schild über dem Tor entgegen der üblichen horizontalen Anordnung in vertikaler Richtung geschrieben. In den Jahren 1447 und 1479 erfolgten umfangreiche Renovierungs- und Umbauarbeiten. Beschädigungen aus dem Korea-

Verkehrsmittel:
Untergrundstation Seoul Station, Linie 1 (dunkelblau) – Ausgang 4, Fußweg 5 Minuten
Untergrundstation Hoehyun, Linie 4 (hellblau) – Ausgang 5, Fußweg 5 Minuten

Anschrift: Namdaemun-ro-4(sa)ga, Jung-gu

krieg wurden während der letzten großen Renovierung von 1961 bis 1963 beseitigt.

Am 3. März 2006 wurde der seit 100 Jahren geschlossene Durchgang des Tores wieder für die Öffentlichkeit zugänglich gemacht und eine kleine Rasenfläche neben dem Tor angelegt.

In der Nacht vom 10. auf den 11. Februar 2008 zerstörte ein Feuer innerhalb weniger Stunden die über 600 Jahre alte Holzkonstruktion. Der steinerne Unterbau blieb relativ unbeschädigt. Mit dem Wiederaufbau wurde rasch begonnen. Allerdings gestaltete es sich als schwierig entsprechend alte und große Bäume für die Rekonstruktion zu finden, da während des Koreakrieges praktisch der gesamte Baumbestand Koreas zerstört wurde.

Anfang 2013 soll die erste Bauphase abgeschlossen und das rekonstruierte Tor wieder zugänglich sein.

Eine Ansicht des Sungnyemun kurz vor dem Brand im Februar 2008.

Sukjeongmun 숙정문

Sukjeongmun ist das vierte und nördliche Stadttor Seouls. Der Bereich um dieses Tor wurde 1968 zur militärischen Schutzzone erklärt, da es oberhalb des Regierungssitzes (Blaues Haus) liegt und besondere Sicherheitsvorkehrungen, insbesondere gegen nordkoreanische Agenten, notwendig erschienen. Im April 2006 wurde das Tor nach 38 Jahren wieder für zivile Besucher geöffnet.

Nachdem anfangs nur kleine Bereiche zugänglich waren, kann man seit April 2007 immer entlang der alten Stadtmauer bis auf den Gipfel des Bugaksan auf 342 Meter Höhe wandern. Besonders schwierige Steilstellen wurden durch Treppen zugänglich gemacht. Trotzdem verlangt die Tour etwas Kondition und eine gute Kniemuskulatur. Von Ausländern wird eine einwöchige Voranmeldung per E-Mail verlangt, in der Praxis vor Ort ist diese aber nicht notwendig. Allerdings müssen Sie am Eingang ein Formular ausfüllen und Ihren Reisepass vorlegen. Da sie sich in einer militärischen Sperrzone befinden ist das Fotografieren theoretisch nur an bestimmten Stellen erlaubt, praktisch können Sie aber fast jedes gewünschte Motiv ins Visier nehmen. Allerdings sind in kurzen Abständen junge Wehrpflichtige (in unauffälliger aber identischer Kleidung) postiert, die Sie im Auge behalten.

Es gibt drei Startpunkte, ich empfehle den Eingang in unmittelbarer Nähe des Samcheonggak. Über eine aus Holzstufen erbaute Strecke gelangt man bereits nach knapp 20 Minuten zum Nordtor. Nach weiteren zehn Minuten erreicht man den Chotdaebawee (Kerzenleuchterfelsen). Von einer Aussichtsplattform bietet sich ein erster Fernblick über Seoul. Hier könnte man z. B. die Tour abbrechen und zum Ausgangspunkt zurückkehren oder den beschwerlicheren Teil zum Gipfel des Bugaksan (etwa eine Stunde) in Angriff nehmen. Vom höchsten Punkt, weit oberhalb des Blauen Hauses, bietet sich ein großartiger Blick auf die Stadtteile Seongbuk-dong, Jongno und Gwanghwamun. Auch das Trade-Center in Gangnam, das 63 Building auf Yeouido und der Han Fluss sind zu sehen.

Jetzt beginnt der steile westliche Abstieg mit einer Höhendifferenz von rund 300 Metern (etwa die Höhe des Eiffelturms), fast ausschließlich über hohe Treppenstufen. Unwillkürlich muss

Öffnungszeiten:
April-Okt. 09:00-15:00, Nov.-März 10:00-15:00
Montag ist Ruhetag.

Eintrittspreise: kostenlos

Verkehrsmittel:
Startpunkt Hongryensa (Samcheonggak): Untergrundstation Hansung Univ., Linie 4 (hellblau) – Ausgang 6, weiter mit Bus 1111 or 2112 7 Stationen bis Endhaltestelle Myeongsu Schule (Halt 08-223), dann etwa 10 Min. Fußweg. Startpunkt Changuimun: Untergrundstation Gyeongbokgung, Linie 3 (orange) – Ausgang 3, weiter mit Bus 1020, 7022 oder 7212 (ab Halt 01-116), fünf Stationen bis Haltestelle Jahamun (Halt 01-107), Fußweg 2 Minuten.

Homepage: *http://www.bukak.or.kr/*

man an die Arbeiter denken, die die Stadtmauer aus schweren Steinquadern an dieser Stelle erbauen mussten. Am Ende der etwa 1,5 km langen Treppe erreicht man den Ausgang direkt neben dem Nordwesttor (Changuimun oder Jahamun).

Tipp:
Benutzen Sie den kostenlosen Pendelbus des Samcheonggak (S. 202) und gehen Sie einige Meter zurück Richtung Samcheong-Tunnel.

König Taejo schuf 1395, ein Jahr nachdem er die Hauptstadt von Gaeseong nach Hanyang (dem heutigen Seoul) verlegt hatte, ein Direktorium (Doseongchukjodogam) für die Errichtung einer Festungsmauer. Im Januar 1396 wurden in einem massiven Projekt 118.000 Arbeiter aus acht Provinzen mobilisiert, um die Mauer aus Steinen und Erde in kürzester Zeit zu erbauen. Nach 49 Tagen, am 28. Februar 1396 waren die Arbeiten fast abgeschlossen. In einer zweiten 49tägigen Phase im August und September 1396 wurden 190.400 Arbeiter eingesetzt um die Mauer, die vier Stadttore und weitere kleine Nebentore zu vervollständigen.

In 97 Teilstücke von je etwa 180 Meter unterteilt entstand die Befestigungsanlage entlang der Bergrücken von Inwangsan, Bugaksan, Naksan und Namsan. Die Abschnitte an den Bergen entstanden aus Stein während auf flachem Gelände Erde aufgeschüttet wurde.

König Sejong ließ 1422 die Erdwälle von 320.000 Arbeitern durch eine höhere und steinerne Mauer ersetzen. Über einen Zeitraum von fünf Jahren wurde die Stadtmauer unter König Sukjong ab 1704 noch einmal ergänzt und ausgebaut.

Im Endausbau war die Mauer 18,6 Kilometer lang und verfügte über vier Haupt-Tore in die vier Himmelsrichtungen und vier dazwischen liegenden kleineren Toren: Sukjeongmun (Bukjeongmun – Nordtor), Hyehwamun (Dongsomun – Nordosttor), Heunginjimun (Dongdaemun – Osttor), Gwanghuimun (Sugumun – Südosttor), Sungnyemun (Namdaemun – Südtor), Souimun (Seosomun – Südwesttor), Donuimun (Seodaemun – Westtor) und Changuimun (Jahamun – Nordwesttor).

Von diesen acht Toren sind noch sechs erhalten, lediglich das West- und Südwesttor (Donuimun und Souimun) existieren nicht mehr. Auf Grund der großen Entfernung zwischen Süd- und Südosttor (Sungnyemun und Gwanghuimun) existierte in früherer Zeit auch noch Namsomun als neuntes Tor am Namsan. Während der Ausgrabungsarbeiten zum Dongdaemun History & Culture Park (S. 88) wurde 2008 ein weiteres Tor entdeckt. Bei Igansumun handelt es sich um ein Schleusentor das den Wasserzufluss vom Namsan zum Cheonggyecheon (S. 82) regelte.

Während der Joseon-Ära wurde die Mauer ständig gewartet und repariert. Zwischen 1396 und 1899, also über mehr als 500 Jahre, blieb die Mauer intakt – die weltweit längste Periode für ein Befestigungsbauwerk. Nach einem ersten Durchbruch für eine Straßenbahnlinie verschwanden während der japanischen Besatzung nach 1910, im Rahmen moderner Stadtplanung, grö-

Ein auf mehrere Kilometer gut erhaltener Teil der Stadtmauer auf dem Bugaksan.

restaurierte Stadtmauer auf dem Naksan

ßere Teilstücke. Weitere Zerstörungen erfolgten während des Unabhängigkeitskampfes 1945 und während des Koreakrieges.

Die Behörde zur Verwaltung des kulturellen Erbes gab Anfang 2006 einen 10-Jahres-Plan bekannt, der die Anerkennung Seouls als Weltkulturerbe durch die UNESCO zum Ziel hat. Die Umwandlung Seouls in die „alte schöne Stadt" enthält als wichtigen Punkt die Restaurierung bzw. die Rekonstruktion der Stadtmauer. Rund 10,5 km der Mauer sind noch erhalten, insbesondere am Namsan und nördlich des Blauen Hauses über den Bugaksan. Im Rahmen der Rekonstruktion des Sungnyemun sollen in einer zweiten Bauphase weitere Teile der Stadtmauer wieder hergestellt werden. Im Naksan Park kann man schon ein längeres Stück restaurierter Stadtmauer bewundern. Einen besonders authentischen Eindruck der alten Befestigungsanlagen erhält man während der Wanderung vom Nord- zum Nordwesttor (S. 147).

Stadtmauer 1396

Stadtmauer 1422, mit Signatur des Vorarbeiters

Stadtmauer 1704

Info

Die drei Konstruktionsphasen der Stadtmauer weisen deutliche Unterschiede auf die auch von Laien erkannt werden können.

unter König Taejo, 1396

Die Steine sind nur grob behauen, nach oben werden kleinere Steine verwendet. Die Mauer verjüngt sich nach oben.

unter König Sejong, 1422

Die Steine sind rechteckig behauen, am Fuß der Mauer befinden sich relativ große Steine, nach oben werden kleinere Steine verwendet. Die Mauer verjüngt sich nach oben.

unter König Sukjong, 1704

Die Steine sind rechteckig behauen und haben eine fast identische Größe von etwa 60cm. Dadurch ergibt sich eine besser strukturierte und fast senkrechte Wand.

149

Bukhansanseong Festung 북한산성

Die Befestigungsanlage südlich des Berges Bukhansan datiert von ca. 132 n. Chr. aus den frühen Tagen der Drei-Königreich-Periode. Die Reste der heutigen Bergfestung stammen jedoch aus dem Jahr 1711. Die Regierung unter König Sukjong hielt eine Festung zum Schutz vor fremden Invasoren für notwendig. Der Bau der Anlage mit einer etwa zehn Kilometer langen Schutzmauer dauerte nur sechs Monate, da man die steilen Bergrücken und Grate der Umgebung in die Verteidigungslinie integrierte.

Innerhalb der Festung gab es einen Palast, Vorratskammern und militärische Einrichtungen. Mit Quellen und Wasserspeichern war man für Notfälle gerüstet. Von den drei Kommandoposten und 143 Wachposten sind leider keine erhalten. Insgesamt gab es 14 Tore in der Mauer. Neben Daedongmun und Daenammun wurden kürzlich weitere Tore rekonstruiert, das Daeseomun Tor wurde bereits kurz nach dem Koreakrieg restauriert. Allerdings sind die erheblichen Zerstörun-

Öffnungszeiten: 24h

Eintrittspreise: kostenlos

Verkehrsmittel:
Untergrundstation Gupabal, Line 3 (orange) – Ausgang 1, Bus 34, 704 oder 8772, zehn Stops zum Eingang Bukhansanseong (Halt 12-233), dann etwa 20 Min. Fußweg.

Anschrift: Goyang-si, Gyeonggi-do

gen während des Koreakrieges noch lange nicht an allen Stellen der Mauer behoben.

Der Eingang der Bukhansan Festung ist ein beliebter Ausgangspunkt für Bergwanderungen im südwestlichen Teil des Bukhansan Nationalparks. Ab der Bushaltestelle brauchen Sie also nur den Wanderern zu folgen, um, vorbei an Souvenir- und Imbissständen, nach etwa 10 Minuten den Eingang zu erreichen. Von hier verkehren zwei kostenlose Pendelbusse ins Wandergebiet. Der größere Bus fährt bis zum Daeseomun, während der kleinere Bus Sie auf enger Piste bis zum Borisa Tempel bringt. Hier beginnt der eigentliche Aufstieg zu verschiedenen Bergen. Eine solche Tour sollten Sie aber nur mit guter Wanderkleidung, insbesondere festem Schuhwerk und Handschuhen, in Angriff nehmen. In diesem Teil des Nationalparks sind die Berge relativ wild und steil und Sie werden das eine oder andere Mal über nackten Fels klettern, auf Graten entlangwandern oder sich an Seilen empor hangeln müssen.

Das Daeseomun Tor (links) kann man zu Fuß oder mit einem Pendelbus relativ einfach erreichen, der Weg zu einem restauriertem Teilstück der Festungsmauer (oben) auf dem Grat oberhalb des Guknyeongsa, zwischen Uisangbong und Yongchulbong (im Bild), verlangt etwa 70 Minuten steile Kletterei.

Achasanseong Festung

아차산성

Die Befestigungsanlage auf dem ca. 200 Meter hohen Berg Acha besteht aus einer etwa einen Kilometer langen und 10 Meter hohen Mauer (auch als Janghanseong oder Gwangjangseong bekannt). Wegen der strategisch günstigen Lage wurde am Berg Acha zur Zeit der drei Königreiche (Goguryeo, Baekje und Silla) heftig gekämpft. Baekjekönig Gae-Ro starb hier 475 im Krieg gegen Goguryeo. Insbesondere ist dieser Platz aber als Sterbeort von Goguryeos General Ondal berühmt, der hier um die Zurückeroberung verlorener Gebiete gegen die Armee Sillas kämpfte und im Jahr 590 fiel. Die Restaurierung des nur als Ruine erhaltenen Bauwerks ist geplant. Zusammen mit dem Berg Yongma bildet das Achasangebiet einen Naturpark den die Anwohner als beliebtes Erholungsziel nutzen. Neben Wanderwegen und verschiedenen Sportanlagen gibt es unter anderem den Younghwa Tempel (König Sejo betete hier um von seinen Krankheiten geheilt zu werden). Von der Befestigungsmauer sind nur an einer Stelle einige überwachsene Meter zu sehen. Ein Besuch ist eigentlich nur im Zusammenhang mit einer Wanderung im Achasan-Gebiet lohnend.

Öffnungszeiten:
Das Achasan-Gebiet ist ganzjährig geöffnet.

Eintrittspreise: kostenlos

Verkehrsmittel:
Untergrundstation Achasan, Linie 5 (lila) – Ausgang 2, Fußweg ca. 20 Minuten. Taxi empfehlenswert. Der Eingang des Achasan-Gebietes liegt neben der Donge Grundschule. Von dort sind es ca. 10 Minuten zur Achasan Festung.

Anschrift: Gwangjang-dong, Gwangjin-gu

Hanumul Quelle
Hoamsanseong Festung

한우물 및 주변산성지

Seit Jahrhunderten liefert die Quelle Hanumul eine gleichbleibende Menge an klarem Wasser obwohl sie hoch oben am Berg Hoamsan (343 m) liegt. In Trockenzeiten fanden hier Regenrituale statt während sie in Kriegszeiten die Festung Hoamsanseong mit Wasser versorgte. Zu einem unbekannten Zeitpunkt während der Joseon-Dynastie wurde die Quelle mit sich nach oben verjüngenden Granitsteinen eingefasst die einen kleinen Teich von 12 m x 22 m bilden. Ausgrabungen haben ergeben, dass ein darunter liegender, ursprünglicher Teich, aus der Zeit des Vereinigten Königreichs Silla stammt. Weitere, bei der Ausgrabung gefundenen Stücke, u. a. ein Bronzelöffel, wurden ebenfalls in das 7. bis 8. Jahrhundert datiert. Die Mauer der aus dem Vereinigten Silla-Reich stammenden Hoamsan Festung umgab den Gipfel in 1250 m Länge. Etwa 300 m dieser Mauer sind noch erhalten.

Verkehrsmittel:
Bus 6515 (z.B. ab Untergrundstation Jangseungbaegi, Line 7 (oliv) – Ausgang 4, oder Seoul National University, Linie 2 (grün) – Ausgang 3) oder Bus 152 (ab Seoul Station) bis Byucksan Apartment Complex 5 (Halt 18-138, 2. Stop hinter Sanbok Tunnel)

Anschrift: San 83-1, Siheung-dong Geumcheon-gu
Lage: 37°26'48" Nord, 126°55'21" Ost

151

Mongchontoseong Erdwall-Festung 몽촌토성

Die Mongchon Erdwall-Festung befindet sich im westlichen Teil des Olympia Parks. Die Festung stammt aus der Hanseong Baekje-Zeit (18 v.Chr.- 660 n. Chr.) und nutzte Aufschüttungen, die im Zusammenspiel mit vorhandenen topographischen Gegebenheiten als Sicherung gegen Eindringlinge dienten. Lange Zeit wusste man nur sehr wenig über diese Erdwälle. Erst als bekannt wurde, dass in diesem Bereich die Olympischen Spiele 1988 stattfinden sollten, wurden Grabungen durchgeführt. Neben Gegenständen des täglichen Lebens wurden auch Reste von Palisaden gefunden. Es scheint, dass zwei Meter hohe Holzzäune die Erdwälle gegen Überfälle aus dem Norden zusätzlich verstärkten. In einem 1992 er-

Öffnungszeiten: 24h
Museum: März-Okt. 10:00-21:00, Nov.-Feb. 10:00-20:00, Sa., So. und an Feiertagen 10:00-18:00, Montag ist Ruhetag

Eintrittspreise: kostenlos

Verkehrsmittel:
Untergrundstation Mongchontoseong, Linie 8 (rot) – Ausgang 1, Fußweg 10 Minuten

Anschrift: Bangi-dong, Songpa-gu, Seoul

öffneten Museum geben die gefundenen Stücke einen Einblick in die frühe Baekje Zivilisation.

Nachbildung von Palisaden, die als zusätzlicher Verteidigungsschutz der Erdwälle dienten.

Pungnaptoseong Erdfestung 풍납토성

Diese Erdfestung in der Nähe des Han Flusses stammt aus der frühen Baekje Periode (18 v.Chr.- 660 n.Chr.). Der Wall in Form eines gestreckten Ovals hatte ursprünglich einen Umfang von 4 km. Teile der Festungsanlage wurden 1925 während einer Flut fortgespült, lediglich ein 2,7 km langer Rest blieb erhalten. Die Erdmauer ist bis zu 11 Meter hoch und am Fuß bis zu 43 Meter breit. Es gibt Anzeichen dafür, dass an der Ostseite der Ansiedlung vier Tore existierten. Grabungen der Seoul National Uni ergaben 1966, dass bereits vor der Baekje-Zeit diese Gegend besiedelt war. Der Befestigungswall wurde 1976 und 1978 gesäubert und aufgeräumt, gleichzeitig erhielt die

Öffnungszeiten: 24h

Verkehrsmittel:
Untergrundstation Cheonho, Linie 5 (lila) oder Linie 8 (rot) – Ausgang 10, Fußweg 3 Minuten oder Untergrundstation Gangdong-gu Office, Linie 8 (rot) – Ausgang 5, Fußweg 7 Minuten

Anschrift: Pungnap-dong, Songpa-gu, Seoul

Anlage den jetzigen Namen. Heute stellen sich die Überreste als grasbewachsener Wall dar, der von normaler Wohnbebauung gesäumt ist. Nahe der U-Bahn Station Cheonho ist nur ein kleiner

Teil des Walls erhalten. Richtung Süden wird er nach wenigen Metern durch ein altes Marktviertel unterbrochen. Von der U-Bahn Station Gangdong-gu Office in Richtung der Olympia- brücke kann man den größeren, erhaltenen Teil der Erdfestung erreichen. Hier führt ein Fußweg entlang des Walls. Man kann aber auch oben auf dem Rücken der Erhebung wandern.

Amsadong prähistorische Siedlung

암사동선사주거지

Dieser Siedlungsplatz wurde 1925 entdeckt, nachdem eine Überschwemmung des Han Flusses prähistorische Keramik in großer Anzahl freilegte. Die Siedlung aus der neueren Steinzeit (ca. 6000 v. Chr.) wurde in mehreren Ausgrabungsphasen in der heutigen Form wiederhergestellt. Amsadong ist die größte Siedlung, die bisher in Korea gefunden wurde. Aus der Anzahl der gefundenen Werkzeuge, Pfeilspitzen, Steinäxte und Keramik ergibt sich, dass bereits dieser neolithische Vorgänger der heutigen Hauptstadt Seoul viele Einwohner hatte. Nachbildungen der Lehm-/Strohhütten mit rundem Grundriss und einer Feuerstelle in der Mitte bieten einen Einblick in das prähistorische Leben während des Neolithikums (7000 bis 1000

Eine von mehreren rekonstruierten Strohhütten.

Öffnungszeiten:
09:30-18:00, Montag ist Ruhetag

Eintrittspreise:
bis 7 und ab 65 Jahre kostenlos
7-17 Jahre 300 Won, 18-64 Jahre 500 Won

Verkehrsmittel:
Untergrundstation Amsa, Linie 8 (rot) – Ausgang 1, Fußweg ca. 15 Min. oder Bus Gangdong 02 (4 Stops) bzw. Taxi (Fahrzeit 2-3 Min.)

besondere Aktivitäten: Prähistorisches Kulturfestival jährlich im Oktober.

Anschrift: Amsa 2(i)-dong, Gangdong-gu
Homepage: *http://sunsa.gangdong.go.kr/*

v. Chr.). In einer Ausstellungshalle geben weitere Exponate eine Vorstellung von der Lebensweise der damaligen Jäger und Sammler. Insbesondere die gefundene Kammkeramik (mit parallelen Strichen verzierte Gefäße) ist bemerkenswert.

Tipp:
Über einen Eco-Wanderweg kann man seit 2010 den Stadtteil Gangdong in etwa einem Tag umwandern und dabei neben Amsadong weitere Parks und historische Stätten besuchen.

153

Brücken über den Hangang

Bis weit in das 20. Jahrhundert dehnte sich Seoul vorwiegend nördlich des Han Flusses aus. Jahrhundertelang waren Fährverbindungen der einzige Weg den hier zwischen 750 und 1000 Meter breiten Fluss zu überqueren. Lediglich für eine alljährliche Wallfahrt des Königs nach Suwon wurde aus Booten eine schwimmende Brücke gebildet (S. 160). Die einzige feste Brückenverbindung in die östlichen und südlichen Landesteilen führte über einen Nebenfluss des Hangang (S. 140).

Mit der Öffnung Koreas nach Westen und der Ankunft moderner Technik begann der Bedarf an festen Flussquerungen. Die erste Brücke war die 1899/1900 erbaute Hangang Eisenbahnbrücke. Die erste Fußgängerbrücke (Hangang Brücke) entstand 1916/1917.

Heute gibt es im Einzugsgebiet Seouls 29 Brücken über den Hangang. Im Einzelnen sind dies (von Westen nach Osten):

Ilsan Brücke – 일산대교

Die sechsspurige Mautbrücke verbindet die Städte Gangwha/Gimpo und Ilsan/Goyang. Sie ist die letzte Brücke über den Hangang bevor der Fluss nach etwa 25 Kilometern auf den aus Nordkorea kommenden Imjin trifft und dann bei der Insel Ganghwa ins Westmeer (Gelbes Meer) mündet.
Eröffnung: 2008, Bauart: Trägerbrücke, Länge: 1840 m, Breite: 28,5 m

Gimpo Autobahnbrücke – 김포대교

Verbindung zwischen den Städten Gimpo und Goyang, achtspurig Teil des Seouler Autobahnrings.
Eröffnung: 1997, Bauart: Trägerbrücke, Länge: 2280 m, Breite: 38,2 m

Sinhaengju und Haengju Brücke – 신행주대교 행주대교

Die ursprüngliche Konstruktion dieser Brücke stürzte 1992, kurz vor der Fertigstellung, ein. Die Brücke besteht aus drei getrennten Fahrbahnen, eine Bahn ist nur für Fußgänger und Radfahrer vorgesehen. Eröffnung: 1996 und 2000, Bauart: Trägerbrücke, eine Brücke im Mittelteil mit Seilen abgespannt, Länge: 1460 m, Breite: 2 x 14,5 m und 10 m

Banghwa Autobahnbrücke – 방화대교

Sechsspurige Hauptverbindung vom Flughafen Incheon nach Zentral- und Nordseoul. Der feuerrote Bogen in Brückenmitte ist ein eindeutiges Erkennungsmerkmal.
Eröffnung: 2000, Bauart: Trägerbrücke, in der Mitte Fachwerk-Bogenbrücke, Länge: 2559 m, Breite: 30 m

Magok Eisenbahnbrücke – 마곡 철교

Ermöglicht mit dem Incheon Flughafenexpress erstmals eine direkte Bahnverbindung zum Seouler Hauptbahnhof.
Eröffnung: 2010, Bauart: Bogen-Trägerbrücke, Länge: 2400 m (Flussquerung 1090 m), Breite: 11,2 m

Gayang Brücke – 가양대교

Vier- bis sechsspurige Verbindung zwischen Gangseo-gu und Sangam-dong, Mapo-gu. In der Mitte beträgt die Spannweite zwischen zwei Trägern 180 m. Bei Fertigstellung war dies koreanischer Rekord.
Eröffnung: 2002, Bauart: Stahlträgerbrücke, Länge: 1603 m, Breite: 16-29 m

Seongsan Brücke – 성산대교

Sechsspurige Verbindung zwischen Yeongdeungpo-gu und Mapo-gu, wichtige Entlastung für

Unter der Yanghwa Brücke. Hier haben die Brückenpfeiler einen Abstand von etwa 25 Metern.

Die Banghwa Brücke. Bei dieser Brücke aus neuerer Zeit stehen die Pfeiler nicht mehr so eng beieinander.

den Verkehr vom Gimpo Flughafen. Die attraktive indirekte LED Flut- und Punktbeleuchtung stammt von der deutschen Firma NP Lighting. Eröffnung: 1980, Bauart: Bogen-Trägerbrücke, Länge: 1410 m, Breite: 27 m

Yanghwa Brücke – 양화대교
Die achtspurige Verbindung zwischen Yeongdeungpo-gu und Hapjeong-dong, Mapo-gu besteht aus zwei Einzelbrücken. Die 1965 als erste in rein koreanischer Eigenverantwortung entstandene Verbindung, ursprünglich zweite Hangang Brücke genannt, wurde 1982 durch eine direkt daneben liegende Konstruktion ergänzt. Die Brücke stellt auch die Verbindung zur Flussinsel Seonyudo (S. 106) her. Zwischen 1996 und 2002 wurde die Brücke renoviert, 2010 begann man mit der Vergrößerung der Trägerabstände um auch Schiffen bis 5000 t eine Unterquerung zu ermöglichen. Am südlichen Ende befinden sich die Brückencafés Aritaum Seonyu (아리따움 선유) und Aritaum Yanghwa (아리따움 양화).
Eröffnung: 1965, 1982, Bauart: Trägerbrücke, Länge: 1053 m, Breite: 17 m, 16,1 m

> **Info**
> Fast alle Brücken über den Hangang sind als Trägerbrücken konstruiert. Die einzelnen Stützpfeiler sind in relativ kurzen Abständen angeordnet. Dadurch soll bei eventuellen Zerstörungen eine schnelle Reparatur kurzer Brückenelemente sichergestellt werden. Erst bei neueren Brücken kommen freitragende Konstruktionen bzw. größere Abstände der Stützpfeiler zum Einsatz.

Dangsan Eisenbahnbrücke – 당산철교
Zweigleisige Verbindung für die U-Bahn Linie 2 (grün) zwischen Dangsan und Hapjeong. Nach dem teilweisen Einsturz der Seongsu Brücke 1994 unterzog man alle Seouler Brücken einer Sicherheitsüberprüfung. Entsprechend wurde die 1983 erbaute Dangsan-Brücke 1996 abgerissen und rekonstruiert. Eröffnung: 1999, Bauart: Trägerbrücke, Länge: 1360 m, Breite: 10 m

Seogang Brücke – 서강대교
Sechsspurige Verbindung zwischen Yeouido und Mapo-gu. Führt über die Vogelschutzinsel Bamseon. In der Mitte ein Bogenbrückenelement mit 150 m Spannweite.
Eröffnung: 1999, Bauart: Trägerbrücke, Bogenbrücke, Länge: 1320 m, Breite: 29 m

Mapo Brücke – 마포대교
Bis 1984 hieß die Verbindung zwischen Yeouido und Mapo-gu, Seoul Brücke. Der ständig anwachsende Verkehr mit dem Finanzzentrum auf Yeouido machte den Bau einer Ergänzungsbrücke notwendig, so dass jetzt insgesamt zehn Spuren für den Autoverkehr zur Verfügung stehen. Bei der Zahl der Selbstmörder die von der Mapo Brücke in den Tod springen hält sie unter allen Seouler Brücken den traurigen Rekord.
Eröffnung: 1970, 2001, Bauart: Trägerbrücke, Länge: 1389 m, Breite: 25 m, 22,75 m

Wonhyo Brücke – 원효대교
Eine weitere Verbindung zwischen dem Finanzzentrum Yeouido und Yongsan-gu, vierspurig.
Eröffnung: 1981, Bauart: Spannbeton-Hohlkasten-Trägerbrücke, Länge: 1470 m, Breite: 20 m

Die aus mehreren Einzelspuren bestehende Hangang Eisenbahnbrücke.

Hangang Eisenbahnbrücke – 한강철교

Die erste Brücke über den Hangang besteht heute aus vier einzelnen Brücken die die Bahnhöfe Noryangjin und Yongsan verbinden. Die 1900, 1912 und 1944 fertig gestellten Brücken wurden während des Koreakrieges 1950 zerstört. Die Reparaturen waren 1957 bzw. 1969 abgeschlossen. Die vierte Brücke entstand 1995. Neben regionalen und nationalen Zügen nutzt auch die U-Bahn Linie 1 die Hangang Eisenbahnbrücke. Eröffnung: 1900, 1912, 1944, 1995, Bauart: Fachwerk-Kasten-Trägerbrücke, Länge: 1112 m, Breite: 10 m, 10 m, 6 m, 6 m

Hangang Brücke – 한강대교

Ursprünglich 1917 als Fußgängerbrücke erbaut und 1925 durch Hochwasser beschädigt. Eine zweite verbesserte Konstruktion entstand 1935. Beim Rückzug der koreanischen Armee wurde sie 1950 gesprengt. Etwa 800 von den rund 4000 auf der Brücke befindlichen Flüchtlingen verloren dabei ihr Leben. Die vollständige Wiederherstellung der Brücke erfolgte 1954. Im Jahr 1981 wurde die Brücke erweitert und parallel eine zweite Brücke mit weiteren vier Fahrspuren errichtet. Den Namen Hangang Brücke bekam sie erst 1984. Die insgesamt acht Fahrspuren verbinden Yongsan-gu und Dongjak-gu. Die Brücke führt über die in der Flussmitte liegende Insel Nodeulseom. Am nördlichen Ende befinden sich die Brückencafés Nodeul (노들) und Rio (리오). Eröffnung: 1917, 1935, 1954, 1981 Bauart: nördlich der Flussinsel – Trägerbrücke, südlich davon – Bogenbrücke, Länge: 1005 m, Breite: 20,3 m, 18,1 m

Dongjak Brücke – 동작대교

Die Verbindung zwischen Yongsan-gu und Dongjak-gu besteht aus drei Elementen: zwei Mal je drei Fahrspuren und in der Mitte zwei Gleise für die U-Bahn Linie 4. Am südlichen Ende befinden sich die beiden Brückencafés Gureum (구름 - Wolke) und Noeul (노을 – Sonnenuntergang). Letzteres ist mit seiner Aussichtsplattform besonders bei Fotografen beliebt. Eröffnung: 1984, Bauart: Trägerbrücke, Länge: 1330 m, Breite: 40 m

Banpo Brücke und Jamsu Brücke – 반포대교와 잠수교

Die Banpo Brücke wurde nachträglich über der Jamsu Brücke erbaut und bildet mit ihr eine doppelstöckige Brücke die Seocho-gu mit Yongsan-gu verbindet. Die unten liegende Jamsu Brücke bietet hauptsächlich Fußgängern und Radfahrern eine bequeme Möglichkeit den Fluss zu überqueren und den Banpo Park am Südufer zu erreichen. Es gibt aber auch zwei Fahrspuren für den lokalen Autoverkehr. Bei Hochwasser wird die Jamsu Brücke überspült und kann nicht genutzt werden. Die Banpo Brücke bietet insgesamt sechs Fahrspuren. Seit Ende 2008 ist die Banpo Brücke auch im Guiness Buch der Rekorde vertreten. Auf insgesamt 1140 Metern (570 m auf jeder Seite) bilden 390 Düsen den längsten Wasserfall von einer Brücke. Insbesondere nachts lockt die farbige Beleuchtung mit fast 10.000 LEDs viele Besucher an. Eröffnung: 1976 (Jamsu), 1982 (Banpo), Bauart: Trägerbrücke, Länge: 1490 m, Breite: 18 m (Jamsu), 25 m (Banpo)

156

Die Banpo Brücke mit der darunter liegenden Jamsu Brücke.

Hannam Brücke – 한남대교

Eine wichtige Verbindung zwischen Gangnam-gu und dem Norden Seouls. Bereits 1969 hatte man die Brücke sechsspurig ausgelegt um dem starken Verkehr gerecht zu werden. Trotz einer Erweiterung 2001 um weitere fünf Fahrspuren ist die Brücke notorisch verstopft. Am Südende befindet sich das Brückencafé Rainbow (레인보우). Eröffnung: 1969, Bauart: Trägerbrücke, Länge: 917 m, Breite: 51,2 m

Dongho Brücke – 동호대교

Drei einzelne Brücken, zwei Mal je zwei Fahrspuren, dazwischen zweigleisige U-Bahn Strecke für die Linie 3. Verbindung zwischen Apgujeong, Gangnam-gu und Oksu, Seongdong-gu. Eröffnung: 1984, Bauart: Trägerbrücke, Fachwerk-Kastenbrücke, Länge: 1220 m, Gesamtbreite: 36 m

Seongsu Brücke – 성수대교

Wegen fehlerhafter Verschweißungen stürzte 1994 ein Teil der 1979 fertig gestellten Brücke ein. Eine Reparatur war nicht möglich, so dass ein Neubau notwendig war. Die ursprünglich vierspurige Verbindung zwischen Gangnam-gu und Seongdong-gu wurde 2004 auf acht Fahrspuren erweitert. Eröffnung: 1979, 1997, 2004, Bauart: Auslegerbrücke, Länge: 1161 m, Breite: 35 m

Yeongdong Brücke – 영동대교

Sechsspurige Verbindung zwischen Gangnam-gu und Gwangjin-gu. Eröffnung: 1973, Bauart: Trägerbrücke, Länge: 1065 m, Breite: 25 m

Cheongdam Autobahnbrücke – 청담대교

Ende der aus Süden kommenden Dongbu Schnellstraße. Eine zweite Ebene unter der sechsspurigen Fahrbahn wird von der U-Bahn Linie 7 benutzt. Der Ttukseom Uferpark am nördlichen Brückenende ist wegen seiner zahlreichen Attraktionen ein beliebtes Ausflugziel Eröffnung: 2001, Bauart: Trägerbrücke, Länge: 1211 m, Breite: 27 m

Jamsil Brücke – 잠실대교

Verbindung zwischen Songpa-gu und Gwangjin-gu. Verbreiterung von sechs auf acht Fahrspuren im Jahr 2004. Am südlichen Ende befindet sich das Brückencafé Riverview Bom (리버뷰 봄 - Frühling). Unter der Brücke befindet sich eine Staustufe zur Regulierung des Flusses. Eröffnung: 1972, Bauart: Trägerbrücke, Länge: 1280 m, Breite: 25 m

Info

In den Jahren 2004 bis 2009 wurden von der Seouler Stadtverwaltung insgesamt 20 Brücken mit neuen Beleuchtungssystemen ausgestattet. Durch den Einsatz von Energiesparlampen oder LED's konnten die Stromkosten um rund 17 % gesenkt werden. Lichtgestalter stimmten Farbe und Art der Beleuchtung harmonisch auf die jeweilige Umgebung ab. Jede Brücke erhielt ein eigenes Lichtkonzept: so wurde z. B. die Jamsil Eisenbahnbrücke „Festival der Lichter" genannt, die Dongho Brücke „Korea in der Welt" und die Hangang Brücke erhielt den poetischen Namen „Weißes Meer".

Die Dongho Brücke, in der Mitte die rote Metall-Konstruktion mit den U-Bahn Gleisen.

Jamsil Eisenbahnbrücke – 잠실철교
Etwa 800 Meter neben der Jamsil Brücke. Zweigleisige Verbindung für die U-Bahn Linie 2 zwischen den Stationen Seongnae und Gangbyeon. Links und rechts neben den Gleisen befindet sich je eine schmale Behelfs-Fahrspur.
Eröffnung: 1979, Bauart: Trägerbrücke, Länge: 1270 m, Breite: 18 m

Olympiabrücke – 올림픽대교
Die sechsspurige Brücke verbindet das Gelände der Olympischen Spiele 1988 in Songpa-gu mit Gwangjin-gu. Obwohl man bereits 1985 mit dem Bau begann wurde die Brücke erst 1990, zwei Jahre nach den Spielen fertig. Der Mittelteil ist

Olympia Brücke.

als Schrägseilbrücke – der ersten in Korea – mit einer Spannweite von 300 Metern ausgeführt. Die vier Füße des in Form eines doppelten A gestalteten Mittelpylons symbolisieren die vier Himmelsrichtungen während die Höhe von 88 Metern mit dem Jahr der Spiele, 1988, korreliert und sich die 24. Olympischen Spiele in den 24 Tragseilen widerspiegeln. Oben auf dem Mittelpylon befindet sich eine Metallskulptur in Form des Olympischen Feuers. Wenige Sekunden nachdem die Skulptur 1991 mit einem Lastenhubschrauber der Armee auf dem Pylon abgesetzt war, geriet der Helikopter zu tief, kam mit einem Rotorblatt an die Skulptur und stürzte ab.
Eröffnung: 1990, Bauart: Trägerbrücke, Schrägseilbrücke, Länge: 1470 m, Breite: 30 m

Cheonho Brücke – 천호대교
Diese sechsspurige Verbindung zwischen Gangdong-gu und Gwangjin-gu wurde als Entlastung für die 1936 erbaute, in 200 Meter Entfernung stromaufwärts parallel verlaufende Gwangjin Brücke konzipiert.
Eröffnung: 1976, Bauart: Trägerbrücke, Länge: 1150 m, Breite: 25,6 m

Gwangjin Brücke – 광진교
Unter japanischer Herrschaft entstand 1936 ein Vorläufer der heutigen Brücke. Durch die amerikanische Armee wurde sie 1952 verstärkt. Hochwasserschäden machten mehrmals eine Notreparatur nötig bis die Brücke letztendlich abgerissen wurde und man 1997 mit einem Neubau begann. Im Jahr 2009 wurde die vierspurige Verbindung zwischen Gangdong-gu und

Jamsil Brücke mit Staustufe

Gwangjin-gu auf zwei Fahrspuren reduziert. Dies ermöglichte eine Verbreiterung auf 10 Meter und gleichzeitig landschaftliche Gestaltung des Fuß- und Radweges. Das Café Riverview 8th St. (리버뷰 8번가) befindet sich bei Pfeiler acht unterhalb der Brücke. Eine gläserne Bühne bietet einen direkten Blick auf den darunterliegenden Fluss.
Eröffnung: 1936, 2004, Bauart: Trägerbrücke, Länge: 1056 m, Breite: 20 m

Guri-Amsa Brücke – 구리암사대교
Diese vier- bis sechsspurige Brücke am östlichen Stadtrand verbindet Amsadong-gu mit Guri-gu in der Provinz Gyeong-gi. Zusammen mit dem Yongma Tunnel (geplante Fertigstellung 2013) unter dem Achasan Gebirgszug ergibt sich eine deutlich verkürzte Verbindung aus den östlichen Landesteilen nach Dongdaemun-gu und Jung-nang-gu. Das Bogenelement in Brückenmitte soll die aufgehende Sonne symbolisieren.
Eröffnung: 2013 (geplant), Bauart: Trägerbrücke, Bogenbrücke, Länge: 1133 m, Breite: 24-44 m

Gangdong Autobahnbrücke – 강동대교
Die Mautbrücke ist Teil des Seouler Autobahnrings und verbindet Gangdong-gu mit der Stadt Guri. Nach einer Erweiterung 2002 besteht die Konstruktion aus drei einzelnen Brücken mit insgesamt 10 Fahrspuren.
Eröffnung: 1991, 2002, Bauart: Trägerbrücke, Länge: 1126 m, Breite: 20 m, 12m, 12m

Misa Brücke – 미사대교
Außerhalb des Stadtgebiets liegende sechsspurige Verbindung nach Osten als Fortsetzung der Olympia Schnellstraße. Eröffnung: 2009, Bauart: Trägerbrücke, Länge: 1530 m, Breite: 32,4 m

Paldang Brücke – 팔당대교
Diese bereits deutlich außerhalb des Seouler Stadtgebiets liegende Brücke ist durch ihre Anbindung an den Seouler Autobahnring eine beliebte Ausfallstraße zu mehreren Ausflugszielen und Bergregionen östlich von Seoul.
Eröffnung: 1995, Bauart: Trägerbrücke, Länge: 935 m, Breite: 24 m

Am Stadtrand die nüchtern-funktionelle Gangdong Autobahnbrücke.

159

Soaknu Pavillon

Der Beamte Yi Yu (1675-1757) aus dem Distrikt Dongbuk ließ sich diesen Pavillon 1737, auf dem 76 m hohen Gungsan, in der Nähe seines Wohnhauses, bauen. Ein bekannter Künstler der damaligen Zeit rühmte den Ausblick von hier.

Verkehrsmittel:
Untergrundstation Yangcheon Hyanggyo, Linie 9 (gold) – Ausgang 1, Fußweg ca. 10 Min.

Anschrift: Gayang-dong, Gangseo-gu, Seoul

Auch heute noch bietet sich ein spektakulärer Blick über den Hangang und die Berge Daedeoksan und Inwangsan. Von einem zweiten Aussichtspunkt aus kann man weit Richtung Westen und Incheon sehen.
Am Fuß des Gungsan befindet sich eine sehenswerte konfuzianische Schule (Yangcheon Hyanggyo – 양천향교) aus dem Jahr 1411, die 1980 restauriert wurde. Zur Baekje-Zeit befand sich auf dem Gungsan auch eine Festungsanlage. Davon sind aber nur noch einzelne Steine zu sehen.

Yongyangbongjeojeong Pavillon

용양봉저정

Dieser Pavillon wurde ca. 1791 für König Jeongjo erbaut. Hier konnte er sich entspannen und eine Mahlzeit zu sich nehmen, nachdem er den Hangang über eine Brücke aus Booten überquert hatte, um das Grab seines Vaters in Suwon zu besuchen. Diese jährliche Wallfahrt war ein großes nationales Ereignis und ein Fest, an dem viele Soldaten teilnahmen. Aus dem ganzen Land wurden Boote zusammengerufen, um eine temporäre Brücke zu bilden. Gleichzeitig wurde die Straße zwischen Noryangjin und Suwon repariert, was eine langfristige positive Auswirkung auf Handel und Wohlstand in dieser Gegend hatte. Ursprünglich gab es ein Haupttor und zwei Gebäude. Heute ist nur eines dieser Bauwerke erhalten. Die Übersetzung von Yongyangbongjeo-

Verkehrsmittel:
Untergrundstation Nodeul, Linie 9 (gold) – Ausgang 3, Fußweg 3 Minuten
Der Pavillon befindet sich in direkter Verlängerung der Hangang-Brücke, unterhalb der Noryangjin presbyterianischen Kirche.

Anschrift: Bon-dong, Dongjak-gu, Seoul

jeong: „der Drache springt und der Phoenix schwingt sich in die Luft" spielt auf die Großartigkeit der Brückenkonstruktion an. Der Pavillon selbst kann nicht betreten werden, in der Fußgängerunterführung Richtung Noryangjin gibt es jedoch mehrere Wandmosaike, die die Überquerung des Hangang darstellen.

Info
Bereits in früheren Jahren ließen sich wohlhabende Koreaner Pavillons und Sommerresidenzen an besonders hübschen Aussichtspunkten am Han Fluss bauen. Während vom Wasser her eine kühlende Brise wehte, konnten sie dort entspannen und eins mit der Natur werden. Von den wenigen erhalten gebliebenen Pavillons hat jeder seine eigene interessante Geschichte zu erzählen.

Mangwonjeong Pavillon

망원정지

Ursprünglich handelte es sich bei Mangwonjeong um ein Landhaus, das für Prinz Hyoryeong, König Sejong's älterem Bruder, 1424 erbaut wurde. Ein Jahr später, 1425, litten die Bauern unter extremer Dürre. König Sejong besuchte diesen damals westlich von Seoul gelegenen Bereich, um sich selbst ein Bild von der Lage zu machen. Gerade als er bei diesem Pavillon eine Rast einlegte, begann es zu regnen und er gab dem Pavillon den passenden Namen „Huiujeong – der Pavillon des willkommenen Regens". Prinz Hyoryeong war überglücklich, nicht nur, dass der König seinen Pavillon besucht hatte, sondern auch, dass er ihm einen Namen gegeben hatte. Prinz Weolsan (König Seongjong's Bruder) ließ den Pavillon 1484 erweitern und nannte ihn „Mangwonjeong – Pavillon mit weiter Aussicht". Ebenso wie König Sejong kam König Seongjong im Frühjahr und Herbst hierher, um die Situation der Bauern zu beurteilen. Er genoss es, mit Poeten zusammenzutreffen und Gedichte zu schreiben. Die besten Dichter wurden mit Pfeil und Bogen beschenkt.

Öffnungszeiten: 07:00-19:00h

Verkehrsmittel: Untergrundstation Hapjeong, Linie 2 (grün) oder Linie 6 (braun) – Ausgang 7, Fußweg ca. 10 Minuten

Anschrift: 457-1, Hapjeong-dong, Mapo-gu

Während einer Flut wurde das Gebäude 1925 zerstört. Ausgrabungen im Jahr 1987 folgte 1989 eine Rekonstruktion nach alten Unterlagen.

Rekonstruierte Deckenkonstruktion im Mangwonjeong.

Architektur

Segeomjeong Pavillon

세검정

Der ursprüngliche Pavillon wurde irgendwann zwischen 1500 und 1505 von König Yeonsangun auf einem Felsen neben dem Bergfluss Hongjecheon erbaut. Ein 1748 an gleicher Stelle neu erbauter Pavillon erhielt den Namen Segeomjeong (Ort, an dem die Schwerter gewaschen wurden). Der Legende nach haben Yi Gwi und Kim Ryu, zwei der Hauptbeteiligten der sogenannten „Injo Reform", hier 1623 ihre Schwerter gesäubert. Das Einschieben der jetzt wieder sauberen Schwerter in ihre Schutzhüllen symbolisierte zukünftigen Frieden für die Nation. Eine Rekonstruktion des 1941 während eines Feuers zerstörten Bauwerks erfolgte 1977. Im Gegensatz zu anderen Pavillons ist Segeomjeong L-förmig. Am Chairam Felsen unterhalb des Pavillons wurde während der Joseon Periode die Tinte aus Dokumenten gewaschen, so dass sie niemand mehr lesen konnte und man das Papier erneut verwenden konnte.

Der Pavillon befindet sich in der Nähe der Sangmyung Universität, die über ein archäologisch-

Verkehrsmittel:
Untergrundstation Gyeongbokgung, Linie 3 (orange) – Ausgang 3, dann mit Bus 1020, 1711, 7016, 7018, 7022 oder 7212 (ab Halt 01-116), bis Sangmyung Universität

Anschrift: Sinyeong-dong, Jongno-gu, Seoul

historisches Museum das über viele Porzellan- und Keramikgegenstände aus der Goryeo Dynastie verfügt. Wenige Meter entfernt steht auch das Hongjimun Tor (S. 144).

Ahn Jung Geun Gedenkhalle 안중근 의사 기념관

Der am 2. September 1879 geborene Ahn Jung Geun war ein koreanischer Nationalist, der 1909, kurz vor der Annexion Koreas durch Japan, den japanischen Premierminister Ito- Hirobumi ermordete. Ein japanisches Gericht verurteilte ihn zum Tode; er wurde im März 1910 erhängt.

Die in die Jahre gekommene, 1970 erbaute Gedenkhalle am westlichen Aufstieg zum Namsan wurde durch ein am 26. Oktober 2010, dem 101. Jahrestages des Attentats, eröffnetes neues Gebäude ersetzt. Das sehr modern wirkende, aus zwölf milchglasartigen Quadern bestehende Gebäude wurde von dem erst seit 2007 bestehenden koreanischen Architekturbüro D.LIM gestaltet. Die nachts grün schimmernden Quader symbolisieren die zwölf Mitglieder der von Ahn gegründeten Dongui Danjihoe Patriotengruppe. Der unten zwischen dunklen Wänden beginnen-

Öffnungszeiten: März-Okt. 10:00-18:00, Nov.-Feb.10:00-17:00, Montag Ruhetag

Eintrittspreise: kostenlos

Verkehrsmittel:
Untergrundstation Hoehyeon, Linie 4 (hellblau) – Ausgang 4, Fußweg 20 Minuten

Anschrift: 471-2 Namdaemunro 5-ga, Jung-gu
Homepage: *http://www.patriot.or.kr/*

de Rundkurs durch das Museum endet in der dritten Etage im 12. und letzten, nur als Ausgang dienendem Quader. Dieser hat als einziger eine durchsichtige Verglasung und bietet einen klaren, weiten Blick als Symbol für eine glänzende Zukunft der heutigen Koreaner – Ahns Erben.

Denkmäler
An vielen Orten Seouls wird mit einem Denkmal an Personen oder Ereignisse gedacht. Besonders oft trifft man auf Erinnerungsstätten der Unabhängigkeitsbewegung (Anfang des 20. Jh.) oder des Koreakrieges (1950-1953). Aus fernerer Vergangenheit fällt besonders der als Nationalheld gefeierte Admiral Yi Sun Shin mit seinen Schildkrötenbooten auf. Von den 27 Herrschern der Joseon Dynastie findet man hingegen fast gar keine Denkmäler. Ihnen wird an den Königsgräbern bzw. den Ahnentafeln im Jongmyo Schrein gedacht. Eine Ausnahme bildet König Sejong der im 15. Jahrhundert das koreanische Schriftsystem Hangeul entwickelte.
Fast alle Denkmäler befinden sich innerhalb eines Parks. Häufig wurden die Parks sogar extra angelegt um für die Gedenkstätte einen passenden Rahmen zu schaffen (z.B. Seosomun, Dosan oder Nakseongdae Park).

Yun Bonggil Gedenkhalle 매헌 윤봉길의사 기념관

Die Erinnerungsstätte an den koreanischen Patrioten Yun Bonggil befindet sich mitten im Yangjae Bürgerwald. Dieser Park mit dichtem Baumbestand liegt am Rand des Umyeonsan, bietet mehrere Sportmöglichkeiten (Tennis, Volleyball, Badminton) und ist bei den umliegenden Schulen und Kindergärten für Ausflüge beliebt. Der Park wurde seit 1983 über einen Zeitraum von drei Jahren aus Anlass der Asienspiele 1986 und der Olympiade 1988 mit rund 260.000 Bäumen aus 22 unterschiedlichen Arten gestaltet. Im Park gibt es mehrere Plätze mit bestimmten einzelnen Baumarten, die gerne für Hochzeitszeremonien genutzt werden. Im Herbst ist das Farbenspiel einer Ahornallee sehenswert. Yun Bonggil war einer der koreanischen Unabhängigkeitskämpfer während der japanischen Besatzungsperiode (1910-1945). Er verübte 1932 einen Bombenanschlag auf japanische Kolonialbeamte während der Geburtstagsfeier für den japanischen Kaiser. Für diese und andere Aktivitäten wurde er heimlich nach Japan gebracht und dort Ende 1932 hingerichtet. In der Gedenkhalle sind sein persönlicher Besitz und andere Gegenstände aus seiner Tätigkeit als Aktivist gegen die japanische Herrschaft ausgestellt. Neben der Gedenkhalle und einer Bronzestatue des Unabhängigkeitskämpfers Yun Bonggil befinden sich im Yangjae Bürgerpark drei weitere Denkmäler.

Sampoong Gedenkturm - 삼풍참사위령탑
Beim Einsturz des Sampoong Kaufhauses in Seoul starben 1995 über 500 Menschen.

KAL Erinnerungspagode für die Toten -
대한항공기 버마상공 피폭희생자 위령탑
Nordkoreanische Agenten verübten 1987 einen Bombenanschlag auf Flug KAL 858 mit 115 Opfern.

Öffnungszeiten: Park 24h, Gedenkhalle 10:00-16:00, Montag Ruhetag

Eintrittspreise: kostenlos

Verkehrsmittel:
Untergrundstation Yangjae Citizen Forest, Sinbundang Linie (weinrot) – Ausgang 5, Fußweg 3 Minuten

Anschrift: Yangjae-dong, Seocho-gu, Seoul
Homepage: *http://www.yunbonggil.or.kr/*

Gedenksäule für die Baekma Guerilla Einheit - 유격백마부대 충혼탑
Nach dem Rückzug der vereinigten UN Truppen Richtung Süden bildeten 2600 Studenten und Jugendliche im November 1950 die Baekma (weißes Pferd) Guerillatruppe. In über 500 Einsätzen konnten sie den Feind empfindlich treffen. Als eine der einflussreichsten privaten Kampftruppen unterstützten sie die strategischen Aktionen der vereinigten UN Truppen. Durch die Errichtung des Denkmals 1992 gedachten die Überlebenden der Baekma Truppe ihrer 552 gefallenen Kameraden.

Sampoong Gedenkturm

Baekma Gedenksäule

Kultur

문화

Das Museumsangebot in Seoul ist hauptstadtgemäß sehr umfangreich. Neben vielen staatlichen bzw. städtischen Museen gibt es unzählige private Sammlungen, zu denen die Öffentlichkeit Zutritt hat. Fast jede Universität hat ein eigenes angeschlossenes Museum, welches aktiv Forschung betreibt und meist ein Spezialgebiet bearbeitet. Besonders wertvolle koreanische Kulturgüter aus der Vergangenheit sind als Nationalschätze katalogisiert und nummeriert. Unter anderem wird die Bedeutung eines Museums auch nach der Zahl der Nationalschätze in seinem Besitz eingeordnet.

Entsprechend dem großen Bildungshunger in der koreanischen Gesellschaft sind die Museen immer gut besucht. Sehr oft werden auch besondere Aktivitäten für Kinder und jugendgerechte Sonderausstellungen angeboten. Bei der Einordnung und Wertung mancher Exponate und Sammlungen aus westlicher Sicht sollte man die über Jahrhunderte gewachsene Mentalität der Koreaner berücksichtigen. Außerdem sollte man nicht vergessen, dass Südkorea seit 1953 gut vierzig Jahre lang wechselweise diktatorisch, militärisch und pseudo-diktatorisch regiert wurde. Auch die über 500jährige monarchische Joseon Dynastie wird nach wie vor überwiegend aus Sicht der herrschenden Schicht dargestellt.

Trotz der starken Einflüsse aus China und Japan hat Korea über die Jahrhunderte seine eigenständige Kultur erhalten und entwickelt. Dies bezieht sich auf Musik und Tanz ebenso wie auf Literatur, Malerei und Handwerk. Einen ganz besonderen Stellenwert nimmt dabei die Kalligrafie ein. So ist von jedem Namensschild an historischen Gebäuden überliefert, von wem es geschrieben wurde. Besonders viele Kunstgalerien befinden sich im Viertel Samcheong-dong östlich des Gyeongbokgung Palastes und in Pyeongchang-dong (S. 66)

Die Technik der Keramikherstellung wurde vor über 1000 Jahren aus China übernommen. Seitdem hat sich eine spezielle koreanische künstlerische Tradition entwickelt, die nicht nur bei Antiquitätensammlern einen hohen Ruf genießt.

Das Angebot der Seouler Theater reicht von den traditionellen Musik- und Tanzdarbietungen über moderne Interpretationen bis hin zu Weltklassikern. Besonders im Viertel „Daehangno" (S. 65) wird man auch experimentelle Aufführungen, oft in Kleinsttheatern, vorfinden.

Kaiser Sunjong gründete 1908 das königliche Haushaltsmuseum im Changgyeonggung. Es war das erste Museum Koreas. Zwischen 1915 und 1933 starteten verschiedene historische Gesellschaften Unterstützungskampagnen zur Erhaltung von Kulturschätzen aus unterschiedlichen Epochen. Der größte Teil dieser Sammlungen und das königliche Haushaltsmuseum wurden durch die japanische Besatzung in das japanische Generalmuseum in den Gyeongbokgung überführt. Allerdings diente das Museum vorrangig als politisches Instrument. So erregten viele sensationelle Funde weltweites Aufsehen, aber nur die wenigsten Exponate wurden fachmännisch dokumentiert.

Mit der Gründung der Republik Korea 1945 übernahm das koreanische Nationalmuseum die Sammlung. Nach mehreren Umzügen kehrte das Museum 1972 zurück zum Gyeongbokgung in ein neu errichtetes Museumsgebäude.

Ende Oktober 2005 wurde das Museum vom Gyeongbok Palast nach Yongsan verlegt. Das neue hochmoderne und architektonisch beeindruckende Gebäude liegt direkt neben dem Yongsan Family Park und bietet eine fast 4-mal größere Ausstellungsfläche als am Gyeongbokgung. Die auf drei Ebenen angeordneten Ausstellungsräume geben links und rechts des Geschichtspfades einen systematischen Überblick in die koreanische Vergangenheit. Das koreanische Nationalmuseum besitzt die größte

Öffnungszeiten: 09:00-18:00 (Mi. + Sa. bis 21:00, So. und Feiertage bis 19:00) Einlass bis eine Stunde vor Schließung Montag ist Ruhetag. Geschlossen am 1. Januar.

Eintrittspreise:
kostenlos, nur für Sonderausstellungen wird eine Gebühr verlangt.

Verkehrsmittel: Untergrundstation Ichon Linie 1 (dunkelblau) oder Linie 4 (hellblau), Ausgang 2, Fußweg 5 Minuten

besondere Aktivitäten: geführte einstündige Tour in englisch ab 10:30 und 14:30.

Anschrift: Yongsan-dong 6-ga, Yongsan-gu
Homepage: *http://www.museum.go.kr/*

Sammlung zur Geschichte des koreanischen Volkes. Unterschiedliche Darstellungstechniken und ein hochmodernes Informationssystem sorgen für eine einfache und unterhaltsame Präsentation. Mit großzügigen Flächen für verschiedene Themenbereiche wie Kultur und Erziehung aber auch Gastronomie und Komfort zählt das koreanische Nationalmuseum nun zu den sechs größten Museen der Welt. Einkaufszentrum, Bibliothek und Vorlesungsräume sowie unterschiedlichste Veranstaltungen machen das Museum zu einem ultimativen Kulturzentrum.

Kriegsmuseum

Hier wird die Geschichte der koreanischen Kriege von der Zeit der drei Königreiche bis in die Gegenwart dargestellt. Es gibt acht Ausstellungen, die sich mit den verschiedenen Aspekten der Kriegsführung und militärischer Ausrüstung beschäftigen. Eine Veteranen-Gedenkhalle, Informationen über die aktuelle Produktion von Militärausrüstung, das koreanische Militär im Ausland, großes Kriegsgerät im Außenbereich und vieles mehr bilden die weltgrößte Gedenk- und Ausstellungsstätte zum Thema Krieg.

Zwei vom Hauptgebäude ausgehende U-förmig angeordnete Säulengänge enthalten Gedenktafeln für im Krieg gefallene Soldaten und umschließen den zentralen Friedensplatz mit künstlichem See und Ruheplätzen. Mehrere Denkmäler und Statuen, z.B. die Vereinigung der Brüder oder eine Uhrenskulptur zum Thema Krieg und Frieden befinden sich ebenfalls im Bereich vor dem Museum. Die angehaltene „Kriegs"-Uhr wird erst dann wieder in Gang gesetzt wenn Nord- und Südkorea vereinigt sind.

Eine umfangreiche Sammlung von Flugzeugen, Panzern, Raketen und anderem schweren Gerät befindet sich auf einem Freigelände rechts des Museums und ist auch außerhalb der Öffnungszeiten zugänglich. Mit der Friedenshalle links des Gebäudes besitzt das Museum sogar eine eigene Hochzeitshalle.

Neben etwa 13.600 Ausstellungsstücken, darunter z.B. ein rekonstruiertes Schildkrötenschiff

Öffnungszeiten:
09:00-18:00, Montag ist Ruhetag

Eintrittspreise:
kostenlos

Verkehrsmittel:
Untergrundstation Samgakji, Linie 4 (hellblau) bzw. Linie 6 (braun) – Ausgang 12

besondere Aktivitäten:
In den Monaten April, Mai, Juni, Oktober und November findet jeden Freitag um 14:00 eine große Parade auf dem Friedensplatz vor dem Haupteingang statt, an der das Frauenchor der koreanischen Armee, traditionelle Schwertkämpfer sowie die Ehrengarde der Armee, Marine und Luftwaffe teilnehmen.

Anschrift: Yongsan-dong 1(il)-ga, Yongsan-gu
Kontakt: +82-2-709-3139
Homepage: *http://www.warmemo.co.kr/*

Kultur

des Generals Yi Sun Shin oder die Kommandobrücke eines modernen Kriegsschiffes, werden im Lager des Kriegsdenkmals weitere 17.800 Akten und Kriegsartefakte aufbewahrt. Es gibt auch einen Lesesaal mit umfangreicher Lektüre zum Thema Krieg und ein Buchgeschäft mit militärischen Büchern, Flugblättern und Souvenirs im Angebot.

167

Nationalmuseum für zeitgenössische Kunst

국립현대미술관

Um der Öffentlichkeit aktuelle koreanische Kunst näher zu bringen und internationale und koreanische Trends aufzuzeigen wurde im Oktober 1969 das Nationalmuseum für zeitgenössische Kunst gegründet. Ursprünglich war das Museum im Gyeongbokgung Palast untergebracht. Ein erster Umzug erfolgte im Juli 1973 in das Seokjojeon Gebäude im Deoksugung Palast. Aber schon bald reichte auch hier der Platz für eine adäquate Präsentation der Sammlung nicht mehr aus. Nach sechsjähriger Planungs- und Bauphase konnte das Museum am 25. August 1986 ein neues Gebäude in Gwacheon beziehen. Es befindet sich in unmittelbarer Nähe des Freizeitparks „Seoul Land" und des Zoos „Seoul Grand Park" sowie des 2008 eröffneten nationalen Wissenschaftsmuseum Gwacheon. Durch den direkten Anschluss an die U-Bahn Linie 4 ist das Museum auch recht einfach zu erreichen. Trotzdem musste man schon bald nach dem Umzug erkennen, dass es zu weit außerhalb ist um eine breite Bevölkerungsschicht anzusprechen. Am 1. Dezember 1998 kehrte deshalb ein kleiner Teil der Ausstellung wieder zurück zum Deoksugung. Durch die zentrale Lage mitten in Seoul wurde die Kunstgalerie besonders für Sonderausstellungen genutzt.

Der Neubau in Gwacheon besteht aus einem zweigeteilten Design. Zwei Gebäude – eines für Skulpturen, das andere für Gemälde – sind einer traditionellen koreanischen Festung nachempfunden und durch einen runden leuchtturmartigen Bau verbunden. Im Außengelände sind mehrere Skulpturen aufgestellt. Die gesamte Anlage ist so gestaltet, dass sich eine harmonische Einheit mit der um-

Öffnungszeiten:
März-Okt. 10:00-18:00 (Sa. und So. bis 21:00)
Nov.-Feb. 10:00-17:00 (Sa. und So. bis 20:00)
Montag ist Ruhetag

Eintrittspreise:
ständige Ausstellung: kostenlos
Sonderausstellungen: variabel, freier Eintritt an jedem 4. Samstag eines Monats

Verkehrsmittel:
Untergrundstation Seoul Grand Park, Linie 4 (hellblau) – Ausgang 2, Fußweg 20 Minuten oder Ausgang 4 und weiter mit kostenlosem Pendelbus (alle 20 Minuten) zum Museum.

Anschrift:
Makgye-dong, Gwacheon-si, Gyeonggi-do
Homepage: *http://www.moca.go.kr/*

gebenden Landschaft und dem Berg Cheonggesan ergibt.

Zu Beginn bestand die Sammlung hauptsächlich aus figürlichen und einigen abstrakten Stücken vornehmlich etablierter koreanischer Künstler. In Vorbereitung auf den Umzug nach Gwacheon konzentrierte man sich auf Werke von Joseph Beuys, Andy Warhol, Georg Baselitz, Jörg Immendorff, Marcus Lüpertz, Nam June Paik und anderen, um zu den Olympischen Spielen 1988 eine Sammlung auf internationalem Niveau präsentieren zu können.

Gegenwärtig ist das Museum bemüht seine Sammlung in bisher vernachlässigten Bereichen wie Drucken, Fotografien und Neuen Medien zu ergänzen.

UUL nationales Kunstmuseum Seoul

국립서울미술관

Ende 2008 begann man mit Überlegungen, Teile des Nationalmuseums für zeitgenössische Kunst in Gwacheon wieder nach Seoul zurückzuverlagern. Das Gelände des ehemaligen Amtes für militärische Sicherheit (Karte S. 55) wurde als neuer Standort ausgewählt. Direkt neben dem Gyeongbokgung Palast, also in unmittelbarer Nähe des touristischen Zentrums von Seoul, entsteht bis 2013 das neue Museum. Es soll den Standort in Gwacheon nicht ersetzen, sondern als Ableger unter dem Namen „UUL nationales Kunstmuseum Seoul" ergänzen. Man will die zentrale Lage nutzen um die verschiedensten Darstellungsformen zeitgenössischer Kunst einem breiten Publikum näher zu bringen. Dabei

Öffnungszeiten: Eröffnung für 2013 geplant

Verkehrsmittel: Untergrundstation Anguk, Linie 3 (orange) – Ausgang 1, Fußweg 7 Min.

Anschrift: 165, Sogyeok-dong, Jongno-gu
Homepage: *http://uul.go.kr/*

ist das neue Museum nur ein Punkt des Planes, den Bereich vom Gwanghwamun Tor bis zum Seouler Hauptbahnhof als Kulturmeile zu etablieren. So wird z.B. das Gebäude des alten Hauptbahnhofs seit April 2012 als Kulturzentrum „Culture Station Seoul 284" (http://www.seoul284.org/) genutzt.

Nationalmuseum für zeitgenössische Kunst, Galerie Deoksugung

덕수궁미술관

Diese Aussenstelle des Museums befindet sich im Seokjojeon Gebäude auf dem Gelände des Deoksugung, so dass man erst einmal den Eintritt zum Palast (ca. 70 Cent) zahlen muß. Dafür sind viele der Sonderausstellungen kostenlos.
Zwischen 1973 und 1986 war hier das gesamte Museum untergebracht, seit 1998 werden hier ständig wechselnde Sonderausstellungen gezeigt. In diesem Kunstzentrum werden außerdem Vorträge und Seminare gehalten sowie Musik- und Theaterveranstaltungen durgeführt

Skulpturenpark vor dem Museum in Gwacheon (unten), Seokjojeon-Ausstellungshalle im Deoksugung (rechts).

Öffnungszeiten:
09:00-18:00 (Freitag bis Sonntag bis 20:30), je nach Ausstellung auch variabel
Montag ist Ruhetag

Eintrittspreise:
variieren je nach Ausstellung, oft kostenlos

Verkehrsmittel: Untergrundstation City Hall, Linie 1 (dunkelblau) – Ausgang 2 oder Linie 2 (grün) – Ausgang 12, Fußweg 2-5 Minuten

Anschrift: Jeong-dong, Jung-gu, Seoul

Kultur

169

Seoul Museum of Art

서울시립미술관

Das Seouler Kunstmuseum (SeMA) wird seit 1988 von der Stadt Seoul betrieben. Ursprünglich war es in einer Ausstellungshalle (jetzt eine Außenstelle des SeMA) in der Nähe des Gyeonghuigung Palastes untergebracht. Seit 2002 steht dem SeMA im ehemaligen Gebäude des Obersten Gerichtshofs, südlich des Deoksugung Palastes, deutlich mehr Platz zur Verfügung.

Das rote Backsteineingebäude mit den Bogenfestern (die sich im Logo des Museums widerspiegeln) strahlt den Charme vergangener Zeiten aus. An diesem Ort stand das erste Gericht Koreas namens Pyeongriwon. Das jetzige Gebäude wurde 1928 von den Japanern während ihrer Kolonialzeit als Gyeongseong Gerichtshof erbaut. Nach der Befreiung (1945) nutzte es der Oberste Gerichtshof bis er 1995 in den Süden der Stadt nach Seocho-dong verlegt wurde.

Zwischen 1998 und 2002 wurde das Gebäude vollständig entkernt, lediglich die Fassade von 1928 blieb unverändert. Die perfekte Vereinigung

Öffnungszeiten:
10:00-20:00, Sa. und So. bis 19:00
Montag ist Ruhetag

Eintrittspreise: kostenlos

Verkehrsmittel:
Untergrundstation City Hall, Linie 2 (grün) – Ausgang 10 oder Linie 1 (dunkelblau) – Ausgang 1, Fußweg 4 Minuten

Anschrift: 61, Deoksugung-gil, Jung-gu, Seoul
Homepage: *http://seoulmoa.seoul.go.kr/*

der architektonischen Stile der 1920er Jahre und des 21. Jahrhunderts wurde durch den Gewinn vieler Preise belohnt. Aufgrund seiner architektonischen Bedeutung wurde das Museum 2006 als Kulturdenkmal registriert. Die sonnendurchflutete Lobby mit Oberlicht und glänzendem Marmorboden ist mit Ihrer Wandelbarkeit eine der Stärken des Museums. Die insgesamt sechs Ausstellungshallen verteilen sich auf drei Obergeschosse während sich Büro-, Arbeits- und Unterrichtsräume in den beiden Untergeschossen befinden.

Neben der Dauerausstellung der koreanischen Künstlerin Chun Kyung-ja, die dem Museum 98 ihrer Werke spendete, umfasst die Sammlung des SeMA rund 2600 Werke verschiedener koreanischer Künstler.

Immer wieder gab und gibt es viel beachtete Sonderausstellungen mit Werken weltbekannter Künstler wie z.B. Chagall, Vincent van Gogh, Pablo Picasso, Andy Warhol, Henri Matisse, Rene Magritte und anderen. Diese Sonderausstellungen werden immer mit zu dem jeweiligen Künstler passenden Konzerten begleitet. Kritiker behaupten, dass die Kunstwerke im Seouler Kunstmuseum besser angeordnet und präsentiert werden können als in anderen Museen.

Für Besucher bietet das Museum außerdem preiswerte und teilweise kostenlose Seminare, Lehrgänge und Vorlesungen an. Das Museum verfügt über zwei Außenstellen: die Ausstellungshalle am Gyeonghuigung (SeMA GyeongHuiGung) und in Namhyeon-dong, Gwanak-gu im historischen Gebäude der ehemalgien belgischen Botschaft (SeMA NamSeoul).

LEEUM Samsung Kunstmuseum   삼성미술관 Leeum

Das Samsung Kunstmuseum gehört zur 1965 gegründeten Samsung Kulturstiftung, die auch das Ho-Am Kunstmuseum, die Ho-Am Kunstgalerie und die Rodin Galerie betreibt. Vorrangiges Ziel der Stiftung ist die Bewahrung koreanischer Kulturschätze. Das Leeum Museum versucht zudem das kulturelle Erbe mit modernen und zeitgenössischen Arbeiten koreanischer und ausländischer Künstler zu verbinden. Zu diesem Zweck besteht der Museumskomplex aus drei Gebäuden, die auf einem eindrucksvollen Grundstück in Itaewon am Südhang des Namsan von drei international anerkannten Architekten (Mario Botta/Schweiz, Jean Nouvel/Frankreich und Rem Koolhaas/Niederlande) errichtet wurden.

Museum 1 beherbergt traditionelle koreanische Kunstwerke, Museum 2 stellt moderne und zeitgenössische Werke aus, während das dritte Gebäude offiziell der kulturellen Erziehung der jugendlichen Elite dient (Samsung Child Education and Culture Center). Dies geschieht in der Praxis durch wechselnde Sonderschauen. Die drei Etagen dieses 17 Meter hohen Gebäudes gehen nahtlos ineinander über und erlauben eine individuelle Darstellung der Gastkunstwerke.

Das Leeum Kunstmuseum (der Name bildet sich aus dem Familiennamen des Samsung Gründers Lee und der Endung „um" aus Museum) stellt mit dem nicht weit entfernten Nationalmuseum in Yongsan und dem Nationaltheater am Namsan in

Öffnungszeiten:
10:30-18:00, Montags geschlossen

Eintrittspreise:
7-18 Jahre 6000 Won, Erwachsene 10.000 Won

besondere Aktivitäten:
Am Wochenende von 15:00 bis 16:30 Uhr englischsprachige Führung durch Museum 1 und 2.

Verkehrsmittel:
Untergrundstation Hangangjin, Linie 6 (braun) – Ausgang 1, Fußweg 5 Min.

Anschrift: 747-18, Hannam-dong, Yongsan-gu
Homepage: *http://leeum.samsungfoundation. org/eng/main.asp*

dieser Gegend eine exklusive kulturelle Präsenz mit allerhöchsten Ansprüchen dar. Rund 15.000 Exponate, darunter Porzellan aus den drei Königreichen, buddhistische Gemälde oder antike Grabbeigaben, aber auch Werke von Andy Warhol, Damien Hurst oder dem Koreaner Nam June Paik machen das Leeum zum größten privaten Kunstmuseum in Korea.

Die über 9 Meter hohe Bronzeskulptur Maman von Louise Bourgeois vor dem Museum, im Hintergrund das Hyatt Hotel.   *Foto: Leeum Museum, Yong-Kwan Kim*

Kultur

171

Kansong Kunstmuseum

간송미술관

Dieses Museum wurde 1938 von Jeon Hyeong-pil gegründet und trägt heute seinen Künstlernamen. Es gilt als das erste private Museum Koreas und besitzt eine einzigartige Sammlung von Kunstwerken aus verschiedenen koreanischen Dynastien. Viele seiner alten koreanischen Bilder, Bücher und Kalligraphien besitzen den Status „nationales Kulturgut". Das bedeutendste ist wohl „Hunminjeongeum", das einzige in Südkorea existierende Exemplar von König Sejong's Veröffentlichung des neu entwickelten koreanischen Alphabets aus dem Jahr 1446.

Jeon Hyeong-pil wurde 1906 in eine der reichsten koreanischen Familien geboren (er starb

Öffnungszeiten:
Nur etwa zwei Mal 15 Tage im Jahr (meistens im Mai und Oktober) zu Sonderausstellungen geöffnet

Eintrittspreise: kostenlos

Verkehrsmittel:
Untergrundstation Hansung Univ., Linie 4 (hellblau) – Ausgang 6, Fußweg 12 Min.

Anschrift: Seongbuk-dong, Seongbuk-gu, Seoul

1962). Während der japanischen Besatzungszeit (ab 1910) waren viele Kunstliebhaber aus wirtschaftlichen Gründen gezwungen ihre Besitztümer weit unter Wert zu verkaufen. Als Student in Tokio sah Jeon diese Zerstreuung koreanischen Kulturguts in Japan. Nach seiner Rückkehr nach Seoul begann Jeon seine Sammlung, indem er ländlichen Familien Kunstschätze zu fairen Preisen abkaufte. Oft fuhr er auch nach Japan, um Einzelstücke zurückzukaufen.

Von anderen Milliardären unterschied ihn dabei, dass er seine Sammlung nicht als Hobby betrachtete, sondern eine klare Zielsetzung verfolgte. Sein Kunstverstand, den er sich während einer gründlichen Ausbildung bei dem großen Maler Oh Se-chang erwarb, führte zu der Sammlung, die heute einen unschätzbaren Wert besitzt. Für „Hunminjeongeum" z. B. zahlte Jeon Hyeong-pil seinerzeit bereits den Gegenwert von etwa zehn großen Häusern.

Moon Shin Museum

문신미술관

Moon Shin wurde 1923 in Japan geboren und verbrachte seine Jugend in der südostkoreanischen Stadt Masan. Zwischen 1961 und 1980 lebte er in mehreren europäischen Ländern und im Iran. Internationale Anerkennung erhielt er erstmals 1970 mit der in Frankreich präsentierten Skulptur „Löwe der Sonne". 1980 kehrte er in seine Heimat Masan zurück und konnte 1994, ein Jahr vor seinem Tod, seinen lebenslangen Traum von einer eigenen Galerie verwirklichen. Diese Galerie wurde 2004 von der Stadt Masan als

Öffnungszeiten:
10:00-17:00, Sonntag ist Ruhetag

Eintrittspreise: kostenlos

Verkehrsmittel: Untergrundstation Sookmyung Women Univ., Linie 4 (hellblau) – Ausgang 10, Fußweg 10 Minuten

Anschrift: 52 Hyochangwongil, Yongsan-gu
Homepage: *http://www.moonshin.or.kr/*

Skulpturen im Foyer des Moon Shin Museums.

Museum wiedereröffnet und in enger Zusammenarbeit mit der Ehefrau des Künstlers öffnete nur einen Monat später auch das Moon Shin Museum in der Sookmyung Frauenuniversität. Sein künstlerisches Schaffen (überwiegend Skulpturen) stand ganz unter dem Thema „Symmetrie".

Sungkok Kunstmuseum

성곡미술관

Das Sungkok Museum für moderne Kunst wurde im November 1995 eröffnet. Im Gedenken an Kim Sungkok, den Gründer der Firma Ssangyong wurde die Sungkok Stiftung für Kunst und Kultur ins Leben gerufen die das Museum betreibt. Das Museum befindet sich nördlich des Gyeonghuigung Palastes auf dem Anwesen des verstobenen Firmengründers zu dem auch ein Skulpturenpark mit altem Baumbestand gehört.
Kim sah in der Förderung der Jugend die Grundlage für den Fortschritt der Nation und so fühlt sich das Museum ganz der Ausbildung und Förderung junger Künstler verpflichtet. Zu diesem Zweck veranstaltet das Museum jährlich mindestens 15 Ausstellungen in denen moderne Kunst, Fotografien, Design, Mode und neue Medien zu sehen sind. Neben der Förderung aufstrebender Künstler ist das Ziel dieser Ausstellungen auch die Festigung der nationalen Identität und die Stärkung der weltweiten Beachtung koreanischer Kunst.
Zum Museum gehört ein Teehaus von dessen Terrasse man einen Blick auf den Skulpturenpark und die Natur im Wechsel der Jahreszeiten genießen kann. Als Spezialität werden von der Museumsdirektorin selbst gebackene Walnussplätzchen und Zitronentee angeboten.

Öffnungszeiten:
10:00-18:00, Montag ist Ruhetag

Eintrittspreise:
Erwachsene 5000 Won, Studenten 4000 Won

Verkehrsmittel:
Untergrundstation Gwanghwamun, Linie 5 (lila) – Ausgang 7, Fußweg 10 Min.

Anschrift: 1-101 Sinmunno2-ga, Jongno-gu
Homepage: *http://www.sungkokmuseum.com/*

173

Der Koreaner Horim Yun Jang-Sub gründete 1981 die Sungbo Kulturstiftung und steuerte eine große Sammlung von Antiquitäten und eine bedeutende Summe Gründungskapital bei. Die Stiftung eröffnete 1982 das Horim Museum in Daechi-dong auf einer gemieteten Etagenfläche. Im Mai 1999 konnte das Museum dann in das heutige, eigens entworfene und gebaute Gebäude in Sillim-dong umziehen.

Die Sammlung umfasst das gesamte Spektrum der koreanischen Kunst, angefangen in der Bronzezeit bis in die Moderne. Neben anderem gibt es über 3000 archäologische Tongegenstände, rund 4000 Porzellan- und Töpfereierzeugnisse, 600 Stücke Metallkunst sowie 2000 Zeichnungen und Bücher. Weit mehr als 50 Ausstellungsstücke gehören zum nationalen Kulturerbe. Das Horim Museum gehört zu den drei bedeutendsten privaten Museen Koreas.

Im Juni 2009 wurde eine Nebenstelle im Kulturviertel Sinsa-dong in Gangnam-gu eröffnet. Im Horim Kunstzentrum zeigt das Museum auf drei Etagen ausgewählte Stücke seiner Sammlung und veranstaltet mehrmals jährlich Sonderausstellungen mit unterschiedlichen Themenschwerpunkten. Das Horim Kunstzentrum besteht aus drei Gebäuden deren Architektur einen Akzent in dem von Hochhäusern bestimmten Gangnamgu schaffen. Stromlinienformen und geschwungene Kurven die ohne Abgrenzung ineinander übergehen bilden innere und äußere Räume die für Spannung und Entspannung sorgen.

Horim Museum Sillim (Hauptstelle)
Öffnungszeiten:
10:00-17:00, Sonntag ist Ruhetag

Eintrittspreise:
Erwachsene 4000 Won, Studenten 2000 Won

Verkehrsmittel:
Untergrundstation Sillim, Linie 2 (grün) – Ausgang 4, Fußweg 15 Min. oder Ausgang 5, weiter mit Bus 500, 504, 643, 651, 5413, 5525, 5528, 5535 oder 6512 (ab Halt 21-350, zwei Stops bis Halt 21-110)

Anschrift: 151-907 Namseoul gil 55, Gwanak-gu, Seoul
Homepage: *http://www.horimmuseum.org/*

Horim Museum Sinsa (Nebenstelle)
Öffnungszeiten:
10:30-18:00, Sonntag ist Ruhetag

Eintrittspreise:
Erwachsene 8000 Won, Jugendliche 5000 Won

Verkehrsmittel:
Untergrundstation Gangnam-Gu Office, Linie 7 (oliv) – Ausgang 3, Fußweg 12 Min.

Anschrift: 135-897 Buk33 gil 6, Dosandaero, Gangnam-gu, Seoul
Homepage: *http://www.horimartcenter.org/*

Horim Museum Sillim (Hauptstelle)

Horim Kunstzentrum Sinsa (Nebenstelle)

Ilmin Kunstmuseum   일민미술관

Seit 1976 befindet sich dieses Museum in dem als Kulturschatz deklarierten Gebäude, in dem 66 Jahre (1926 bis 1992) die Dong-a Ilbo Zeitung ihren Sitz hatte. Trotz mehrerer Renovierungen hat das Gebäude seinen Stil mit gefliesten Böden und gläsernen Wänden behalten. Um das Alte mit dem Neuen zu verbinden, wurde 2002 der Eingangsbereich mit einem über alle fünf Etagen gehenden gläsernem Atrium neu gestaltet. Gleichzeitig ermöglicht dieser Glasvorbau dem außenstehenden Besucher einen Einblick in die Struktur des Museumsgebäudes, während man von innen einen Blick nach außen hat.

Die Ilmin Kulturstiftung wurde 1994 zu Ehren des Kunstsammlers Kim Sang-Man gegründet. Die 430 Ausstellungsstücke der Ilmin Sammlung aus der Goryeo Dynastie (918-1392) stammen überwiegend von ihm und zeigen einfache ästhetische Zeichnungen. Die Kunstsammlung der Dong-a Ilbo Zeitung ist mit 1200 geschichtlich wichtigen Stücken vertreten und auch Hyundai überstellte dem Ilmin Museum 100 Gemälde mit überwiegend sozialkritischen Inhalten.

Das Museum stellt Entwicklungen zeitgenössischer bildender Kunst von neuen Standpunkten aus dar. Das Ilmin Museum betreibt das einzige Archiv Koreas für Dokumentarfilme und Videokunst. Die Ausstellungsprojekte behandeln maßgebliche aktuelle Themen. Im selbstgestellten Anspruch bezeichnet sich das Museum als fortschrittlicher Kulturlieferant, das seiner Zeit voraus ist. Hier treffen attraktive Traditionen auf innovative Zukunftsvisionen.

Mit der Eröffnung des Cheonggyecheon entstand um die Gwanghwamun U-Bahn Station ein neues Kulturviertel. Während sich das Sejong Kulturzentrum ganz in der Nähe befindet, liegt das Ilmin Museum unmittelbar an der Cheonggye Plaza, die man mit Skulpturen und ständig wechselnden Aktionsflächen bereichert.

Direkt neben dem alten Dong-a Ilbo Gebäude befindet sich das markante Dong-a Medienzentrum. Auf der dritten und vierten Etage befindet sich das im Dezember 2000 eröffnete „Presseum" (Zusammensetzung aus Presse und Museum), Koreas einziges Zeitungsmuseum. Hier wird die Geschichte und Kultur der koreanischen Presse, beginnend mit der ersten Ausgabe der Hansung Sunbo 1883 nachgezeichnet.

Öffnungszeiten:
11:00-19:00 (Presseum 10:00-18:00),
Montag ist Ruhetag

Eintrittspreise:
je nach Programm unterschiedlich
(Presseum: 3000/2000 Won)

Verkehrsmittel:
Untergrundstation Gwanghwamun, Linie 5
(lila) – Ausgang 5

Anschrift: 139 Sejong-no, Jongno-gu, Seoul
Homepage: *http://www.ilmin.org/*
http://www.presseum.or.kr/

Kultur

175

Modern Design Museum

근현대디자인박물관

Dieses erste Design Museum Koreas wurde am 14. März 2008 eröffnet. Es befindet sich in einem holzvertäfelten Gebäude im Bereich hinter der Hongik Universität neben dem Eingang zum Wawoo Park. Briefmarken, Zeitschriften, Radios, Kühlschranke, Mobiltelefone, Computer und viele weitere, insgesamt 1600 Exponate der letzten 150 Jahre sind hier zu sehen.

Die umfangreiche Sammlung ist das Ergebnis zeitintensiver Bemühungen von Park Am-Jong. Er ist Professor für visuelles Design an der Seonmun Universität und gleichzeitig Direktor des Museums. Seine Dissertation über koreanische Designgeschichte bildete den Ausgangspunkt einer ernsthaften Sammlung verschiedenster Objekte. Über 20 Jahre lang kaufte er historische Gegenstände von Antiquitätenhändlern in Insadong und später auch auf Online-Auktionen.

Park gründete das Museum, um der Bevölkerung die Geschichte des koreanischen Designs näher zu bringen. Mit entsprechenden Exponaten wird

Öffnungszeiten:
10:00-18:00 (So. ab 11:00), Montag ist Ruhetag, an Feiertagen geschlossen

Eintrittspreise: Erwachsene 3000 Won, Schüler und Jugendliche 2000 Won

Verkehrsmittel: Untergrundstation Sinchon, Linie 2 (grün) – Ausgang 7, weiter mit dem Minibus Mapo 13, vier Stops

Anschrift: Changjeon-dong 6-32, Mapo-gu
Homepage: *http://www.designmuseum.or.kr/*

die Entwicklung der letzten 150 Jahre dargestellt. Nach Park entstand das moderne Verständnis von Design nach der industriellen Revolution in England. Mit der Öffnung Koreas Ende des 19. Jahrhunderts drangen westliche Designideen, überwiegend als Fotos oder in gedruckter Form, über Japan und China auch nach Korea. Mitte der 1970er Jahre erlebte die Designindustrie in Korea einen dramatischen Aufschwung. Seit den Olympischen Spielen 1988 in Seoul findet die koreanische Ästhetik auch international Beachtung und Anerkennung.

In den sieben Abteilungen der ständigen Ausstellungen auf der zweiten und dritten Etage ist z.B. Samsungs erstes Mobiltelefon von 1989 zu sehen – ein Objekt über das man heute ob seiner Größe und seines urtümlichen Designs nur schmunzeln kann. Koreas erste Kosmetikprodukte und Postkarten mit weiblichen Unterhaltungskünstlern sind ebenfalls vielbeachtete Ausstellungsstücke.

Die Museumsgalerie für Sonderschauen und spezielle Veranstaltungen in der unteren Etage, ein gemütliches Cafe in der ersten Etage und der Wawoo Designers* Club als Treffpunkt nationaler und internationaler Gestaltungskünstler in der fünften Etage vervollständigen dieses Museum.

Seminare, Symposien und Kurse sollen den Besuchern koreanisches Design näher bringen. Park hofft, dass sich das Museum als Designzentrum etablieren kann und eine neue Phase der koreanischen Designgeschichte eröffnet.

Platoon Kunsthalle

플래툰 쿤스트 할래

PLATOON wurde im Jahr 2000 in Berlin gegründet. In Zusammenarbeit mit 3500 internationalen Kreativen werden unterschiedlichste Kultur- und Kommunikationsprojekte durchgeführt. Am 11. April 2009 wurde die PLATOON KUNSTHALLE in Seoul eröffnet. Das Gebäude selbst ist eine Installation aus in- und aufeinandergestapelten 28 Standardcontainern die bei Bedarf in kürzester Zeit auf- und abgebaut werden können. PLATOON bietet der asiatischen Subkultur, sei es im Bereich Straßenkunst, Grafikdesign, Mode, Video, Musik, Politik usw., einen Ort an dem neue Ideen geboren und präsentiert werden können. PLATOON stellt Künstlern vier kostenlose Studios zur Verfügung in denen sie sechs Monate lang ihre Werke verwirklichen können. Das Konzept von PLATOON bietet dabei die Freiheit auch unkonventionelle Wege zu gehen. Außerdem gibt es vier Ausstellungsboxen in denen für jeweils vier Wochen vier Künstler ihre Werke vorstellen können.

Öffnungszeiten:
Bar und Restaurant Mo.-Sa. 12:00-02:00

Eintrittspreise: kostenlos

Verkehrsmittel: Untergrundstation Hak-dong, Linie 7 (oliv) – Ausgang 10, Fußweg 10 Min.

Anschrift: 97-22 Nonhyeon-dong, Gangnam-gu
Homepage: *http://www.kunsthalle.com/*

Kultur

Cartoon Museum

만화의집

Das Seoul Cartoon Museum ist Teil des Animation Center, einer 1999 von der Seouler Stadtverwaltung ins Leben gerufenen Organisation. Ziel ist die Förderung, Kultivierung und Vermarktung von koreanischen Comics, Zeichentrickfilmen sowie seit Neuestem auch Computerspielen. Es werden Lehrgänge und technische Unterstützung bei der Produktion angeboten, Festivals abgehalten sowie Wettbewerbe und Ausstellungen durchgeführt. Seit 2005 verfügt man auch über einen hochmodernen Kinoraum, in dem regelmäßig Trickfilme aufgeführt werden. Wer also einmal die Simpsons in koreanischer Sprache sehen möchte ist hier genau richtig. Das Comic Museum selbst hat sich überwiegend auf Comics

Öffnungszeiten:
09:00-18:00, Montag ist Ruhetag

Eintrittspreise: kostenlos

Verkehrsmittel: Untergrundst. Myeong-dong, Linie 4 (hellblau) – Ausgang 4, Fußweg 4 Min.

Anschrift: Yejang-dong, Jung-gu, Seoul
Homepage: *http://www.ani.seoul.kr/*

in Heft- und Buchform spezialisiert. Neben einer kleinen Ausstellung gibt es auch eine Bücherei, in der sich viele koreanische Klassiker der Comic-Literatur finden lassen.

Nationales Volkskundemuseum 국립민속박물관

Das koreanische Museum für Volkskunde und Folklore befindet sich auf dem Gelände des Gyeongbok Palastes. Nach der Gründung des Museums im Jahr 1945 war es in verschiedenen Gebäuden untergebracht. Das jetzige Museumsgebäude entstand 1972, aber erst nach einem kompletten Umbau wurde das Museum am 17. Februar 1993 als staatliches Volkskunde-Museum hier wiedereröffnet.

Der untere Gebäudeteil ist Bauelementen aus dem Bulguksa Tempel nachempfunden (blaue und weiße Wolkenbrücke), der obere Teil, die

Öffnungszeiten:
Nov.-Feb. 09:00-17:00, März-Okt. 09:00-18:00 (Mai-Aug. Samstags und Feiertags bis 19:00) Dienstag ist Ruhetag

Eintrittspreise: kostenlos (ist im Eintrittspreis zum Gyeongbokgung enthalten)

Verkehrsmittel:
Untergrundstation Gyeongbokgung, Linie 3 (orange) – Ausgang 5, Fußweg 4 Minuten zum Gyeongbokgung Palast

Anschrift: Jongno-gu, Seoul
Homepage: *http://www.nfm.go.kr/*

Diese Teilansicht des Volkskundemuseums zeigt den Nachbau einer fünfstöckigen Pagode aus dem Beopjusa-Tempel

fünfstöckige Pagode, ist ein Nachbau aus dem Beopjusa Tempel. Weitere Gebäudeteile sind nach Vorbildern aus dem Geumsam Tempel und dem Hwaeom Tempel gestaltet. So entstand ein modernes Gebäude, in dem verschiedene traditionelle koreanische Baustile vereint sind.

An rund 25.000 Objekten werden die Ursprünge der koreanischen Kultur, die soziale Entwicklung und traditionelle koreanische Lebensweise gezeigt. Das Museum ist eine unerschöpfliche Quelle, um etwas über die Gebräuche, Lebensweise, Werkzeuge und das tägliche Leben während der Joseon Ära zu erfahren. Natürlich werden auch Forschungsarbeiten ausgeführt sowie wissenschaftliche Symposien ausgerichtet und Handwerks- und Volkskundekurse veranstaltet. Im Außenbereich sind weitere interessante Objekte ausgestellt wie z. B. Steinskulpturen von der Insel Jeju (Dolharubang), Wassermühlen, Jang seung und anderes.

Namsangol Hanok Dorf 남산골한옥마을

Der jetzige Standort des Freilichtmuseums am nördlichen Fuß des Namsan war während der Joseon Dynastie ein beliebtes Sommerdomizil. Kristallklare Wasserläufe, an denen blaue Kraniche brüteten, machten dieses Gebiet zu einem der wunderbarsten Orte Seouls. Um die historische Schönheit nachzuempfinden, wurde ein koreanischer Garten mit Pavillon und Teich, der

von einem Bach durchflossen wird, angelegt. Fünf traditionelle Häuser und kleine Nebengebäude, die verschiedene Stände der Gesellschaft, vom Bauern über hochrangige Beamte bis zur Aristokratie repräsentieren, wurden aus verschiedenen Landesteilen nach hier verbracht. Auch die Einrichtung und Möblierung der Häuser entspricht ihrer früheren Nutzung und gibt ei-

Am nördlichen Fuß des Namsan befindet sich das historische Namsangol-Dorf in einer Wald- und Parklandschaft.

nen Einblick in das tägliche Leben in historischer Zeit. Auf einem großen Platz innerhalb des Dorfes können die Besucher beliebte koreanische Spiele ausprobieren und ihr Geschick beweisen. Für die regelmäßig stattfindenden kulturellen Vorführungen von Tanz und Gesang wurde 2007 ein Theater im traditionellen Baustil mit 300 Sitzplätzen eingeweiht.

Im Park, südlich des eigentlichen Dorfes, befindet sich der „Time Capsule Square". Es handelt sich dabei um eine Mulde, in der 1994, zum 600sten Gründungstag von Seoul, eine Kapsel mit verschiedenen heutigen Kulturgegenständen vergraben wurde. Erst nach 400 Jahren, im November 2394, soll dieser Behälter wieder geöffnet werden und den dann lebenden Menschen einen Einblick in die heutige Zeit geben.

Öffnungszeiten:
Nov.-März 09:00-20:00, April-Okt. 09:00-21:00, Dienstag ist Ruhetag.

Eintrittspreise: kostenlos

Verkehrsmittel: Untergrundstation Chungmuro, Linie 3 (orange) oder 4 (hellblau) – Ausgang 3, Fußweg 3 Minuten

besondere Aktivitäten: traditionelle Hochzeitszeremonie an Wochenenden um die Mittagszeit, in den Abendstunden traditionelle Kulturvorführungen wie Tanz, Musik, Spiele.

Anschrift: Pil-dong 2(i)-ga, Jung-gu, Seoul
Homepage: *http://www.hanokmaeul.org/*

Kultur

Onggi Museum 옹기민속박물관

Onggi bezeichnet koreanische Keramik, sowohl mit als auch ohne dunkelbraune Glasur. Das Onggi Volkskundemuseum im Norden Seouls hat sich auf die als Tischgeschirr oder Aufbewahrungsgefäß verwendeten Töpferwaren spezialisiert. Auf drei Etagen und einem Freigelände werden aber auch Dancheong (malerische Muster), Handwerkskunst sowie landwirtschaftliche Geräte gezeigt.

Öffnungszeiten:
Nov.-Feb. 10:00-17:00, März-Okt. 10:00-18:00, Montags, Neujahr und Chuseok geschlossen.

Eintrittspreise:
Erwachsene 3000 Won, Jugendliche 2000 Won

Verkehrsmittel: Untergrundstation Suyu, Linie 4 (hellblau) – Ausgang 6, weiter mit Taxi oder 10 Stops mit Bus Dobong 02

besondere Aktivitäten: Keramikkurse

179

Anschrift: 497-15 Ssangmun 1-dong, Dobong-gu
Lage: 37°39'16" Nord, 127°0'53" Ost
Homepage: *http://www.onggimuseum.org/*

Nationales Palastmuseum

국립고궁박물관

Exponate aus den Palästen der Joseon Dynastie waren bereits seit 1992 im Königsmuseum im Deoksugung Palast zu sehen. Nachdem man in größere Räume neben dem Gyeongbokgung Palast umgezogen war erfolgte am 15. August 2005, zum 60. Jahrestag der Unabhängigkeit, eine teilweise Eröffnung des in „Nationales Koreanisches Palastmuseum" umbenannten Museums. Die offizielle Eröffnung des gesamten Museums erfolgte nach Abschluss der Renovierungsarbeiten am 27. November 2007.

Das Museum besitzt etwa 40.000 Objekte die zwischen 1392 und 1910 in den Königspalästen benutzt wurden. Nachdem lange Zeit eine systematische Konservierung und Archivierung unmöglich war ist das Museum jetzt in der Lage das prächtige Vermächtnis und die bedeutenden Kulturschätze der Königsfamilie in mehreren Gallerien auf weit über zehntausend Quadratmetern zugänglich zu machen. Dabei geht es

Öffnungszeiten:
9:00-18:00, Sa. So. + Feiertags bis 19:00, Montags geschlossen

Eintrittspreise: kostenlos

Verkehrsmittel:
Untergrundstation Gyeongbokgung, Linie 3 (orange) – Ausgang 5

besondere Aktivitäten:
kostenlose Führung in Englisch um 15:00

Anschrift: 12 Hyojaro, Jongno-gu, Seoul
Homepage: *http://foreign.gogung.go.kr/eng/*

nicht nur um das tägliche Leben in den Palästen sondern auch um Staatszeremonien, Architektur, Erziehung und Bildung sowie Errungenschaften auf dem Gebiet der Kunst und Wissenschaft.

Präsidentenmuseum
Cheongwadae Sarangchae

청와대 사랑채

In der Nähe des Blauen Hauses (Cheongwadae, S. 122) wurde 1993 ein Gebäude errichtet um die Staatsgeschenke ausländischer Würdenträger an die koreanischen Präsidenten auszustellen. Nach 18monatiger Bauzeit wurde das Museum 2010 unter dem Namen „Sarangchae am Cheongwadae" wieder eröffnet. Das früher eher unscheinbare und unbekannte Museum wurde mit 19 Billionen Won zu einem einzigartigen Ziel aufgewertet. Es entstand ein modernes, großzügiges Gebäude nach Niedrigenergiestandard mit Restaurant und Souvenirgeschäft. Der Kreisverkehr mit dem Kranichbrunnen vor dem Museum wurde als parkähnliche Landschaft vollkommen neu und ansprechend gestaltet.

Öffnungszeiten:
09:00-18:00, Montag ist Ruhetag

Eintrittspreise: kostenlos

Verkehrsmittel:
Untergrundstation Gyeongbokgung, Linie 3 (orange) – Ausgang 2, Fußweg 10-15 Minuten

Anschrift: 152 Hyoja-dong, Jongno-gu, Seoul
Homepage: *http://www.cwdsarangchae.kr/*

Das Museum berichtet über die Geschichte der Republik Korea ab etwa 1950 und ihre Präsidenten. Neben vielen neuen Installationen in mehreren Ausstellungsräumen wurde auch eine Kopie des Präsidentenbüros aufgebaut in dem man Staatsoberhaupt spielen kann. Dem runden Tisch des G20-Gipfels ist ein eigener Raum gewidmet, es gibt einen Blick auf Eintragungen von Staatsbesuchern in das Gästebuch und natürlich sind auch die vielfältigen Staatsgeschenke weiter Bestandteil der Ausstellung.

Historisches Museum Seoul   서울역사박물관

Dieses Museum bietet dem Besucher die Möglichkeit, Geschichte und Kultur der Stadt Seoul von der vorgeschichtlichen Zeit bis in die Moderne hinein zu erleben. Mit Seoul als Zentrum der stammen natürlich die meisten Exponate aus dieser Epoche. Nach einem Spendenaufruf wurden viele Ausstellungsstücke zur Geschichte Seouls von Bürgern gestiftet.

Über die Geumcheongyo Brücke vor dem Museum gelangte man früher zum Haupteingang des Gyeonghuigung.

Am 21.5.2002, 17 Jahre nach den ersten Planungen, konnte das Museum südöstlich des Gyeonghuigung Palastes eröffnet werden. Während sich im Erdgeschoss allgemeine Serviceeinrichtungen, der Museumsladen und die Sonderausstellung mit gestifteten Exponaten befinden, sind die eigentlichen Ausstellungsräume auf der 2. Etage untergebracht. Die Ausstellungsstücke können auch online im „Cyber Museum" via Internet dreidimensional betrachtet werden.

Öffnungszeiten:
Wochentags 09:00-21:00, Sa., So. und Feiertags 10:00-19:00, Montag ist Ruhetag

Eintrittspreise: kostenlos

Verkehrsmittel:
Untergrundstation Gwanghwamun, Linie 5 (lila) – Ausgang 7, Fußweg 7 Minuten oder Untergrundstation Seodaemun, Linie 5 (lila) – Ausgang 4, Fußweg 8 Minuten

Anschrift: 2-1 Sinmunro 1 ga, Jongno-gu
Homepage: *http://www.museum.seoul.kr/*

Kultur

Bank of Korea Museum   한국은행 화폐금융박물관

Der Bau des im Renaissance-Stil gehaltenen Museumsgebäudes begann 1907 durch die Japaner und ist ein Beispiel für ein repräsentatives Gebäude der frühen japanischen Besatzungszeit. Ab 1912 befand sich hier die Zentralverwaltung der koreanischen Nationalbank (bzw. Bank of Joseon von 1912 bis 1950). Ein erster Ausstellungsraum mit Zahlungsmitteln entstand 1990. 1999 begann der Umbau zum Museum, das 2001 eröffnet wurde. Direkt am Eingang fällt der Blick auf eine Pyramide aus Münzen und über einen Rundkurs gelangt man zu verschiedenen Themenbereichen, die Geschichte, Herstellung und Geldkreislauf darstellen. Es gibt eine komplette Sammlung früherer koreanischer Münzen und Geldscheine sowie Beispiele ausländischer Währungen. Das Museum ist besonders auf Kinder bzw. Schulklassen ausgerichtet. An vielen Einrichtungen und Geräten können sie Zusammenhänge spielerisch erfahren.

Öffnungszeiten:
10:00-17:00, Montag ist Ruhetag

Eintrittspreise: kostenlos

Verkehrsmittel:
Untergrundstation Hoehyeon, Linie 4 (hellblau) – Ausgang 7, Fußweg 4 Minuten

Anschrift: Namdaemunro 3 ga, Jung-gu, Seoul
Homepage: *http://museum.bok.or.kr/*

181

Die Geschichte von König Sejong und Admiral Yi Sunshin 세종이야기/충무공 이야기

Gleichzeitig mit der Neugestaltung der Gwanghwamun Plaza (S. 85) entstand unter dem Platz ein über 2500 qm großes, König Sejong gewidmetes Museum. Während sich die König Sejong Gedenkhalle (nebenstehende Seite) auf historische Originale konzentriert werden in diesem Museum eher spielerisch das Leben und die Errungenschaften von König Sejong dargestellt. Der Eingang befindet sich ganz unauffällig auf der Gwanghwamun Plaza hinter seiner großen Bronzestatue. Im zweiten Untergeschoss öffnet sich dann eine beeindruckende multimediale Ausstellung.

Die Schaffung des Hangeul-Schriftsystems ist König Sejongs größte und bekannteste Leistung. Aber auch auf dem Gebiet der Wissenschaft (Sonnenuhr, Astronomie) und Kunst (Musik) war er aktiv und gab wichtige Impulse die teilweise bis heute nachwirken. An vielen Stationen kann man etwas ausprobieren, in Gang setzen oder sonstwie aktiv werden.

Vom König Sejong Museum gelangt man nahtlos in einen 1700 qm großen Bereich unter dem Sejong Zentrum für darstellende Kunst (S. 200) der sich dem Nationalhelden Admiral Yi Sun Shin widmet. Neben Ausstellungsgegenständen wie z.B. Waffen, beeindrucken hier besonders ein begehbarer Nachbau eines Schildkrötenschiffes sowie die filmisch-multimediale Darstellung seiner Schlachten. Admiral Yi machte sich im

Öffnungszeiten:
10:30-22:30, Montag ist Ruhetag

Eintrittspreise: kostenlos

Verkehrsmittel:
Untergrundstation Gwanghwamun, Linie 5 (lila) – direkte Verbindung zum Platz nahe Ausgang 2

Anschrift: 81-3, Sejongno, Jongno-gu
Homepage: *http://www.sejongstory.or.kr/*

16. Jahrhundert durch Erfolge im Konflikt mit den Japanern seinen Namen. Er erfand die sogenannten „Schildkrötenschiffe" (Kobuksan), die ersten Schiffe der Welt mit Eisenbeschlag bzw. -panzerung. Mit einer Flotte von lediglich zwölf Kobuksan gelang ihm 1597 die Verteidigung gegen 133 japanische Schiffe. Dadurch verhinderte er damals die Besetzung Koreas durch fremde Truppen.

Im großflächig gestalteten König Sejong Museum (oben) und im Inneren eines Schildkrötenschiffes (unten).

König Sejong Gedenkhalle

세종대왕기념관

Der vierte König der Joseon Dynastie herrschte von 1418 bis 1450. Oft wird er auch als König Sejong der Große betitelt. Unter anderem wurde von ihm die Entwicklung des Hangeul, der noch heute verwendeten koreanischen Schrift, veranlasst. Dementsprechend befassen sich große Teile der Ausstellung in der 1956 erbauten Gedenkhalle mit der Entwicklung der koreanischen Schrift. Ein Raum ist der Wissenschaft, ein weiterer der klassischen koreanischen Musik gewidmet. Außerdem gibt es eine Biografie König Sejongs und eine Ausstellung von Büchern, die

Öffnungszeiten: März-Okt. 09:00-18:00, Nov.-Feb. 09:00-17:30, Montag ist Ruhetag

Eintrittspreise:
Erwachsene 2000 Won, Jugendliche 1000 Won

Verkehrsmittel:
Untergrundstation Korea University, Linie 6 (braun) – Ausgang 3, Fußweg 8 Minuten oder Untergrundstation Cheongryangni, Linie 1 (dunkelblau) – Ausgang 2, Fußweg 15 Minuten

Anschrift: Cheongryangri-dong, Dongdaemun-gu
Homepage: *http://www.sejongkorea.org/*

während seiner Regierungszeit veröffentlicht wurden. Leider gibt es in der Ausstellung keine englischsprachigen Erläuterungen, so dass Sinn und Zusammenhang der Exponate dem sprachunkundigen Besucher verborgen bleiben. In dem zur Gedenkhalle gehörigen kleinen Park befinden sich unter anderem eine Statue von König Sejong (Foto), eine Sonnenuhr und ein Pegelmesser, der ab 1441 zur Hochwasserkontrolle des Cheonggyecheon verwendet wurde.

Kultur

Kyujanggak

규장각한국학연구원

Das Kyujanggak Institut für koreanische Studien geht zurück auf die 1776 von König Jeongjo gegründete königliche Bibliothek. Während der Joseon Dynastie wurden alle staatlichen Ereignisse detailliert festgehalten. Diese umfangreichen Aufzeichnungen bieten Geschichtsforschern einen unschätzbaren Einblick in die damalige Zeit. Die Sammlung des Kyujanggak besteht aus über 260.000 Werken, darunter die Annalen der Joseon Dynastie (Joseon Wangjo Sillok, S. 8), die Tagebücher des königlichen Sekretariats (Seungjeongwon Ilgi) – beides UNESCO Weltkulturerbe-Dokumente sowie weitere historische Bücher und Landkarten und auch die illustrierten Belege offizieller Ereignisse (Uigwe). Ausgewählte Stücke der Sammlung sind in einer Ausstellungshalle der Allgemeinheit zugänglich.

Boinso Uigwe, 1876, Richtlinien für das königliche Siegel

Öffnungszeiten: 09:30-17:30, Samstag, Sonntag und Feiertags geschlossen

Eintrittspreise: kostenlos

Verkehrsmittel: Untergrundstation Seoul National University, Linie 2 (grün) – Ausgang 3, Bus 5513 ab Halt 21-330, fünf Stops.

Anschrift: Haus 103, Sillim-dong, Gwanak-gu
Homepage: *http://kyujanggak.snu.ac.kr/*

Wissenschaftsmuseum

Das Nationale Seouler Science Museum wurde 1945 eröffnet, während des Koreakrieges (1950-1953) zerstört und 1972 am jetzigen Standort wiederaufgebaut. Schnell kristallisierte sich jedoch heraus, dass die Einrichtungen und das Platzangebot des Museums mit dem rasanten technologischen Fortschritt nicht Schritt halten konnte. Deshalb entstand 1990 in Daejeon im Daedok Techno Valley, etwa 160 km südlich von Seoul, das nationale Wissenschaftsmuseum (*www.science. go.kr*). In der Nähe Seouls gibt es seit 2008 das nationale Wissenschaftsmuseum Gwacheon (siehe unten).

Das Museum in Seoul blieb jedoch bestehen und bietet einen Blick in die Wunderwelt von Technik und Wissenschaft. In drei Ausstellungsbereichen (Biowissenschaften, industrielle Technologien und jährlich wechselnden Sonderausstellungen) werden die Gesetze, Regeln und praktische Umsetzung von Wissenschaft dargestellt. In einer Gesellschaft, die großen Wert auf eine fundierte Ausbildung legt, ist dieses Museum bei Schulklassen eines der beliebtesten Seouler Museen.

Öffnungszeiten:
09:30-17:50, Montag ist Ruhetag

Eintrittspreise: bis 7 Jahre kostenlos
7-19 Jahre 500 Won, ab 20 Jahre 1000 Won

Verkehrsmittel:
Untergrundstation Hyehwa, Linie 4 (hellblau) – Ausgang 4, Fußweg 10 Minuten

Anschrift: 113 Changgyunggung-ro, Jongno-gu
Homepage: *http://www.ssm.go.kr/*

Gwacheon nationales Wissenschaftsmuseum

Koreas Anspruch als Wissenschaftsnation aufzutreten spiegelt sich in diesem am 14. November 2008 eröffneten Museum wieder. Auf einem fast 244.000 qm großen Areal entstand in zweijähriger Bauzeit ein futuristisch anmutendes Gebäude das von oben betrachtet an einen Spiralnebel erinnert. Koreas größtes Wissenschaftsmuseum ist auch gleichzeitig eines der größten der Welt und befindet sich auf Augenhöhe mit dem Smithsonian in Washington oder dem Science Museum in London.

Es gibt Dauerausstellungen zu traditionellen Wissenschaften und Naturgeschichte, zu theoretischen Naturwissenschaften und natürlich der Hochtechnologie. Dazu kommen noch ökologische und astronomische Einrichtungen. Wie in vielen koreanischen Museen legt man auch hier großen Wert darauf, Wissen spielerisch zu vermitteln. So sind rund 50 Prozent der Ausstellung zum Anfassen, selbst erleben und ausprobieren.

Öffnungszeiten:
9:30-17:30, Montags, am Tag nach Feiertagen sowie Neujahr und Chuseok geschlossen

Eintrittspreise:
Erwachsene 4000 Won, Planetarium 2000 Won, Kinder zahlen die Hälfte.

Verkehrsmittel:
Untergrundstation Seoul Grand Park, Linie 4 (hellblau) – Ausgang 5

Anschrift: 706 Gwacheon-dong Gwacheon-si Gyeonggi-do, Korea
Homepage: *http://www.scientorium.go.kr/en/*

Neben Blitz und Donner kann man im Taifunraum Orkanböen mit 30 m/Sek, und 100 mm Niederschlag erleben. Auch ein Erdbeben der Stärke 7 gehört zum Programm.

184

Im Bereich der theoretischen Naturwissenschaften werden neben Geologie und Physik auch mathematische Ideen oder biologische Vorgänge dargestellt. In der Ausstellung zur Hochtechnologie, geht es um Biotechnologie, Informations- und Kommunikationstechnik sowie die Erforschung des Weltraums. Man kann z.B. bei einem Astronautentraining mitmachen, die Schwerelosigkeit erleben oder einen NASA Weltraumrucksack ausprobieren. Natürlich sind auch IT sowie Energie- und Umwelttechnik Themen die behandelt werden.
Stolz des Museums ist das Planetarium und die dazugehörige Sternwarte. In eine Kuppel mit 25 Metern Durchmesser können die verschiedensten Sternkonstellationen projiziert werden.

Heojun Museum   허준박물관

Dieses 2005 eröffnete Museum ehrt die humanitären und akademischen Errungenschaften des Hofmediziners Guam Heojun (1546–1615) im Bereich der traditionellen koreanischen Medizin. Neben einer Heojun-Gedenkhalle in der Heojuns Aufzeichnungen und alte medizinische Bücher zu sehen sind gibt es Ausstellungsräume für Heilkräuter, koreanische Arzneimittel und medizinische Geräte. Es gibt Nachbildungen die das Leben im Naeuiwon, einer königliche Medizineinrichtung und im Hanuiwon, der Klinik für traditionelle asiatische Medizin darstellen. Bei Mitmachaktionen, besonders für Schulkinder, können Medizintüten gefüllt, Heilmittel zu Pulver gemahlen und die physische Konstitution gemessen werden. Die Ruhezone des Museums bietet einen Blick auf den Heojun Kräuterpark mit dem Heogabawi Felsen. Der direkt hinter dem Museum beginnende Guam Nachbarschaftspark mit einer Heojun Statue und großem See lädt ebenfalls zu einer Rast ein. Neben dem Museum befindet sich das Koreanische Institut für orientalische Medizin in dem man sich unter anderem mit bislang unheilbaren Krankheiten befasst.

Öffnungszeiten:
10:00-18:00, Sa., So. und Nov.-Feb. bis 17:00
Montag ist Ruhetag

Eintrittspreise:
Erwachsene 1000 Won, Jugendliche 700 Won

Verkehrsmittel:
Untergrundstation Gayang, Linie 9 (gold) – Ausgang 1, Fußweg 10 Minuten

Anschrift: 26-5 Gayang 2-dong, Gangseo-gu
Homepage: *http://www.heojun.seoul.kr/*

185

Polizeimuseum

Im Hinblick auf den 50. Geburtstag der 1946 gegründeten Seouler Stadtpolizei wurde das Polizeimuseum am 8. November 1995 eröffnet. In einer interessanten und abwechslungsreichen Ausstellung wird der Bevölkerung die Möglichkeit gegeben, die Fortschritte und die Veränderung in der Polizeiarbeit anhand von Ausrüstungsgegenständen aus den zurückliegenden Jahrzehnten nachvollziehen zu können. Gleichzeitig soll

Öffnungszeiten:
09:30-17:30, Montag ist Ruhetag

Eintrittspreise: kostenlos

Verkehrsmittel:
Untergrundstation Seodaemun, Linie 5 (lila) – Ausgang 4, Fußweg 5 Minuten

Anschrift: Sinmunro 2(i)-ga, Jongno-gu, Seoul
Homepage: *http://policemuseum.go.kr/*

ein positives Bild der Polizei vermittelt werden. Die unterschiedlichen Aufgabenbereiche und Zuständigkeiten werden vorgestellt. Gleichzeitig können Besucher an einer ganzen Reihe von Geräten (z. B. elektronischer Fingerabdruck) aktiv werden. Insgesamt besitzt das Museum über 5000 Exponate, angefangen von Polizeiuniformen aus der Joseon Dynastie über Spionageausrüstung während der japanischen Besatzung und der Befreiungsbewegung bis zu modernem technischem Gerät aus der heutigen Zeit.

Landwirtschaftsmuseum

농업박물관

In diesem modern gestaltetem Museum werden mehrere Tausend Gegenstände aus der koreanischen Landwirtschaft, von historischen Werkzeugen bis zu modernen Geräten ausgestellt. Es wird die geschichtliche Entwicklung, verschiedene Tätigkeiten im Lauf der Jahreszeiten, die Verarbeitung der Feldfrüchte und daraus entstehende Produkte dargestellt. Verteilt auf drei Etagen hat man mit viel Erfindungsreichtum

Öffnungszeiten:
März-Okt. 09:30-18:00, Nov.-Feb. 9:30-17:30 Montag ist Ruhetag

Eintrittspreise: kostenlos

Verkehrsmittel:
Untergrundstation Seodaemun, Linie 5 (lila) – Ausgang 5, Fußweg 2 Minuten

Anschrift: Chong-dong, Jung-gu, Seoul
Homepage: *http://museum.nonghyup.com/*

versucht, die Ausstellung auch für jüngere Besucher (und mögliche spätere Bauern) interessant zu machen.
Im Außenbereich gibt es Beispiele der populärsten Pflanzen, einschließlich eines (Mini-) Reisfeldes. Eine Wassermühle und ein von Ochsen bewegter Mahlstein befinden sich ebenfalls vor dem Museum.

Korea Stamp World

우표문화누리

Dieses Museum im 2. Untergeschoss der Hauptpost soll insbesondere jugendlichen Besuchern die Welt der Briefmarke näher bringen. Es gibt viele berührungsempfindliche Bildschirme und Geräte die man selbst bedienen kann. Man erfährt etwas über die Geschichte der koreanischen Briefmarken und Postämter und den heutigen Herstellungsprozess. Für Philatelisten sind alle noch erhältlichen Briefmarken und Jahressätze vorrätig und werden zum Verkauf angeboten. Auf Schautafeln kann man eine vollständige Sammlung aller koreanischen Briefmarken seit 1884 studieren. Ein weiterer Anreiz diese hochmoderne Ausstellung zu besuchen ist die Möglichkeit, eigene Briefmarken zu gestalten.

Öffnungszeiten: 09:00-18:00, Montags und an Feiertagen geschlossen

Eintrittspreise: kostenlos

Verkehrsmittel:
Untergrundstation Myeongdong, Linie 4 (hellblau) – Ausgang 5, Fußweg 4 Minuten

Anschrift: 21-1 Chungmuro 1 ga, Jung-gu
Homepage: *http://www.kstamp.go.kr/*

Kultur

Telekommunikationsmuseum

체신기념관

Dieses kleine, lediglich 132 m² große Museum, direkt neben dem Jogyesa Tempel gelegen, ist besonders durch das Gebäude, in dem es untergebracht ist, bemerkenswert. Um 1600 wurde es von einem Amt für medizinische Verwaltung und Erziehung benutzt, und 1884 das erste moderne Postamt Koreas (Ujeongchongguk) eingerichtet. Der Name des Museums basiert auf dem jetzigen Besitzer, dem Fernmeldeministerium. Ausgestellt sind Briefmarken und Dokumente aus der frühen koreanischen Postgeschichte, unter anderem die erste Briefmarke von 1884, verschiedene Briefe, Postbestimmungen, Stempel und Siegel, ein alter Pass, von Kaiser Gojong ausgestellt und ein Dokument, das Zeitungen genehmigte.

Öffnungszeiten: 09:00-17:00, Sa. bis 13:00

Eintrittspreise: kostenlos

Verkehrsmittel:
Untergrundstation Anguk, Linie 3 (orange) – Ausgang 6, Fußweg 7 Minuten

Anschrift: Gyeonji-dong, Jongno-gu, Seoul
Homepage: *http://www.jongno.go.kr/english/culture/museums_12.jsp*

Wasserwerk Museum

수도박물관

In der südöstlichen Ecke des Seoul Forest (S. 100) befindet sich das Ttukdo Wasserwerk das täglich rund 400.000m^3 Trinkwasser für über 1,16 Millionen Seouler Bürger aufbereitet. Hier entstand von 1906 bis 1908 das erste Wasserwerk Seouls das damals die Versorgung des Königspalastes und zentraler Stadtteile mit täglich 12.500m^3 sauberem Leitungswasser sicherstellte. In dem ehemaligen Betriebsgebäude ist heute dieses historisch-technisch interessante Museum untergebracht. Neben der Darstellung der technologischen Entwicklung und den steigenden

Öffnungszeiten: März-Okt. 10:00-20:00, Nov.-Feb. 10:00-19:00, Sa. und So. wird eine Stunde früher geschlossen, Montags und an Feiertagen geschlossen

Eintrittspreise: kostenlos

Verkehrsmittel: Untergrundstation Ttukseom, Linie 2 (grün) – Ausgang 8, Fußweg 12 Minuten oder Ausgang 1 und drei Stops mit Bus 2224 oder 2413 (ab Halt 04-237) oder Untergrundstation Seoul Forest, Bundang Linie (gelb) – Neueröffnung 2013

Anschrift: 642-1, Seongsu-ga, Seongdong-gu
Homepage: *http://arisumuseum.seoul.go.kr/*

Anforderungen an eine gesicherte Wasserversorgung sind im Gebäude und auf dem Außengelände alte Schaltschränke, Pumpen, Schieber, Rohre und sonstiges Gerät ausgestellt. Selbst in ein unterirdisches Filterbecken kann man hinabsteigen.

Schlossmuseum

쇳대박물관

Das von Architekt Seung Hyo-sang gestaltete Gebäude südlich des Marronnier Parks ist durch seine massive Form und die mit rostigen Eisenplatten verkleidete Fassade seit 2003 ein auffälliges Wahrzeichen in Daehangno (S. 64) und

Öffnungszeiten: 10:00-18:00, Montag ist Ruhetag

Eintrittspreise: 5000 Won

Verkehrsmittel: Untergrundstation Hyehwa, Linie 4 (hellblau) – Ausgang 2, Fußweg 5 Min.

Anschrift: Dongsung-dong, Jongno-gu, Seoul
Homepage: *http://www.lockmuseum.org/*

bietet den passenden Rahmen für das in den oberen Etagen untergebrachte Museum. Neben historischen Schließmechanismen (vom 8. bis zum 20. Jahrhundert) zeigt das Museum auch Riegel und Schlüsselbehälter und -anhänger, die während der Joseon Dynastie neben der rein praktischen Funktion auch symbolischen Charakter hatten. Die überwiegend aus Korea stammenden Exponate werden durch eine Reihe von Schlössern aus Übersee ergänzt.

Cheonggyecheon Museum

청계천문화관

Seit 2005 ist der freigelegte Cheonggye Fluss eine beliebte Attraktion. In dem hochmodernen Zweckgebäude des Cheonggyecheon Museum wird die über zweijährige Bauphase der Renaturierung des Flusses dokumentiert. Zwölf Themenkomplexe stellen verschiedene Aspekte der Bedeutung des Flusses für Seoul, fast immer multimedial aufbereitet, vor. Die meist ausführliche englische Beschriftung macht dieses Museum für historisch interessierte Touristen zu einem interessanten Ziel. Gegenüber dem

Museum, direkt am Cheonggyecheon wurden in der Art eines Freilichtmuseums einige Hütten rekonstruiert die früher den Fluss säumten.

Öffnungszeiten:
Di.-Fr. 09:00-21:00, Sa., So. und Feiertage bis 19:00, Montag ist Ruhetag

Eintrittspreise: kostenlos

Verkehrsmittel:
Untergrundstation Yongdu, Linie 2 (grün) – Ausgang 4, Fußweg 6 Min. (über die Brücke, nach rechts entlang des Flusses)

Anschrift: 530, Cheonggyecheon-ro, Seongdong-gu
Homepage: *http://cgcm.go.kr/*

Kultur

Eispalast

아이스갤러리

Die „Ice Gallery" wurde 2006 von Weon-taek Lee eröffnet. Zusammen mit anderen Eisbildhauern lieferte er seit vielen Jahren Eisskulpturen für Hotels oder Veranstaltungen. Um die schnell dahin schmelzenden Kunstwerke einer größeren Besucherzahl zugänglich zu machen entstand die Idee einer Eisgalerie. Auf 265 Quadratmetern

kann man bei minus 5 Grad Celsius (eine Winterjacke wird gestellt) die in blaues Licht getauchten und auf sechs Themenbereiche verteilten Skulpturen erleben. Es gibt Eisburgen und Iglus, Eishäuser und einen Eisspielplatz mit Eisrutsche. Ein Eisherz ist für Heiratsanträge geeignet und die Eistoilette ergibt ein beliebtes Fotomotiv.

Öffnungszeiten: 10:00-19:00

Eintrittspreise:
Erwachsene 7000 Won, Jugendliche 5000 Won

Verkehrsmittel: Untergrundstation Anguk, Linie 3 (orange) - Ausgang 1, Fußweg 7 Min.

Anschrift: 138-7 Hwa-dong, Jongno- gu
Homepage: *http://www.iceart.co.kr/*

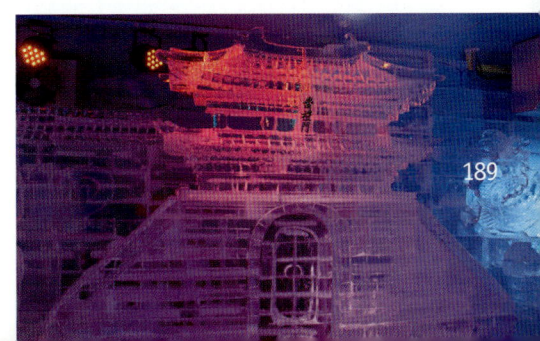

189

Eulenmuseum

Seit über 30 Jahren sammelt die Hausfrau Bae Myeong-hee alles rund um dieses nachtaktive Tier. Seit 2003 kann man die Sammlung von mehr als 2000 Stücken aus 80 Ländern in ihrem eigenen kleinen Museum in privater Atmosphäre bewundern.

Öffnungszeiten: 10:00-19:00, nur Donnerstag bis Sonntag (im Winter bis 18:00)

Eintrittspreise: 5000 Won

Verkehrsmittel: Untergrundstation Anguk, Linie 3 (orange) – Ausgang 2, Fußweg 25 Min. oder 6 Stops mit Bus Jongno 02, dann Fußweg 3 Minuten

Anschrift: Samcheong-dong, Jongno-gu, Seoul
Homepage: *http://www.owlmuseum.co.kr/*

Welt Juwelenmuseum

Dieses Museum wurde 2004 eröffnet und ist eines der wenigen Museen, das sich ausschließlich mit Schmuck beschäftigt. Es werden rund 1000 Schmuckstücke aus unterschiedlichsten Weltregionen in neun Themenbereichen gezeigt.

Außerdem gibt es regelmäßig Sonderausstellungen zu wechselnden Themen. Die Direktorin des Museums, Frau Lee Kang-won, bereiste über 30 Jahre lang als Frau eines Diplomaten die Welt und entwickelte so ihre Begeisterung für die unterschiedlichsten Formen von Schmuck.

Öffnungszeiten: 11:00-17:00
Montag und Dienstag ist Ruhetag

Eintrittspreise:
Erwachsene 7000 Won, Studenten 5000 Won

Verkehrsmittel: Untergrundstation Anguk, Linie 3 (orange) – Ausgang 1, Fußweg 17 Min.

Anschrift: 75-3 Hwa-dong, Jongno-gu, Seoul
Homepage: *http://www.wjmuseum.com/*

Museen im Bukchon Hanok Dorf

Seit das historische Bukchon (S. 52) immer mehr Besucher anlockt gab es einen regelrechten Boom an Museumsneugründungen. Meist handelt es sich dabei um private Sammlungen, die in privaten Räumen, aber auch eigens dafür umgebauten Häusern untergebracht sind. Neben den hier vorgestellten Museen gibt es viele weitere, teilweise recht kuriose und skurrile Sammlungen. Aber nicht alles kommt beim Publikum an und so schließen auch immer wieder einige Museen.

Chojun Museum für Textil- und Quiltkunst

초전섬유 퀼트박물관

Das von Soon-hee Kim gegründete Museum eröffnete im Oktober 1998. Ziel ist es traditionelle koreanischen Quilt-Techniken zu erhalten und Textilkunst anderer Länder auszustellen. Gezeigt werden koreanische traditionelle Kleidung, zeremonielle Kleidung, alltägliche Gegenstände sowie Trachten des chinesischen Miao-Stammes. Manche Exponate sind bis zu 100 Jahre alt.

Während man in Europa unter „Quilt" im Allgemeinen eine Tages- bzw. Steppdecke versteht trugen Koreaner früher, oft aus Stoffresten hergestellte, Steppkleidung. Je nach Herkunftsort unterscheiden sie sich in Stoffart, Muster und Naht, beweisen aber immer den Einfallsreichtum und die künstlerische Vielfalt des Herstellers. Das Besondere an dem Museum ist, dass Stile und Vielfalt der asiatischen und westlichen Textilarbeiten direkt verglichen werden können.

Das Museums war Gastgeber des ersten koreanischen Quilt-Wettbewerbs und veranstaltet Vorführungen mit Textilarbeiten. Mit Workshops und Seminaren dient es außerdem als Ausbildungszentrum für Textilkünstler die am Beispiel ausländischer Textilkunstwerke neue Ideen und Techniken entwickeln können.

Öffnungszeiten: 10:00-17:00
Sonn- und Feiertags geschlossen

Eintrittspreise:
Erwachsene 5000 Won, Jugendliche 3000 Won, Kinder und Senioren 2000 Won

Verkehrsmittel:
Untergrundstation Myeongdong, Linie 4 (hellblau) – Ausgang 3, Fußweg 7 Minuten

Anschrift: 1-20 Namsan-dong, Jung-gu, Seoul
Homepage: *http://www.jculture.co.kr*

Donglim Knotenmuseum

동림매듭박물관

Dieses im April 2004 eröffnete Museum ist eines von vielen Neugründungen im historischen Bukchon Viertel. Es zeigt die Vielfalt der dekorativen traditionellen Knoten (Maedeup) und die dafür benötigten Materialien. Es gibt aber auch neuere Exponate, die die Trends der heutigen Zeit reflektieren. Für Interessenten werden nach telefonischer Anmeldung Maedeup Lehrgänge durchgeführt (10-18 Uhr), allerdings nur auf Koreanisch.

Öffnungszeiten:
10:00-18:00, Montags geschlossen

Eintrittspreise: 1000 Won

Verkehrsmittel: Untergrundstation Anguk, Linie 3 (orange) – Ausgang 2, Fußweg 8 Min.

Anschrift: 11-7 Gahoe-dong, Jongno-gu, Seoul
Homepage: *http://www.shimyoungmi.com/*

191

Gahoe Minwha
Atelier und Museum

가회민화공방

In einem kleinen eleganten Haus in traditioneller Bauweise sind seit 2002 über 1500 Exponate der Volkskunst zu besichtigen. Darunter befinden sich 750 Amulette, 250 Gemälde und 150 klassische Bücher die das tägliche Leben in früheren Zeiten reflektieren. Sie gestatten Einblicke in den Zeitgeist, die Lebensart und die religiösen Ansichten des einfachen Volkes.

Öffnungszeiten:
10:00-18:00, Montag ist Ruhetag

Eintrittspreise:
Erwachsene 3000 Won, Jugendliche 2000 Won

Verkehrsmittel: Untergrundstation Anguk, Linie 3 (orange) – Ausgang 2, Fußweg 8 Min.

Anschrift: 11-103 Gahoe-dong, Jongno-gu
Homepage: *http://www.gahoemuseum.org/*

Von Dienstag bis Freitag gibt es geführte Touren durch das Museum auf Englisch. Gegen eine kleine Gebühr gibt es auch die Möglichkeit die bildlichen Darstellungen auf Dachziegeln auf ein Stück Papier abzureiben. Nach der Besichtigung kann man sich bei einer Tasse grünem Tee (der vom Dongwoen Tempel in Naju, Provinz Cholla stammt) entspannen.

Kum Bak Yeon
Blattgoldstudio

금박연

Gold steht schon seit ewigen Zeiten für Schönheit, Eleganz und als Symbol der Macht. Das Kum Bak Yeon Studio stellt seit 1856, jetzt in fünf-

Kim Deok Hwan (geboren 1935), hier vor einer von ihm geschaffenen Nok-Won Sam Robe für eine königliche Prinzessin, und sein Sohn leiten in vierter bzw. fünfter Generationen das Studio.

Öffnungszeiten: 10:00-17:00

Eintrittspreise: 2000 Won

Verkehrsmittel: Untergrundstation Anguk, Linie 3 (orange) - Ausgang 2, Fußweg 9 Min.

Anschrift: 18-11 Gahoe-dong, Jongno-gu
Homepage: *http://www.kumbak.com/*

ter Generation, königliche Zeremonienroben mit Applikationen aus Blattgold her. In einem aufwendigen, komplizierten und mehrstufigen Verfahren werden dabei verschiedene, strengen Regeln folgende Muster dauerhaft mit dem Stoff verbunden. Heute werden diese exklusiven Kleidungsstücke bei besondere Zeremonien, Hochzeiten und Geburtstagen eingesetzt.

Werkstätten im Bukchon Hanok Dorf
Viele der in Bukchon ansässigen Künstler und Handwerker haben ihre Ateliers geöffnet und bieten teilweise auch Kurse in ihrer oft als Kulturgut eingestuften Handwerkskunst an.

Chung Won San Bang
Tischlereimuseum

청원산방

Das Seongsim Kunst- und Handwerksatelier (성심예공원) wurde 1981 von Sim Yong-sik gegründet und stellt traditionelle Fenster und Türen her. Der 1952 geborene Sim arbeitet seit seinem 17. Lebensjahr an der Vervollkommnung seiner Fertigkeiten. Die alte Kunst der Tür- und Fensterherstellung, genannt „chang-ho", wurde inzwischen von der Stadt Seoul als immaterielles Kulturgut registriert. Mit internationalen Ausstellungen fördert Sim Yong-sik die Kultur der traditionellen Fenster und Türen. Gleichzeitig arbeitet er an Konzepten um die Produkte seiner Handwerkskunst auch in modernen Bauten einsetzbar zu machen. Seine moderne Interpretation berücksichtigt nicht nur die Größe eines Hauses sowie Wind- und Lichtverhältnisse sondern auch die Persönlichkeit des Hausbesitzers.

Zum Atelier Seongshin gehört ein Tischlereimuseum (ChungWonSanBang – 청원산방) in dem etwa 40 Exemplare von Sims Kunsthandwerk ausgestellt sind. Außerdem sind hier rund 300 Werkzeuge zu bewundern die bei der Herstellung zum Einsatz kommen. Das Schild über dem Eingang wurde von Kwon Chang-yun, einem bedeutenden Kalligraphen, geschrieben. Der Text „Schön wie der Mond wo der Zimtbaum gepflanzt

Öffnungszeiten: Di.-Sa. 10:00-17:00

Eintrittspreise: 2000 Won

Verkehrsmittel:
Untergrundstation Anguk, Linie 3 (orange) - Ausgang 2, Fußweg 7 Minuten

Anschrift: 79-12 Gye-dong, Jongno- gu
Homepage: *http://www.sungsimart.com/*

wurde" soll seinem Wunsch Ausdruck verleihen, dass das Museum die traditionelle Kultur erleuchtet wie weiches Mondlicht.

Cha Masineun Tteul

차 마시는 뜰

Der „Garten in dem Leute Tee trinken" (so die wörtliche Übersetzung) ist ein traditionelles Teehaus im Bukchon-Viertel (S. 52). Es befindet sich in einem historischen Hanok mit Garten das einen grandiosen Blick über Bukchon, den Gyeongbokgung Palast und Teile Seouls bietet. Nachdem man am Eingang die Schuhe ausgezogen hat beginnt eine Zeitreise durch die Jahrhunderte.

Im Angebot befinden sich über 50 koreanische Teesorten. Am beliebtesten sind die grünen Tees, falls man es etwas süßer mag kann man den Quittenteee (mogua cha) oder den Zitronentee (yuja cha) probieren. Man könnte sich aber z.B. auch mit süßem Kürbisreiskuchen und gekühltem omija cha (Tee mit fünf Geschmacksrichtungen) verwöhnen lassen. Die Preise liegen bei etwa 7000 bis 10000 Won für eine Kanne Tee.

Öffnungszeiten: 11:00-22:30

Verkehrsmittel:
Untergrundstation Anguk, Linie 3 (orange) – Ausgang 1, Fußweg 12 Minuten

Anschrift: (Karte S. 55)
35-169 Samcheong-dong, Jongno-gu, Seoul
Lage: 37°34'55" Nord, 126°58'56" Ost

193

Kimchi Museum

Alles, was es über das koreanische Nationalgericht zu wissen gibt, erfährt man hier. Wissenswertes und kurioses über Kimchi, das neben Reis zu praktisch jeder Mahlzeit gehört, Herstellungsweisen, wissenschaftliche Fakten und historische Daten werden dargestellt. Alte Küchenutensilien, Vorratsbehälter und was sonst noch mit Kimchi zusammenhängt, ist zu sehen. Die Museumsküche demonstriert die Herstellung von Kimchi und man kann auch einmal selbst Hand anlegen. Das Museum ist im COEX Gebäude in der unterirdischen COEX Mall untergebracht.

Öffnungszeiten:
10:00-18:00, Montag ist Ruhetag

Eintrittspreise: Erwachsene 3000 Won
Studenten 2000 Won, Kinder 1000 Won

Verkehrsmittel: Untergrundstation Samseong,
Linie 2 (grün) – Ausgang 5

Anschrift: B2 COEX-Mall, 159 Samseong-dong,
Gangnam-gu, Seoul
Homepage: *http://www.kimchimuseum.co.kr/*

Tteok Museum

떡부엌살림박물관

Tteok, der Oberbegriff für Reiskuchen, hat in der koreanischen Gesellschaft einen hohen Stellenwert. Die verschiedenen Arten von Reiskuchen haben sich über Jahrhunderte entwickelt und sind eng mit der koreanischen Kultur und ihren Festen und Riten verbunden. Regenbogen-Tteok (farbige Reiskuchen) sind z.B. beim 1. Geburtstag oder am Fest zum 100. Lebenstag eines Neugeborenen unabdingbar. Im Museum sind etwa 2000 alte Küchengeräte ausgestellt, weshalb es auch als Küchenutensilienmuseum bezeichnet wird. Die selbst hergestellten Utensilien spiegeln den Erfindungsreichtum und den Lebensstil der Arbeiterklasse wider.

Das Tteok Museum ist Teil des Instituts für traditionelles koreanisches Essen. In dem dreistöckigen Gebäude ist auch das Café Jilsiru untergebracht das eine reichhaltige Auswahl von rund 60 Tteoksorten und anderen traditionellen koreanischen Kuchen sowie 30 verschiedene traditionelle Getränke anbietet. Man kann hier also erst etwas über Reiskuchen lernen und sie dann im Café probieren und so einen Teil der koreanischen Esskultur erleben.

Öffnungszeiten: 10:00-17:00,
an Chuseok und Seollal (Neujahr) geschlossen

Eintrittspreise:
7-18 Jahre 1000 Won, ab 19 Jahre 2000 Won

Verkehrsmittel:
Untergrundstation Jongno 3-ga, Linie 5 (lila)
bzw. Linie 3 (orange) oder Linie 1 (dunkelblau)
– Ausgang 7, Fußweg 3 Min.

Anschrift: Waryong-dong 164-2, Jongno-gu
Homepage: *http://www.tkmuseum.or.kr* bzw.
http://kfr.or.kr/

Teemuseum

Dieses seit 1996 bestehende Museum heißt eigentlich „Das Schöne Teemuseum" bzw. „Areumdaun Cha Bangmulgwan". In drei Bereichen werden die Teekulturen von Korea, China und Tibet vorgestellt. Außerdem gibt es eine Ausstellung mit Porzellankunst junger Keramiker. Das Museum befindet sich in einem renovierten Hanok, einem traditionellen Haus, in einer Nebenstraße von Insadong (S. 56). Der ursprüngliche Innenhof des Gebäudes wurde überdacht und als Café gestaltet in dem man aus 130

Sorten Tee aus Korea, China, Japan, Sri Lanka, Indien und Europa wählen kann. Alle Teesorten können auch käuflich erworben werden.

Öffnungszeiten: 10:00-22:00

Verkehrsmittel: Untergrundstation Anguk, Linie 3 (orange) – Ausgang 6, Fußweg 10 Min.

Anschrift: Insa-dong 193-1, Jongno- gu
Homepage: *http://www.tmuseum.co.kr/*

Seoul Yangnyeongsi Medizinkräuter Museum

Südlich des Kräutermarktes (S. 35) gelangt man über einen Treppenabgang in das zweite Untergeschoss des Donguibogam Towers (erkennbar an der Fassade mit der riesigen Koreafahne). In diesem schön und elegant gestaltetem Museum wird die Geschichte und Kultur der Kräutermedizin anhand von Modellen, Büchern, medizinischen Schautafeln und Geräten erzählt (siehe auch Heojun Museum, S. 185). Anhand von Proben kann man sich über 500 verschiedene, in der koreanischen Medizin wichtige Heilmittel auf pflanzlicher, tierischer und mineralischer Basis und deren Wirkung und Einsatzgebiete informieren. Viele Kräuter kann man auch sinnlich

erleben und an ihnen riechen. Für beispielhaft ausgewählte Leiden besteht die Möglichkeit anhand eines Rezeptes selbst die passende Kräutermischung zusammenzustellen. Die überwiegend freiwilligen Helfer des Museums freuen sich, wenn sie Ihre Fragen beantworten können.

Öffnungszeiten:
März-Okt. 10:00-18:00, Nov.-Feb. 10:00-17:00
Montags und an Feiertagen geschlossen

Verkehrsmittel:
Untergrundstation Jegi-dong, Linie 1 (dunkelblau) – Ausgang 3, Fußweg 3 Minuten

Anschrift: 787 Yongdu-dong, Dongdaemun-gu
Homepage: *http://museum.ddm.go.kr/*

Christliches Museum Koreas 한국기독교박물관

Das Museum wurde am 20. April 1948 von Professor Kim Yang-seon, Pastor und Archäologe, gegründet und am 21. Juli 1967 seiner Hochschule, der Soongsil Universität gestiftet. Das Museum besitzt etwa 7000 Kulturschätze, die in drei Bereiche aufgeteilt sind: Christentum, Archäologie und Unabhängigkeitsbewegung. Besonders beeindruckende Exponate sind z. B.

Öffnungszeiten:
Mo.-Fr. 10:00-16:00, Sa. 10:00-12:00
Sonntag ist Ruhetag

Eintrittspreise: kostenlos

Verkehrsmittel:
Untergrundstation Soongsil Univ, Linie 7 (oliv) – Ausgang 3, Fußweg 5 Minuten

Anschrift: Sangdo 5(o)-dong, Dongjak-gu
Homepage: *http://museum.ssu.ac.kr/*

der Notsoejiguui Messingglobus, die Unabhängigkeitserklärung vom 1. März oder die Daedongyeojido Landkarte zusammen mit der dazugehörigen hölzernen Druckplatte. Diese und weitere Schätze sind seit 2003 in einem neuen, funktionalen dreistöckigen Ausstellungsgebäude am südwestlichen Ende der zentralen Plaza ausgestellt. Für Besucher stehen ansprechend gestaltete und bebilderte Broschüren in koreanisch und englisch bereit, die ausgesuchte Exponate ausführlich vorstellen.

Abraham Park und Kenneth Vine Sammlung 평강성서유물박물관

Dieses 1998 von Reverend Abraham Park gegründete Museum ist religiös inspiriert. Der amerikanische Archäologe Dr. Kenneth Vine vermachte dem Museum rund 2000 christliche Objekte. Von den überwiegend aus Ägypten und dem römischen Reich stammenden Stücken sind etwa 750

Öffnungszeiten: Di.-Sa. 10:00-17:00, So. 13:00-17:00, Montag ist Ruhetag

Eintrittspreise:
Erwachsene 2000 Won, Studenten 1000 Won

Verkehrsmittel:
Untergrundstation Oryu-dong, Linie 1 (dunkelblau) – Ausgang 2, Fußweg 4 Minuten

Anschrift: Oryu 2(i)-dong, Guro-gu, Seoul
Homepage: *http://www.apm.or.kr/*

in drei Themenbereichen („Das Schaffen Gottes", „Die Verwerflichkeit der Menschheit" und „Die Widererlangung der Menschlichkeit und der Weg zum ewigen Leben") ausgestellt. Unter anderem sind Tongeschirr (2000 v. Chr.), eine Mumie (10 v. Chr.), heilige Schriften aus Israel und vieles andere zu sehen.

Koreanisches Stickereimuseum   한국자수박물관

Über 1000 exquisite Handarbeiten, die Frauen in früheren Tagen mit viel Fleiß und Liebe hergestellt haben, sind hier ausgestellt. Kaum etwas, dass früher nicht mit traditioneller koreanischer Stickkunst versehen wurde. Huh Dong-hwa grün-

Öffnungszeiten:
Montag-Freitag 09:00-16:00
am Wochenende und Feiertags geschlossen

Eintrittspreise: kostenlos

Verkehrsmittel:
Untergrundstation Hak-dong, Linie 7 (oliv) –
Ausgang 10, Fußweg 3 Minuten

Anschrift: Nonhyeon-dong, Gangnam-gu
Homepage: *http://www.bojagii.com/*

dete das Museum 1976, nachdem er über viele Jahre Kleidungsstücke, buddhistische Gemälde, Schuhe, Spielzeug, Schmuckkästen, Kissen, Vorhänge und vieles andere zusammengetragen hatte. Auch Patchwork aus Seide oder gestoßener Rinde wird ausgestellt. Die Gegenstände dieser Privatausstellung sind nicht beschrieben, aber es gibt Bücher in englischer Sprache über koreanische Stickerei zu kaufen.

Chung Young Yang Stickereimuseum   정영양자수박물관

Neben der bedeutenden Kunstsammlung des Moon Shin Museums (S. 172) besitzt die Sookmyung Frauenuniversität auch eine beeindruckende Textilsammlung aus mehreren asiatischen Ländern. Ein Ziel der 2004 eröffneten Ausstellung ist die anschauliche Darstellung des interkulturellen Austausches bei Stil und Technik sowie die Würdigung künstlerischer und handwerklicher Leistungen verschiedener Epochen und Länder.

Frau Dr. Young Yang Chung wurde 1936 in Korea geboren und ist weltweit gleichermaßen als Stickkünstlerin und Historikerin anerkannt. Werke von ihr befinden sich z. B. im Metropolitan Museum of Art oder schmücken den Amtssitz des deutschen Bundespräsidenten.
Mit Dr. Chung als Gründer, Kurator und Direktor unternimmt das Museum große Anstrengungen, um sich als kulturelles und akademisches Zentrum der Stickkunst zu etablieren.

Öffnungszeiten:
10:00-17:00, Sonntag ist Ruhetag

Eintrittspreise: kostenlos

Verkehrsmittel: Untergrundstation Sookmyung Women Univ., Linie 4 (hellblau) –
Ausgang 10, Fußweg 10 Minuten

Anschrift: Yongsan-gu, Seoul
Homepage: *http://museum.sookmyung.ac.kr/*

Das Chongdong Theater ist durch die Myeong-dong Chongdong Stiftung eine dem Kultur- und Tourismusministerium angeschlossene Organisation und soll den Geist des Wongaksa aufrechterhalten. Wongaksa war das erste moderne Theater Koreas das ausschließlich Bühnenstücke aufführte. Von 1908 bis 1910 traten hier die besten Künstler in Schauspielen und traditionellen Opern vor 2000 Zuschauern auf.

Das Chongdong Theater wurde 1995 als Nachbildung des Wongaksa erbaut und ist weiterhin das einzige Theater Koreas, das sich ausschließlich den traditionellen darstellenden Künsten verschrieben hat. Seit 1997 erhalten Touristen hier einen prägnanten Überblick über unterschiedliche Kunstformen (Pung-Mul – Trommeltanz, Pansori – Ein-Mann-Operette, Sanjo-Hapju – Ensemble traditioneller Instrumente, Samulnori – traditionelles Trommelquartett, Buchae-Chum – Fächertanz sowie Hwagwan-Mu – Blumentanz). Auf einer großen Leinwand werden passende Informationen in verschiedenen Sprachen eingeblendet. So eröffnen sich auch dem unvorbereiteten Zuschauer der Hintergrund und die ganze Vielfalt der traditionellen Darbietung. Seit April 2009 wurden die vorher in getrennten Segmenten vorgetragenen Kunstformen in die Rahmenhandlung des Musicals „MISO"

Vorstellungsbeginn: 16:00 und 20:00
Die Vorstellung dauert etwa 70 Minuten.
Montags Ruhetag.

Eintrittspreise:
Je nach Sitz zwischen 40.000 und 50.000 Won.
Eine Reservierung ist ratsam.

Verkehrsmittel: Untergrundstation City Hall, Linie 2 (grün) – Ausgang 12 oder Linie 1 (dunkelblau) – Ausgang 1, Fußweg 7 Minuten.

besondere Aktivitäten: Im Frühling und Herbst gibt es im Innenhof des Theaters während der Mittagszeit kostenlose Konzerte.

Anschrift: 43 Jeongdong-gil, Jung-gu, Seoul
Kontakt: +82-2-751-1500
Homepage: *http://www.chongdong.com/*

integriert. Durch eine verbesserte Bühne wurde die Show zusätzlich optimiert.

Vor Beginn der Vorstellung kann im Foyer eine kleine Ausstellung mit Souvenirverkauf besichtigt werden. Als Erfrischung wird kostenlos grüner Tee gereicht. Im Anschluss an die Vorstellung stehen die Darsteller im Innenhof in ihren Kostümen für Fotos zur Verfügung.

Myeongdong Theater　　　　　　명동예술극장

Die Myeongdong Chongdong Foundation Inc. betreibt neben dem Chongdong Theater auch das im Juni 2009 eröffnete Myeongdong Theater. Es befindet sich in einem renovierten historischen Gebäude im Barock-Stil das 1934/36 als Meiji Theater (nach einem Kino in Tokyo benannt) erbaut wurde. Nach der Befreiung durch die Kolonialherrschaft wurde das Gebäude zwischen 1957 und 1973 vom koreanischen National-theater benutzt bevor man in den Neubau am Namsan umzog (S. 205).

Myeongdong, heute überwiegend als angesag-tes jugendliches Einkaufsviertel bekannt, war in den 1960er und 1970er Jahren das Kunst- und Theaterviertel Seouls in dessen Bars und Tee-häusern sich die führenden Schauspieler, Schrift-steller und Poeten trafen. Etwa ab 1975, mit der fortschreitenden Kommerzialisierung Myeong-dongs schwand die Bedeutung des Viertels als Kulturzentrum. Eine Maklerfirma kaufte das alte Meiji Gebäude und vermarktete es bis in die 1990er Jahre als Bürogebäude. Ein möglicher Abriss des Meiji Theaters entrüstete die Kunst- und Kulturszene, die 1994 eine Bewegung zum Schutz und zur Renovierung des Wahrzeichens ins Leben rief.

Die mögliche Einstufung als Kulturschatz führ-te dazu, dass die jeweiligen Besitzer ihre histo-rischen aber unrentablen Gebäude abreißen ließen bevor sie unter Denk-malschutz gestellt werden konnten. So verschwanden 1999 das Gukdo Theater (ebenso wie das Meiji Theater vom japanischen Architekten Tamata entworfen) und 2005 das Theater Scala.

Das Meiji Theater entging diesem Schicksal, da es im Jahr 2004 vom Kultur- und Tourismusministerium in der Absicht gekauft wurde, es zu ei-nem modernen Theater umzubauen. Mehrere prominente Künstler unter-stützten das Ministerium bei diesem Vorhaben und spendeten bedeutende Geldsummen für die Durchführung. Das Ergebnis ist erstaunlich und ein schönes Beispiel dafür, wie ein his-torisches Gebäude einer modernen Nutzung zugeführt werden kann.

Vorstellungsbeginn:
meist 19:30 oder 20:00

Eintrittspreise:
Je nach Sitz etwa zwischen 10.000 und 50.000 Won. Einzelne Sondervorstellungen kostenlos.

Verkehrsmittel:
Untergrundstation Euljiro 1-ga, Linie 2 (grün) – Ausgang 6, Fußweg 5 Minuten oder Untergrundstation Myeongdong, Linie 4 (hell-blau) – Ausgang 6, Fußweg 4 Minuten

Anschrift: 35 Myeongdong-gil, Jung-gu
Kontakt: +82-1644-2003
Homepage: *http://www.mdtheater.or.kr/*

Während das Äußere des Gebäudes detailliert er-halten und renoviert wurde befindet sich im Inneren die zurzeit modernste Bühne in Seoul. Das Myeongdong Theater verfügt über 552 Plätze die alle einen ungestörten Blick auf die Bühne bieten. Die Architektur des Innenraums ist nicht nur perfekt für Theaterinszenierungen, sondern für jegliche Art von Aufführungen geeignet. Weitere Theater-Neueröffnungen in letzter Zeit bringen dem Myeongdong Viertel wieder etwas von seinem ursprünglichen Charakter zurück.

Kultur

Sejong Zentrum für darstellende Kunst

세종문화회관

Bereits seit 1935 gab es verschiedene Gebäude, die den Seouler Bürgern für kulturelle Veranstaltungen zur Verfügung standen. Nachdem 1972 das Gemeinschaftszentrum bei einem Brand zerstört wurde, begann man 1974 mit dem Bau des Sejong Kulturzentrums. Im April 1978 wurde das Gebäude nach über vierjähriger Bauzeit eröffnet. Es entstand ein von innen wie außen beeindruckender Bau mit drei unterirdischen und sechs oberirdischen Etagen. Als repräsentatives Kulturinstitut ist das Sejong Zentrum eine der populärsten Unterhaltungsstätten Koreas mit jährlich etwa einer Million Besuchern. Es gibt mehrere Theater, Konferenzräume, eine Ausstellungshalle, zwei Bankettsäle, die für private Veranstaltungen gemietet werden können und ein Restaurant, das nach den Vorstellungen für das leibliche Wohl sorgt. Das Haupttheater mit über 3000 Sitzen ist mit einem hochmodernen Licht- und Tonsystem ausgestattet, außerdem befindet sich hier die größte Orgel Koreas (6 Manuale, 98 Töne und 8098 Pfeifen). Jedermann kann hier zu angemessenen Preisen koreanische und internationale Veranstaltungen besuchen. Im Frühjahr und Herbst gibt es im Außengelände Springbrunnen-Gartenfestivals, die den Angestellten der umliegenden Büros kulturelle Erlebnisse liefern. Aber auch außerhalb dieser Festivals ist das Sejong Zentrum ein beliebter Pausentreffpunkt mit kultureller Atmosphäre.

Öffnungszeiten: (für Informationsbüro) 09:00-20:00, Sonntags 12:00-20:00

Eintrittspreise: veranstaltungsabhängig

Verkehrsmittel:
Untergrundstation Gwanghwamun, Linie 5 (lila) – Ausgang 1 oder 8, Fußweg 2 Minuten

Anschrift: 81- 3 Sejongno, Jongno-gu, Seoul
Homepage: *http://www.sejongpac.or.kr/*

Charlotte Musical Center

샤롯데씨어터

Das Charlotte Musikzentrum ist das erste Theater in Korea in dem ausschließlich Musicals gespielt werden. Das klassisch-elegante Gebäude im Renaissance-Stil befindet sich zwischen Lotte Hotel und Lotte World und wurde im Oktober 2006 eröffnet. Die Lotte Gruppe investierte 45 Milliarden Won in die Unterstützung der Musical-Industrie in Korea. Bislang liefen unter anderem Weltklassiker wie mamma mia, Cats, Phantom of the Opera, 42nd Street und andere im Charlotte Musical Center. Seinen Namen erhielt das Theater von Charlotte, der weiblichen Hauptrolle in Goethes „Die Leiden des jungen Werthers".

200

Vorstellungsbeginn:
Di.-Fr. 20:00, Sa. 15:00 und 19:30, So. 14:00 und 18:00, Montags keine Vorstellung

Eintrittspreise:
je nach Sitz und Vorstellung ca. 40.000 bis 130.000 Won

Verkehrsmittel: Untergrundstation Jamsil, Linie 2 (grün) oder Linie 8 (rot) – Ausgang 3

Anschrift: 40-1 Jamsil-dong, Songpa-gu
Homepage: *http://www.charlottetheater.co.kr/*

Nanta Theater

난타극장

Eine Kochvorführung der anderen Art! Wilde und witzige Trommeldarbietung ausschließlich mit Küchenutensilien. Die Bühne stellt eine gigantische Küche dar, in der vier Köche ein Hochzeitsmahl herrichten. Dabei entsteht mit Töpfen, Pfannen, Messern und Schüsseln volkstümliche Schlagzeugmusik (Samulnori). Diese erste „nichtverbale" Aufführung Koreas ist eine Mischung aus traditioneller koreanischer Musik und westlichen Stilelementen mit internationalem Erfolg, die unter anderem auch am Broadway lief. Bislang gab es weltweit über 4 Millionen Zuschauer.

Das ursprüngliche Nanta Theater in Jeong-dong wurde im Jahr 2000 speziell für diese Performance erbaut. Inzwischen nutzt man eine Bühne im Gyeonghyang Zeitungsgebäude (Karte S. 63).

Vorstellungen: Jeong-dong: 17:00
Myeong-dong: 14:00, 17:00 und 20:00
Hongdae: 17:00 und 20:00

Eintrittspreise: je nach Sitzplatz 40.000 bis 60.000 W, Ermäßigungen für Schüler/Gruppen

Verkehrsmittel:
Jeong-dong: Untergrundstation Seodaemun, Linie 5 (lila) – Ausgang 5, Fußweg 3 Min.
Myeong-dong: Untergrundstation Myeongdong, Linie 4 (hellblau) – Ausgang 6, Fußweg 4 Min.
Hongdae: Untergrundstation Hongik Univ., Linie 2 (grün) – Ausgang 9, Fußweg 5 Min.

Anschrift: Jeong-dong, Jung-gu, Seoul
50-14 Myeong-dong 2 Ga, Jung-gu, Seoul
Hongdae: 357-4&5 Seokyo-dong, Mapo-gu
Homepage: *http://www.nanta.co.kr/*

Seit 2009 hat man die Hauptvorstellungen nach Myeongdong verlagert. Im dritten Stock des Unesco Gebäudes stehen 386 Sitzplätze für drei tägliche Aufführungen bereit. Im April 2011 wurde ein drittes Seouler Nanta Theater in Hongdae eröffnet.

Kultur

Kumho Kunsthalle

금호아트홀

Für die Geumho Art Hall hat sich im täglichen Gebrauch die alte Umschrift „Kumho" durchgesetzt. Das von der 1977 gegründeten Kumho Asiana Kunststiftung betriebene Theater wurde speziell für die Aufführung klassischer Musik erbaut. Die großzügige Anordnung der 315 Sitzplätze bietet den Besuchern bequeme und angenehme Konzerterlebnisse. Pro Jahr finden ca. 150 Aufführungen statt. In der Empfangshalle des luxuriös und behaglich gestalteten Zentrums finden außerdem Kunstausstellungen statt. Das ebenfalls zu Geumho gehörende Tonstudio bietet Künstlern die Möglichkeit professioneller Liveaufnahmen.

Öffnungszeiten: abhängig vom Programm

Eintrittspreise: abhängig vom Programm

Verkehrsmittel:
Untergrundstation Gwanghwamun, Linie 5 (lila) – Ausgang 7, Fußweg 3 Minuten

Anschrift: 57 Sinmun-ro 1-ga, Jung-gu, Seoul
Homepage: *http://www.kumhoarthall.com/*

Samcheonggak

Das aus sechs Gebäuden bestehende Samcheong-gak wurde 1972 als Kisaeng (koreanisches Geisha)-Haus für hochgestellte Persönlichkeiten inmitten eines Kiefernwaldes am Bugak Berg erbaut. Gleich zu Anfang erlebte es historische Bedeutung als Konferenzzentrum für Gespräche zwischen den Rot-Kreuz Gesellschaften aus Nord- und Südkorea. Während der Park Jeong-Hui Regierung fanden hier geheime Treffen hoher Beamter statt. Politiker und Diplomaten nutzten den Ort für private Treffen. Im Dezember 1999 musste das Haus wegen der schlechten betrieblichen Lage jedoch geschlossen werden.

An einem der landschaftlich reizvollsten Orte Seouls gelegen, wurde das Samcheonggak nach über einjähriger Umbauphase im Oktober 2001 als Kultureinrichtung wiedereröffnet. Die im traditionellen koreanischen Architekturstil (Hanok) erbauten Gebäude beherbergen ein Theater, ein Restaurant und ein Bistro/Teehaus.

Ab 2005 machte das Samcheonggak eine weitere Wandlung durch, die die traditionelle koreanische Philosophie, die ein Leben im Einklang mit der Natur vertritt, in den Mittelpunkt stellte. Im Samcheonggak findet jeder die Ruhe und Muße in verschiedenen Kursen über die einzigartige

Öffnungszeiten:
Bistro 10:00-22:00, Restaurant 12:00-15:00 (Mo., Di., Mi. mit Konzert) und 18:00-22:00

Eintrittspreise: abhängig von der Veranstaltung, teilweise kostenlos

Verkehrsmittel:
Das Samcheonggak ist nicht direkt mit öffentlichen Verkehrsmitteln erreichbar. Es gibt zwischen 10:00 und 21:00 aber einen kostenlosen Pendelbus. Haltestellen sind unter anderem an der Kyobo Buchhandlung (Untergrundstation Gwanghwamun, Linie 5 (lila) – Ausgang 3), vor dem Pressezentrum (Untergrundstation Seoul City Hall, Linie 1 (dunkelblau) – Ausgang 4) oder vor der Hyundai-Galerie (östlich des Gyeongbok Palastes).

Anschrift: Seongbuk 2-dong, Seongbuk-gu
Homepage: *http://www.samcheonggak.or.kr/*

Mentalität und Würde der Vorfahren zu reflektieren und kulturelle Erfahrungen zu machen. Neben traditionellem Essen bietet Samcheonggak auch regelmäßige Konzerte und Theateraufführungen. Außerdem ist es ein idealer Ort um im exklusiven Rahmen eine traditionelle Hochzeit durchzuführen.

Der Name „Samcheong" geht auf die Bezeichnung des Wohnortes eines taoistischen Einsiedlers mit übernatürlichen Kräften zurück und bezeichnet im übertragenen Sinne die drei Reinheiten: Berg, Wasser, Geist. In der abgeschiedenen Lage des Samcheonggak (gak: Pavillon) sind diese Werte trotz der relativen Nähe zum Stadtzentrum erhalten geblieben. Klares Wasser, saubere Luft und das kulturelle Programm haben das Samcheonggak in den letzten Jahren bei Einheimischen und Touristen gleichermaßen zu einem beliebten Ziel gemacht. Von der Terrasse des Bistros kann man z. B. bei einer Tasse Kaffee (ca. 10 Euro) seinen Blick über dichten Wald auf das tief unten liegende Seoul schweifen lassen. Direkt neben Samcheonggak, am Ausgang des Samcheong-Tunnels, liegt der kleine Tempel Hongryonsa. Auf dem Tempelgelände gibt es ein Gebäude, in dem sich viele Besucher die Zukunft wahrsagen lassen.

Koreahaus

한국의집

Dieses 1981 eröffnete traditionelle koreanische Haus wurde einem königlichen Gebäude nachempfunden (Vorbild war das Jagyeongjeon-Gebäude im Gyeongbokgung Palast) und soll Touristen mit koreanischer Kultur und koreanischem Essen bekannt machen. Ursprünglich befand sich hier das Haus von Chungjeong Park Paeng-nyeon, einem der sechs Minister, die 1456 hingerichtet wurden, weil sie König Danjong zurück auf den Thron verhelfen wollten. Das Korea House besteht aus einem Empfangsgebäude (Haeringwan), einem kleinen Theater und drei Nebengebäuden. Im Haeringwan kann man traditioneller Musik lauschen und im Nebenraum die entsprechende fürstliche Mahlzeit zu sich nehmen. Nicht nur die Gerichte sind nach geschichtlichen Quellen zusammengesetzt (das Abendessen entspricht einem königlichen Mahl), auch Kochzubehör, Tischeindeckung und Tischmanieren entsprechen alten Joseon Vorbildern. Im Folkloretheater finden jeden Abend abwechselnd acht verschiedene Vorführungen statt. Zu allen Vorführungen gibt es Erklärungen auf englisch und japanisch. Wegen des begrenzten Platzangebots ist eine Reservierung ratsam. Zum Koreahaus gehören auch noch ein Teehaus und

Öffnungszeiten: 09:00-22:00
Mittagstisch 12:00-14:00
Abendessen 1 17:00-18:30
Abendessen 2 19:00-20:350
Vorführungen 18:30-19:30 und 20:30-21:30
Souvenirgeschäft 10:00-22:00

Eintrittspreise:
Mittagstisch ab ca. 20.000 Won, Abendessen ab 70.000 Won, Abendvorstellung 50.000 Won

Verkehrsmittel:
Untergrundstation Chungmuro, Linie 3 (orange) oder 4 (hellblau) – Ausgang 3, Fußweg 2 Min.

Anschrift: 80-2 Pil-dong 2-ga, Jung-gu, Seoul
Kontakt: +82-2-2266-9101/3
Homepage: *http://www.koreahouse.or.kr/*

ein Souvenirladen mit mehreren hundert Kunstgewerbeartikeln wie z. B. Keramik, Schmuck oder Stickerei.
Besonders stolz ist man im Korea House auf die Ausrichtung von Hochzeiten, die man seit 1982 nach historischer Überlieferung im traditionellen Stil durchführt.

Kultur

203

Dieser Kunst-Komplex (Seoul Arts Center) von internationalem Rang bildet das Kulturzentrum Koreas. In fünf Gebäuden finden ständig unterschiedlichste Veranstaltungen, von traditionellen koreanischen Vorstellungen bis zu Jazz-Konzerten und Musicals statt. Zu einem Opernhaus und einer Konzerthalle mit jeweils drei Bühnen gesellen sich Ausstellungshallen für Kunst (Hangaram Art Museum), Design (Hangaram Design Museum) und Kalligrafie (Seoul Calligraphy Art Museum), sowie das nationale Kunst-Archiv (http://www.knaa.or.kr). Manchmal finden auch romantische Freilicht-Aufführungen im traditionellen koreanischen Garten statt.

Direkt neben dem Seoul Arts Center befindet sich das Gugak Zentrum (früher NCKTPA: National Center for Korean Traditional Performing Arts – nationales Zentrum für koreanische traditionelle darstellende Künste). In zwei Theatergebäuden und auf einer Freilichtbühne finden verschiedene Vorstellungen traditioneller Bühnenkunst statt. Das Gugak Museum bietet Informationen und Studienmöglichkeiten zu traditioneller koreanischer Musik und Tanz. In der Zentralhalle dieses 1995 eröffneten Museums wird der Besucher von alten Musikinstrumenten empfangen. Unter anderem sind Instrumente wie Pyeonjong (goldene Glocke), Pyeongyeong (steinernes Schlaginstrument) und verschiedene Arten von Trommeln ausgestellt, die am Königshof oder bei Ahnenzeremonien gespielt wurden. Im Bereich des Seoul Arts Center be-

Öffnungszeiten:
je nach Veranstaltung
Museen: 11:00-20:00, Nov.-Feb. bis 19:00
World Music Fountain täglich 12:00-13.00, 18:30-20:00, 21:30-22:30, zusätzlich am Wochenende 15:30-16:30
Gugak Museum: Di.-So. 09:00-18:00

Eintrittspreise: je nach Veranstaltung

Verkehrsmittel:
Untergrundstation Nambu Terminal, Linie 3 (orange) – Ausgang 5, Fußweg 10 Minuten oder Seoul Arts Center Shuttle Bus (fährt vor und nach Veranstaltungen)

Anschrift: 2406 Nambusunhwan-ro (Seochodong 700), Seocho-gu, Seoul
Homepage: *http://www.sac.or.kr/*
(Gugak Zentrum: *http://www.gugak.go.kr/*)

findet sich außerdem das nationale Institut für klassische Musikinstrumente.

Im Außenbereich können Besucher von März bis November die Wasserspiele des „World Music Fountain" genießen. Gerne wird die erholsame Umgebung am Fuß des Woomyun und der großzügige Platz zwischen den Gebäuden für kleine Pausen genutzt. Etwa 10 Fußminuten oberhalb des Opernhauses liegt Daeseongsa, ein kleiner Tempel der bereits 384, zur Baekje-Zeit, erbaut wurde.

Blick vom Gugak Zentrum auf das Opernhaus (Mitte), Die Konzerthalle (links) und das Kalligrafiemuseum (rechts).

Nationaltheater

국립극장

Das koreanische Nationaltheater (NTOK) wurde 1950 als erstes Nationaltheater in Asien gegründet. Nach mehreren Zwischenstationen konnte man 1973 in das jetzige, speziell für das NTOK erbaute Gebäude einziehen. Im Jahr 2004 wurden große Teile des Gebäudes renoviert und auf den aktuellen Stand der Technik gebracht.

Das Gebäude am Fuß des Namsan beherbergt ein großes Theater mit 1563 Sitzen, davon 24 Sitze speziell für zu spät gekommene Besucher. Außerdem gibt es zwei kleinere Bühnen mit 427 bzw. 100 Sitzen. In einem separaten Rundbau ist das Haneul Jugendtheater mit 732 Sitzen untergebracht. Auf der „Cultural Plaza" vor dem Theater finden von etwa Mai bis September samstags ab 18:00 kostenlose Konzerte oder Vorführungen statt.

Öffnungszeiten:
Je nach Vorstellung, teilweise zwei Vorstellungen täglich, Montag ist Ruhetag

Eintrittspreise:
abhängig vom Stück, Spanne etwa zwischen 10.000 Won und 70.000 Won

Verkehrsmittel:
Untergrundstation Dongguk Univ., Linie 3 (orange) – Ausgang 6, Fußweg 10 Minuten bzw. Pendelbusse ab Ausgang 2 (vor und nach Veranstaltungen)

Anschrift: San 14-67, Jangchungdan-gil 158, Jung-gu, Seoul
Homepage: *http://www.ntok.go.kr/*

Das Nationaltheater am Fuß des Namsan.

Kultur

Yejiwon

예지원

Seit 1974 lehrt dieses schräg gegenüber des Nationaltheaters gelegene Institut traditionelle koreanische Kultur und Etikette. Es gibt Kurse zur Tee-Zeremonie, Kochen, Tanzen, Kimchiherstellung, das Verhalten auf einer koreanischen Hochzeitszeremonie oder das richtige Tragen des Hanbok (traditionelles Kleid). Die meist 90minütigen Kurse sind keine theoretischen Vorträge, sondern auf die aktive Mitwirkung aller Teilnehmer ausgelegt. Allerdings gibt es die Kurse nur in koreanischer Sprache.

Kursgebühr: ab 50.000 Won für 90 Minuten

Verkehrsmittel:
Untergrundstation Dongguk Univ., Linie 3 (orange) – Ausgang 5, Fußweg 10 Minuten

Anschrift: Jangchungdong 2-ga, Jung-gu
Homepage: *http://www.yejiwon.or.kr/*

LG Kunstzentrum

Das „LG Arts Center" befindet sich neben dem GS Tower im Stadtteil Gangnam. Als ihr Beitrag zum gesellschaftlichen Leben eröffnete die Firma LG diese Kulturstätte am 27. März 2000 nach fünfjähriger Bauzeit. Es entstand eine multifunktionale Bühne für alle möglichen Kunstformen wie z. B. Musik, Tanz, Theater, Konzert, Musical, Ballet usw. Ganz besonders stolz ist das LG Kunstzentrum auf sein Ton- und Akustiksystem, das sich den unterschiedlichsten Vorführungen optimal anpasst. Mit 1100 Sitzplätzen und modernster Einrichtung finden hier Aufführungen

Vorstellungsbeginn: je nach Vorstellung

Eintrittspreise: je nach Vorstellung

Verkehrsmittel: Untergrundstation Yeoksam, Linie 2 (grün) – Ausgang 7

Anschrift: 679 Yeoksam 1-dong, Gangnam-gu
Homepage: *http://www.lgart.com/*

auf Weltklasseniveau statt. Für den Touristen bietet sich die Möglichkeit, Vorstellungen internationaler Künstler oder Theatergruppen in einer gänzlich neuen Umgebung zu erleben. Das nicht auf Profit ausgerichtete Management bringt neben etablierten Produktionen auch vielversprechende Neuheiten auf die Bühne.
Im LG Zentrum legt man besonderen Wert auf das Wohl der Besucher. Die Fürsorge erkennt man unter anderem an der großen Zahl der Damentoiletten oder der Garderobe die darauf eingerichtet ist auch übergroße Einkaufstaschen in Verwahrung zu nehmen.

Universal Arts Center

Das Universal Arts Center (früher: Little Angels Performing Arts Center) wurde 1981 eröffnet. Der vierstöckige, besonders prächtig ausgestattete Aufführungsort wurde im Stil eines eleganten Opernhauses erbaut. Die Inneneinrichtung mit Skulpturen wirkt wie ein eigenständiges Kunstwerk. Neben einem Festsaal und einer internationalen Konferenzhalle gibt es eine Hauptbühne (mit 1200 Zuschauerplätzen) sowie zwei kleine Nebentheater. Während einer Renovierung von März bis Oktober 2006 wurde das Haus mit modernster Bühnen- und Lichttechnik ausgestattet. Den altehrwürdigen Charme und die

Vorstellungsbeginn: abhängig vom Programm

Eintrittspreise: abhängig vom Programm

Verkehrsmittel: Untergrundstation Achasan, Linie 5 (lila) – Ausgang 4, Fußweg 2 Minuten

Anschrift: 25 Neung-dong, Gwangjin-gu, Seoul
Homepage: *http://www.uac.co.kr/*

Eleganz der Räume behielt man jedoch bei. Zum Programm gehören Schauspiel-, Musik- und Ballettaufführungen. Aber auch Film- und Fernsehpreisverleihungen, Tanz- und Musikwettbewerbe sowie viele andere Arten von Veranstaltungen finden hier statt.
Neben der seit 1963 bestehenden Theatergruppe „Little Angels" hat auch die Ballettruppe „Universal Ballet" hier ihre Heimat. Beide Gruppen sind auch auf ausländischen Bühnen zu sehen. Das Universal Arts Center liegt unmittelbar am Hintereingang zum Children's Grand Park.

Seoul Nori Madang 서울놀이마당

Diese Freilichtbühne für traditionelle „nori-madang" Vorführungen befindet sich hinter Lotte World am Seokchonho See. Es werden unter anderem Folklore-, Bauern- oder Maskentänze wie z. B. Tongyeong O-gwangdae (fünf Clowns) oder Songpa Sandae-nori (Maskendrama) dargeboten. Die Gesellschaft zur Bewahrung koreanischer Kulturschätze organisiert rund 120 Vorstellungen pro Jahr. Regelmäßig finden sich mehr als 1300 Zuschauer in dem etwa 3000 Sitze großen überdachtem Amphitheater ein, um die Aufführungen zu genießen oder Vorträgen über Folklorekunst zu lauschen.

Vorstellungen: April bis Okt. ca. 15:00-17:00 nur Samstags, Sonntags und an Feiertagen Sa. überwiegend traditionelle Vorführungen, So. überwiegend trad. Musik mit modernen Einflüssen (Fusion)

Eintrittspreise: kostenlos

Verkehrsmittel:
Untergrundstation Jamsil, Linie 2 (grün) oder Linie 8 (rot) – Ausgang 3, Fußweg 7 Minuten

Anschrift: Jamsil-dong, Songpa-gu, Seoul

Seoul Trainingszentrum für bedeutende Kulturträger 서울중요무형문화재전수회관

Besonders ausgezeichnete Meister fördern und bewahren an diesem Institut traditionelle koreanische Handwerkskünste. In Werkstätten wird auf verschiedenen Gebieten Nachwuchs ausgebildet und die Arbeitstechniken dem Publikum dargestellt. Es gibt verschiedene Ausstellungshallen und einen Laden, in dem Kunstgewerbegegenstände verkauft werden. An verschiedenen Stellen in Seoul veranstaltet diese Stiftung regelmäßig traditionelle Vorführungen (z. B. Wachwechselzeremonien) für Touristen und Kulturinteressierte. Von der U-Bahn Station Seolleung aus befindet sich das Trainingszentrum hinter den Seonjeongneung Königsgräbern. Im angeschlossenene Theater findet ein bis zwei Mal pro Monat „Pungryu Hanmadang", die regelmäßige Freitagsvorstellung, traditioneller Künste (Musik, Tanz, Gesang) statt.

Öffnungszeiten:
Ausstellung 09:00-18:00, So. geschlossen
Freitagstheater 19:30 (nur April-November)

Eintrittspreise: Ausstellung kostenlos
Theater je nach Vorführung

Verkehrsmittel: Untergrundstation Seolleung, Linie 2 (grün) – Ausgang 8, Fußweg 8 Minuten ab etwa 2013 Untergrundstation Samneung, Linie 9 (gold) oder Bundang Linie (gelb) – Fußweg 1 Minute

Anschrift: Samseong-dong, Gangnam-gu, Seoul
Homepage: http://www.chf.or.kr/

Meisterin der Nadelkunst bei einer öffentlichen Vorführung.

207

Religion

Buddhismus

Offiziell kam der Buddhismus im Jahr 372 von China nach Korea. Etwa zum Ende des vereinigten Silla-Reiches (935 n. Chr.) gewann der Zen-Buddhismus (Übungen und Meditation) stärkeren Einfluss auf den überwiegend auf das Studium von buddhistischen Texten fixierten koreanischen Buddhismus. In der Goryeo Dynastie, etwa ab Mitte des zehnten Jahrhunderts, fixierte sich der Goryeo-Buddhismus immer stärker auf Rituale mit negativen Auswirkungen auf die geistliche Entwicklung. Erst eine von mehreren Mönchen eingeschlagene neue Richtung betonte wieder die Wichtigkeit, meditatives Zen mit dem Studium von buddhistischen Texten zu verbinden. Rund 90 Prozent der koreanischen Buddhisten gehören heute dieser Jogye-Schule an.

Während der Joseon Dynastie (ab 1392) waren die Herrscher dem Buddhismus überwiegend feindlich gesonnen und es kam immer wieder zu schweren Unterdrückungen. Während die herrschende Kaste dem Neo-Konfuzianismus zugetan war, blieb ein großer Teil des Volkes beim buddhistischen Glauben. Selbst heutzutage ist das tägliche Leben noch stark von buddhistischen Gedanken geprägt, obwohl fast die Hälfte der koreanischen Bevölkerung angibt keinem Glauben anzugehören. Der Materialismus der heutigen Zeit und die zunehmende Sorge über die Umwelt führte zu einer Wiederbelebung des Buddhismus, so dass Seoul eine Vielzahl alter und neuer Tempel aufzuweisen hat.

Buddhistische Tempel können betreten werden, auch wenn gerade eine religiöse Zeremonie stattfindet. Man sollte jedoch die Schuhe ausziehen und durch eine Seitentüre eintreten. Setzen Sie sich an eine Seite und halten Sie sich nicht direkt vor der Haupt-Buddhafigur auf. Eine sittsame Kleidung, bei der Schultern und Knie bedeckt sind, ist angebracht.

➡

Konfuzianismus

Die ethischen Gedanken von Konfuzius (552-479 v. Chr.) sind streng genommen keine Religion. Aber vor ca. 2000 Jahren aus China kommend, begannen konfuzianische Ideen Auswirkungen auf das koreanische Leben zu nehmen. Der Konfuzianismus bildete zusammen mit der koreanischen Mentalität eine wichtige Bestimmungsgröße der Moralvorstellungen, der Lebensweise und des Rechts in Korea. Allerdings bewahrten die Koreaner trotz der Anregungen aus der chinesischen Kultur ihre eigenen Sitten und Gebräuche. Langsam verbanden sich die konfuzianischen Vorstellungen mit der quasi-religiösen Verehrung der Vorfahren zum Neo-Konfuzianismus, der während der Joseon Ära zur Staatsreligion wurde. Ursprünglich als aufklärend und belehrend begrüßt, wurde der Konfuzianismus während der 500 Jahre als Staatsreligion autoritär und konservativ. Als ethisches Grundgerüst ist der Konfuzianismus aber weiterhin, zumindest unbewusst, in der Gedankenwelt vieler Koreaner verwurzelt.

Schamanismus

Der Schamanismus ist technisch gesehen ebenfalls keine Religion. Durch seine tiefe Verwurzelung im Volksglauben spielte er aber eine fundamentale Rolle in der koreanischen Kultur. Ein meist weiblicher Schamane (mudang) stellt zwischen der lebenden und der spirituellen Welt eine Verbindung her, um Lösungshinweise für weltliche Probleme zu erhalten bzw. um Hilfestellung zu bitten. Auch heute noch werden Festivals und Rituale (Kut) mit schamanistischem Hintergrund abgehalten, um z. B. für Frieden, reiche Ernte oder guten Fischfang zu bitten. Auch der Besuch eines Hellsehers fällt unter die schamanistische Tradition und ist besonders bei wichtigen Entscheidungen (wie z. B. Hochzeit) eine gängige Praxis.

Christentum

Gegen Ende des 16. Jahrhunderts erreichte katholisches Gedankengut erstmals Korea. In der zweiten Hälfte des 18. Jahrhunderts versuchte die katholische Kirche verstärkt Fuß zu fassen, war durch die konfuzianische Gesellschaft aber schweren Verfolgungen ausgesetzt. Dies änderte sich erst 1876, als sich Korea dem Westen öffnete. Während der japanischen Kolonialzeit (1910-1945) wurden die Katholiken erneut unterdrückt.

Mit der Öffnung Koreas nach Westen kamen auch verstärkt protestantische Missionare ins Land. Das Jahr 1884, mit der Erlaubnis Bildungsinstitutionen und medizinische Einrichtungen aufzubauen, gilt als das Geburtsjahr des Protestantismus in Korea. Erstmals kam liberales Gedankengut nach Korea.

Nach dem Ende des zweiten Weltkrieges stieg der Bevölkerungsanteil südkoreanischer Christen auf inzwischen 30 %. Damit ist Korea auf dem Weg die zweite christliche Nation Asiens (nach den Philippinen) zu werden.

Jogyesa Tempel

조계사

Der Jogye-Orden, die größte buddhistische Schule Koreas, gründete diesen Tempel 1395. Die Robinien und Baeksong Bäume vor dem Hauptgebäude sollen 500 Jahre alt sein. Mitten in der Stadt gelegen, ist Jogyesa sehr bekannt und zieht durch seine einfache Erreichbarkeit viele Besucher an. Die Anlage wirkt nicht so ernst und traditionell wie die Tempel in den Bergen, aber trotz seiner zentralen Lage kann man auch hier Ruhe und Entspannung finden.

Auf Anfrage zeigt ein englischsprachiger Führer das Tempelgelände (kostenlos). Gegen Gebühr und bei einwöchiger Vorausbuchung kann man auch an einem Programm teilnehmen, etwas über verschiedene buddhistische Kulturen erfahren und traditionell koreanisch buddhistisches Tempelleben beobachten.

In den Straßen um Jogyesa herum haben sich viele Spezialläden angesiedelt, die buddhistische Schriften, Kleidung, Zeremonienzubehör und Souvenirs anbieten. Besonders wenn man sich näher für den Buddhismus interessiert, sind diese Geschäfte einen Besuch wert.

In dem grau getäfelten Gebäude auf der gegenüberliegenden Straßenseite befindet sich neben dem Informationszentrum für Tempelauf-

Öffnungszeiten: 24 h

Eintrittspreise: kostenlos

Verkehrsmittel:
Untergrundstation Jonggak, Linie 1 (dunkelblau) – Ausgang 2, Fußweg 10 Minuten
Untergrundstation Anguk, Linie 3 (orange) – Ausgang 6, Fußweg 10 Minuten

besondere Aktivitäten:
Am Sonntag vor Buddha's Geburtstag (achter Tag des vierten Monats nach Lunarkalender) gibt es eine Laternenparade von Dongdaemun entlang der Jogno Straße zum Tempel.

Anschrift: Gyeongji-dong, Jongno-gu, Seoul
Homepage: *http://www.jogyesa.kr/*

enthalte (http://eng.templestay.com/) im fünften Stock auch das Balwoo Gongyang Restaurant (http://www. baru.or.kr/) in dem vegetarisches buddhistisches Tempelessen serviert wird.

Auch außerhalb der Gottesdienste nutzen viele Gläubige das Tempelgebäude. Die Geschäfte in der Umgebung haben sich auf diese Kundschaft eingestellt.

Religion

211

Nördlich des COEX Zentrums gelegen, bietet Bongeunsa eine Oase der Ruhe inmitten des hochmodernen und geschäftigen Stadtteils Samseongdong.

Die Gründung des Tempels südlich des Han Flusses im Jahr 794 geht zurück auf Yeon-hoe, seinerzeit der höchstrangige Mönch der Silla Periode. Damals lautete der Name des Tempels noch Gyeonseongsa (die wirkliche Natur sehen). Während der Goryeo Periode zerfiel der Tempel, wurde 1498 von Königin Jeonghyeonwanghu aber wieder rekonstruiert und in Bongeunsa (Unterstützung anbieten) umbenannt. Ursprünglich südwestlich der Grabstätte von König Seongjong gelegen, wurde der Tempel im Rahmen der Erweiterung des königlichen Mausoleums östlich des Grabes neu aufgebaut.

Während der Joseon Dynastie (14. bis 19. Jh.) wurde der Buddhismus staatlich unterdrückt, da der Neo-Konfuzianismus als einzige Staatsreligion bevorzugt wurde. Mönche hatten den gleichen sozialen Stand wie Sklaven und durften noch nicht einmal die Stadttore durchqueren. Während der Regierungszeit von König Myeong-jong (1545-1567) änderte sich jedoch der Status des Buddhismus. Da der König noch zu jung für die Regierungsgeschäfte war, konnte seine dem Buddhismus wohlgesonnene Mutter, Königin Munjeong, starken politischen Einfluss ausüben. 1548 legte sie die Verwaltung des Tempels in die Hände des Mönchs Bo-wu. 1551 wurde Bongeunsa zum Haupttempel des Jogye Seon Ordens und die Basis für die Erneuerung des koreanischen Buddhismus. Kurz nach dem Tod von Königin Munjeong starb allerdings Bo-wu durch die Hände anti-buddhistischer Extremisten. Noch in der Regierungszeit König Myeongjongs wurde der Tempel 1562 etwa einen Kilometer nach Nordosten, zum heutigen Standort nördlich des World Trade Centers umgesiedelt. Mehrere Feuer zerstörten den Tempel 1592 und 1637 und machten Neubauten notwendig. Weitere umfangreiche Renovierungsarbeiten erfolgten 1692, 1912, 1941 und 1981. Während des Koreakrieges (1950-1953) wurden die meisten Gebäude im Tempel stark beschädigt, so dass die heutigen Bauwerke überwiegend aus neuerer Zeit stammen.

Blick über das Tempelgelände auf den COEX-Komplex.

Hunderte vergoldeter Buddhafiguren im Hauptgebäude.

212

Zu Buddha's Geburtstag wird Bongeunsa und viele andere Tempel mit unzähligen Lampions geschmückt.

Durch ein neues Gesetz wurde Bongeunsa 1902 zu einem der 14 Haupttempel in Korea. 1911 wurde Bongeunsa zum Zentraltempel für rund 80 kleinere Tempel in Seoul und Umgebung. Während schwerer Überschwemmungen 1922 und 1929 rettete der Mönch Cheong-ho über 700 Personen vor dem Ertrinken. Seitdem steht Bongeunsa auch in der Öffentlichkeit in hohem Ansehen. Nach der Befreiung von der japanischen Besatzung wurde Bongeunsa 1945 direkt dem Jogye Orden, der größten buddhistischen

Mireukdaebul, die größte Buddha-Statue in Korea (23m).

Religionsgruppe in Korea, unterstellt und ist ein religiöses Zentrum des Zen-Buddhismus. Mit seiner historischen Geschichte und der ungewöhnlichen Lage inmitten des hochmodernen und geschäftigen Stadtteils Samseong-dong ist der Tempel eine heilige Oase der Ruhe und Wallfahrtsort für 200.000 Laienbuddhisten. Viele Kunstschätze machen Bongeunsa für alle Koreaner und Touristen zu einem beliebten und interessanten Kulturzentrum. So sind z. B. im Panjeon (neben dem Haupttempel) 3479 Holzblockinschriften mit 13 verschiedenen Sutras (heiligen Texten) ausgestellt. Seit 1972 ist in Bongeunsa ein Institut beheimatet das Sutras vom Chinesischen ins Koreanische übersetzt.

Öffnungszeiten:
Die Öffnungszeiten richten sich nach der Gebetszeit der Mönche, normalerweise von 04:00 bis 21:00, ganzjährig geöffnet

Eintrittspreise: kostenlos

Verkehrsmittel:
Untergrundstation Samseong, Linie 2 (grün) – Ausgang 6, oder
Untergrundstation Cheongdam, Linie 7 (oliv) – Ausgang 2, Fußweg jeweils 7 Minuten

besondere Aktivitäten:
regelmäßig Führungen, Meditationsprogramme und Teezeremonie, Tempelprogramm speziell für Ausländer jeden Donnerstag 14:00-16:30

Anschrift: Samseong-dong, Gangnam-gu
Homepage: *http://www.bongeun.org/*

Bongwonsa Tempel

봉원사

Ebenso wie Jogyesa und Bongeunsa liegt dieser Tempel relativ zentral und ist mit öffentlichen Verkehrsmitteln schnell und einfach erreichbar. Allerdings ist Bongwonsa weit weniger bekannt und wird kaum von Touristen besucht. In landschaftlich reizvoller Lage am Südhang des Ansan Berges bietet er eine Oase der Ruhe. Viele hundert Lotusblumen werden in großen Bottichen gepflegt. Während der Blütezeit bilden sie einen fantastischen Farbteppich.

Bongwonsa ist der Haupttempel der Taego-Buddhisten in Seoul. Als Besonderheit ist es den Mönchen dieser Religionsgruppe erlaubt zu heiraten – ein Thema das unter koreanischen Buddhisten kontrovers diskutiert wird.

Der Tempel wurde 889 während der Silla-Epoche unter Anleitung des Mönchs Doseon erbaut. Ursprünglich befand sich der Tempel auf dem Gelände der Yonsei-Universität und hieß Banyasa. Während der Joseon Dynastie wurde der Tempel 1748 unter König Yeongjo an den Hintereingang der heutigen Ewha-Frauen-Universität verlegt und erhielt seinen jetzigen Namen. Während des Koreakrieges (1950-1953) wurde das Kloster zerstört, danach aber wieder neu aufgebaut.

Die Halle der 3000 Buddhas ist das größte hölzerne Bauwerk in Korea. Eine Besonderheit ist, dass zum Bau keine Nägel verwendet wurden. Bongwonsa ist für seine traditionellen Zeremonien, Tongesang, religiöse Tänze und Kunst bekannt. An jedem Wochenende findet das Yeong-

Öffnungszeiten: Täglich von Sonnenaufgang bis Sonnenuntergang

Verkehrsmittel: Untergrundstation Sinchon, Linie 2 (grün) – Ausgang 3, weiter mit Bus 7024 (ab Halt 13-324), 6 Stationen oder Untergrundstation Dongnimmun, Linie 3 (orange) – Ausgang 4, weiter mit Bus 7024.
Die Haltestelle der Buslinie 7024 befindet sich auf einem Parkplatz, etwa drei Fußminuten unterhalb des Tempels, auf dem der Bus wendet und dann weiter nach Dongnimmun bzw. Sinchon fährt.

Anschrift: Bongwon-dong, Seodaemun-gu
Homepage: *http://bongwonsa.or.kr/*

sanjae-Ritual statt. Dabei wird zelebriert, wie Buddha die heiligen Texte des Lotos Sutra lehrte. Eigentlich dauert das Ritual drei Tage, Touristen können aber in 40 Minuten einen Eindruck der verschiedenen asketischen Tänze (Becken-, Trommel-, Schmetterlingstanz) bekommen und traditionelles Tempelessen probieren, so wie es die Nonnen bereits seit Hunderten von Jahren zubereiten.

Vom Tempel bzw. vom darunterliegenden Parkplatz führen Wanderwege in das Muak-Gebiet und auf den Gipfel des Ansan mit dem restaurierten Meldefeuer Muakdongbongsudaeji (S. 143) und einem großartigen Blick über Seoul.

Gilsangsa Tempel

길상사

Dieser Tempel beheimatet das Meditationszentrum des Zen-Buddhismus. Er befindet sich am Rande eines überwiegend von Diplomaten bewohnten Viertels. Die Residenz des deutschen Botschafters liegt z.B. nur rund 150 Meter oberhalb des Tempels. In diesem exklusiven Wohnviertel gibt es keine öffentlichen Verkehrsmittel. Vom Seouler Rathaus aus ist Gilsangsa jedoch in wenigen Minuten mit dem Taxi erreichbar und deshalb ideal für Leute, die dem Alltagsstress kurz entfliehen möchten. Im „Haus des Schweigens" kann jeder bei freiem Eintritt meditieren.

Verkehrsmittel:
Untergrundstation Hansung Univ., Linie 4 (hellblau) – Ausgang 6, Fußweg 25 Minuten. Von etwa 8 bis 16 Uhr gibt es alle ein bis zwei Stunden einen Shuttlebus zum Tempel.

Anschrift: 323 Seongbuk 2-dong, Seongbuk-gu
Homepage: *http://www.kilsangsa.or.kr/*

Meditationsunterricht im Haus des Schweigens

Auf dem Gelände befinden sich diverse, für einen Tempel unübliche, kleine Hütten. Sie stammen noch aus der Zeit als Gilsangsa als Kisaeng (koreanisches Geisha)-Haus „Daewongak" (ähnlich Samcheonggak, S. 202) bekannt war. Bis in die 90er Jahre des 20. Jh. wurden dort die meist männlichen Gäste verköstigt und anderweitig verwöhnt. Gegen Ende ihres Lebens fand die frühere Besitzerin zum Buddhismus und vermachte das gesamte Gelände der auf ZEN ausgerichteten Chogye-Sekte. Der Name des Tempels beruht auf ihrem Künstlernamen Gil-sang. Die offizielle Registrierung als Tempel erfolgte erst 1997. Abgesehen von 2 modernen Hallen sind alle Gebäude, insbesondere das farbenprächtige traditionelle Tor, noch Originalbauten aus der Zeit als Kisaeng-Haus. Die weiß bespannten Türen der schlichten, aber elegant wirkenden Gebäude bilden einen starken Kontrast zu dem dunklen Holz. Im zentralen, alten Mittelgebäude sind Bilder von Gil-sang ausgestellt.
Etwa 200 m oberhalb Gilsangsas liegt der kleine Tempel Jeongbeopsa. Der Seongnagwon Garten (S. 92) und mehrere historische Häuser (S. 134, 135) sind weitere Ziele in der Nähe.

Religion

Heungcheonsa Tempel

흥천사

Als Königin Sindeok 1396 starb ließ König Taejo (Gründer der Joseon Dynastie), aus Trauer über den plötzlichen Tod seiner zweiten Frau, ihr Grab nahe seines Palastes errichten (S. 235, Jeongneung). Östlich davon erbaute er den Tempel Heungcheonsa mit 170 Räumen. König Taejo kam oft in den Tempel um für seine Frau zu beten. Der Überlieferung nach aß er erst, nachdem die Tempelglocke geläutet hatte. Nach dem Tod von König Taejo wurde das Grab verlegt und der

Verkehrsmittel:
Untergrundstation Sungshin Woman's Univ., Linie 4 (hellblau) – Ausgang 5, Fußweg 15 Min.

Anschrift: 595 Donam-dong, Seongbuk-gu

Tempel zerstört. Die Glocke blieb erhalten und ist jetzt im Deoksugung Palast ausgestellt.
Der heutige Heungcheonsa Tempel liegt wieder östlich der 1409 verlegten Jeongneung Grabstätte. Zwei 1853 und 1855 errichtete Gebäude sind von besonderer Bedeutung und gelten als erstklassige Architekturbeispiele traditioneller Holzbauweise aus der späten Joseon Ära.
Geungnakbojeon ist die Haupthalle des Heungcheonsa in der sich eine Statue von Amitabha, dem Buddha des reinen Landes (ähnlich des christlichen Paradieses) befindet. Myeongbujeon ist die Halle der Unterwelt in der Ksitigarbha Bodhisattva als Retter der Leidenden in dieser Welt verehrt wird.

Hwagyesa Tempel

화계사

Mönch Sinwol gründete diesen Tempel im Jahr 1523 am Berg Samgak im Norden Seouls. Der Tempel brannte 1618 ab, wurde aber bereits im darauffolgenden Jahr durch den Mönch Dowol wieder aufgebaut.
Das heutige Erscheinungsbild des Tempels entstand 1865/66. Durch eine Spende von Lord Heungseon Daewongun, dem Vater von König Gojong, konnten die Mönche Yongso und Pomun eine komplette Renovierung des Tempels vornehmen. Dementsprechend stellt das Hauptgebäude „Daeungjeon" ein großartiges Beispiel für einen buddhistischen Tempel des späten 18. Jahrhunderts dar.

Öffnungszeiten: 04:00-19:00

Verkehrsmittel: Untergrundstation Suyu, Linie 4 (hellblau) – Ausgang 5, Fußweg ca. 20 Min. oder Bus Nr. 151 oder 1156

Anschrift: Suyu 1-dong, Gangbuk-gu, Seoul
Homepage:
http://www.hwagyesa.org/ (Tempel),
http://www.seoulzen.org/ (Zen-Zentrum)

Heute befindet sich im Hwagyesa Tempel das internationale Zen Zentrum Seoul. Das Zentrum wurde von Mönch Seung Sahn gegründet, damit Leute aus aller Welt hier meditieren und ihre wahre Natur finden können. Morgens und abends praktizieren die ausländischen Mönche und Buddhisten zusammen, während sie tagsüber ihren verschiedenen Tätigkeiten im Tempel nachgehen. Für Besucher gibt es mehrere kostenlose Angebote: zu bestimmten Zeiten können sie an den Übungen teilnehmen, es gibt Vorlesungen zur Zen-Theorie und Sonntagnachmittag finden Meditationskurse statt.

Seunggasa Tempel   승가사

Dieser Tempel liegt im südlichen Bereich des Bukhansan Nationalparks, einen Kilometer östlich des Bibong Gipfels. Der Name geht auf den indischen Mönch Seungga zurück, der als Reinkarnation von Avalokitesvara Bodhisattva verehrt wurde und in der chinesischen Tang Dynastie Buddhismus lehrte.

Der Mönch Sutae aus der Silla Dynastie verehrte Seungga so sehr, dass er Seunggasa 756 gründete, eine Statue Seunggas in einer Höhle aufstellte und dort asketisch lebte. Könige der Silla, Goryeo and Joseon Dynastien beteten hier in nationalen Krisenzeiten und ließen den Tempel regelmäßig renovieren und ausbauen.

Während der japanischen Besatzung (1910-1945) und des Koreakrieges (1950-1953) war der Tempel eine Ruine. Mönch Towon, ab 1955 Abt

Verkehrsmittel:
Untergrundstation Gyeongbokgung, Linie 3 (orange) – Ausgang 3, weiter mit dem Bus 7212 (ab Halt 01-116) bis Haltestelle Seungasa (01-154), dann Fußweg ca. 60 Minuten.

Anschrift: Gugi-dong, Jongno-gu, Seoul

des Klosters, begann mit dem Wiederaufbau, der seit 1971 vom Mönch Sangnyum fortgesetzt wurde. Das Ergebnis dieses ständigen Ausbaus ist heute eine in eine idyllische Berglandschaft eingebettete Tempelanlage, zu der täglich viele Gläubige pilgern um hier zu beten. Zu Fuß geht es etwa zwei Kilometer, entlang einer Felspiste durch Kiefernwald steil bergauf. Nach und nach verstummt der Verkehrslärm aus dem Tal und man wird von ruhiger Natur umschlossen. Kurz vor dem Ziel ragt dann eine neunstöckige Pagode aus den Bäumen heraus.

Im Tempel ist ein Portrait des großen Mönches Seungga (Seunggadasasang) erhalten. Eine weitere Attraktion ist der große, hoch über dem Tempel in eine Felswand gravierte, sitzende Buddha (Maeseokgayeoraejwasang). Bei der Ankunft am Tempel beeindruckt als erstes allerdings eine lange Freitreppe, die zu der neunstöckigen Pagode führt.

Die steinerne Statue des heiligen Mönchs Seungga aus dem Jahr 1024. Allgemein nennt man sie Yaksabul (Medizinbuddha), da ihr wundersame Heilkräfte zugeschrieben werden.

Tipp:
Nur wenige Minuten von der Bushaltestelle Seunggasa entfernt, vor dem Beginn des eigentlichen steilen Aufstiegs, bieten einige fliegende Händler Stärkung für die bevorstehende Wanderung an. Von hier fährt ein tempeleigener kostenloser Pendelbus (PKW-Van) zum Seunggasa (eine Spende von 1000 oder 2000 Won ist angebracht). Sie werden sich wundern welche abenteuerlichen und steilen Felspisten sich mit einem solchen Fahrzeug bewältigen lassen.

Nach dem Volksglauben wurde dieser Tempel von dem erleuchteten Mönch Doseonguksa zum Ende der Silla Dynastie vor etwa 1100 Jahren gegründet. Er war von der Landschaft am Samgaksan tief beeindruckt und beschloss, an diesem wunderschönen Berg mit klarem Wasser einen Tempel zu bauen. Aus einem Felshang modellierte er die 7 Meter hohe Buddha-Statue Bodhisattva. Viele Herrscher suchten hier in den vergangenen Jahrhunderten Erleuchtung und beteten mit den Mönchen für die Verteidigung des Vaterlandes. Die Bemühungen des Tempels um die koreanische Nation sorgten ab 1960 für spirituelle und materielle Unterstützung durch Präsident Park Chung-hee. So konnte 1975 die Autostraße eröffnet werden, die bis heute für einen einfachen und schnellen motorisierten Zugang zum Doseonsa sorgt. Täglich nutzen viele Hundert Gläubige diese Straße, um im Tempel für ihre Nation zu beten.

Auf Grund seiner mystischen, religiösen und geschichtlichen Bedeutung ist Doseonsa der wohl bekannteste der vielen Tempel im Bukhansan Nationalpark. Aus touristischer Sicht gibt es allerdings lohnendere Ziele, wenngleich hunderte von leuchtenden Lampions in der Abenddämmerung natürlich ein stimmungsvolles Bild abgeben.

Öffnungszeiten: 06:00-19:00

Verkehrsmittel:
Untergrundstation Suyu, Line 4 (hellblau) – Ausgang 3, Bus Nr. 101, 120, 130, 153 oder 8153 (ab Halt 09-004 in Straßenmitte) bis Endhaltestelle Ui-dong Bus Terminal und dann ca. 60 Minuten Fußweg zum Tempel.

Anschrift: Ui-dong, Gangbuk-gu, Seoul
Homepage: *http://www.dosunsa.or.kr/*

Tipp 1:
Der Fußweg führt rund drei Kilometer an einer steilen bis sehr steilen Straße entlang. Ich empfehle dringend ab Ui-dong Busbahnhof einen Pendelbus (sofern man einen Platz bekommt) oder ein Taxi zu benutzen.

Tipp 2:
Fotografen sollten diesen Tempel unbedingt vormittags besuchen, da die meisten Gebäude ab dem frühen Nachmittag bereits im Schatten liegen.

Tipp 3:
Etwa dreihundert Meter oberhalb des Busbahnhofs in Richtung Doseonsa befindet sich Bonghwanggak, ein 1912 erbautes religiöses Zentrum. Zwischen 1912 und 1914 wurden hier 483 religiöse Führer ausgebildet, die über ganz Korea verteilt eine wichtige Rolle in der Unabhängigkeitsbewegung von 1919 spielten.

Tipp 4:
Man könnte z. B. auch mit Bus Nr. 151 ab Seoul Station (Halt 02-007) fahren und so bis zur Endhaltestelle Ui-dong Busbahnhof eine etwa einstündige Fahrt durch Seoul erleben.

Guknyeongsa Tempel
국녕사

Dieser Tempel unterhalb des 503 Meter hohen Uisangbong (bong = Gipfel) kann auf eine tausendjährige Geschichte zurückblicken. Bereits während der Silla Dynastie praktizierten hier die seinerzeit höchstrangigen Mönche Uisang und Wonhyo. Ein späterer Patriarch, Mönch Samyeong, renovierte Guknyeongsa und baute ihn zu einer „die Nation schützenden" Tempelanlage aus. Insgesamt baute Samyeong an zehn wichtigen Stellen in der Samgak-Bergregion diese, die 10 Himmel symbolisierenden, Schutzklöster.

Dokumente belegen, dass der für den Ausbau der Bukhansan Festungsanlage verantwortliche Oberbefehlshaber Seongneung und die Mönche Cheongwhi and Cheolseon den Tempel 1713 wieder aufbauten. Allerdings zerfiel die Anlage in den folgenden Jahrhunderten erneut. Nach historischen Unterlagen begann Ji Gwang 1998 mit einer weiteren Restaurierung, die im Oktober 2004 abgeschlossen wurde.

Verkehrsmittel:
Untergrundstation Gupabal, Line 3 (orange) – Ausgang 1, Bus 704 oder 8772 zum Eingang Bukhansanseong, dann etwa 75 Min. Fußweg. Eventuell auch weiter mit dem kleinen kostenlosen Pendelbus, dann nur 30 Minuten Fußweg (S. 150).

Anschrift: Goyang-si, Gyeonggi-do

Den unübersehbaren Mittelpunkt der Tempelanlage bildet eine große Buddha Statue. Mit 24 Metern Höhe ist sie die größte sitzende Buddhafigur in Korea und ganz Ostasien. Zusammen mit den umgebenden 10.000 kleineren Buddhas sollen so die vom Samgak Berg in die Metropolregion strömenden Kräfte positiv beeinflusst werden. Es gibt allerdings auch Buddhisten, die diese riesige Figur innerhalb der majestätischen Natur als angeberisch empfinden.

Religion

Info
Von den bislang vorgestellten Tempeln nördlich des Han Flusses befinden sich die meisten im Bukhansan Nationalpark inmitten imposanter Berglandschaft. Die auf den folgenden vier Seiten erwähnten Tempel südlich des Hangang waren ehedem ebenfalls von einsamer Natur umgeben. Mitte des vorigen Jahrhunderts begann Seoul sich auch südlich des Flusses auszubreiten und inzwischen sind diese Tempel fast ausnahmslos auf kleine Parzellen innerhalb von Wohnvierteln reduziert.

Hogukjijangsa Tempel   호국지장사

Dieser buddhistische Tempel befindet sich innerhalb des Nationalfriedhofs, etwa 10 Min. westlich vom Grab des Präsidenten Park Chung-hee und seiner Frau. Der Tempel wurde vom Priester Boin für König Gongmin der Goryeo Dynastie erbaut. Heute gehört er zur Jogyejong Glaubensrichtung. Hogukjijangsa hatte viele Namen. Erst als er ein nationaler Tempel wurde, in dem man für Glück in einer anderen Welt bitten konnte, erhielt er die jetzige Bezeichnung. König Seonjo bat hier z. B. um himmlische Glückseligkeit für seine Großmutter. Mit der Gründung des Nationalfriedhofs wurde der Tempel zu einer Stätte, an der für die Seelen der heldenhaften Heimatkämpfer gebetet wurde ("Hoguk" bedeutet soviel wie: Verteidigung des Mutterlandes).

Der Tempel besteht aus mehreren Gebäuden und Pagoden. Ein sitzender Buddha aus Eisen (Cheobuljwasang) gilt als Kulturschatz Nr. 75. Die Legende erzählt, dass der in der Goryeo-Ära geschaffene Buddha einen Fischer darum bat das Licht sehen zu dürfen, woraufhin ihn der Fischer vor über 100 Jahren in der Nähe des Hangang platzierte.

Öffnungszeiten: (wie Nationalfriedhof)
März-Okt. 06:00-18:00, Nov.-Feb. 07:00-17:00
Kein Ruhetag

Verkehrsmittel:
Untergrundstation Dongjak, Linie 4 (hellblau) – Ausgang 2 oder 4, Fußweg 30 Minuten

Anschrift: Hyeonchungno, Dongjak-gu, Seoul

Dalmasa Tempel   달마사

Dieser Tempel buddhistischer Nonnen gehört zur Jogyejong Glaubensrichtung. Er befindet sich westlich des Nationalfriedhofs. Dalmasa wurde 1931 gegründet und seitdem beten Buddhisten hier für nationalen Wohlstand und Sicherheit. Während der japanischen Besatzung hielt Songmangongdaeseonsa, ein führender koreanischer Buddhist, hier religiöse Zeremonien für die Unabhängigkeitsbewegung ab.

Seit 1966 wurden weitere Gebäude errichtet und eine hölzerne Buddhastatue aus chinesischem Wacholder aufgestellt. Der Tempel selbst ist nicht besonders groß oder spektakulär. Allerdings hat man einen schönen Blick auf Yeouido und den Hangang.

Verkehrsmittel:
Untergrundstation Soongsil Univ., Linie 7 (oliv) – Ausgang 3 oder 4, Fußweg 30 Minuten

Anschrift: Seodallo, Dongjak-gu, Seoul
Lage: 37°29'55" Nord, 126°57'45" Ost
Homepage: *http://www.dalmasa.org/*

Tipp:
Vom Hogukjijangsa folgt man dem Waldweg weiter bergauf. Nach zehn Minuten erreicht man einen Hintereingang des Nationalfriedhofs (geöffnet: März-Okt. 06:00-18:00, Nov.-Feb. 07:00-17:00). Von dort scharf rechts immer entlang der Friedhofsmauer. Über eine kleine Anhöhe mit Ruhepavillon und Sportgeräten geht es nach 25 Min. kurz bergab auf eine kleine Straße, rechts nach etwa 50 Metern der Eingang zum Dalmasa.
Geht man auf der Straße nach links und an der Kreuzung wieder links erreicht man nach ca. 300 Metern den Mireugam Tempel.

Mireugam Tempel

미륵암

Dieser buddhistische Tempel gehört zur Glaubensrichtung der Taegojong. Er ist besonders für einen großen steinernen Buddha (Mireukbul) bekannt, der in der Mitte der Haupthalle auf einem Fels sitzt. Der Ursprung des Tempels und des Buddhas ist unklar. Aufgrund von Überlieferungen und Legenden vermutet man jedoch, dass der Mireuk Buddha aus dem Geumburam Tempel stammt.

Das Yaksabosalsang (heilige Figur), aus Gyeongju Jade hergestellt, ist vermutlich 300-500 Jahre alt. Das Original wurde allerdings gestohlen und durch eine Nachbildung ersetzt. Es wird erzählt, dass kranke Leute, denen Mireuk Buddha im Traum erscheint, wieder gesund werden, wenn sie den im Traum erhaltenen Anweisungen folgen.

Eine über 200 Jahre alte, japanische Ulme fügt der Tempelanlage zusätzlichen historischen Charme bei. Mireugam, ursprünglich eine Einsiedelei, ist ein sehr kleiner Tempel, der zwischen einer Tankstelle, Autowerkstatt und dem Südhang des Nationalfriedhofs eingezwängt liegt.

Verkehrsmittel:
Untergrundstation Soongsil University, Linie 7 (oliv) – Ausgang 3, Fußweg 10 Minuten

Anschrift: Sungsil-gil, Dongjak-gu, Seoul

Geungnakjeongsa Tempel

극락정사

Religion

Dieser buddhistische Tempel wurde 1919 als Außenstelle des Yeonjuam Tempels in Sinjangnobyeon durch den Oberpriester Yangnaeundaesa errichtet. Den jetzigen Namen erhielt der Tempel 1946. Er gehört zur buddhistischen Glaubensrichtung des Taegojong. Wunderschöne traditionelle buddhistische Wandmalereien befinden sich an den Außenwänden der Haupthalle und der alten Predigthalle. Besonders stolz sind die Mönche auf ein über 100 Jahre altes Gemälde im Inneren des Tempels.

Wie fast alle südlich des Hangang gegründeten neueren Tempel verfügt auch der Geungnakjeongsa über deutlich weniger Grundstücksfläche als die älteren Tempel nördlich des Han Flusses und wird von Hochhäusern umgeben.

Geungnakjeongsa wirkt heiter, fast lustig. Dies bewirken unter anderem die im Außenbereich aufgestellten bunten Figuren. Sie sollen besonders Kinder und Jugendliche ansprechen. Für diese Altersgruppe werden jeden Sonntag religiöse Zeremonien abgehalten.

Verkehrsmittel: Untergrundstation Sangdo, Linie 7 (oliv) – Ausgang 4, Fußweg 15 Min. bzw. Ausgang 1 und 4 Stops mit Bus Dongjak08

Anschrift: Maebong-gil, Dongjak-gu, Seoul

Hoapsa Tempel

호압사

Yi Seonggye, der Gründer der Joseon Dynastie und spätere König Taejo, ließ diesen Tempel wahrscheinlich zwischen 1392 und 1394 erbauen. Nach geomantischen Gesichtspunkten besaß der Berg Samseong im Süden der neuen Hauptstadt eine mächtigere Topographie als der Berg Bugak hinter dem Gyeongbokgung Palast. Mit schroffen Felsen und der Form eines rennenden Tigers stellte diese Gebirgsformation nach damaligem Verständnis eine Gefahr für den König dar der man unter anderem durch den Bau von

Verkehrsmittel: Bus 6515 (z.B. ab Untergrundstation Jangseungbaegi, Line 7 (oliv) – Ausgang 4, oder Seoul National University, Linie 2 (grün) – Ausgang 3) oder Bus 152 (ab Seoul Station) bis Byucksan Apartment Complex 1 (Halt 18-136, 1. Stop hinter Sanbok Tunnel)

Anschrift: 234, Siheung-dong Geumcheon-gu
Lage: 37°27'8" Nord, 126°55'32" Ost
Homepage: *http://www.hoapsa.org/*

Tempeln begegnen konnte. Der hier ebenfalls vorgestellte Sajaam ist einer von mehreren Tempeln die aus diesem Grund entstanden. Der Hoapsa war allerdings der wichtigste, da er an der Stelle des Herzens des Tigers, dem Punkt an dem sich alle Energie bündelt, erbaut wurde und somit der ideale Platz für Gebete war.

Unterlagen im Bongeunsa Tempel lassen vermuten, dass König Taejong im Jahr 1407 dem Tempel den Namen Hoapsa gab und er auch die Namenstafel stiftete. Weitere schriftliche Unterlagen sind nicht bekannt und so weiß man sehr wenig über die Chronologie des Tempels. Es ist lediglich überliefert, dass zwei Hofdamen Hoapsa 1841 wieder aufbauen ließen. Das Yaksajeon Gebäude wurde vor einigen Jahren erbaut.

Durch die Lage in unwegsamem Gelände ist dieser Tempel weiterhin von Natur umgeben und muss seine Nachbarschaft nicht mit Wohnbebauung (wie Sajaam oder Yaksuam) teilen. Die Lage am Rand eines großen Naturgebietes machen Hoapsa zu einem guten Ausgangspunkt für anspruchsvolle Tageswanderungen durch eine größtenteils unberührte Berglandschaft. Ziele könnten z.B. die Seouler Nationaluniversität (S. 262) oder sogar der Gwanaksan (S. 274) sein. In einer kürzeren, aber steilen Wanderung von etwa 45 Minuten kann man auch die Hanumul Quelle (S. 151) erreichen.

Sajaam Tempel

사자암

Der zur Jogyejong Glaubensrichtung gehörende Sajaam Tempel befindet sich westlich unterhalb des Guksabong-Gipfels und soll bereits 1396 gegründet worden sein. Viele namhafte Mönche haben hier nach Erleuchtung gesucht. Nach wie vor stellt der Tempel das Glück und die Sicherheit

der Bevölkerung und der Nation in den Mittelpunkt seiner Arbeit. Im Geungnakjeon des Tempels gibt es den Amita Buddha, der in der frühen Joseon Periode entstanden ist. Der Tempel beherbergt auch mehrere religiöse Gemälde aus den letzten zwei Jahrhunderten.

Verkehrsmittel:
Untergrundstation Jangseungbaegi, Linie 7 (oliv) – Ausgang 5, weiter mit Bus Dongjak02 9 Stops bis Endhaltestelle Sajaam

Anschrift: Yangnyeong 1(il)-gil, Dongjak-gu

Yaksuam Tempel

약수암

Der Yaksuam Tempel liegt am nordöstlichen Hang des Guksabong, direkt oberhalb des Jideoksa Bumyoso (Grab von Yangnyeong Daegun, Sohn von König Taejong, S. 244). Diese Gegend ist für ihre wohlschmeckende, eisenhaltige Mineralquelle bekannt. Der in der zweiten Hälfte des 20. Jahrhunderts erbaute Tempel hieß früher Gangjeokgol, wurde aber in Yaksuam (Mineralquelle) umbenannt. Es handelt sich um einen kleinen buddhistischen Tempel der Jogye Glaubensrichtung.
Bis vor einigen Jahren hatte man von diesem Tempel noch einen schönen Blick nach Norden über die Jideoksa Bumyoso Anlage hinweg. Jetzt versperren mehrere Hochhäuser in nur wenigen Metern Abstand nicht nur den Blick sondern stehen dem Tempel auch viel Licht.

Verkehrsmittel:
Untergrundstation Sangdo, Linie 7 (oliv) – Ausgang 2, Fußweg 20 Minuten oder vier Stops mit Bus Dongjak08

Anschrift: Dongjak-gu, Seoul

223

Tipp:
Der Straße unterhalb des Yaksuam um den Guksabong herum nach Osten folgen. Nach ca. 15 Minuten erreicht man den Tempel Sajaam.

Wongudan Altar

Ursprünglich war Wongudan das koreanische Pendant zum chinesischen Himmelstempel in Beijing. Bereits in der Goryeo Dynastie (918-1392) sollten Gebete des herrschenden Königs für eine reichhaltige Ernte sorgen. Im Glauben, dass nur ein Kaiser den Himmel anflehen konnte, wurde dieser Ritus während der Joseon Dynastie (1392-1910) abgeschafft. Koreanische Herrscher begnügten sich mit dem Titel „König" um den Kaiser von China nicht zu beleidigen. Dies änderte sich erst am 12. Oktober 1897 als sich König Gojong hier zum „Kaiser" ernannte und das große koreanische Kaiserreich (Daehan

Öffnungszeiten: 24 h

Eintrittspreise: frei

Verkehrsmittel: Untergrundstation Euljiro 1(il)-ga, Linie 2 (grün) – Ausgang 7, Fußweg 5 Min. Wongudan liegt am Haupteingang des Westin Chosun Hotels vorbei in einem kleinen Park hinter dem Hotel.

Anschrift: Sogong-dong, Jung-gu, Seoul
Homepage: *http://san-shin.org/TOH-1.html*

Jeguk) ausrief. Damit wollte er die Unabhängigkeit Koreas von China demonstrieren. Tatsächlich ging dieser Schritt aber auf japanische Einmischung zurück. Die Loslösung von China und die koreanische Unabhängigkeit war für Japan eine notwendige Voraussetzung, damit man sich selbst Korea einverleiben konnte. Daehan Jeguk war trotz aller Bemühungen von Kaiser Gojong allerdings nur von kurzer Dauer, da die Japaner 1910 ihr Ziel erreichten und die Dynastie auflösten.
Die Japaner zerstörten 1913 Wongudan fast vollständig und bauten an dieser Stelle das im Oktober 1914 eröffnete Chosun Hotel. Ein dreistöckiger, achteckiger Altar (der Himmelstempel) und die drei Granittrommeln König Gojongs blieben erhalten und stehen im Garten des Hotels. Nur wenige Meter von der City Hall Plaza entfernt ist Wongudan besonders abends ein ruhiger und romantischer Platz mitten in der Stadt.

Jeoldusan Märtyrerschrein

절두산 순교성지

Die Yanghwa Anlegestelle war Teil des heute nicht mehr existierenden Yanghwajin Hafens – einem der drei großen strategischen Flusshäfen der Joseon Ära. Ganz in der Nähe befand sich eine steinerne Erhebung, die man als Yongdubong (Drachenkopfgipfel) oder Jamdubong (Seidenwurmgipfel) bezeichnete. In alten Zeiten war diese idyllische Uferlandschaft ein über die Grenzen Koreas hinaus bekannter und beliebter Treffpunkt für Künstler, Poeten und Musiker. Als sich in den 1860er Jahren der internationa-

le Druck auf Korea zur Öffnung des Landes verstärkte, begann Dae Won Gun, der Vater des damals erst 14jährigen Königs Gojong, mit einer verschärften Verfolgung und systematischen Ausrottung von Christen, die 10.000 Katholiken das Leben kostete. Als Protest gegen die Unterdrückung der Gläubigen und der Ermordung von neun französischen Missionaren drang 1866 ein französisches Kriegsschiff über den Yanghwa Fährhafen bis nach Ganghwado vor, musste sich nach kurzer Zeit aber wieder zurückziehen.

Gezielt suchte Daewongun den vielfrequentierten Verkehrsknotenpunkt am Jamdubong als Hinrichtungsstätte aus. Von den rund 8000 Märtyrern, die hier geköpft und vom Felsen in den Fluss geworfen wurden, um mit ihrem Blut den Hangang von der „Freveltat der westlichen Barbaren" zu reinigen, sind nur etwa 30 namentlich bekannt. In der Folge des Massakers wurde dieser Ort „heilige Stätte Yanghwajin" genannt. Im Volksmund bürgerte sich jedoch die Bezeichnung Jeoldusan (Berg der Enthauptung) ein, und mit dem Kauf des Grundstücks durch die Kirche im Jahr 1956 erfolgte die Umbenennung in Jeoldusan Märtyrer Gedenkstätte. Zum 100. Jahrestag der Verfolgung wurde 1966 der Grundstein für ein Gedenkgebäude gelegt dessen Fertigstellung ein Jahr später gefeiert werden konnte. Das dreistöckige Gebäude mit Glockenturm enthält die den Märtyrern geweihte Kirche, das Grab von 28 Märtyrern und ein Museum mit Relikten der frühen koreanischen Kirche.

Der Märtyrerpark, unter anderem mit einer Skulptur des ersten koreanischen Priesters Andreas Kim Tae-Gon, wurde 1972 eröffnet. Neben Gedenksteinen, Büsten und Denkmälern kann man in diesem kleinen Park seit 1978 auch vor einer Grotte mit Muttergottes-Statue verharren. Zum 200. Jubiläum der Gründung der koreanischen Kirche war Jeoldusan 1984 bereits am ersten Tag Station beim Besuch von Papst Johannes Paul II. Neben anderen Märtyrern wurde Tae-Gon, der 1846 gerade einmal 25jährig den

Öffnungszeiten:
April-Nov. 9:30-17:00 (Museum), hl. Messen täglich 10 und 15 Uhr, Montag ist Ruhetag

Eintrittspreise: freiwillige Spende

Verkehrsmittel: Untergrundstation Hapjeong, Linie 2 (grün) oder Linie 6 (braun) – Ausgang 7, Fußweg ca. 15 Minuten

Anschrift: 96-1 Hapjeong-dong, Mapo-gu
Homepage: *http://jeoldusan.or.kr/* oder
http://jeoldusan.or.kr/language/german.html

Märtyrertod gestorben war, heilig gesprochen. Er ist seitdem der Schutzheilige aller koreanischen Priester. Mutter Teresa besuchte die Gedenkstätte 1985.

Unabhängig von der religiös-geschichtlichen Bedeutung des Ortes bietet sich vom Park und Balkon des Gedenkgebäudes ein beeindruckender Blick über den Han Fluss und die schräg gegenüber liegende Insel Yeouido. Im Kontrast zu diesem Ausblick zeigt ein im Museum ausgestelltes, etwa 1950 entstandenes Foto diese Insel als Sandbank ohne jegliche Bebauung und die Umgebung Jeoldusans als rein landwirtschaftlich genutzte Fläche. Im direkten Vergleich mit dem jetzigen Panorama liefert dieses Foto einen imposanten Beweis für die Modernisierung und wirtschaftliche Entwicklung Koreas in kaum mehr als einem halben Jahrhundert.

Saenamteo
Märtyrer Gedächtniskirche
새남터순교기념성당

Saenamteo, früher auch „Nodeul" oder „Sa-namgi" genannt, war ursprünglich ein Trainingsort für Kämpfer. Während der Joseon Dynastie wurde er für Hinrichtungen benutzt. Hier fand z. B. die Exekution der Sayuksin (sechs hohe Beamte, die sich weigerten mit König Sejo zu kooperieren) statt.

Im 19. Jahrhundert wurden an dieser Stelle Priester und Laien während vier verschiedener Phasen der Katholikenverfolgung (Sinyu, Gihae, Byeong-o und Byeong-in) ermordet. Unter anderem wurde in Saenamteo 1846 der erste koreanische Priester Andreas Kim Tae-Gon hingerichtet. Auch Ju Mun-mo und Bischof Imbert, die ersten Geistlichen aus China und Frankreich, fanden an dieser Stelle ihren Tod. Insgesamt wurden elf der hier hingerichteten Märtyrer heiliggesprochen. Neun Märtyrer haben in Saenamteo ihre letzte Ruhestätte.

Die koreanische katholische Kirche erklärte Saenamteo 1950 zur Gedenkstätte und errichtete 1956 ein Denkmal. Die Gemeinde Saenamteo wurde 1981 gegründet und 1987 vollendete man die jetzige katholische Kirche in traditioneller koreanischer Bauweise.

Saenamteo liegt zwischen dem Yongsan Bahnhof und dem Hangang am Rand eines Wohnviertels. Umschlossen von Hochhäusern, Eisenbahnstrecke und Straßenbrücke ist es gar nicht so einfach, einen Zugang zu finden. Durch die beengten

Verkehrsmittel:
Untergrundstation Sinyongsan, Linie 4 (hellblau) – Ausgang 3, Fußweg 15 Minuten oder Ausgang 4, ab Halt 03-254 (auf gegenüberliegender Straßenseite) fünf Stops mit Bus 0017 (bis Halt 03-292)

Anschrift: Ichon 2(i)-dong, Yongsan-gu, Seoul
Homepage: *http://www.saenamteo.or.kr/*

Platzverhältnisse kann Saenamteo auch nicht eine so schöne Umgebung wie Jeoldusan (vorherige Seiten) bieten.

Myeongdong Kathedrale 명동성당

Die Myeongdong Kathedrale war das erste aus Ziegelsteinen gemauerte Bauwerk in Seoul. Es ist die erste und größte Kathedrale Koreas und entstand auf Myeongryebang (dem Wohnort Kim Beom-u's, dem ersten koreanischen Märtyrer). Bereits 1784 hatte sich hier die erste Glaubensgemeinschaft versammelt. Nach anfänglichen Auseinandersetzungen mit der koreanischen Regierung über den Standort der Kirche konnte 1892 mit dem Bau begonnen werden. Der von Jorge Caster entworfene Bau im gotischen Stil wurde 1898 vollendet. Am Befreiungstag 1945 wurde der ursprüngliche Name von Chong-Hyen zu Myeongdong geändert. Heute ist die auf einer Anhöhe gelegene Kathedrale das Zentrum der katholischen Kirche Koreas und ein Symbol Myeongdongs. Mit dem 45 Meter hohen Kirchturm ist sie aus vielen Richtungen zu sehen und

Öffnungszeiten:
09:00-21:00, wochentags Messen um 06:30, 18:00, 19:00, Messe in Englisch So. 09:00

Eintrittspreise: kostenlos

Verkehrsmittel:
Untergrundstation Myeong-dong, Linie 4 (hellblau) – Ausgang 8, Fußweg 10 Minuten
Untergrundstation Euljiro 1(il)-ga, Linie 2 (grün) – Ausgang 5, Fußweg 10 Minuten

Anschrift: Myeong-dong 2(i)-ga, Jung-gu
Homepage: *http://www.mdsd.or.kr/*

lockt Besucher auch wegen ihrer architektonischen Schönheit an (es wurden 20 verschiedene Ziegelarten in rot und grau verwendet). Die Innenausstattung im gotischen Stil mit mächtigen Säulen, kunstvoll gearbeiteten Glasfenstern und einem luxuriösen Altar ist ebenfalls sehenswert. In der Krypta befinden sich die Gebeine von neun koreanischen Märtyrern.

Die Glasfenster wurden 1982 restauriert. Man vermutet, dass sie ursprünglich in französischen Benediktinerklöstern hergestellt wurden. Nach einer Außenrenovierung erstrahlt seit Mitte 2008 auch die Fassade in neuem Glanz.

Religion

227

Chung Dong Cheil Methodistenkirche

정동교회

Vorläufer der Chung Dong Methodistenkirche (auch Jeongdong Kirche) war die vom Missionar Appenzeller im Oktober 1887 gebaute Bethel Kapelle. Schon bald reichte das Platzangebot für die ständig steigende Zahl von Gläubigen nicht mehr aus, und so begann man 1895 mit dem Bau einer richtigen Kirche, die am 26. Dezember 1896 eingeweiht werden konnte. Die erste protestantische Kirche Seouls, aus roten Ziegelsteinen im gotischen Stil erbaut, ist wegen ihrer romantischen Treppe ein beliebter Ort für Hochzeiten. Nach einer Erweiterung im Jahr 1926 fasste das Gotteshaus 1500 Personen. Teile des Gebäudes wurden während des Koreakrieges zerstört und Ende 1953 repariert. Eine weitere Reparatur wurde durch ein Feuer, das am 8. März 1987 die Inneneinrichtung zerstörte, notwendig. Durch die Unterstützung verschiedener Bewegungen (Unabhängigkeit, Menschenrechte, Gleichberechtigung der Frauen) hatte die erste Methodistenkirche wichtige Anteile an der Entwicklung des modernen Korea.

Öffnungszeiten: ca. 06:00-20:00

Verkehrsmittel: Untergrundstation City Hall, Linie 2 (grün) – Ausgang 12 oder Linie 1 (dunkelblau) – Ausgang 1 oder 2, Fußweg 7 Minuten

besondere Aktivitäten:
jeden Sonntag um 14:00 Messe in Englisch

Anschrift: Jeong-dong, Jung-gu, Seoul
Homepage: *http://www.chungdong.org/*

Deutsche Kirche Seoul

Die evangelische Gemeinde in Seoul wurde im Juni 1977 gegründet. Die anfangs 17 Mitglieder wurden zwischen 1977 und 1991 von Pfarrern betreut die etwa sechsmal im Jahr von Tokio nach Seoul kamen. Seit 1978 werden die Gottesdienste überwiegend in der International Lutheran Church (국제루터교회) abgehalten. Die deutschsprachige katholischen Gemeinde

Katholische Gemeinde Seoul
Gottesdienste: jeden Sonntag 10:00
Anschrift: 707 Hannam 2-dong, Yongsan gu
Kontakt: +82-2-792-7372
Homepage: *http://www.dekathge.org/*

Evangelische Gemeinde Seoul
Gottesdienste: jeden 1., 3., 5. Sonntag 17:00
Anschrift: 726-39 Hannam 2-dong, Yongsan gu
Kontakt: +82-2-795-0393
Homepage: *http://egds-korea.blogspot.com/*

Verkehrsmittel:
Untergrundstation Hangangjin, Linie 6 (braun) – Ausgang 2 oder 3, Fußweg 5 bzw. 15 Minuten

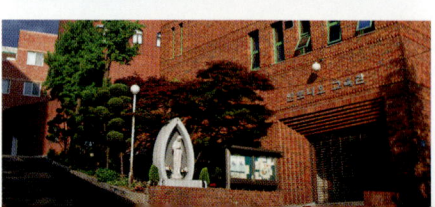

Seoul wurde im Oktober 1986 gegründet und residiert in der internationalen katholischen Kirche (국제천주교회), etwa 200 Meter südlich des evangelischen Zentrums. Beide Gemeinden arbeiten eng zusammen, so wird z. B. der Gemeindebrief seit 1987 gemeinsam erstellt.

Yeouido Full Gospel Kirche   여의도순복음교회

Die Yeouido Full Gospel Kirche gehört zur pro-testantischen Glaubensrichtung der Pfingst-christen. Die Gemeinde wurde 1958 von Pastor David Yonggi Cho gegründet der sie auch nach wie vor leitet. Am ersten Gottesdienst nahmen gerade einmal sechs Personen teil, heute zählt die Gemeinde über 800.000 Mitglieder. Damit ist die Yeouido Full Gospel Kirche die größte christliche Gemeinde der Welt. Erste Gottes-dienste fanden im Wohnzimmer, später in Zelten statt. Die Kirche auf Yeouido wurde in mehre-ren Phasen in den 70er und 80er Jahren des vo-rigen Jahrhunderts erbaut und beinhaltet nun, neben dem riesigen zentralen Kirchenraum, in dem 25.000 Personen gleichzeitig am Gottes-dienst teilnehmen können, unter anderem zwölf kleinere Gottesdiensträume. Damit stellt das imposante Bauwerk sogar das benachbarte Parlamentsgebäude in den Schatten. Nachts sorgt eine auffällige Neonbeleuchtung dafür, dass man die Kirche auf keinen Fall übersehen kann.

Allerdings sind die Lehren dieser Kirche nicht un-umstritten, da mit der Erlösung materieller Reichtum verbunden wird. Kritik wird besonders an kultähnlichen Praktiken geübt. Am besten wird die Yeouido Full Gospel Kirche wohl als eine Mischung aus koreanischem Schamanismus, Christentum und den eigenen Ideen von Yonggi Cho charakterisiert.

Öffnungszeiten:
täglich finden Gottesdienste zu unterschied-lichen Zeiten statt. Samstags werden auch Gottesdienste in Fremdsprachen abgehalten. Täglich ab 23:00 (freitags ab 21:30) bis 04:00 findet der Anbetungsgottesdienst statt.

Verkehrsmittel:
Untergrundstation National Assembly, Linie 9 (gold) – Ausgang 1, Fußweg 5 Minuten oder Untergrundstation Yeouinaru, Linie 4 (hell-blau) – Ausgang 1, Fußweg 10 Minuten

Anschrift: Yeouido-dong, Yeongdongpo-gu
Homepage: *http://yfgc.fgtv.com/* oder *http://german.fgtv.com/*

Info
Ein ähnlich großes Zentrum einer weiteren Kir-chengemeinde, der 1978 gegründeten SaRang Community Church (*http://www.sarang.org/*), entsteht zur Zeit neben der U-Bahn Station Seocho (Linie 2).

Unabhängig von den praktizierten Glaubensrichtlinien verfehlt der grandiose Gottesdienstraum der Yeouido Full Gospel Kirche nicht seine Wirkung auf den Besucher.

Grabstät

고분

Die ältesten, archäologisch nachgewiesenen Grab-stätten in Seoul stammen aus der frühen Baekje-Zeit, wahrscheinlich noch vor Christi Geburt. Aus der Joseon Dynastie (ab 1392) sind viele Gräber der Könige und Königinnen, Prinzen und teil-weise auch hoher Beamter erhalten geblieben. Sie haben die Form von Erdhügeln mit zeremoniel-len Gebäuden in unmittelbarer Nähe. Im Juni 2009 wurden alle 40 Joseon-Königsgräber, ver-teilt auf 18 Standorte in Seoul und Umgebung, zum UNESCO-Weltkulturerbe erklärt.

Gedenk- bzw. Namenstafeln der Verstorbenen werden in besonderen Schreinen aufbewahrt. So befinden sich z. B. die Gedenktafeln aller Könige der Joseon Dynastie im Jongmyo (königlicher Ahnenschrein). Friedhöfe im westlichen Sinn mit Grabsteinen sind in Seoul nur selten zu finden. Lediglich der Ausländerfriedhof in Mapo-gu und der Nationalfriedhof mit gefallenen Soldaten unterscheiden sich auf den ersten Blick nicht von westlichen Pendants.

Traditionell sollen Koreaner an ihrem Geburtsort beigesetzt werden. Personen, die mit dem Tod rechnen, begeben sich deshalb zurück in ihre Heimat oder die Urne mit ihrer Asche wird von den Angehörigen auf einem kleinen Stück Land beigesetzt, das man extra für diesen Zweck ge-kauft hat. Auf Überlandfahrten sieht man deshalb häufiger kleine Erdhügel, meist an Abhängen, die solch ein Grab darstellen. Natürlich ist dieser Brauch heute, schon aus Mangel an entsprechen-den Grundstücken nicht immer realisierbar. In Seoul gibt es deshalb Tempel (z. B. Hungchangsa: *http://hungchangsa.com*) oder Firmen mit „La-gerhallen" (*http://www.chungahpark.co.kr/*), die sich auf die Aufbewahrung von Urnen speziali-siert haben. Andere Gesellschaften verwalten ganze Hügelketten und stellen dort Urnengrab-stätten zur Verfügung (z. B. *http://scpark.co.kr/*).

Aufbau eines Königsgrabes

Während der Joseon Dynastie war die geografische Lage eines Königsgrabes von besonderer Bedeutung. Sie wurde nach den Prinzipien von Feng Shui (Wind und Wasser, koreanisch: poongsu) ausgesucht. Der Hintergedanke dabei: Wenn die Vorfahren an einem guten Ort beigesetzt werden, sind sie mir wohlgesonnen und sorgen für mein Wohlergehen in der jetzigen Welt. Gleichzeitig hatte man die Befürchtung, dass ein schlechter Kräftestrom negative Auswirkungen auf das weltliche Leben der Nachkommen haben könnte.

Nicht nur der Mensch, auch die Erde verfügt entsprechend Feng Shui über materielle Kraftströme (fließende Energie). Für die koreanische Halbinsel und Nordost-China ist der Baekdu mit 2750 Metern der höchste Berg, von dem positive Energieströme ausgehen und sich über Bergketten ausdehnen. Der ideale Platz (nicht nur für ein Königsgrab) ist deshalb ein Südhang, an dessen Fuß ein Fluss oder Bach verläuft, der die vom Wind verteilten Kraftströme wieder sammelt. Sehr wichtig war auch die Form und Umgebung des Berges, an dem das Grab angelegt wurde. Idealerweise sollte eine Grabstätte von vier Bergen umgeben sein. Normalerweise befindet sich die „schwarze Schildkröte" im Norden, der „rote Phoenix" liegt im Süden, während der „blaue Drache" und der „weiße Tiger" die Berge im Osten bzw. Westen bezeichnen. Bis heute versucht die Geomantik (Erd-Wahrsagerei) Orte zu finden, an denen die Kraftströme möglichst sanft und ungehindert fließen können. Dies ist nicht nur für Gräber, sondern z. B. auch für Ansiedlungen oder andere Plätze wichtig.

Sehr wichtig und strengen Regeln folgend war auch der Aufbau eines Königsgrabes. Die Mauer, die das Grab nach oben hin zu drei Seiten abschließt hat z. B. den Zweck, den Rückfluss der Kraftströme zu verhindern. Gleichzeitig bietet die Mauer Schutz gegen den Wind, mit dem böse Geister angeflogen kommen. Die steinernen Tiere (je vier Schafe und Tiger) um den Grabhügel herum dienen ebenfalls dazu, böse Geister fern zu halten. Ein Steinzaun direkt am Grabhügel hält ebenfalls unerwünschte Kräfte fern. Einige Gräber sind außerdem noch mit zwölf Steintafeln eingefasst, die einmal die Tierkreiszeichen darstellten und Schutz gegen böse Kräfte in alle Himmelsrichtungen boten. Inzwischen sind diese Tafeln meist so verwittert, dass es der Hilfe eines Fachmannes bedarf, um noch etwas erkennen zu können.

Der Steintisch vor dem Grabhügel ist dem Namen nach ein „Platz, an dem der Verstorbene ruhen oder genießen" kann. Die beiden Steinsäulen links und rechts des Tisches dienten der eindeutigen Lagemarkierung des Grabes. Und damit der verstorbene König auch weiterhin seinen Geschäften nachgehen konnte, hatte man je zwei steinerne Verwaltungs- und Militär-Beamten samt Pferd am Grab aufgestellt. In der konfuzianischen Joseon Dynastie (herrsche durch Weisheit und nicht mit Gewalt) hatte die Verwaltung einen höheren Status als das Militär. Deshalb stehen diese Beamten näher am Grab.

In dem T-förmigen Gebäude (Jeongjagak) am Fuß des Abhangs fand die Beisetzungszeremonie statt und auch die regelmäßigen Gedenkfeiern wurden hier durchgeführt. Das Gebäude rechts davon ist das Stelenhaus. Die Inschrift auf der Steinstele, meist auf dem Rücken einer Schildkröte stehend, gibt Auskunft über den hier beigesetzten Verstorbenen. Für die Darstellung wird eine besondere Form chinesischer Schriftzeichen verwendet. Ein weiteres, daneben befindliches Haus diente als Wohnraum für den Hausmeister der Grabanlage.

Den Eingang (und den Beginn des heiligen Bereichs) markiert das Tor mit den roten Pfeilen (Hongsalmun). Zwischen Hongsalmun und Jeongjagak verläuft ein steinerner Weg. Der erhöhte Teil dieses Weges (Sindo) ist dem Geist des Verstorbenen vorbehalten – ebenso wie die zweite seitliche Treppe (Singye) am Jeongjagak. Ein versierter Kenner des Brauchtums wird die Benutzung des erhöhten Weges und der zweiten Treppe vermeiden – und feststellen, dass auch Koreaner nur noch selten über die Bedeutung der einzelnen Teile eines Grabes Bescheid wissen. Direkt vor dem roten Pfeiltor befanden sich ursprünglich der „verbotene" Bach und die „verbotene" Brücke, die aber nicht bei allen Gräbern rekonstruiert wurden. „Verboten" bedeutet hier im übertragenen Sinn, dass man die Brücke erst überqueren durfte nachdem man Geist und Körper gereinigt hatte. Entsprechend alter Überlieferungen konnte insbesondere die geistige

1) Grabhügel (Bongbun), 2) Einfriedung aus 12 Steintafeln (Byeongpungseok), 3) Steinzaun (Nanganseok), 4) Mauer (Damjang), 5) Rundmauer (Gokdam), 6) Schaf (Seokyang), 7) Tiger (Seokho), 8) Markierungspfosten (Mangjuseok), 9) Tisch (Seoksang), 10) Laterne (Jangmyeong-deung), 11) obere Armierungsmauer (Chogye), 12) mittlere Armierungsmauer (Junggye), 13) untere Armierungsmauer (Hagye), 14) Beamter/Gelehrter (Muninseok), 15) Offizier/Kämpfer (Muinseok), 16) Pferd (Seokma), 17) T-förmiger Schrein (Jeongjagak), 18) Stelenhaus (Bigak), 19) Lagerraum (Subonbang), 20) Berggeist (Sansinseok), 21) Feuerstelle (Yegam), 22) Treppe (Donggye), 23) Treppe (Singye), 24) Laufsteg (Eodo), 25) Laufsteg (Sindo), 26) Plattform (Manglyoiu), 27) rotes Eingangstor (Hongsalmun)

Reinigung im Einzelfall mehrere Tage oder sogar Wochen dauern. Bei der modernen Rekonstruktion der Grabanlagen fehlt auch ein Gebäude außerhalb des roten Pfeiltors, das zur Aufbewahrung der bei den Zeremonien verwendeten Gefäße und Utensilien diente.

Auf der steinernen Plattform direkt neben dem Eingangstor kniete der König beim Betreten und Verlassen des Grabes je vier Mal nieder. Auf der Steinfläche für den Berggeist dankt man für die Nutzung des Berges als Grab und in der kleinen Feuerstelle werden die während einer Zeremonie auf Papier aufgeschriebenen Wünsche verbrannt, damit sie die spirituelle Welt erreichen konnten (vor 1757 wurden sie vergraben). Hinter dem Jeongjagak befindet sich eine Steinbrücke (Geumcheongyo), die den Beginn der Ruhestätte

für den Verstorbenen markiert, während der Bereich zwischen Eingangstor und T-förmigen Gebäude als Begegnungsstätte für die Seelen des Verstorbenen und denen seiner Vorfahren mit den lebenden Seelen der Nachkommen diente. Neben den Königsgräbern mit der Endung -neung (oder -leung bzw. -reung, je nach Lautverbindung) sind auch die Gräber der Kronprinzen und die Grabstellen der königlichen Eltern (mit der Endung -won) in ähnlicher Weise, allerdings etwas kleiner (kein Militärbeamter, kein Steinzaun und nur die halbe Anzahl von Schafen und Tigern), gestaltet. Bis auf wenige Ausnahmen (zwei -neung Gräber befinden sich in Nordkorea) befinden sich alle 42 Neung- und 13 Won-Gräber innerhalb von Seoul bzw. in einem Umkreis von 40 Kilometern.

233

Jongmyo Königsschrein 종묘

Jongmyo ist die Bezeichnung für einen Ort, an dem Gedenkrituale für verstorbene Könige durchgeführt werden. Ein Jongmyo Schrein ist deshalb von besonderer Anmut, Schönheit und detaillierter Architektur. Das Ritual selbst gilt als Symbol, welches Ordnung und Erfolg für die ganze Nation bedeutet. Die Einheit von Musik, Tanz und Zeremonie wurde deshalb auch als besonders schützenswertes Kulturerbe eingestuft. Solche Schreine existierten bereits in der Periode der Drei Königreiche, der Schrein in Seoul stammt allerdings aus der Joseon Dynastie. Das Hauptgebäude (Jeongjeon) wurde 1395 errichtet und bestand aus sieben Räumen, in jedem wurden die Gedenktafeln jeweils eines Königs und seiner Königin aufbewahrt.

Der vierte König der Joseon Dynastie, König Sejong, ließ ein weiteres Gebäude erbauen (das Yeongnyeongjeon – Halle des immerwährenden Trostes), in dem weitere Gedenktafeln, die im Hauptgebäude keinen Platz mehr fanden, untergebracht werden konnten. Mit der steigenden Zahl von Königen und entsprechenden Gedenktafeln musste jedoch öfter angebaut und erweitert werden. Zusätzliche Räume entstanden von Ost nach West, letztendlich gab es 19 Räume.

Das ursprüngliche Jongmyo wurde 1592 zerstört, das jetzige Gebäude ist der Wiederaufbau aus dem Jahr 1601. Vor dem Jeongjeon erstreckt sich ein 150 Meter langer und 100 Meter breiter, erhöhter gepflasterter Platz (Woldae), auf dem das „Jongmyo Ritual" mit Musikern, Tänzern und anderen Teilnehmern durchgeführt wird. Seit 1995 gehört dieses historische Ritual in Einheit mit der Jongmyo-Anlage zum Weltkulturerbe der UNESCO.

Das Innere der historischen Gebäude ist nicht öffentlich zugänglich, in der Nähe des Haupteingangs gibt es allerdings eine Ausstellung, in der die Nachbildung eines prachtvollen Ahnenschreins besichtigt werden kann.

Eine Fußgängerbrücke verbindet Jongmyo mit dem Changgyeonggung, so dass nur einmal der Eintrittspreis gezahlt werden muss.

Öffnungszeiten:
März-Okt. 09:00-18:00
(Wochenende und Feiertage bis 19:00)
Nov.-Feb. 09:00-17:30, Dienstag ist Ruhetag.
Der Eintrittskartenverkauf und die Brücke zum Changgyeonggung werden jeweils eine Stunde früher geschlossen.
Führungen (Dauer ca. 60 Min.) in Englisch täglich um 10:00, 12:00, 14:00 und 16:00.
Zugang zur Ausstellung jeweils zur vollen Stunde zwischen 10:00 und 16:00 für jeweils 30 Personen. Bei starkem Andrang ist eine Anmeldung notwendig.

Eintrittspreise:
bis 7 und ab 65 Jahre kostenlos
7-18 Jahre 500 Won, 19-64 Jahre 1000 Won

Verkehrsmittel:
Untergrundstation Jongno 3-ga, Linie 1 (dunkelblau) – Ausgang 11 oder Linie 3 (orange) – Ausgang 9 oder Linie 5 (lila) – Ausgang 8, Fußweg 5 bis 10 Minuten

besondere Aktivitäten:
Jedes Jahr am ersten Sonntag im Mai findet ein Ritual nach alten Vorschriften mit Musik und Tänzen in authentischer Form statt.

Anschrift: 1-2 Hunjeong-dong Jongno-gu
Homepage: *http://www.jongmyo.net/*

Seonjeongneung

Seonjeongneung besteht aus den beiden Königsgräbern Seolleung und Jeongneung und befindet sich im Samneung Park. Dieser Park bietet mit seinem Waldgürtel, trotz der unmittelbaren Nähe zum Gangnam-Geschäftsviertel und dem COEX Zentrum, einen ruhigen Rückzugspunkt vom geschäftigen Treiben.

Seolleung besteht aus zwei getrennt angeordneten Grabhügeln für Seongjong, den 9. König (1469-1494) der Joseon Dynastie, und seine zweite Frau, Königin Jeonghyeonwanghu, Mutter des hier ebenfalls beigesetzten Jungjong.

Seongjong wurde 1457 geboren, befürwortete das Studium der Wissenschaften und konsolidierte Verwaltungsstrukturen. Seine spätere Frau Jeonghyeonwanghu wurde 1462 als Tochter von Yun Ho, einem hochrangigen Minister, geboren. Sie starb 1530, 35 Jahre nach ihrem Ehemann. Sie ließ 1498 in der Nähe ihres späteren Grabes den Tempel Bongeunsa erbauen.

Im Jeongneung Grabhügel ist König Jungjong (1506-1544) beigesetzt. Er wurde 1488 als zweiter Sohn von Seongjong geboren. Während seiner Herrschaft setzte er politische Reformen durch, die Fehler der vorangegangenen Verwaltung berichtigte. Er praktizierte Hyangyak, eine Methode der Distrikt-Selbstverwaltung, die auch

Öffnungszeiten: März-Okt. 06:00-21:00, Nov.-Feb. 06:30-21:00, Montag ist Ruhetag

Eintrittspreise:
bis 7 und ab 65 Jahre kostenlos
7-18 Jahre 500 Won, 19-64 Jahre 1000 Won

Verkehrsmittel:
Untergrundstation Seolleung, Linie 2 (grün), – Ausgang 8, Fußweg 3 Minuten

Anschrift: Samseong 2(i)-dong, Gangnam-gu
Homepage: *http://seonjeong.cha.go.kr/*

im modernen Korea noch heute angewendet wird. Trotzdem wurden zu dieser Zeit politische Fragen hauptsächlich von mächtigen Beamten entschieden, ein Zustand, der sich noch rund zwei Jahrhunderte fortsetzte. Die Aufgaben des Königs beschränkten sich überwiegend auf kulturelle Angelegenheiten.

König Jungjongs dritte Frau, Königin Munjeong, ließ ihren ursprünglich in Goyang begrabenen Mann nach hier umbetten, da sie gerne ein Grab neben ihm haben wollte. Dieser Wunsch erfüllte sich später aber nicht, Königin Munjeong ist heute in Taereung beigesetzt.

Der T-förmige Schrein (Jeongjagak) vor Jeongneung.

In Uireung sind König Gyeongjong (1688-1724) und seine zweite Frau Königin Seonui (1705-1730) beigesetzt. Die beiden Grabhügel sind hintereinander angeordnet, eine Konstellation die man sonst nur noch bei einem anderen Königsgrab (Yeongneung) findet. Uireung liegt am Fuß des flachen Berges (Hügels) Cheonjangsan inmitten des Campus der nationalen Kunstuniversität. Die Grabstätte ist nicht wie üblich von einem Kiefernwald umgeben sondern wirkt mit seinen Rasenflächen eher wie ein lieblicher Park. Lange Zeit wurde die Anlage als Park vom nationalen Geheimdienst genutzt und umgestaltet. Die Kulturerbeverwaltung benötigte zehn Jahre um den jetzigen, halbwegs ursprünglichen Zustand, wieder herzustellen.

König Gyeongjong herrschte von 1720-1724 und ist als tragischer König bekannt weil er nicht nur unter politischen Unruhen und Intrigen zu leiden hatte sondern ihm auch der Tod seiner Mutter und seine schwache Gesundheit sehr zu schaffen machten. Gyeongjong war der älteste Sohn von König Sukjong und seiner Konkubine Hui-bin. Obwohl König Sukjongs Ehefrau, Königin Inhyeon noch jung war und die Möglichkeit bestand, dass sie einen Thronfolger zur Welt bringen könnte, wurde Gyeongjong im Alter von zwei Jahren zum Kronprinzen ernannt. Dies erzeugte politische Unruhen. Als Gyeongjong bereits zwei Monate nach seiner Inthronisierung

Öffnungszeiten: März-Okt. 09:00-18:30, Nov.-Feb. 09:00-17:30, Montag ist Ruhetag

Eintrittspreise:
bis 7 und ab 65 Jahre kostenlos
7-18 Jahre 500 Won, ab 19 Jahre 1000 Won

Verkehrsmittel:
Untergrundstation Dolgoji, Linie 6 (braun) – Ausgang 8, Fußweg 15 Minuten oder Ausgang 7 und Bus 120, 147, 261, 1222 (vier Stops) oder Untergrundstation Sinimun, Linie 1 (dunkelblau) – Ausgang 1, Fußweg 12 Minuten

Anschrift: 1-5 Seokkwan-dong, Seongbuk-gu
Homepage: *http://eureung.cha.go.kr/*

seinen Halbbruder Prinz Yeoning (später König Yeongjo, ebenfalls Sohn einer Konkubine) zum Kronprinzen ernannte, führte dies zu einem offenen Machtkampf und dem Shinimsahwa Massaker.

König Gyeongjongs Mutter, Lady Jang Hui-bin, ist eine der bekanntesten Konkubinen der koreanischen Geschichte. Als Königin Inhyeon an einer unbekannten Krankheit starb soll Hui-bin zusammen mit ihrem Bruder und einer Schamanin für Königin Inhyeons Tod gebetet haben. Daraufhin wurden Hui-bin und alle Beteiligten zum Tod durch Gift verurteilt.

Taegangneung 태강릉

Taegangneung besteht aus den zwei Grabstätten Taereung und Gangneung. In Taereung befindet sich das Grab von Königin Munjong, Frau von Jungjong, dem 11. Herrscher der Joseon Dynastie. In Gangneung ist König Myeongjong (13. Joseon Herrscher) und seine Frau, Königin Insun beigesetzt. Gangneung war lange Zeit nicht für die Öffentlichkeit zugänglich ist seit 2012 aber zu bestimmten Zeiten geöffnet. Der Eingang befindet sich etwa 10 Minuten Fußweg von Taereung entfernt.

Als dritte Frau von König Jungjong wurde Munjong 1517 zur Königin. Nach dem Tod Jungjongs 1544 übernahm sein Sohn Injong die Regierungsgeschäfte. Er versuchte die damals herrschende Korruption zu bekämpfen, starb aber 1545 nach nur acht Monaten im Amt. Zur damaligen Zeit gab es zwei rivalisierende Kräfte, das „größere Yun" (Injongs Seite) und das „kleinere Yun" (Myeongjongs Seite). Es gibt Vermutungen, dass das „kleinere Yun" Injong vergiften ließ, damit Munjongs Sohn den Thron übernehmen konnte. Da ihr Sohn, König Myeongjong, noch zu jung war, übernahm Königin Munjong die Regierungsgeschäfte. Viele Anhänger des größeren Yun wurden hingerichtet. Auch nach der Volljährigkeit König Myeongjongs blieb sie weiter im Amt. Ihre absolute Macht ist um so erstaunlicher als zur damaligen Zeit Frauen diskriminiert wurden und es keinerlei Gleichberechtigung gab. Erst nach ihrem Tod 1565 übernahm König Myeongjong die Staatsführung. Er starb 1567.

Öffnungszeiten:
März-Okt. 09:00-18:30, Nov.-Feb.09:00-17:30, Montag ist Ruhetag
Gangneung: März-Juni und Sept.-Nov., Fr. und Sa. 09:00-11:00 und 14:00-16:00

Eintrittspreise: bis 7 und ab 65 Jahre kostenlos, 7-18 Jahre 500 Won, ab 19 Jahre 1000 Won

Verkehrsmittel:
Untergrundstation Taereung, Linie 7 (oliv) oder Linie 6 (braun) – Ausgang 8, weiter mit Bus 1155 oder 1156 (ab Halt 11-106) Richtung Yuksa Golfplatz bis Taereung (8. Halt) oder Untergrundstation Hwarangdae, Linie 6 (braun) – Ausgang 4, Fußweg 30 Minuten oder Ausgang 1 und weiter mit Bus 202, 1155, 1156 oder 1225 (ab Halt 11-118) bis Taereung (5. Halt)

besondere Aktivitäten:
Samstags gibt es um 10:00 und 14:00 fachmännische Führungen auf den Grabhügel.

Anschrift: Gongneung-dong, Nowon-gu, Seoul
Homepage: *http://taegang.cha.go.kr/*

Im Dezember 2009 wurde in Taereung das königliche Grabmuseum eröffnet um den Besuchern die historische Bedeutung der Königsgräber näher zu bringen. Der gesamte Ablauf der Trauerfeierlichkeiten, vom Tod des Königs, über die Begräbnisvorbereitungen bis zur Beisetzung, wird detailliert dargestellt.

Grabstätten

237

Hier liegt Königin Sindeok, die 1396 gestorbene zweite Frau von König Taejo (Gründer der Joseon Dynastie) begraben. Sie hatte zwei Söhne und eine Tochter. Als sie plötzlich starb, ließ König Taejo aus Trauer ihr Grab und einen Tempel innerhalb der Hauptstadt (im heutigen Stadtteil Jeongdong, am jetzigen Sitz der britischen Botschaft) errichten. Es wird erzählt, dass er seine Mahlzeiten erst zu sich nahm, nachdem er die Tempelglocken gehört habe.

König Taejos fünfter Sohn seiner ersten Frau, der spätere König Taejong, hatte darauf gehofft, als Kronprinz nominiert zu werden. Als jedoch seine Halbbrüder, die Söhne Sindeoks favorisiert wurden, ließ er diese umbringen. Traurig und enttäuscht über den Zwist zwischen seinen Söhnen dankte Taejo ab und auch Taejongs älterer Bruder, König Jeongjong, gab den Thron aus Furcht nach kurzer Herrschaft ab.

So an die Macht gekommen, aber immer noch verbittert, ließ König Taejong die Entehrung des Grabes von Königin Sindeok zu. So wurden

Öffnungszeiten: März-Okt. 06:00-17:30, Nov.-Feb.06:30-16:30, Montag ist Ruhetag

Eintrittspreise:
bis 7 und ab 65 Jahre kostenlos,
7-18 Jahre 500 Won, ab 19 Jahre 1000 Won

Verkehrsmittel:
Untergrundstation Sungshin Women's Univ., Linie 4 (hellblau) – Ausgang 6, Fußweg 25 Minuten oder Bus 162, 1014, 1202 (3. Halt) oder Bus 1162 (5. Halt)

Anschrift: Ui-dong, Gangbuk-gu, Seoul
Homepage: *http://seoul.cha.go.kr/*

z. B. Steinstelen des Grabes zum Bau der Gwanggyo Brücke über den Cheonggyecheon benutzt. Nach dem Tod des Vaters verlegte er die Grabstätte nach außerhalb der Stadt und ließ den Tempel zerstören. Da die Ahnentafel von Königin Sindeok nicht im königlichen Ahnenschrein aufbewahrt wurde, galt Jeongneung über Jahrhunderte als namenloses Grab und zerfiel. Erst 1669 wurde es unter König Hyeonjong restauriert und zum ersten Mal nach 260 Jahren wieder als Königsgrab geehrt.

Als erstes königliches Grab der Joseon Dynastie muss Jeongneung noch nach den genauen Regeln der Goryeo Dynastie erbaut worden sein. Leider stammen nur noch die Laterne und die fassähnlichen Füße des Altartisches vom Originalgrab. Die seinerzeit zum Bau der Gwanggyo Brücke verwendeten Steinstelen (sinjangseok) wurden während der Restaurierung des Cheonggyecheon (S. 82) wieder freigelegt.

Heonilleung   헌인릉

Heonilleung befindet sich am südlichen Fuß des Daemosan-Berges und besteht aus den königlichen Grabstätten Heolleung und Illeung.

Heolleung wurde als Doppelhügel für König Taejong und seine königliche Gemahlin Wongyeong Anfang des 15. Jahrhunderts errichtet. Taejong, der dritte König der Joseon Dynastie, herrschte von 1400-1418, er starb 1422 im Alter

von 55 Jahren. Als durchsetzungsstarker Führer schreckte er nicht davor zurück, Feinde und politische Gegner verschwinden zu lassen. Seine Reformen führten jedoch dazu, dass die noch junge Joseon Dynastie eine florierende Entwicklung nahm.

Eine Gedenkstätte für Würdenträger in Form eines Monuments wurde 1424 errichtet aber wäh-

Heolleung ist eines der ältesten Königsgräber der Joseon-Dynastie im Originalzustand. Bereits seit 1422 trotzen diese Steine Wind und Wetter.

rend der japanischen Invasion 1592 zerstört. Der jetzige Gedenkstein mit Schildkrötenbasis (guibu) und Drachenkopf (isu) entstand 1695 aus Marmor und ist 2,9 Meter hoch.

Über 400 Jahre später wurden ganz in der Nähe auch König Sunjo (23. Joseon König, herrschte 1800-1834) und seine Frau Sunwon (1789-1857) in der Illeung genannten Grabstätte beigesetzt. Nachdem der Kronprinz im Jahr 1800 jung verstarb, wurde Sunjo zum Thronfolger. Sein Vater, König Jeongjo, starb ebenfalls im gleichen Jahr und so wurde Sunjo bereits im Alter von elf Jahren König. Die Regierungsgeschäfte übernahm deshalb die zweite Frau König Jeongjos, Königin Jeongsun. Sie entstammte der gleichen Familie wie Königin Sunwon, die Sunjo 1802 heiratete. Beide Frauen übten starken politischen Einfluss aus und zerstörten die sozialen Strukturen. So hingen einflussreiche Beamten-

posten nicht mehr von guten Leistungen während nationaler Prüfungen ab, sondern konnten gekauft werden. König Sunjo befasste sich mit Konfuzianismus und Astronomie und schrieb mehrere Bücher zu diesen Themen.

Nach dem Tod König Sunjos wurde Heonjong bereits im Alter von acht Jahren zum König und 24. Monarch der Joseon Dynastie. Für ihn übernahm Königin Sunwon die Regierungsgeschäfte. Bis zu ihrem Tod 1857 herrschte sie auch an Stelle des nachfolgenden minderjährigen 25. Monarchen, König Cheoljong.

Öffnungszeiten: März-Okt. 06:00-17:30, Nov.-Feb. 06:30-16:30, Montag ist Ruhetag

Eintrittspreise:
bis 7 und ab 65 Jahre kostenlos,
7-18 Jahre 500 Won, ab 19 Jahre 1000 Won

Verkehrsmittel: Untergrundstation Yangjae, Linie 3 (orange) bzw. New Bundang Linie – Ausgang 9, weiter mit Bus 140, 407, 408, 440 oder 462 (Halt 22-003 in Straßenmitte) bis Heonilleung (9. Halt, Nr. 22-333, an achtspuriger Ausfallstraße unter Fußgängerbrücke).

Anschrift: Naegok-dong, Seocho-gu, Seoul
Homepage: *http://heonin.cha.go.kr/*

Info
Nach neuesten Forschungsergebnissen von Frau Dr. Won-Lim Brenk war Königin Sunwon sehr viel stärker als bisher angenommen für den Verfall des Joseon Reiches verantwortlich. Nach ihrem Tod 1857 hinterließ sie ein mittel- und wehrloses Land das dem Einfluss fremder Mächte nichts entgegen zu setzen hatte und schließlich zu einer Kolonie Japans wurde.

239

Seooreung

서오릉

Knapp außerhalb der westlichen Stadtgrenze Seouls befindet sich ein über 1,8 Quadratkilometer großes Gebiet mit königlichen Gräbern der Joseon Dynastie. Eigentlich bezieht sich Seooreung (fünf Gräber im Westen) nur auf Gyeongneung, Changneung, Ingneung, Myeongneung und Hongneung. Neben diesen fünf königlichen „-neung" Gräbern finden sich in dem Waldgebiet allerdings noch viele weitere Gräber. Sugyeongwon, Sunchangwon und Daebinmyo z. B. sind Grabstätten von Kronprinzen oder auch Konkubinen.

Gyeongneung ist das Grab von Prinz Deokjong und seiner Frau, Prinzessin Sohye. Als ältester Sohn König Sejos war Deokjong Kronprinz. Allerdings starb er 1457 im Alter von 19 Jahren ohne je geherrscht zu haben. Nach seinem Tod wurde das Seooreung-Gebiet nach geomantischen Grundsätzen als günstiger Beisetzungsort bestimmt. Deokjong hatte bereits zwei Söhne von denen einer, König Seongjong, 1469 den Thron bestieg. Er verlieh seinen Eltern posthum den Titel König und Königin, so dass sie eine königliche Grabstätte bekamen. Königin Sohye überlebte ihren Mann um fast 50 Jahre und starb 1504 im Alter von 67 Jahren. Sie war eine ergebene Buddhistin und schrieb das Buch „Naebum" über Verhalten und Anstandsregeln für Frauen. Ihr Grab ist deutlich schlichter als das ihres Mannes.

In Hongneung befindet sich Königin Jeongseong, seit 1721 Frau von König Yeongjo. Sie starb 1757 kinderlos im Alter von 65 Jahren. König Yeongjo soll sie sehr geliebt haben und errichtete ihr Grab mit einem Platz für sich selbst. Er wurde dann aber mit seiner zweiten

Öffnungszeiten: März-Okt. 06:00-17:30, Nov.-Feb. 06:30-16:30, Montag ist Ruhetag

Eintrittspreise: bis 7 und ab 65 Jahre kostenlos, 7-18 Jahre 500 Won, ab 19 Jahre 1000 Won

Verkehrsmittel:
Untergrundstation Gusan, Linie 6 (braun) – Ausgang 4, weiter mit Taxi (2,5 Kilometer) oder Untergrundstation Eungam, Linie 6 (braun) – Ausgang 2, weiter mit Bus 702 (fährt z. B. auch ab Euljiro 1(il)-ga).

besondere Aktivitäten:
Jedes Jahr finden Gedenkfeiern am 3. April (Hongneung), 16. April (Changneung), 13. Mai (Myeongneung), 20. September (Gyeongneung) und 1. November (Ingneung) statt.

Anschrift: San 30-1, Yongdu-dong, Deokyang-gu, Goyang-si, Gyeonggi-do
Homepage: *http://goyang.cha.go.kr/*

Frau in Wonneung (im Osten Seouls) beigesetzt. In Changneung sind König Yejong und seine zweite Frau, Königin Ansun, beigesetzt. Yejong wurde 1468 im Alter von 18 Jahren König, starb aber bereits ein Jahr später 1469.

Ingneung ist letzte Ruhestätte für Königin Ingyeong. Im Alter von 14 Jahren wurde sie die erste Frau König Sukjongs. Sie starb 1680.

Myeongneung liegt etwas separat von den anderen Gräbern, die einmal gelöste Eintrittskarte hat aber auch hier Gültigkeit. Hier sind König Sukjong, sowie seine zweite und dritte Frau, Königin Inhyeon bzw. Königin Inwon begraben.

Blick auf Myeongneung. Vorne Sukjongneung (König Sukjong), im Hintergrund Inwonwanghureung (Königin Inwon)

Seosamneung 서삼릉

Nur knapp fünf Kilometer entfernt von Seooreung befindet sich ein weiteres Feld mit drei Königsgräbern. Seosamneung (drei Gräber im Westen) besteht aus Huireung, Hyoreung und Yereung sowie mehreren Grabfeldern mit 48 Gräbern von Kronprinzen, Prinzen, Prinzessinnen und Konkubinen sowie 54 kleinen Steinkammern für königliche Plazenten. Aber nur das Hauptfeld mit fünf Gräbern ist allgemein zugänglich.

Königin Janggyeong (1491-1515), die 2. Ehefrau von König Jungjong starb 7 Tage nach der Geburt eines Sohnes (des späteren König Injong). Ihr Grab befand sich ursprünglich nahe Heolleung (S. 238), wurde 1537 aber an den jetzigen Standort verlegt. Ihr Mann Jungjong wurde nach seinem Tod 1544 in einem Hügel neben ihr beigesetzt. Auf Wunsch seiner dritten Ehefrau wurde Jungjongs Grab 1562 nach Seonjeongneung (S. 235) verlegt und das Grab von Königin Janggyeong bekam den Namen Huireung.

Königin Janggyeongs Sohn Injong (1515-1545) wurde 1544 der 12. König der Joseon-Dynastie. Aber nur neun Monate später starb er im Alter von 31 Jahren. Entsprechend seines Wunsches erhielt er ein Grab in der Nähe seiner Eltern und wurde 1545 in Hyoreung beigesetzt. Später erhielt seine Ehefrau Königin Inseong (1514-1577) einen Platz neben ihm. Heute ist Hyoreung durch eine Viehzuchtanlage von den anderen Gräbern getrennt und nicht öffentlich zugänglich.

Auf Veranlassung von König Gojong (1852-1919) wurde Yereung mit Merkmalen eines kaiserlichen Grabes erbaut. Der hier beigesetzte Cheoljong (1831-1863) wurde auf Betreiben von Königin Sunwon (S. 239) im Alter von 19 Jahren als König eingesetzt. Er konnte sich der Kontrolle Königin Sunwons und ihrer Familie nicht entziehen und starb als machtloser König. Um seine Macht zu festigen und die königliche Autorität zu unterstreichen ließ der Nachfolger König Gojong mit Unterstützung durch seinen Vater Heungseon Daewongun das Grab besonders luxuriös ausstatten. So wurden z.B. die Stein-

Tipp
Direkt neben Seosamneung befindet sich das Gestüt Wondang (원당종마목장) auf dem Rennpferde trainiert werden. Öffnungszeiten: Mittwoch bis Sonntag 09:00 bis 17:00 Uhr.

Öffnungszeiten: März-Okt. 09:00-18:30, Nov.-Feb. 09:00-17:30, Montag ist Ruhetag

Eintrittspreise: bis 7 und ab 65 Jahre kostenlos, 7-18 Jahre 500 Won, ab 19 Jahre 1000 Won

Verkehrsmittel:
Untergrundstation Samsong, Linie 3 (orange) – Ausgang 5, weiter mit Bus 041 bis Endstation (Wendepunkt), dann Fußweg 8 Min.

besondere Aktivitäten:
Jedes Jahr finden Gedenkfeiern am 26. März (Huireung), 29. September (Hyoreung) und am 1. Sonntag im Oktober (Yereung) statt.

Anschrift: San 37-1, Wondang-dong, Deokyang-gu, Goyang-si, Gyeonggi-do

figuren bedeutend größer als bei früheren Gräbern. Cheoljongs Ehefrau, Königin Cheorin wurde 1878 neben ihm beigesetzt.

Info
Die waldreiche, bäuerliche Landschaft sowie zwei 17-Loch Golfplätze und einige traditionelle Restaurants im Umkreis von einigen Kilometern machen die Gegend zu einem beliebten Ziel für einen Wochenendausflug.

Die Yereung Steinskulpturen sind deutlich größer als auf den meisten anderen Königsgräbern

Grabstätten

241

Das Donggureung-Feld, knapp außerhalb der östlichen Stadtgrenze Seouls, bildet mit neun Grabstätten vom Neung-Typ die größte Ansammlung von Königsgräbern der Joseon Zeit. Neben sieben Königen sind hier zehn Königinnen beigesetzt. Der Name Donggureung bedeutet neun Gräber im Osten. Diesen Namen trägt das Gebiet seit 1855. Entsprechend der jeweiligen Anzahl der Gräber änderte sich der Name des Grabfeldes im Laufe der Jahre. In früheren Zeiten hieß das Gebiet Dongoreung (o = 5) oder Dongchilleung (chil = 7).

Der Legende nach soll König Taejo (Regierungszeit 1392 bis 1398), der Gründer der Joseon Dynastie, den Ort nach dem Rat des berühmten Mönchs Muhak für seine spätere Beisetzung selbst ausgesucht haben. Es scheint aber wahrscheinlich, dass diese Legende nur die buddhistische Bedeutung Muhak's unterstreichen soll. Geonwolleung, dass Grab für König Taejo, wurde in enger Anlehnung an die Gestaltung des Grabes von König Gongmin der vorangegangenen Goryeo-Ära erbaut und stellt ein besonders eindrucksvolles Beispiel für ein frühes Joseon-Grab dar. Als einmalige Besonderheit ist der Grabhügel König Taejo's mit dem aus seinem Geburtsort Hamheung stammenden lilafarbigen Eulalia-Schilf (eine Art Elefantengras) bedeckt. Außerdem stehen die steinernen Pferde direkt hinter den zivilen und militärischen Beamten, anstatt wie sonst üblich seitlich davon.

Geonwolleung, dass 1408 erbaute Grab des Joseon Gründers Taejo, diente als Vorlage für spätere Gräber. Trotz des Alters von über 600 Jahren sind die Verzierungen und Symbole noch deutlich zu erkennen.

Öffnungszeiten: März-Okt. 06:00-18:30, Nov.-Feb.06:30-17:30, Montag ist Ruhetag

Eintrittspreise: bis 7 und ab 65 Jahre kostenlos, 7-18 Jahre 500 Won, ab 19 Jahre 1000 Won

Verkehrsmittel:
Untergrundstation Gangbyeon, Linie 2 (grün) – Ausgang 4, weiter mit Bus von Halt 05-161 oder Untergrundst. Gwangnaru, Linie 5 (lila) – Ausgang 3, weiter mit Bus von Halt 05-168 jeweils mit Bus 1, 92, 1-1 oder 1-6 oder Untergrundstat. Cheongnyangni, Linie 1 (dunkelblau) – Ausgang 4, weiter mit Bus 88 oder 202 (ab Halt 06-112) jeweils längere Fahrt bis Halt Donggureung (Nr. 22-087, 우리나라최대왕릉군인동구릉) oder Untergrundstation Bonghwasan, Linie 6 (braun) – Ausgang 3 oder 5, fünf km mit Taxi

besondere Aktivitäten:
An den unterschiedlichen Gräbern finden jährliche Gedenkfeiern am 16. März, 3. und 4. So. im März, 3. So. im April, 22. April, 1. So. im Juni, 27. Juni sowie 18. und 26. August (nach Mondkalender) statt.

Anschrift: San 2-1, Inchang-dong, Guri-si, Gyeonggi-do
Homepage: *http://donggu.cha.go.kr/*

Geonwolleung diente als Vorlage für die Gestaltung der späteren Joseon-Gräber. Entsprechend der politischen Verhältnisse und des vorherrschenden Zeitgeistes gab es bei nachfolgenden Gräbern aber immer wieder Modifikationen in der Ausführung. Mit Gräbern aus über vier Jahrhunderten (das neueste Grab entstand 1855 für König Munjo) läßt sich in Donggureung dieser Wandel gut beobachten. Wie fast alle Königsgräber ist auch Donggureung von einem dichten Wald umgeben. Deshalb ist dieser Ort ein beliebtes Ausflugsziel um der Sommerhitze zu entgehen. Zu Donggureung gehören die folgenden königlichen Grabstätten: Geonwolleung (건원릉), Gyeongneung (경릉), Hwireung (휘릉), Hyeolleung (현릉), Hyereung (혜릉), Mongneung (목릉), Sungneung (숭릉), Sureung (수릉) und Wolleung (원릉).

Grab von Prinz Gwangpyeong   광평대군 묘역 일원

Diese Grabstätte am Südhang eines Hügels, mittig zwischen den U-Bahn Stationen Irwon und Suseo gelegen, beherbergt neben dem Grab von Prinz Gwangpyeong (1425-1444, fünfter Sohn König Sejongs) über 800 weitere Gräber von Angehörigen der königlichen Yi Familie. Im Bereich der Grabfelder befinden sich auch viele fast zwei Meter hohe Stelen (Shindobis), auf denen die Errungenschaften der Verstorbenen in kalligrafischen Schriftzeichen gewürdigt werden.

Dieser Friedhof ist der wohl besterhaltene, der von der königlichen Familie während der Joseon Dynastie benutzt wurde. Auch Prinz Gwangpyeongs Frau Shin, sein Sohn Prinz Yeongsungun und ein Sohn König Taejos (1392-1398), Prinz Muan, haben hier neben anderen ihre letzte Ruhestätte gefunden.

Prinz Gwangpyeong, der von Prinz Muans Familie adoptiert wurde, damit er Prinz Muans Hochzeitszeremonie durchführen konnte, wurde zuerst an der Stelle beigesetzt, an der sich heute die Seolleung Grabstätte von König Seongjong befindet. Nach König Seongjongs Tod wurde das Grab Prinz Gwangpyeongs 1495 an die jetzige Stelle verlegt. Der Schrein (Ahnentafel) Prinz Gwangpyeongs wurde an seinem Wohnort in Anam-dong, Seongbuk-gu errichtet aber 1911 ebenfalls nach hier verlegt.

Das besondere an den Gräbern von Prinz Gwangpyeong und seiner Frau ist das steinerne Fundament, das sich ansonsten bei keinen anderen Gräbern findet. Es ist deshalb für die Archäologen ein interessantes Studienobjekt für die Struktur von Prinzengräbern der Joseon Dynastie. Ein steinernes Monument enthält Angaben über eine 1695 durchgeführte Untersuchung über die Lage jeden einzelnen Grabhügels und ist besonders wichtig für das Verständnis der Organisation einer ausgedehnten Familiengrabstätte. Weitere wichtige geschichtliche Relikte sind z. B. die Grabmonumente von Prinz Yeongsungun und Lord Hyejeong und die Grabsteine von Yi Hyeoneung und Yi Hoe.

Das gesamte Gebiet ist über 400.000 m² groß und bietet an verschiedenen Abhängen eine beeindruckende Darstellung der Joseon Grabkultur. Da es sich hier „nur" um Gräber von Verwandten der Königsfamilie handelt, gibt es nur sehr wenige Besucher, und ausländische Touristen werden

Öffnungszeiten:
März-Okt. 10:30-16:00, Nov.-Feb.10:30-15:30
an Feiertagen geschlossen

Eintrittspreise:
kostenlos

Verkehrsmittel: Untergrundstation Irwon, Linie 3 (orange) – Ausgang 2, Fußweg 8 Min. oder Untergrundstation Suseo, Linie 3 (orange) und Bundang Linie (gelb) – Ausgang 1, Fußweg 15 Minuten

Anschrift: San 10-1, Suseo-dong, Gangnam-gu
Kontakt: +82-2-459-4733

gleich als eine Art Ehrengast begrüßt. Ganz ungezwungen kann man in diesem riesigen, in Privatbesitz befindlichen Gebiet herum streifen und sich alles genau anschauen.

Yeonsangunmyo

Der hier beigesetzte Yeonsangun (1476-1506), erster Sohn von König Seongjong, herrschte von 1494-1506 als 10. Joseon-König. Wegen seiner exzessiven Tyrannei und schwacher politischer Leistung wurde er abgesetzt und zum Prinzen (gun) degradiert. Sein Grab hat deshalb auch nur den Status „myo" für Prinzen und nicht den Königsstatus „neung". Im Grabhügel neben ihm ist seine Ehefrau Königin Geochang beigesetzt. Außerdem gibt es drei weitere Gräber mit Mitgliedern seiner Familie. Der Eingang zur

Öffnungszeiten: März-Okt. 09:00-18:30, Nov.-Feb.09:00-17:30, Montags geschlossen

Eintrittspreise: kostenlos

Verkehrsmittel:
Untergrundstation Ssangmun, Linie 4 (hellblau) – Ausgang 2, acht Stops mit Bus 130 (ab Halt 10-016 in Straßenmitte) oder Untergrundstation Nowon, Linie 7 (oliv) bzw. Linie 4 (hellblau) – Ausgang 5, elf Stops mit Bus 1144 (ab Halt 11-255) jeweils bis bis Yeonsangunjeonguigongjumyo 연산군정의공주묘 (Halt 10-185), die Busse fahren alle auch zum Eingang Doseonsa

Anschrift: San 77, Banghak-dong, Dobong-gu

Grabanlage befindet sich hinter dem Hügel gegenüber der Bushaltestelle an einer Seitenstraße. Direkt an der Bushaltestelle befindet sich das Grab von Prinzessin Jeongui, 2. Tochter von König Sejong. Neben dem Eingang zu Yeonsangunmyo steht ein etwa 830 Jahre alter Ginko-Baum mit einem Stammumfang von fast 11 m.

Jideoksa Schrein + Bumyoso Grab

Diese Gedenkstätte ist Prinz Yangnyeong Daegun (1394-1462), dem ersten Sohn König Taejongs und König Sejong's älterem Bruder, gewidmet. „Jideok" bezeichnet das Erreichen der ultimativen sittlichen Gesinnung und Rechtschaffenheit, ein Titel, der ursprünglich Prinz Taebaek der chinesischen Ju Dynastie zuerkannt wurde, weil er zugunsten des drittgeborenen Bruders auf den Thron verzichtete und abgeschieden von der Welt lebte.
Der Unterhalt und die Instandsetzung des Jideoksa Schreins erwies sich als schwierig, da es kaum Nachfahren gab, die sich darum kümmern konnten. Als König Yeongjo Mitte des 16. Jahrhunderts den baufälligen Schrein zu Gesicht bekam, berief er Yi Ji-heung, einen Nachfahren des Prinzen, in den Beamtenstatus, um ihn in die Lage zu versetzen, den Schrein zu reparieren. Ursprünglich befand sich der Schrein in der Nähe

Öffnungszeiten: ca. 08:00-17:00

Eintrittspreise: kostenlos

Verkehrsmittel:
Untergrundstation Sangdo, Linie 7 (oliv) – Ausgang 2, Fußweg 15 Minuten oder Ausgang 4, weiter mit Bus Dongjak08

Anschrift: Sadang 4(sa)-dong, Dongjak-gu
Kontakt: +82-2-824-0775

des Nammyo Schreins, aus politischen Gründen wurde er 1912 von den Japanern vor das Grab des Prinzen (Bumyoso) verlegt. Bis heute sind verschiedene wertvolle kalligraphische Inschriften auf großen imposanten Steinen und kulturhistorische Gegenstände im Schrein erhalten.

Das Haupttor der Anlage ist meistens geschlossen. Es gibt bergab am Ende der Mauer aber eine kleine Tür, die entweder offen ist oder an der man klingeln kann. Die Anlage wird auch weiterhin privat instand gehalten. Rechts des Eingangs gibt es ein Wohnhaus, in das die sehr seltenen Besucher mit ziemlicher Sicherheit zu einer Tasse Kaffee eingeladen werden.

Cheonggwonsa Schrein und Grab 청권사

Die Grabstätte von Prinz Hyoryeong (1396-1486) und seiner Frau Prinzessin Jeong (1394-1470) wird von der Firma Cheonggwonsa, die von Nachfahren des Prinzen Hyoryeong geleitet wird, unterhalten. Prinz Hyoryeong war der zweite Sohn König Taejongs und älterer Bruder von König Sejong. Er liebte es zu lesen und Bogenschießen war sein Hobby. Seine Kenntnisse des Buddhismus waren so gut, dass er Mönche in buddhistischen Sutras unterrichten konnte. Außerdem überwachte er den Bau des Wongaksa Tempels im Jahr 1464.

Der Schrein wurde 1737 von König Yeongjo unterhalb der Grabstätte errichtet. Er nannte den Ort nach einem Ausspruch von Konfuzius Cheonggwonsa (rechtschaffenes Verhalten). König Jeongjo schuf 1789 die Gedenktafel mit der Inschrift Cheonggwonsa. 1986 wurde die Gedenkstätte mit einer neuen Mauer umgeben, um die Bedeutung des Ortes als kulturelles Erbe zu unterstreichen. Im Gedenken an das tugendhafte Verhalten des Prinzen erhielt die Straße vor dem Schrein 1986 den Namen des Prinzen: Hyoryong-ro.

Bei Cheonggwonsa handelt es sich um eine hübsche, sehr gut gepflegte Anlage, die neben mehreren Gräbern auch historische Gebäude aufweist.

Öffnungszeiten: 08:00-17:00

Eintrittspreise: kostenlos

Verkehrsmittel:
Untergrundstation Bangbae, Linie 2 (grün) – Ausgang 4, Fußweg 3 Minuten

Anschrift: Bangbae-dong, Seocho-gu, Seoul
Homepage: http://hyor.or.kr/

Chilgung Schrein

Yuksanggung ist der Schrein für die Konkubine Choe, eine der Geliebten von König Sukjong und die Mutter von König Yeongjo. Im ersten Jahr seiner Regentschaft ließ er diesen Schrein 1724 für seine Mutter erbauen. Der ursprüngliche Name Sukbinmyo wurde 1753 in Yuksanggung geändert um dem Schrein einen höheren Status zu verleihen. Der Schrein brannte 1882 nieder, wurde aber ein Jahr später wieder aufgebaut. Seit dem Jahr 1929 heißt die Anlage Chilgung

Öffnungszeiten:
Yuksanggung liegt innerhalb der Sicherheitszone des Blauen Hauses (S. 122) und kann als Sonderwunsch nur am Ende einer Tour durch den Präsidentensitz unter Polizeiaufsicht besucht werden.

besondere Aktivitäten: Eine jährliche Gedenkfeier findet am 4. Montag im Oktober statt.

Anschrift: 1-1 Gungjeong-dong, Jongno-gu

(sieben Schreine) da hier weitere sechs Schreine aus verschiedenen Gegenden zusammengefasst wurden. Jeogyeonggung, Daebingung, Yeonhogung, Seonhuigung, Gyeongugung und Deogangung ehren Mütter die einen König zur Welt gebracht haben, aber nie selbst offiziell Königin waren. Dabei sind in zwei Gebäuden je zwei Gedenktafeln zusammengefasst, so dass es nur fünf Schreingebäude (sowie mehrere Nebengebäude) gibt.

Seonhuigung Schrein

선희궁 터

Der Seonhuigung Schrein wurde 1765 zum Gedenken an Lady Yeongbin Yi, König Yeongjo's Lieblingskonkubine erbaut. Sie war die Mutter des lang erwarteten Kronprinzen Sado nachdem sie zuvor nur vier Töchter geboren hatte. Aufzeichnungen belegen, dass König Yeongjo über ihren Tod 1764 untröstlich war und eine Beerdigung veranlasste die prachtvoller war als bislang jede andere einer königlichen Geliebten. König Gojong verlegte den Schrein 1870 nach Yuksanggung (siehe oben), 1897 kam er zurück

Öffnungszeiten: 24h

Eintrittspreise: kostenlos

Verkehrsmittel: Untergrundstation Gyeongbokgung, Linie 3 (orange) – Ausgang 3, Fußweg ca. 20 Minuten oder ab Halt 01-116 zwei Stops mit Bus 1020, 1711, 7016, 7018, 7022 oder 7212 bis Hyoja-dong (Halt 01-112)

Anschrift: San1-1, Singyo-dong, Jongno-gu
Lage: 37°35' Nord, 126°58' Ost

an den alten Platz und 1908 wurde Seonhuigung wieder mit Yuksanggung vereint. An dem alten Standort hinter der Chungwoon Grundschule verblieb lediglich ein an drei Seiten geschlossener Pavillon.
Neben dem Schrein befindet sich ein kleiner Nachbarschaftsgarten von dessen Anhöhe ein weiter Blick über den Stadtteil Seochon (S. 58) möglich ist.

Sayuksinmyo Schrein

사육신묘

Die Sayuksin waren sechs königstreue Minister. Von König Munjong erhielten sie die königliche Order, gut auf den noch jungen Prinzen Danjong aufzupassen. Bereits 1453, ein Jahr nach seiner Inthronisierung putschte Suyangdaegun, der Onkel Danjongs, gegen seinen Neffen. Nachdem er mehrere Würdenträger töten ließ, konnte Suyangdaegun 1455 letztendlich als König Sejo den Thron übernehmen. Die Sayuksin planten, durch die Ermordung König Sejos ihrem König Danjong wieder zum Thron zu verhelfen. Durch Verrat wurde dieser Plan vereitelt und die Sayuksin verhaftet. Trotz Folterung hielten sie aber an ihrer Loyalität zu König Danjong fest und starben schließlich den Märtyrertod.

Für vier dieser Sayuksin wurde 1691 eine Gedenkhalle (Minjeolseowon) errichtet, um ihre Treue und Rechtschaffenheit zu ehren. Eine erneute Ehrung folgte 1782 mit dem Bau des Sindobi Monuments. Das sechseckige Sayuksinbi wurde 1955 als ein weiteres Ehrenmonument errichtet. Während der Vergrößerung der Gedenkstätte und der Einrichtung des Sayuksin Parks

Öffnungszeiten:
Schrein 09:00-17:40, Park 24h

Verkehrsmittel:
Untergrundstation Nodeul, Linie 9 (gold) – Ausgang 1, Fußweg 4 Minuten oder Untergrundstation Noryangjin, Linie 1 (dunkelblau) bzw. Linie 9 (gold) – Ausgang 1 bzw. 3, Fußweg 5 Minuten

Anschrift: Noryangjin 1(il)-dong, Dongjak-gu

durch die Seouler Stadtverwaltung wurden 1977 und 1978 die Familiengräber der zwei weiteren Sayuksin nach hier verlegt. Der Park liegt auf einem Hügel neben dem Noryangjin Fischmarkt und bietet hübsche Aussichten zwischen Bäumen hindurch auf den Hangang. Im Frühling blühen hier viele verschiedene Blumen und machen einen Besuch besonders empfehlenswert. Nachdem der Schrein gegen 18 Uhr geschlossen wird, können die dahinter befindlichen Grabhügel über einen seitlichen Trampelpfad erreicht werden.

Spätestens um 18 Uhr wird der Sayuksinmyo Schrein geschlossen.

Grabstätten

Munmyo Schrein

문묘

Dieses konfuzianische Heiligtum befindet sich auf dem Gelände der Sungkyunkwan Universität direkt rechts neben dem Haupteingang. Das chinesische Zeichen für „myo" bedeutet so viel wie Tempel oder Mausoleum. Die erste Silbe „mun" steht für Schriften oder Literatur. Also handelt es sich hier um einen Schrein zur Ehrung von Konfuzius' Schriften. Der 1398 erbaute Schrein wurde bereits nach zwei Jahren durch ein Feuer zerstört und 1407 wiederaufgebaut. Während der japanischen Invasion von 1592 wurde der Schrein erneut zerstört. Ab 1601 wurde Munmyo in einer fünfjährigen Phase fast vollständig wiederhergestellt, die endgültige Restaurierung erfolgte aber erst 1869. Tafeln mit Texten von Konfuzius und berühmten konfuzianischen Gelehrten sind im Hauptgebäude (Daeseongjeon) ausgestellt. Zum Schrein gehören noch zwei Schlafsäle, eine konfuzianische Schule (Myeongnyundang) und eine Bücherei (Jongyeonggak). Im Gegensatz zu anderen konfuzianischen Schreinen ist Munmyo hinter dem Schulgebäude angeordnet. Der Ginko-Baum vor dem Myeongnyundang ist über 600 Jahre alt.

Der Gründer der konfuzianisch orientierten Joseon Dynastie, König Taejo, ließ die höhere Lehranstalt Sungkyunkwan (deren Ursprünge sich bis 372 zurückverfolgen lassen) im Jahr 1398 in die neue Hauptstadt Seoul verlegen. Sungkyunkwan ist damit eine der ältesten Universitäten Koreas und das erste nationale Erziehungsinstitut. Jedes Jahr wurden etwa 200 Studenten (die bereits auf anderen Schulen durch besondere Leistungen aufgefallen waren) zugelassen und auf die lukrative höhere Beamtenlaufbahn nach konfuzianischer Philosophie

Öffnungszeiten:
09:30-17:00 (Myeongnyundang mit Vorplatz und Ginko-Baum, alle anderen Gebäude sind nur bei speziellen Anlässen zugänglich)

Eintrittspreise: kostenlos

Verkehrsmittel: Untergrundstation Hyehwa, Linie 4 (hellblau) – Ausgang 4, Fußweg 12 Min.

besondere Aktivitäten:
Jedes Jahr im April und September gibt es eine große Gedenkfeier für Konfuzius und seine Lehren mit traditionellen Riten. Im Oktober und November werden jeden Montag kostenlose Musik- und Tanzvorführungen veranstaltet die die ethischen Regeln des Konfuzianismus zwischen Lehrer und Schüler darstellen

Anschrift: Myeongnyun-dong 3(sam)-ga, Jongno-gu, Seoul

vorbereitet. Ab 1400 wurde es auch zur Tradition, dass königliche Prinzen diese Schule besuchten. Praktisch alle Joseon Könige und wichtige Würdenträger wurden konfuzianisch erzogen.

Mit der japanischen Besatzung ab 1910 verlor der Konfuzianismus und damit die alte Sungkyunkwan Universität an Bedeutung. Nach der Befreiung Koreas wurde Sungkyunkwan 1946 als moderne Lehranstalt neu gegründet, während das alte Sungkyunkwan seine Funktion als Bewahrer des traditionellen Konfuzianismus und seiner Rituale wieder aufnahm. Heutzutage ist der Munmyo Schrein eine Kultstätte, an der konfuzianische Lehrer verehrt und konfuzianische Zeremonien und Gepflogenheiten propagiert werden.

Dongmyo Schrein   동묘

Der Dongmyo Schrein wurde zu Ehren des chinesischen Generals Guan Yu (aus der Han Dynastie,
gestorben 219) erbaut. Im gemeinsamen Kampf
der chinesischen Ming Dynastie und der koreanischen Joseon Dynastie gegen die japanische
Invasion von 1592 drohte der Koalitionsarmee
eine Niederlage. Letztendlich konnten die Japaner aber zurückgedrängt werden. Während der
Kämpfe hatte König Seonjo mehrere Visionen des
für seine Tapferkeit bekannten Generals Guanyu.
Man glaubte, dass die geistige Unterstützung
durch Guanyu eine wichtige Hilfe für den Sieg
war und baute deshalb von 1599 bis 1601 drei
Schreine, an denen viele Jahre lang Dank-
zeremonien abgehalten wurden. Die Schreine
wurden durch die chinesische Ming Dynastie
finanziert, was sich in der Bauweise nach chinesischer Art widerspiegelt. Von den ursprünglichen Schreinen ist nur noch Dongmyo (östlicher
Schrein) in der Originalform erhalten.
Das Gelände ist an allen Seiten mit einer Mauer
eingefasst. Im hinteren Teil des Grundstücks
befinden sich zwei Statuen, die General Guanyu
darstellen. Die Figur mit dem roten Gesicht zeigt
seine weltliche Miene, während das gelbe Gesicht
die spirituelle Darstellung ist.
Viele Schatten spendende Bäume und Bänke
machen Dongmyo zu einem beliebten Treff- und

Eintrittspreise: kostenlos

Verkehrsmittel: Untergrundstation Dongmyo,
Linie 6 (braun) oder Linie 1 (dunkelblau) –
Ausgang 3, Fußweg 3 Minuten

Anschrift: 238-1, Sungin-dong, Jongno-gu

Ruhepunkt der Anwohner. In unmittelbarer Nähe
zum Hwanghakdong Flohmarkt gelegen, wird
vor dem Schrein reger Straßenhandel getrieben.

Tipp:
An bestimmten Feier- und Gedenktagen (13.
Mai, 24. Juni sowie 19.10 und 6.12 nach
Lunarkalender) finden Opferzeremonien nach
traditioneller konfuzianischer Art statt.

Nammyo Schrein   남묘

Neben dem Dongmyo Schrein ist der Nammyo
Schrein eine von zwei erhaltenen Gwanwangmyo
Gedenkstätten. Der chinesische Kaiser Sinjong
und Joseon König Seonjo sahen in dem Erscheinen des Geistergenerals den Grund für die Zu-
rückdrängung der Japaner und ließen deshalb
mehrere dieser Denkmäler in Korea errichten.

Verkehrsmittel: Untergrundstation Chongshin
Univ., Linie 7 (oliv) oder Linie 4 (hellblau) –
Ausgang 10, Fußweg 25 Minuten oder Bus
Dongjak 07 oder 16 bis Endstation Namseong
Apts., dann noch 5 Minuten steiler Fußweg.

Anschrift: Sadang-3(sam)-dong, Dongjak-gu
Lage: 37°29'34,7" Nord, 126°58'2,5" Ost

Während Dongmyo noch in der Originalform erhalten ist, wurde der Nammyo Schrein während
des Koreakrieges zerstört, 1956 rekonstruiert
und 1979 an den jetzigen abgelegenen Ort südöstlich des Nationalfriedhofs verlegt. Ein Besuch
ist nur bei besonderem Interesse oder gleichzeitiger Wanderung zum Hintereingang des
Nationalfriedhofs (S. 257) empfehlenswert.

Ogeum Park

Dieser hügelige Nachbarschaftspark, mittig zwischen den U-Bahn Stationen Ogeum und Gaerong gelegen, beherbergt unter anderem zwei Grabstätten des Geochang Sin und des Munhwa Ryu Clans.

Geochangsinssi (거창신씨묘역)
Gründer des Geochang Sin Clans war Sin Su aus der chinesischen Song Dynastie. Sie kam als Mitglied einer diplomatischen Abordnung in die Goryeo Hauptstadt Kaesong, blieb im Land und ließ sich später einbürgern. Das Doppelgrab im Ogeum Park entstand vor etwa 500 Jahren. Hier sind Sin Seongyeong, ein Verwaltungsbeamter unter König Sejo (1456) und seine Ehefrau Han begraben.

Munhwaryussi (문화류씨묘역)
Hier ist der Regierungsbeamte Munyanggun Heelim Ryu (1520-1601) und andere Munhwa Ryu Familienmitglieder wie sein Vater Munwongun Bokryong Ryu und Gongjochamui Inho Ryu beigesetzt. Sie wurden besonders für ihre Verdienste während der japanischen Invasion 1592 (Imjinwoeran) geehrt.

Eintrittspreise: kostenlos

Verkehrsmittel:
Untergrundstation Ogeum, Linie 5 (lila) oder Linie 3 (orange) – Ausgang 2, Fußweg 3 Min.

Anschrift: 51 Ogeum-dong, Songpa-gu, Seoul

Dongnae Jeong Schrein und Lord Imdang Friedhof

Dies ist die Grabstätte von Jeong Yugil und seiner Frau Won. Jeong Yugil wurde hier Anfang 1589 beigesetzt. In den nachfolgenden dreihundert Jahren entstanden auf diesem weitläufigen, parkähnlichen Gelände viele weitere Grabstätten für hochrangige Familienmitglieder – unter anderem für seinen Sohn Jeong Changyeon und seinen Enkel Jeong Gwangseong.

Jeong Yugil kam aus Dongnae und wurde auch Gilwon genannt. Außerdem nutzte er das Pseudonym Imdang. Im Jahre 1538 bestand er die staatliche Prüfung mit höchster Auszeichnung und diente unter König Jungjong als Staatsbeamter auf verschiedenen Posten. Unter König Seonjo (herrschte 1567-1608) wurde er 1585 zum stellvertretender Premierminister ernannt. Auch sein Sohn erreichte den Posten des stellvertretenden Premierministers.

Drei zwischen 1646 und 1657 für Jeong Yugil, seinen Sohn und seinen Enkel aufgestellte

Öffnungszeiten: ca. 08:00-17:00

Eintrittspreise: kostenlos

Verkehrsmittel:
Untergrundstation Namseong, Linie 7 (oliv) – Ausgang 2, Fußweg 10 Minuten

Anschrift: San 32-83, Sadang 4(sa)-dong, Dongjak-gu, Seoul
Kontakt: 010-5222-2027 oder 011-222-2027

Gedenkstelen (Sindobi) befinden sich in Schutzpavillons und wurden von der Seouler Stadtverwaltung als Kulturgüter eingestuft. Seit 1985 wurde das gesamte, rund 45.000 m² große Gebiet als schützenswert eingestuft und unter Denkmalschutz gestellt. Nachkommen von Jeong Yugil begannen 1989 mit Erlaubnis der Stadtverwaltung das Gelände herzurichten und

Seitlich über den Abhang einer Bergkuppe verteilt befinden sich die Gräber der Dongnae Jeong Familie. Im Bild der Pavillon mit der 1657 aufgestellten Stele für Jeong Yugils Enkel Jeong Gwangseong.

zu verschönern, einige Angehörige wohnen sogar auf dem Grundstück. Da sich aber nicht immer jemand auf dem Gelände befindet ist eine telefonische Terminabsprache ratsam.

Lord Hyogan
Yi Jeongyeong Friedhof

효간공 이정영 묘역

An einem weiteren Abhang, nur rund 300 Meter Luftlinie vom Dongnae Jeong Schrein entfernt Richtung Süden, befindet sich die ebenfalls weitläufige Familiengrabstätte von Yi Jeongyeong (1616-1686). Den Titel Hyogan erhielt er nach seinem Tod. Er war der dritte Sohn des Ministers für Steuern, Yi Gyeongjik. Yi Jeongyeong bestand 1636 seine staatliche Prüfung. Nach der mandschurischen Invasion im gleichen Jahr reiste er zusammen mit Kronprinz Sohyeon nach Shenyang, China. In der Folgezeit bekleidete er mehrere staatliche Posten, u.a. war er zweiter Minister für Rituale. Er konnte besonders gut Buchstaben für Siegel schreiben und hinterließ eine große Anzahl kalligrafischer Inschriften auf Schildern und Grabsteinen. Neben vielen Vorfahren ist auch seine Ehefrau Lady Ryu des Munhwa Clans hier beigesetzt.

Eintrittspreise: kostenlos

Verkehrsmittel:
Untergrundstation Namseong, Linie 7 (oliv) – Ausgang 2, Fußweg 10 Minuten

Anschrift: San 44-7, Sadang 4(sa)-dong, Dongjak-gu, Seoul
Kontakt: 010-2203-2348

Eine detaillierte Führung (auf koreanisch) ist nach telefonischer Anmeldung möglich. Alternativ gelangt man durch den Bohyeonsa Tempel am südwestlichen Ende auf das Grabgelände.

Tipp:
Die Dongnae Jeong und Yi Jeongyeong Grabfelder befinden sich innerhalb eines (fast) zusammenhängend bewaldeten Berggebietes durch das mehrere Wanderwege führen. Der Straße am Dongnae Jeong Schrein vorbei bergauf folgend beginnt nach etwa 500 Metern (links vor der Brücke) eine Wanderroute auf den Berg Gwanaksan (S. 274).

251

Lord Yangdo Schrein
An Sunheung Friedhof

순흥안씨 양도공파 묘역

Grabstätte und Schrein für Lord Yangdo, An Gyeonggong (1347-1421) und vier seiner Nachfahren: sein Sohn Lord Jeongsuk, An Sun (1371-1440) sowie seine Enkel Lord Munsuk, An Sungseon (1392-1452), Lord Daesaheon, An Sunghyo und An Sungsin.
Die Gedenktafel (Sindobi Stele) für An Gyeonggong wurde 1435 aufgestellt. Diese

Öffnungszeiten: ca. 08:00-16:00

Eintrittspreise: kostenlos

Verkehrsmittel:
Untergrundstation Guemcheon-Gu Office (früher Siheung), Linie 1 (dunkelblau) – Ausgang 2, Fußweg 15 Min. oder Taxi (2 km)

Anschrift: San 126-1, Siheung-dong, Geumcheon-gu, Seoul
Kontakt: 02-805-2387/8
Homepage: http://www.shahn3.com/

Grabstätten aus der frühen Joseon Ära sind unverändert in ihrer ursprünglichen Form und in gutem Zustand erhalten und daher wichtige Relikte für Geschichtsforscher.
Eine telefonische Anmeldung ist ratsam aber nicht unbedingt erforderlich da in der Regel immer eine Person vor Ort ist. Große Teile des Geländes sind bereits von außen einsehbar.

Pungsan Sim
Familienfriedhof

풍산심씨문정공파묘역

Auf dem Berg Gaehwasan befinden sich etwa 60 Grabstätten der Pungsan Sim Familie, darunter Sim Jeong (1471-1531), Staatsbeamter der für seine Dienste unter König Jungjong den Titel Lord Munjeong erhielt, seine Söhne Sim Sason und Sim Sasun und sein Enkel Sim Sukyeong.

Verkehrsmittel:
Untergrundstation Banghwa, Linie 5 (lila) – Ausgang 3, vorbei am Parkhaus zur Kreuzung, dort rechts, Fußweg 10 Minuten zum Fuß des Berges,

Anschrift: San 152-5 Banghwa-dong, Gangseo-gu, Seoul

Sukyeong, dritter Staatsrat, hatte einen guten Ruf als unbestechlicher Beamter unter König Seonjo. Zwei Schreine, eine Gedenkstele, mehrere Grabsteine und Statuen wurden als Kulturgut und wichtige Studienobjekte für die mittlere Joseon Ära eingestuft.
Das bewaldete, rund 2,5 qkm große Gebiet ist ideal für einen kleinen Ausflug. In der Nähe der U-Bahn Station (neben Appartementblock 102, hinter dem Backsteinbau der presbyterianisch Young Shin Kirche) beginnt ein Fahrweg der an vielen Gräbern vorbei auf den Berg zum Tempel Gaehwasa führt.

Friedhof für Jo Seokgyeon und Prinz Wanseong Yi Gwijeong

조 석견과
완성군 이귀정 묘역

Auf dem Rücken einer Anhebung inmitten eines gewachsenen Wohngebietes befinden sich mehrere Gräber terrassenförmig hintereinander. Hier sind Jo Seokgyeon und seine Frau, sein Schwiegersohn Yi Gwijeong (Prinz Wanseong) sowie mehrere Nachfahren beigesetzt.

Yi Gwijeong war an der Inthronisierung König Jungjongs beteiligt und erhielt dafür den Titel Prinz Wanseong. Er war der Sohn von Prinz Deokcheon, dem Enkel von König Jeongjong, dem zweiten Joseon-König. Prinz Wanseongs Nachfahren sind besonders für ihre philosophischen Studien und der Gründung einer akademischen Schule (Ganghwahakpa) bekannt.

Ähnlich wie einige Tempel südlich des Hangang wurde auch dieses Grabfeld im Laufe der Jahre durch Wohnbebauung eingeschlossen. Ein Teil der alten Bebauung wurde 2011 durch Appartementblocks ersetzt. Noch gelangt man aber über einen kleinen Markt und durch enge Gassen zum Eingang. Man muss an dem Metalltor klingeln um eingelassen zu werden.

Eintrittspreise: kostenlos

Verkehrsmittel: Untergrundstation Heukseok, Linie 9 (gold) – Ausgang 3, Fußweg 5 Min.

Anschrift: 54-9 Heugseok-dong, Dongjak-gu
Lage: 37°30'25" Nord, 126°57'48,5" Ost

Gwangju Yi Familiengrabstätte

광주이씨 광릉부원군파 묘역

Das Familiengrab von Yi Geukbae (1422-1495) und seiner Frau Lady Choe befindet sich in einem Waldgebiet am Berg Eungbong. Wenige hundert Meter entlang des nördlichen Zauns des Amsa Wasserwerks führen zu der Grabanlage. Über den Berg verteilt befinden sich weitere Gräber seiner Nachfahren.

Yi Geukbae bestand die staatliche Prüfung 1447 und diente unter sieben Königen, von König Sejong bis König Yeonsangun, als Minister. Er hatte ein tiefes Verständnis des Konfuzianismus und richtete seine Politik und Verwaltung nach dessen moralischen Prinzipien aus. Für seine Dienste erhielt er 1493 den Titel Lord Gwangneung. Außerdem wurde er in den Club der Älteren (Giroso) aufgenommen. Der Gedenkstein südlich des Grabes wurde 1496 aufgestellt und von Sin Jong-ho, einem renommierten Kalligrafen der damaligen Zeit, gestaltet.

Öffnungszeiten: 24h

Eintrittspreise: kostenlos

Verkehrsmittel: Untergrundstation Myeongil, Linie 5 (lila) – Ausgang 3, ab Halt 25-232 mit dem grünen Bus Linie 02 oder 05 (vier Stops), etwa 150 Meter zurück beginnt ein Wanderweg in das Eungbong-Gebiet.

Anschrift: 12-4, Amsa-dong, Gangdong-gu
Lage: 37°33'50,4" Nord, 127°8'37,2" Ost

Yeonghwiwon und Sunginwon 영휘원 + 숭인원

Allgemein ist dieser kleine Park noch immer als Hongneung bekannt, da hier ursprünglich die Kaiserin Myeongseong beigesetzt war. Sie wurde jedoch 1919 nach Hongyuneung in der Provinz Gyeonggi-do, zum Begräbnisort ihres Mannes Kaiser Gojong umgebettet.

In Yeonghwiwon ist Sunheon Gwibi (1854-1911) beigesetzt. Ursprünglich war sie als Lady Eom Hofdame für Kaiserin Myeongseong, die Ehefrau Kaiser Gojongs. Nach der Ermordung Myeongseongs 1895 begleitete sie Gojong an seinen Zufluchtsort in der russischen Botschaft und wurde seine Lieblingskonkubine und Mutter von Kronprinz Uimin. 1904 bekam sie den Status Königin zuerkannt. Sie setzte sich für die Einführung moderner Erziehungssysteme in Korea ein und gründete mehrere Mädchenschulen nach westlichem Vorbild.

Sunginwon beherbergt Yi Jin (1921-1923), den ersten Sohn des (ungekrönten) Königs Yeongchin. Uimin, vierter Sohn von Gojong, erhielt 1907 von der japanischen Besatzungsmacht den Titel kaiserlicher Kronprinz Yeongchin und wurde zur Ausbildung nach Japan geschickt. Erst kurz vor seinem Tod wurde er nach Korea zurückgebracht und blieb ungekrönt. Yi Jin, der erste Sohn von Kronprinz Yeongchin, starb unter mysteriösen Umständen, während seine Eltern zu einem Besuch in Korea weilten.

Entsprechend der strengen sozialen Hierarchie in der Joseon Dynastie sind Yeonghwiwon und Sunginwon einfache und kleine Grabhügel. Yeonghwiwon ist größer als Sunginwon, ansonsten sind beide Gräber ähnlich. Neben den eigentlichen Grabhügeln gibt es mehrere Gebäude bzw. Pavillons und steinerne Figuren, die die Gräber bewachen. Dachsimse, Gitter und hölzerne

Öffnungszeiten:
März-Okt. 09:00-18:30, Nov.-Feb. 09:00-17:30
Montag ist Ruhetag

Eintrittspreise:
bis 7 und ab 65 Jahre kostenlos,
7-18 Jahre 500 Won, ab 19 Jahre 1000 Won

Verkehrsmittel:
Untergrundstation Korea University, Linie 6 (braun) – Ausgang 3, Fußweg 8 Minuten oder Untergrundstation Cheongnyangni, Linie 1 (dunkelblau) - Ausgang 2, Fußweg 12 Minuten

Anschrift: Cheongnyangni 2(i)-dong, Dongdaemun-gu, Seoul

Böden in einem der heiligen Gebäude, Jasil, sind so gut erhalten, dass sie einen authentischen Eindruck vermitteln. Yeonghwiwon und Sunginwon, an einem Hang direkt vor der König Sejong Gedenkhalle gelegen, bieten mit ihren schönen Promenaden und Steinmauern eine ruhige Atmosphäre.

Koreaner besuchen die Grabanlagen oft nur, um sich in ruhiger und landschaftlicher Umgebung zu entspannen. Hier spielen zwei Rentner vor dem Bigak (Stelenhaus) Jang gi.

Manguri Park

망우리공원

Der Manguri Park ist der einzige öffentliche Friedhof und gleichzeitig der größte Bergfriedhof in Seoul. Er liegt an der östlichen Stadtgrenze im nördlichen Bereich des Yongmasan und beherbergt 28.500 Grabstätten. Im März 1973 wurde der Verkauf von Gräbern aus Mangel an freien Parzellen eingestellt und der Friedhof in einen öffentlichen Park umgewandelt. Es gibt deshalb auch mehrere Freizeiteinrichtungen wie z. B. Tennisplätze. Wanderwege erschließen die gesamte Bergregion und zusammen mit dem weiter östlich gelegenen Achasan sind die oft steilen Wege auch bei Mountainbikern sehr beliebt. Über einen ausgeschilderten Weg von 4,7 Kilometern Länge kann man den Friedhof umrunden oder die kreuz und quer verlaufenden Pfade zwischen den Gräber benutzen. Sollte man dabei die Orientierung verlieren, kommt man bergab irgendwann zurück auf den Rundweg.

Viele Besucher kommen in den Manguri Park, um den Grabstätten historisch bedeutender Personen ihre Ehre zu erweisen. Unter anderem sind dies Bang Jeong-hwan (Vater der Kinderbewegung), Oh Se-chang and Han Yong-un (Aktivisten gegen die japanische Besatzung und zwei der 33 Unterzeichner der Unabhängigkeitserklärung), Ji Seok-young (Mediziner, der sich für die Pockenimpfung einsetzte), Moon Myoung-hwon (Kämpfer gegen die japanische Besatzung und Minister der Übergangsregierung), Chang Deok-

Öffnungszeiten: 24h

Verkehrsmittel:
Untergrundstation Sangbong, Linie 7 (oliv), Ausgang 2, Fußweg ca. 40 Minuten oder Taxi.

Anschrift: Mangu-dong, Jungnang-gu, Seoul

soo (Zeitungseditor und Mitbegründer der demokratischen Partei), Cho Bong-am (Mitglied des konstitutionellen Parlaments und Führer der Fortschrittspartei) und viele andere. Aber auch viele normale Gräber werden noch von den Angehörigen besucht, wie man an Blumen und Opfergaben erkennen kann.

Zum Gedenken an weitere Dichter, Lehrer und Unabhängigkeitskämpfer wurden 1997 und 1998 mehrere Denkmäler und Steintafeln errichtet.

Seoul Memorial Park

서울추모공원

Nach 14jähriger Planungs- und Bauphase wurde im Dezember 2011 ein neues Krematorium für Seoul fertig gestellt. Einwände der Anwohner hatten immer wieder für Verzögerungen gesorgt. Der Seoul Memorial Park mit 11 Öfen fügt sich nun künstlerisch gestaltet fast unsichtbar in ein Tal unterhalb des Cheonggyesan ein. Nach einmonatiger Testphase begann am 16. Januar 2012 der offizielle Betrieb. Täglich können bis zu 65 Einäscherungen vorgenommen werden. Damit wird ein langjähriger Engpass in Seoul beseitigt. Rund 20 Prozent der Seouler Bürger mussten bislang ihre Verstorbenen zu Krematorien in umliegenden Städten bringen.

Öffnungszeiten: 07:00-18:00

Verkehrsmittel:
Untergrundstation Yangjae Citizen Forest, neue Bundang Linie (weinrot), Ausgang 4, Bus 4432 oder 8441 (ab Halt 22-298), drei Stops bis Halt 22-312, dann 5 Minuten Fußweg

Anschrift: 68-1 Womji-dong, Seocho-gu, Seoul
Homepage: *http://www.memorial-park.or.kr/*

Durch den Einsatz hochmoderner Verbrennungsöfen läuft der gesamte Prozess praktisch rauchfrei und ohne Belästigung der Anwohner ab.

Yanghwajin Missionarsfriedhof für Ausländer 양화진외국인선교사묘원

Eingezwängt zwischen dem Gangbyeon Express-way, der Auffahrt zur Yanghwa Brücke und der hier oberirdisch über den Han Fluss geführten U-Bahn Linie 2 liegt dieser kleine Flecken relativ ruhig im Stadtteil Mapo-gu. Über 400 Ausländer, die sich überwiegend durch Missions- oder Sozialarbeit um Korea verdient gemacht haben, sind auf einer kleinen, baumbestandenen Anhöhe begraben.

Dr. John W. Heron war 1890 die erste westliche Person, die nach der Öffnung des Landes in Korea starb. Als Mitglied der seit 1885 in Seoul aktiven Unionskirche und erster westlicher Arzt sollte er christlich beigesetzt werden. Die koreanische Regierung zögerte mit der Zuweisung eines Begräbnisortes. Erst als die Missionare mit den Vorbereitungen einer vorläufigen Beisetzung innerhalb der Stadtgrenzen Seouls begannen, (was damals streng verboten war) wurde der noch heute genutzte Platz zugewiesen. Aber erst 1985, zusammen mit der Hundertjahrfeier der Unionskirche Seoul, wurde der Begräbnisstätte offiziell der Status eines Friedhofs zuerkannt. Gleichzeitig wurden von einem Komitee christlicher Kirchen in Seoul die finanziellen Mittel gesammelt, um eine Gedenkkapelle auf dem Friedhofsgelände zu errichten. Dieses architektonisch interessante aber doch schlicht wirkende Bauwerk war bis 2006 die Heimat der Unionskirche Seoul, die auch den Friedhof verwaltete. Am 5. August 2007 übernahmen 2000 Mitglieder der 2005 gegründeten 100th Anniversary Memorial Church (hervorgegangen aus

Öffnungszeiten: Mo.-Sa. 10:00-17:00

Verkehrsmittel:
Untergrundstation Hapjeong, Linie 2 (grün) oder Linie 6 (braun) - Ausgang 7, Fußweg 7 Minuten, entlang der oberirdisch in einer Röhre verlaufenden U-Bahn Strecke.

Anschrift: 145-8 Hapjeong-dong, Mapo-gu
Homepage: *http://www.yanghwajin.net/*

dem Unterstützungsverein, der 1985 die Kirche baute und dem die Gründstücksrechte zugeschrieben wurden) die Kapelle für ihre Gottesdienste. Gleichzeitig übernahm die neue Kirche die Verwaltung des Friedhofs, um das quasi „exterritoriale" Gebiet als eine koreanische Gedenkstätte zu etablieren.

Eine ganze Reihe von Grabsteinen tragen deutsch klingende Namen. Es handelt sich dabei um amerikanische Missionare als Nachfolger deutscher Religionsvereinigungen, die im 18. und 19. Jahrhundert nach Amerika aussiedelten.

Viele Grabstellen tragen auch Hinweise auf die Tätigkeit der Heilsarmee. Neben dem bekannten schweizer Missionar Appenzeller haben hauptsächlich Bürger westlicher Nationen wie Engländer, Franzosen oder Russen hier ihre letzte Ruhestätte gefunden. Einige Grabstätten weisen auf Ingenieure oder Handelsleute hin. Auffallend ist die Zahl von Kindergräbern bis in die 60er Jahre des vorigen Jahrhunderts. Ein Indiz für eine mangelnde medizinische Versorgung in dem damals noch als Entwicklungsland geltendem Korea – oder das fehlende westliche Vertrauen in die östliche Heilkunst?

Das bekannteste Grab eines Deutschen stammt von Hofkapellmeister Franz Eckert. Der königlich-preußische Musikdirektor hatte im Auftrag der koreanischen Regierung 1901 damit begonnen, koreanische Musiker an europäischen Instrumenten auszubilden und eine Hofkapelle aufzubauen, die er bis kurz vor seinem Tod 1916 erfolgreich leitete. Ganz zu Anfang seiner Tätigkeit komponierte er eine koreanische Nationalhymne, die am 1. Juli 1902 uraufgeführt wurde und bis zur japanische Annektion 1910 in Gebrauch war. Noch heute ist das Gedenken an Eckert mit einem hohen Ansehen seiner Person verbunden.

Nationalfriedhof

국립현충원

Der Nationalfriedhof in Dongjak-dong ist die letzte Ruhestätte für koreanische Patrioten, die ihr Leben im Dienst für das Vaterland verloren haben. Im Süden von drei Bergen eingerahmt öffnet sich der Friedhof gen Norden zum Han Fluss. Vom Haupteingang fällt der Blick an einem imposanten Brunnen, der Treue symbolisieren soll, vorbei auf das Gedenktor und das Gedenkmonument (Hyeon Chung Tap). Dahinter beginnen auf leicht ansteigendem Gelände, durch Bäume, Büsche und kleine Waldflächen getrennt, die verschiedenen Grabfelder mit über 50.000 Grabsteinen.

Die moderne koreanische Armee hatte bis zum Ende des Koreakrieges bereits einen Friedhof für gefallene Soldaten im Jangchungsa-Tempel. Am 15. Juli 1955 wurde eine Verwaltung geschaffen, die einen neuen Militärfriedhof am heutigen Standpunkt einrichten und unterhalten sollte. Anfang 1956 wurden die ersten Gefallenen überführt. Ab April 1956 ermöglichte ein neues Gesetz die Zusammenführung aller über das Land verteilten Grabstätten. Am 30. März 1965 erhielt der Friedhof den Status eines Nationalfriedhofes. Jetzt konnten auf dem ursprünglich nur für Soldaten und militärisches Personal gedachten Friedhof auch alle anderen Koreaner, die ihrem Land in besonderer Weise gedient hatten, beigesetzt werden. Aber erst 1996 wurde das Armeefriedhofsamt offiziell in den Nationalen Gedenkrat umbenannt.

Heute sind auf dem Nationalfriedhof rund 165.000 Gefallene, Patrioten, Polizisten und sogar zwei Präsidenten beigesetzt. Unterhalb des

Öffnungszeiten:
März-Okt. 06:00-18:00, Nov.-Feb. 07:00-17:00
Kein Ruhetag

Eintrittspreise: kostenlos

Verkehrsmittel: Untergrundstation Dongjak, Linie 4 (hellblau) – Ausgang 4, Fußweg 3 Min. oder Linie 9 (gold) – Ausgang 7 oder 8

Anschrift: Hyeonchungro 65, Dongjak-gu
Homepage: *http://www.snmb.mil.kr/*

Gedenkturms erinnern etwa 104.000 Tafeln an Soldaten, deren sterblichen Überreste nie gefunden wurden. Außerdem werden hier etwa 6000 Urnen mit namenlosen Gefallenen geehrt. Während des Koreakrieges meldeten sich zahlreiche Studenten als freiwillige Kämpfer, von denen viele den Tod fanden. Aber nur 48 dieser Toten wurden gefunden und im April 1964 von Pohang zum Nationalfriedhof gebracht. Diesen Studentenkämpfern ist eine Gedenkstätte gewidmet, die sich direkt hinter dem Gedenkmonument befindet.

Im nordöstlichen Teil des Friedhofs, links vom Haupteingang, versteckt hinter einem kleinen Park mit See, befindet sich die Gedenkhalle. Eigentlich sind es drei Gebäude mit Museumscharakter. Es wird ein patriotischer Film gezeigt, es gibt eine Fotoausstellung und etwa 1500 Relikte aus dem Leben der hier beigesetzten Soldaten, Freiheitskämpfer und Beamten sind zu sehen.

Grabstätten

Einige der vielen Grabfelder.

257

Nationalfriedhof 4.19

Dieser etwas seltsame Name bezieht sich auf den am 19. April 1960 stattgefundenen demokratischen Aufstand. Bei den ersten Präsidentschaftswahlen nach dem Koreakrieg im März 1960 vereinigte Syngman Rhee 90 % der Wählerstimmen auf sich. Diese offensichtliche Wahlmanipulation führte zu Massenprotesten, angeführt von Arbeiter- und Studentengruppen, die letztendlich zum Rücktritt von Rhee und der Gründung der zweiten Republik führten.

Eine erste Demonstration mit rund 1000 Einwohnern fand am 15. März 1960 in Masan statt. Bereits damals setzte die Polizei Schusswaffen ein. Am 19. April 1960 marschierten Studenten von der Korea Uni zum Blauen Haus. Studenten weiterer Universitäten verstärkten die Demonstration auf rund 100.000 Menschen, die sich vor dem Seouler Präsidentenpalast versammelten. Die zahlenmäßig unterlegene Palastwache feu-

Öffnungszeiten:
Friedhof 06:00-18:00, Museum 09:00-18:00, Schrein 09:30-17:30. Montag ist Ruhetag.

Eintrittspreise: kostenlos

Verkehrsmittel:
Untergrundstation Suyu, Linie 4 (hellblau) – Ausgang 5, etwa 3 Minuten Fußweg zur 2. Kreuzung, an der Tankstelle rechts und weiter mit Bus Nr. 151 (ab Halt 09-144), zehn Stops bis Halt 09-113

Anschrift: Suyu 4-dong, Gangbuk-gu, Seoul
Homepage: *http://419.mpva.go.kr/*

erte in die Menge und tötete 125 Teilnehmer, bevor sie die Waffen niederlegte. Dieser Friedhof gedenkt den damaligen Opfern und Märtyrern. Neben den eigentlichen Gräbern gibt es mehrere Denkmäler und Gedenksteine, einen Schrein mit Fotos der Getöteten und ein Museum. All dies befindet sich in einer gepflegten Parklandschaft vor der grandiosen Kulisse des Bukhansan Bergmassivs.

Tipp:
Zwischen den Endstationen 4.19 Nat. Cemetery und Seoul Station verkehrt die Buslinie 104. Während der etwa einstündigen Fahrt lernt man Teile des nördlichen Seoul kennen.

Baekje Steingräber in Seokchondong

Erst durch Ausgrabungen in 1974 und 1983 fand man heraus, dass die Steingräber in Seokchondong aus der frühen Baekje-Zeit (ab 18 v. Chr.) stammen. Im Jahr 1916 wurden in diesem Bereich noch 89 Gräber gezählt – 66 Erdhügel und 23 Steingräber von denen die meisten durch Landnutzung verloren gingen. Es sind nur noch sechs Grabstätten übrig geblieben. Zwei terrassenförmige Steingräber wurden 1987 restauriert, ein weiteres Steingrab ist lediglich in Umrissen erhalten. Außerdem gibt es noch ein Hügelgrab. Zwei Mulden enthalten Steinsärge, in denen wohl Beamte beigesetzt wurden.

Öffnungszeiten: 05:00-24:00

Eintrittspreise: kostenlos

Verkehrsmittel:
Untergrundstation Seokchon, Linie 8 (rot) – Ausgang 6, Fußweg 7 Minuten entlang der mehrspurigen Straße Richtung Westen. Dem ummauerten Gelände nach links zum Eingang folgen.

Anschrift: Seokchon-dong, Songpa-gu, Seoul
Lage: 37°30'7,1" Nord, 127°6'9,4" Ost

Das größte der Steingräber misst 49 Meter mal 43 Meter, die drei Terrassen sind insgesamt vier Meter hoch. Man nimmt an, dass es sich um ein Königsgrab aus dem 4. bis 5. Jahrhundert v. Chr. handelt. Die Konstruktion des Grabes unterstützt eine Theorie, nach der Mitglieder der Goguryeo Königsfamilie nach Süden zogen, sich hier niederließen und später das Baekje Königreich gründeten.

In den mitten in einem ruhigen Wohngebiet gelegenen, eher unspektakulären Park verirren sich nur selten Touristen. Seinen Reiz erhält diese Anlage durch die unterschiedliche Form der Gräber und den damit verbundenen geschichtlichen Hintergrund, seine Ruhe, sowie im Herbst durch die vielschichtigen Farbvariationen des Ahorn-Laubs.

Baekje Gräber in Bangidong   방이동백제고분군

Bei Landerschließungsarbeiten wurden 1975 mehrere Gräber entdeckt. Daraus entstand 1983 der rund 2700 Quadratmeter große Park mit acht Grabhügeln. Die Form der Gräber mit Steinkammer und Grabhügel aus Erde und die wenigen, in den geplünderten Gräbern gefundenen Gegenstände ließen auf die frühe Baekje-Zeit (bis 475 n. Chr.) schließen.

Historikern ist seit langem bekannt, dass in der Ebene südlich des Unterlaufs des Han Flusses das Baekje-Königreich (18 v. Chr. - 660 n. Chr.) zwi-

schen dem 5. und 7. Jahrhundert n. Chr. seine Blütezeit hatte. Die genaue Lage der Hauptstadt wurde jedoch nie entdeckt. Funde von Haushaltsgeräten und weitere Baekje Bauwerke in der Umgebung (Mongchon-Festung, Pungnap-Erdwall und Seokchondong Steingräber) legen die Vermutung nahe, dass sich hier lange Zeit eine Siedlung der Baekje-Kultur befunden hat.

Inzwischen glaubt man allerdings, dass die Gräber erst zur Zeit des vereinigten Silla-Reiches (618-935) entstanden sind.

Öffnungszeiten:
Mai-Sept. 09:00-20:00, Okt.-April 09:00-19:00
Montag ist Ruhetag

Eintrittspreise: kostenlos

Verkehrsmittel:
Untergrundstation Bangi, Linie 5 (lila) – Ausgang 3, Fußweg 12 Minuten

Anschrift: San 47-4, Bangi-dong, Songpa-gu
Lage: 37°30'27,6" Nord, 127°7'5" Ost

Ausbildung

교육

In Seoul befinden sich unzählige große und kleine Universitäten. Die drei größten Hochschulen, unter dem Akronym „SKY" (nach ihren Anfangsbuchstaben) zusammengefasst (Seoul National, Korea Uni, Yonsei) sowie die Ewha als weltgrößte Frauenuniversität und die koreanische Militärakademie werden hier näher vorgestellt.

Die Seoul Nationaluniversität (SNU) nimmt unwidersprochen den Platz Nr. 1 in ganz Korea ein. Um den zweiten Platz konkurrieren die Korea Universität (KU) und die Yonsei Universität. Alle drei Universitäten sind sehr an ausländischen Studenten interessiert. Entsprechend ihres elitären Rufes ist ein Studium an der SNU auch für ausländische Studenten eine Auszeichnung. Die Yonsei Uni ist bei Ausländern für das koreanische Sprachinstitut beliebt während die KU immer mehr ihrer Vorlesungen in englischer Sprache anbietet.

Koreanische Studenten arbeiten hart und intensiv, um in möglichst kurzer Zeit das Studium zu absolvieren. Trotz der hohen Studiengebühren ist ein Platz bei einer der „SKY"-Unis besonders begehrt, da der Abschluss hier praktisch eine Garantie für den Erfolg in der koreanischen Gesellschaft ist. Für besonders tiefes Eintauchen in Uni-Atmosphäre bietet sich für den Besucher als Ausgangspunkt die U-Bahn Station Sinchon (Linie 2 – grün) an. Insgesamt vier Universitäten befinden sich in der näheren Umgebung dieser Haltestelle.

Die Eliteuniversität Koreas befindet sich im Süden der Hauptstadt, am Fuß des Berges Gwanak. Dementsprechend steil sind auch die Verbindungswege zwischen den einzelnen Gebäuden. Ursprünglich befand sich der Campus in Daehangno (Universitätsstraße) im Jongno-gu Distrikt. Der Umzug nach Gwanak-gu erfolgte 1975. In Jongno-gu verblieb lediglich die medi-

Verkehrsmittel: Untergrundstation Seoul National University, Linie 2 (grün) – Ausgang 3, Fußweg 20 Min., Bus (Linien 501, 651, 750, 5528, 6511, 6512 oder 6515 ab Halt 21-139) empfehlenswert (drei Stops).

Anschrift: Sillim-dong, Gwanak-gu, Seoul
Homepage: *http://www.snu.ac.kr/*

Hinter diesem Tor in Form der stilisierten koreanischen Buchstaben SGD (Seoul Gungnib Daehakgyo) beginnt die Eliteuni, die von oben betrachtet wie ein eigener Stadtteil wirkt.

zinische Abteilung, genannt Yeongon Campus. Die Ursprünge der Seoul Nationaluniversität (SNU) gehen auf die 1924 in Seoul gegründete sechste kaiserliche Universität Japans (Keijo Imperial University) zurück. Nach dem zweiten Weltkrieg erhielt sie für eine Übergangszeit den Namen Gyeongseong Universität. Allerdings wird diese Vergangenheit von der SNU ignoriert, lediglich einzelne Institute verfolgen ihre Ursprünge zurück bis zur Keijo Universität.

Offiziell wurde die SNU am 15. Oktober 1946 aus dem Zusammenschluss zehn verschiedener Institute (überwiegend aus der Gyeongseong Universität) gegründet. Heute ist die SNU als renommierteste Hochschule Koreas bekannt. Die Aufnahmevoraussetzungen gelten als besonders schwierig, dafür gilt ein Abschluss auf der SNU als sicherer Weg in eine erfolgreiche akademische Karriere. Auf der SNU werden knapp 27.000 Studenten von einem fast 6000 Personen zählenden Lehrkörper unterrichtet.

Bildungssystem

Traditionell legen Koreaner großen Wert auf Bildung und Erziehung, nicht nur als Mittel zum Erfolg im Leben, sondern auch als notwendiges Zubehör zur Selbsterfüllung. Laut Konfuzius bringt lernen und studieren eines der größten Vergnügen im Leben. Deshalb bringen Eltern oft große finanzielle Opfer, um ihren Kindern eine möglichst gute Ausbildung bieten zu können.

In den 1880ern wurde das erste moderne Schulsystem eingeführt. Nach der Gründung der Republik Korea 1945 war eines der ersten Regierungsziele, allen Kindern eine schulische Bildung zu ermöglichen. Seit 1953 ist die sechsjährige Grundschule für Sechs- bis Siebenjährige Pflicht. Es folgen drei Jahre Mittelschule und drei Jahre höhere Schule. Das Ende

des Ausbildungsweges bilden vier Jahre Uni. Während die Grundschule kostenlos ist, liegen die jährlichen Gebühren für mittlere und höhere Schulen zwischen etwa 350 und 1000 Euro, an der Uni zwischen 2000 und 5500 Euro. Trotz dieser Gebühren führte der Wettbewerb um einen Platz an weiterführenden Schulen zu großen Problemen. Um Chancengleichheit für alle zu gewährleisten wurden die Zugangsprüfungen für Mittelschulen und höhere Schulen abgeschafft. Stattdessen werden Plätze an Schulen in der Nähe des Wohnortes jetzt per Los vergeben. An den Universitäten gibt es aber weiterhin Aufnahmeprüfungen.

Ergebnis dieses Lernwillens ist ein hochgebildetes Volk, das für das rapide wirtschaftliche Wachstum Koreas in den letzten drei Dekaden verantwortlich zeichnet.

Korea Universität

고려대학교

Die KU wurde 1905 als privates College von Lee Yong-ik gegründet. Er war der Meinung, dass nur eine gebildete Jugend den unabhängigen Fortbestand der koreanischen Nation sichern könnte. Heute gehört die KU zu den Spitzenuniversitäten Koreas. Der Campus liegt (wie könnte es anders sein) an einem Berghang und ist sehr weitläufig. Eine private Buslinie verbindet die einzelnen Unterrichtsstätten, damit die Studenten auch rechtzeitig zu den Vorlesungen kommen. Die Bildungseinrichtungen sind in einer Mischung aus historischen und modernen Gebäuden untergebracht, die sich innerhalb einer parkähnlichen Landschaft locker verteilen. Eine Atmosphäre, in der sich über 35.000 Studenten (davon rund 4000 internationale Studenten) wohlfühlen. Im Jahr 2005, im Zusammenhang mit dem einhundert jährigen Bestehen der Uni, begann man verstärkt, Vorlesungen in englischer Sprache anzubieten. Im Jahr 2011 wurden etwa 40 Prozent aller Vorlesungen in Englisch abgehalten. Diese Quote soll bis 2015 auf 50 Prozent steigen, um noch mehr Studenten aus der ganzen Welt anzulocken.

Die Korea Universität befindet sich auf einem großen, waldreichen Gebiet und kann sich deshalb den Luxus einer lockeren, weitläufigen Verteilung der einzelnen Institute leisten. Viele Gebäude sind dem Baustil englisch/amerikanischer Universitäten nachempfunden.

Verkehrsmittel:
Untergrundstation Korea University, Linie 6 (braun) – Ausgang 1, Fußweg 3 Minuten

Anschrift: Anam-dong, Seongbuk-gu, Seoul
Homepage: *http://www.korea.edu/*

Ausbildung

263

Yonsei Universität

연세대학교

Die Geschichte der Yonsei Universität begann am 10. April 1885, als nach einem Dekret von König Gojong das Gwanghyewon, ein modernes Krankenhaus, unter Leitung des Missionars Dr. H. N. Allen eröffnet wurde. Im März 1886 begannen die ersten 16 Studenten ihre medizinische Ausbildung. 1893 übernahm Dr. O. R. Avison das Krankenhaus von der koreanischen Regierung und wandelte es in ein Missionsinstitut um. Nach einer großzügigen Spende durch L. H. Severance erfolgte 1904 die Umbenennung des medizinischen Zentrums in „Severance medizinische Hochschule und Krankenhaus".

Die christliche Hochschule Chosun wurde 1915 gegründet und erhielt zwei Jahre später den Namen Yonhi Universität. Bereits seit 1928 arbeiteten Yonhi und Severance eng zusammen, aber erst 1957 erfolgte der offizielle Zusammenschluss wobei der neue Name „Yonsei" aus den Anfangssilben der Institute gebildet wurde. Die im europäischen Stil errichteten Gebäude der Yonsei Universität liegen links und rechts einer leicht ansteigenden Straße. Der Campus ist für seinen Reichtum an Bäumen bekannt. Zusammen mit der Ewha Frauenuniversität und zwei weiteren Hochschulen in der näheren Umgebung hat sich das Viertel um die Sinchon U-Bahn Station besonders auf Jugendliche eingestellt. Die Yonsei Universitätsstraße (zwischen U-Bahn und Uni) wurde 1999 zur „Straße, die man gehen

Verkehrsmittel:
Untergrundstation Sinchon, Linie 2 (grün) – Ausgang 2 oder 3, Fußweg 10-15 Minuten

Anschrift: Sinchon-dong, Seodaemun-gu,Seoul
Homepage: *http://www.yonsei.ac.kr/eng/*

möchte" ernannt. Seitdem kommen noch mehr Besucher in diese, auf vielen Touristenkarten eingezeichnete Straße und genießen das reichhaltige Angebot an Restaurants, Bars, Geschäften und Imbissständen.

Oben: Auf dem Campus der Yonsei Universität befindet sich hinter diesem Tor ein kleiner Park, in dem noch einige Gebäude des Gwanghyewon von 1885 erhalten sind. Dahinter die moderne Fassade des Severance Krankenhauses.
Unten: Der Haupteingang der Yonsei Universität.

Ewha Frauenuniversität   이화여자대학교

Die amerikanische Missionarin Mary Scranton gründete Ewha im Jahr 1886. Im ersten Jahr hatte Mary Scranton eine einzige Schülerin in ihrem Haus im heutigen Chongdong Bezirk. Während sich die Gesellschaft höflich darüber lustig machte, dass man einer Frau etwas anderes beibringen könne als ihrem Mann und Sohn zu dienen, gab König Gojong der Schule den Namen Ewha, was soviel wie „Pfirsichblüte" bedeutet. Aus der anfänglichen Missionsschule entwickelte sich im Laufe der Zeit die Top-Frauenuniversität Koreas und die größte Frauenuniversität der Welt mit rund 21.000 Studentinnen. Trotz aller Probleme, die es in der Vergangenheit zu bewältigen gab, und der ständigen Aktualisierung der Lehrinhalte an moderne Gegebenheiten ist der christliche Grundgedanke nach wie vor das Grundgerüst der Ewha Frauenuniversität. Dies

Verkehrsmittel:
Untergrundstation Ehwa Womens University, Linie 2 (grün) – Ausgang 2 oder 3, Fußweg 7 Minuten

Anschrift: Daehyeon-dong, Seodaemun-gu
Homepage: *http://www.ewha.ac.kr/english/*

spiegelt sich unter anderem im sozialen Engagement der Universität und einzelner Studentinnen wieder.
Der Campus ist nicht nur Frauen vorbehalten, Besucher beiderlei Geschlechts sind herzlich willkommen. Das Einkaufsgebiet vor der Uni, bekannt als „I-dae Ap" mit Mode- und Accessoire-Läden, Schuhgeschäften und Friseursalons hat sich allerdings besonders auf die weibliche Kundschaft eingestellt.

Koreanische Militärakademie   육군사관학교

Die KMA ist eine Spezial- und Elitehochschule für Nachwuchsoffiziere. Unter modernsten Bedingungen werden hier zukünftige militärische Führer ausgebildet, die bereits über Weisheit, Moral und erstklassige physische Kondition verfügen. Neben rein fachlichem Wissen wird viel Wert auf die Förderung von Patriotismus, demokratischen Werten, noblem Charakter, Führungsqualitäten und mentaler und physischer Stärke gelegt.
Die am 1. Mai 1946 gegründete Akademie im Nordosten Seouls war in der Vergangenheit nicht für die Öffentlichkeit zugänglich. Seit 1997 wurde dieser Ort aber zu einer neuen Touristenattraktion. Während einer etwa 90minütigen Führung sieht man das Schul-Informationszentrum, das Armee-Museum, den KMA-Turm, eine Gedenkhalle und eine Ausstellung von Feldwaffen im Freigelände. Man wird selten auf einen Führer treffen, der Englisch spricht. Es ist allerdings kein Problem sich von der Gruppe zu trennen und Museum und Außengelände auf eigene Faust zu erkunden. Die beste Zeit für einen Besuch ist freitags, da man dann die Offiziersanwärter während einer Parade in ihren Uniformen bewundern kann.

Öffnungszeiten:
Führungen um 10:00 und 14:00
Montag ist Ruhetag

Eintrittspreise:
frei, man muss sich ausweisen können

Verkehrsmittel: Untergrundst. Hwarangdae, Linie 6 (braun) – Ausgang 4, Fußweg 15 Min.

besondere Aktivitäten:
Offiziersanwärter-Parade jeden Freitag 17:00

Anschrift: Gongneung 2(i)-dong, Nowon-gu
Kontakt: +82-2-2197-0114
Homepage: *http://www.kma.ac.kr/*

Eine Klasse auf dem Weg zum Unterricht.

Ausflüge

소풍

Nachfolgend erhalten Sie Vorschläge für einige mehrstündige Touren durch die Stadtteile Jung-gu und Jongno-gu. Diese Bereiche Seouls weisen eine besonders hohe Dichte an Sehenswürdigkeiten auf, so dass Sie in möglichst kurzer Zeit viele der bedeutendsten Attraktionen entdecken können. Falls Sie nur wenige Tage Zeit haben, sind diese Tourvorschläge ideal, um unterschiedliche Aspekte Seouls kennen zu lernen. Natürlich können Sie auch die auf den vorangegangenen Seiten 52-79 vorgestellten, touristisch besonders interessante Bezirke auf eigene Faust erkunden.

Die nähere Umgebung Seouls bietet viele weitere Möglichkeiten für Tagestouren, Ausflüge oder ausgedehnte Wanderungen. Selbst innerhalb des Stadtgebietes gibt es Ziele, für die man einen ganzen Tag veranschlagen kann. Ein Besuch der DMZ (Grenzgebiet zu Nordkorea) gehört schon fast zum Pflichtprogramm. Ebenfalls sehr empfehlenswert ist ein Besuch der zum UNESCO-Weltkulturerbe gehörenden Hwaseong Festung in Suwon. Im noch zum Stadtgebiet gehörenden Bukhansan Nationalpark können Sie viele Tage lang Natur- und Bergwanderungen unternehmen.

Ab Seite 272 finden Sie eine kleine Auswahl verhältnismäßig schnell zu erreichender Ziele in und um Seoul herum. Besonders an Wochenenden sind dies auch beliebte Ausflugsorte für Seouler Bürger, so dass man teilweise mit starkem Publikumsverkehr rechnen muss.

Ausgangspunkt dieser Tour ist die Untergrundstation Seoul City Hall (Linie 2 – grün oder Linie 3 – orange), Ausgang 1. Im Süden sehen Sie das südliche Stadttor Namdaemun (S. 146). Nach einem Brand im März 2006 wurde es neu aufgebaut. Nach Norden überqueren Sie eine kleine Straße, die ins Jeongdong-Viertel (Nr. 1 – S. 60) führt und stehen vor dem Eingang zum Deoksugung Palast (Nr. 2 – S. 18). Eine Besichtigung ist fakultativ da der bedeutend größere Königspalast Gyeongbokgung das heutige Hauptziel ist. Entlang der schnurgeraden Sejongno-Straße können Sie den Palast am nördlichen Ende dieses Prachtboulevards schon erahnen – überthront vom 344 Meter hohen Bugaksan.

Auf der gegenüberliegenden Straßenseite sehen Sie die City Hall Plaza (Nr. 3 – S. 84), seit 2004 eine Grünfläche, auf der oft Veranstaltungen stattfinden, sowie das 1926 erbaute alte Rathaus und dahinter das zwischen 2007 und 2012 entstandene neue hochmoderne Rathaus. Folgen Sie der Straße Richtung Norden an der Palastmauer entlang. Am Ende des Palastes in die zweite Straße nach links abbiegen und Sie stehen nach wenigen Metern vor der anglikanischen Kirche Seoul (Nr. 4). Die zwischen 1922 und 1926 in Kreuzform erbaute Kathedrale (endgültige Fertigstellung zwischen 1991 und 1996) verbindet westliche Architektur mit koreanischen Details.

Beschreibung: Falls Sie nur wenig Zeit in Seoul zur Verfügung haben, führt Sie diese Tour zu einer der bedeutendsten Sehenswürdigkeiten Seouls.

Start: Untergrundstation Seoul City Hall oder Untergrundstation Gwanghwamun.

Stationen: Rathaus, anglikanische Kathedrale, Cheonggyecheon, Ilmin Museum, Kyobo Buchzentrum, Gwanghwamun Plaza, Gyeongbokgung Palast, Blaues Haus

Länge: 3,5 Kilometer (ohne Palastbesichtigung), etwa vier bis sieben Stunden.

Zurück auf der Hauptstraße sehen Sie auf der anderen Straßenseite das Pressezentrum (Nr. 5). Gehen Sie weiter nach Norden und überqueren Sie die Straße an einem Übergang. Schon bald stehen Sie auf der Cheonggye Plaza (Nr. 6). Aus der spiralförmigen Muschel entspringt symbolisch der renaturierte Cheonggyecheon (Nr. 7 – S. 82). Etwa 350 m nach rechts, an der Südseite des Cheonggyecheon, befindet sich die Touristenzentrale der KNTO (Nr. 8 – S. 288). An die Cheonggye Plaza grenzt das Ilmin Kunstmuseum (Nr. 9 – S. 175) mit dem markanten Glaserker, direkt neben dem Zeitungsmuseum mit ebenso markantem Glasturm. Für eine erste kleine Rast bietet sich das moderne Café des Museums an. Am Museumsgebäude vorbei gelangen Sie zu einer großen Kreuzung. Hier beginnt Ihre Tagestour, falls Sie von der Untergrundstation Gwanghwamun aus starten.

In der Straßenmitte erblicken Sie das Admiral Yi Sun Shin Denkmal (Nr. 10). Es steht zu Beginn der 34 Meter breiten Gwanghwamun Plaza (S. 85) die Ende 2009 eingeweiht wurde.

Auf der rechten Straßenseite befindet sich der Monument Pavillon (Nr. 11) zum Gedenken an Kaiser Gojong. Direkt daneben das Kyobo Gebäude mit der größten Buchhandlung Koreas (Nr. 12 – S. 40) im Untergeschoss und etwas weiter Richtung Gyeongbokgung der Olleh Square (Nr. 13 – S. 47) in dem die neuesten IT- und Telekommunikationsgeräte ausprobiert werden können und daneben die stark bewachte amerikanische Botschaft (Nr. 14).

In der Mitte der Gwanghwamun Plaza ist die große König Sejong Bronzestatue (Nr. 15) nicht zu übersehen. Dahinter befindet sich der Eingang zum interessanten König Sejong und Admiral Yi Sunshin Museum (S. 182). Links davon die Sejong Galerie und das Sejong Zentrum für darstellende Kunst (Nr. 16 – S. 200) auf der anderen Straßenseite.

Nach weiteren dreihundert Metern stehen Sie dann endlich vor dem Gyeongbokgung Palast (Nr. 19 – S. 12). Davor schauen Sie aber erst einmal auf das zwischen 2007 und 2010 aufwendig rekonstruierte Gwanghwamun Tor (Nr. 17 – S. 14). Links des großen Palastvorplatzes befindet sich das nationale Palastmuseum (Nr. 18 – S. 180). Zum Palast selbst geht es geradeaus durch das große Tor. Für den Besuch sollten Sie einige Stunden einplanen, insbesondere wenn Sie auch das innerhalb des Palastgeländes befindliche nationale Volkskundemuseum (Nr. 20 – S. 178) besichtigen wollen. Um einen ersten Überblick zu bekommen, können Sie an einer der kostenlosen Führungen teilnehmen.

Haben Sie nach Ende der Besichtigung noch etwas Energie, gibt es einige zusätzliche Besichtigungspunkte in der Nähe. Verlassen Sie dazu den Palast durch den Haupteingang und wenden sich nach rechts. Zwischen Palast und Palastmuseum hindurch geht es zum westlichen Ausgang. Dort wenden Sie sich wieder nach rechts und folgen der Straße entlang der Palastmauer nach Norden bis zu einem großen gepflasterten Platz mit einem Springbrunnen in der Mitte (Nr. 22). Die ansteigende Straße rechts führt nach 150 Metern zu einem Punkt, von dem aus man das Blaue Haus (Nr. 25 – S. 122) sehen kann. Direkt südlich des Platzes befindet sich das neu erbaute Präsidentenmuseum (Nr. 21 – S. 123). Der Hibiskusgarten (Nr. 23) am nordwestlichen Ausgang des Kreisverkehrs ist besonders zur Blütezeit ein idealer Rastplatz. Noch einige Meter weiter nach Norden sieht man die Dächer des Chilgung Schreins (Nr. 24 – S. 246) hinter einer Mauer. Diese Gedenkstätte wurde 1724 für Mütter von Königen der Joseon Dynastie erbaut, die als königliche Konkubinen nie selbst Königinnen wurden. Eine Besichtigung ist allerdings nur in Verbindung mit einer Tour durch das Blaue Haus möglich.

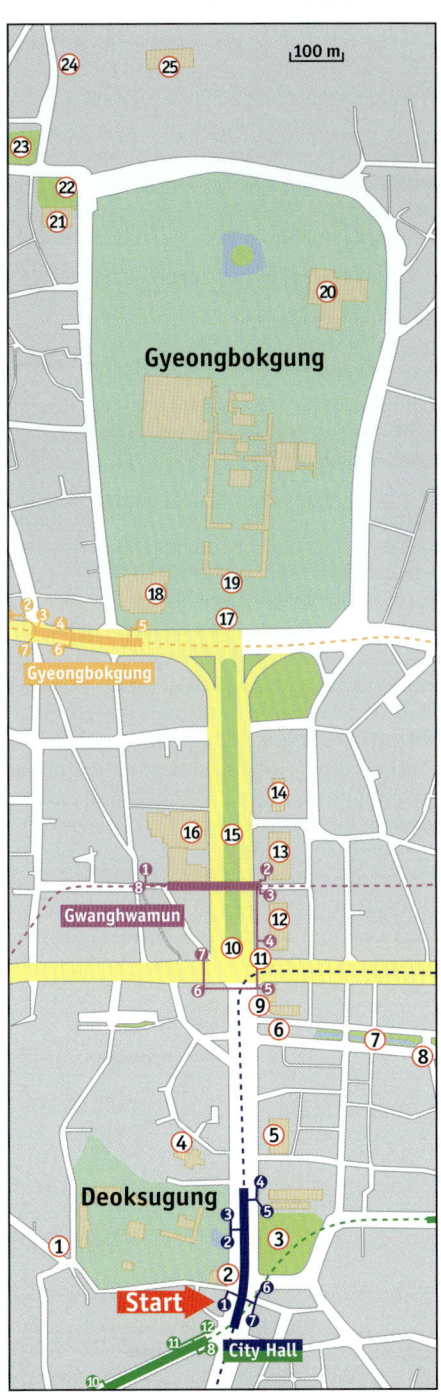

269

Seit der Eröffnung am 1. Oktober 2005 ist der auf 5,84 km Länge renaturierte Flusslauf des Cheonggyecheon ein beliebtes Ziel für Anwohner und Touristen. Insbesondere in den schwülheißen Sommermonaten ist der einige Meter unter Straßenniveau liegende Grüngürtel eine Oase der Kühle. Messungen haben ergeben, dass die Temperaturen im Bereich des Flusses 3 bis 4 Grad tiefer liegen als im übrigen Seoul und der Fluss auch einen positiven Effekt auf das Klima in der Umgebung hat.

Links und rechts des durch das Herz des alten Seoul fließenden Cheonggyecheon gibt es unzählige sehens- und erlebenswerte Punkte, die im Folgenden tabellenartig aufgelistet werden. Es empfiehlt sich, im Zusammenhang mit dem Besuch dieser Ziele immer wieder einzelne Abschnitte des Cheonggyecheon als verbindende Elemente in seine Ausflüge einzubauen. Sie können natürlich auch die gesamte Strecke von knapp drei Kilometern von der Cheonggye Plaza bis zum Dongdaemun Einkaufsbezirk ohne Abstecher erwandern und lediglich die besonderen Punkte direkt am Flusslauf besichtigen. Die hier nicht beschriebenen restlichen 2,9 Kilometer enthalten einige weitere Sehenswürdigkeiten (historischer Waschplatz, Mauer der Hoffnung, Tunnelspringbrunnen, Cheonggye Museum), allerdings nicht in der Anzahl und Kompaktheit wie im ersten Teilstück.

Cheonggye Plaza (Nr. 1). Hier startet der Fluss symbolisch als kleines Rinnsal aus einer als Kunstwerk ausgebildeten spiralförmigen Muschel.

Beschreibung: Entlang eines renaturierten Flusses quer durch Seoul. Mit unzähligen Sehenswürdigkeiten und Einkaufszentren entlang der Strecke.

Start: Untergrundstation Gwanghwamun.

Stationen: 14 Brücken mit Angabe der jeweils erreichbaren Ziele.

Länge: 2,9 Kilometer (ohne Abstecher), erweiterbar auf 5,8 Kilometer.

Aus dem folgenden Sammelbecken gelangt das Wasser über einen Wasserfall in das eigentliche Flussbett, das links und rechts von Grünstreifen und Fußwegen gesäumt wird.

Mojeongyo (gyo = Brücke) – nach 140 Metern
Gwangtonggyo – nach 156 Metern
Eine restaurierte historische Brücke. Am ersten Vollmond des neuen Jahres findet hier das Dapgyonori-Ritual statt. Jeder, der die Brücke überquert, wird für ein Jahr keine Beschwerden mit seinen Beinen haben.

Auf halbem Weg zur nächsten Brücke südlich die Zentrale der KNTO (Nr. 2 – S. 288) mit einer großen Touristeninformation im Untergeschoss.
Gwanggyo – nach 157 Metern
Youngpoong Buchhandlung (Nr. 3 – S. 41), direkt im Norden auf der linken Seite.
Bosingak Glockenpavillon (Nr. 4 – S. 142) und Jongno Tower (Nr. 5 – S. 124) 120 m nach Norden.
Der Bereich nördlich zwischen Gwanggyo, Jang-

tonggyo und Samilgyo beherbergt das jugendliche Gwancheol-dong Vergnügungsviertel (Nr. 6) mit Restaurants, Karaokebars und Internetcafés. Am Fluss selbst befindet sich am nördlichen Ufer, zwischen Gwanggyo und Jangtonggyo, ein riesiges Fliesen-Wandgemälde (Nr. 7), das die Prozession König Jeongjo's zur Hwaseong Festung darstellt.

Gwangtonggwan (Nr. 8 – S. 139), eines der ältesten Bankgebäude in Korea, 120 m nach Süden.

Jangtonggyo – nach 260 Metern

Samilgyo – nach 173 Metern

Tapgol Park (Nr. 10 – S. 86) 250 m, Beginn der Insadong Touristenstraße (Nr. 9 – S. 56) 300 m und Nagwon Arkade (S. 32 – S. 43) mit den umliegenden Reiskuchengeschäften, 420 m Richtung Norden.

Fußgängerbrücke – nach 173 Metern

Hier befand sich früher die Supyogyo, die jetzt den Jangchung Park (S. 94) schmückt. Im Bezirk nördlich und südlich konzentriert sich der Handel mit Industriewerkzeugen und Maschinen.

Gwansugyo – nach 248 Metern

Juwelen Einkaufsstraße (Nr. 11 – S. 45), 230 m nach Norden.

Seungyo – nach 263 Metern

Richtung Norden Elektronikgeschäfte in den Sewoon Arkaden (Nr. 13 – S. 39), Richtung Süden die Daerim Arkade (Nr. 12) für Elektroartikel. Jongmyo Königsschrein (Nr. 14 – S. 234), 370 m nach Norden.

Baeogaedari – nach 235 Metern

Gwangjang Markt (Nr. 15 – S. 32), 120 m, Chang-

gyeonggung Palast (S. 15), 1100 m nach Norden.

Saebyeokdari – nach 202 Metern

Im Norden weitere Zugänge zum Gwangjang Markt.

Bangsan Markt (Nr. 16 – S. 32), direkt anschließend nach Süden, durch die Straße mit den Papierwarenhändlern (Nr. 17) 450 m bis zum Jungbu Markt (Nr. 18 – S. 33)

Majeongyo – nach 170 Metern

Im Norden Beginn des Dongdaemun Marktbereiches (Nr. 19 – S. 26).

Direkt im Süden der Hintereingang zum riesigen Pyeonghwa Markt (Nr. 20) mit Haushaltstextilien, Strickwaren, Hüten, Unterwäsche etc.

Naraegyo – nach 210 Metern

Im Norden weitere Bereiche des Dongdaemun Marktes, im Süden weitere Zugänge zum Pyeonghwa Markt.

Beodeuldari – nach 293 Metern

Im Norden weiterhin der Dongdaemun Markt, jetzt mit dem Schwerpunkt auf Kleidung, im Süden Vordereingang des Pyeonghwa Marktes und Beginn der Verkaufsmeile entlang des Cheonggyecheon für Bücher (Nr. 21).

Ogansugyo – nach 261 Metern

Wasserfontäne (Nr. 22) mit Licht- und Musikeffekten. Heunginjimun Tor (Nr. 23 – S. 145), 120 m nach Norden, daneben Beginn des Dongdaemun Schuhmarktes (Nr. 24), im Süden die großen Kaufhäuser (Nr. 25) der Marktbereich für Designerkleidung (Nr. 26), die Dongdaemun Design Plaza (Nr. 27) und der Dongdaemun History & Culture Park (Nr. 28 – S. 88).

Ein über 80 km² großes, im Norden Seouls, teilweise noch innerhalb der Stadtgrenzen liegendes Gebiet wurde am 2. April 1983 zum 15. Nationalpark Koreas erklärt. Das überwiegend gebirgige Gebiet besteht aus durch den Uiryeong Pass getrennten Bereichen Bukhansan im Süden und Dobongsan im Norden. Die unmittelbare Nähe zu Seoul und die schnelle Erreichbarkeit mit Auto oder U-Bahn machen den Nationalpark zu einem beliebten Ausflugsziel für Wanderer und Bergsteiger mit etwa fünf Millionen Besuchern pro Jahr. Höchste Erhebung ist mit 836 Metern der Baegundae, der einen Blick auf Seoul und den die Stadt durchfließenden Hangang bietet. Die über 200 Meter hohen Felswände am Insubong sind bei Felskletterern weltbekannt. Aber auch der normale Wanderer findet in den vielen Tälern gute Wanderwege, die ihn zu unzähligen Gipfeln oder Granitfelsen führen. Neben der grandiosen, von kristallklaren Bächen durchzogenen Natur sorgen rund 1300 verschiedene Tier- und Pflanzenarten sowie Hunderte von Klöstern, Einsiedeleien und anderen Kulturdenkmälern für weitere Abwechslung.

Es gibt weit über dreißig Eingänge in den Nationalpark von denen einige bereits auf anderen Seiten dieses Reiseführers beschrieben wurden: Bukhansanseong, der fast 10 km lange, von König Sukjong 1711 erbaute Festungswall (S. 150), der Seunggasa Tempel (S. 217) und der Doseonsa Tempel (S. 218).

Für den Touristen, der den Nationalpark zumindest für einige Stunden erleben möchte ist das Dobongsan Gebiet, mit ca. 24 km² der kleinere Teil des Naturparks, mit einem engen Wegenetz ideal. Hier sind die Pfade nicht so steil wie im südlichen Teil des Parks, so dass lediglich eine einfache Wanderausrüstung für eine erste Tour notwendig ist. Ein zusätzlicher Anziehungspunkt ist seit 2009 der direkt neben der U-Bahn Station Dobongsan gelegene botanische Park am Jungnangcheon (Seoul Iris Garten, S. 98).

Die Dobongsan Haltestelle bietet für Besucher ohne Auto den schnellsten Zugang. Wenden Sie sich vom U-Bahn Ausgang nach rechts und überqueren Sie die Hauptstraße an der Fußgängerampel. Über eine kleine Treppe und dann links dem ansteigenden Weg folgen. Er führt Sie über einen Markt mit Wanderzubehör und Imbissständen nach ca. 10 bis 15 Minuten zum Parkeingang. Wenige Meter hinter dem Eingang befindet sich der Kwangljunsa Tempel (hier betete Königin Sinjeong, die viele Jahre lang aus dem Hintergrund die Politik der späten Joseon

Die Wanderwege des Bukhansan Nationalparks führen durch dichte Wälder und grandiose Landschaft.

Unzählige Klöster und Einsiedeleien (hier der Gebetstempel der Nokawon-Eremitage) bieten dem buddhistischen Wanderer religiöse Erbauung und dem europäischen Touristen einen Rastplatz zur Besinnung und Ruhe.

Dynastie mitbestimmte, für ihre Familie). Dem Wanderweg links über die Brücke folgend geht es 10 bis 15 Minuten aufwärts zur Dobongsa Einsiedelei. Auch hier sollten Sie unbedingt eine Weile innehalten und Natur, Architektur und Handwerk auf sich wirken lassen. Dem Weg weiter folgend und immer die rechten Abzweigungen wählend kommen Sie nach rund einer Stunde

Die Dobongsa Einsiedelei mit einem aufwendig gestalteten Schrein in der Nähe des Dongbosan-Eingangs.

wieder zurück zum Eingang. Längere Touren von drei bis vier Stunden bringen Sie auf unzähligen Pfaden tiefer ins Gebirge zu mehreren Aussichtspunkten und vielen weiteren sehenswerten Klöstern/Einsiedeleien. Steilstellen verlangen hier aber schon etwas Kondition und unbedingt festes Schuhwerk.

Öffnungszeiten:
Zwei Stunden vor Sonnenaufgang bis Sonnenuntergang. Kein Ruhetag.

Eintrittspreise:
Seit 1. Januar 2007 kostenlos. Eine Karte mit Wegeplan in fast ausschließlich koreanischer Beschriftung ist für 1000 Won erhältlich.

Verkehrsmittel:
Bezirk Dobong: Untergrundstation Dobongsan, Linie 1 (dunkelblau) oder Linie 7 (oliv) – Fußweg 10-15 Minuten.
Bezirk Ui: Untergrundstation Suyu, Line 4 (hellblau) – Ausgang 2, Bus Nr. 120, 130, 151 oder 153 bis Ui-dong Bus Terminal, mehrere Eingänge zum Doseonsa Gebiet.
Bukhansanseong: Untergrundstation Gupabal, Line 3 (orange) – Ausgang 1, Bus 704 oder 8772

Anschrift: Dobong-gu, Ui-dong, Gangbuk-gu
Homepage: *http://english.knps.or.kr/*

Der Berg Gwanak liegt am südlichen Stadtrand Seouls, an der Grenze zur Provinz Gyeonggi-do und ist Teil eines beliebten Naherholungsgebietes. Von der Seouler Nationaluniversität benötigt man etwa vier bis fünf Stunden, um auf den Gipfel zu kommen. Oft wird der Gwanaksan wegen seiner Schönheit auch Sogeumgang (kleiner Geumgang-Berg) oder Seogeumgang (Geumgang-Berg des Westens) genannt – in Anlehnung an den Geumgangsan in Nordkorea der allgemein als schönster Berg Koreas gilt.

Tiefe Täler, wilde Felsen und von vielen Wanderwegen durchzogener alter und dichter Baumbestand prägen das Bergmassiv. Mit 629 Metern Höhe ist der Gwanaksan einer der höheren Berge in Seoul und für Tagesausflüge beliebt. Der unterhalb des Yeonjubong Gipfels direkt am Abgrund erbaute Yeonjudae Pavillon (Platz für die Verehrung des Meisters) erhöht noch die Dramatik des Ausblicks über Seoul. Es wird erzählt, das Goryeo-Loyalisten nach dem Fall des Königreichs 1392 von hier nordwärts in Richtung Gaeseong, der alten Hauptstadt, starrten und vom letzten König träumten. Auch die Prinzen Yangnyong und Hyoryong, Söhne von König Taejong, kamen oft hierher in diese Einsamkeit, nachdem sie erfuhren, dass ihr jüngerer Bruder Kronprinz werden sollte. Einsam ist es heute nur noch selten, aber die Fernsicht ist weiterhin grandios.

Verkehrsmittel: Untergrundstation Seoul National University, Linie 2 (grün) – Ausgang 3, Fußweg 20 Min. bis zum Eingang, Bus (Linien 501, 651, 750, 5528, 6511, 6512 oder 6515 ab Halt 21-139) empfehlenswert (drei Stops). Alternative Routen ab Untergrundstation Gwacheon oder Government Complex, Linie 4.

Anschrift: Sillim-dong, Gwanak-gu, Seoul

Wer schwindelfrei ist kann über eine schmale Brücke zur Wetterstation gelangen. Unter dem Dom befindet sich eine kleine Ausstellung in dem die Arbeit der Station vorgestellt wird.

Ein alternativer Auf- bzw. Abstieg führt über die 1398 gegründete konfuzianische Schule Gwacheon Hyanggyo (S. 141).

Tipp:
Der Haupteingang zum Gwanaksan-Gebiet befindet sich rund 50 Meter rechts vom Eingang zur Seoul Nationaluniversität. Alternativ können Sie auch einen der kostenlosen Shuttlebusse innerhalb der Uni benutzen. Sobald der höchste Punkt (in einer U-förmigen Kurve) überfahren ist, steigen Sie aus und gehen einige Meter zurück. Folgen Sie der Treppe die links in den Wald führt. Nach ca. 15 Minuten stoßen Sie auf den Hauptwanderweg und haben so ein bis zwei Stunden Aufstieg gespart.

Neben dem Wetterradar gibt es auch militärische Einrichtungen auf dem Gwanaksan.

Der Yeonjudae Pavillon ist das Ziel vieler Gläubiger.

Namhansanseong Festung   남한산성

Übersetzt bedeutet Namhansanseong „südliche Han Bergfestung" und bezeichnet eine ringsum von Bergen eingeschlossene Talmulde, die von einer über elf Kilometer langen Festungsmauer auf den umgebenden Bergrücken eingeschlossen wird. Neben der Befestigungsanlage aus dem 17. Jahrhundert befinden sich noch eine Reihe von Tempeln in dem ca. 25 Kilometer südöstlich von Seoul gelegenen Park. Viele reizvolle Wanderwege führen durch ein dichtes Waldgebiet.

Bereits im Jahr 672 wurde eine Festung (mit Namen Chujangseong) am westlichen Rand des Namhansan errichtet, um das Königreich Silla gegen Überfälle der chinesischen Tang Dynastie zu schützen. Später wurde die Befestigungsanlage in Iljangseong umbenannt und von Königen der Goryeo Epoche als Schutz der nahegelegenen Provinzhauptstadt Gwangju genutzt. Insbesondere während der Joseon Dynastie galt Namhansanseong lange Zeit als wichtigste Festung und Schutz gegen Überfälle durch Feinde.

Der überwiegende Teil der jetzt noch bestehenden Befestigungen entstand nach 1624. Die chinesische Qing Dynastie bedrohte die mit Joseon befreundete Ming Dynastie und tatsächlich kam es 1636 zum Überfall. König Injo floh mit seinem Hofstaat und 13.800 Soldaten zur Namhansan-Festung. Den Manchus der Qing Dynastie gelang es nicht, das Bollwerk im Sturm zu erobern, aber nach einer Belagerung von 45 Tagen

Verkehrsmittel:
Untergrundstation Sanseong, Linie 8 (rot) – Ausgang 2, weiter mit Bus 52 (ab Halt 05-092)

besondere Aktivitäten:
Sanseong Kulturfestival im Oktober, die Zufahrt über die Bergstraße ist dann allerdings total überlastet und auch der Bus steht im Stau.

Anschrift: Sansung-ri, Jungbu-myeon, Gwangju-si, Gyeonggi-do
Homepage: *http://www.namhansansung.or.kr/*

wurden die Lebensmittel in der Festung knapp und König Injo war gezwungen sich zu ergeben und seine Söhne als Geiseln auszuliefern.

Nach dem Abzug der Manchus wurde das Fort 1686 und 1693 erweitert. Weitere Bautätigkeiten fanden von 1724 bis 1778 statt. Unbenutzt verfiel das Bauwerk in den nachfolgen Jahren bis das Gebiet 1954 zum Nationalpark erklärt wurde und Reparaturarbeiten durchgeführt wurden. Das Nord-, Süd- und Osttor wurden wiederhergestellt. Von den früheren neun Tempeln und mehreren Kommandoposten und Wachtürmen sind nur noch ein Kommandoposten (Seojangdae – hier lebte König Injo während der Belagerung) und ein Tempel (Changgyeongsa) erhalten. Alle anderen Tempel in der Umgebung sind neueren Ursprungs.

Hangang Dampferfahrt   한강유람선

Eine Fahrt mit einem der zur Zeit sechs Ausflugsboote ist eine angenehme Art, quer durch Seoul zu reisen. Insbesondere in den Abendstunden bieten die Lichter der Stadt eine beeindruckende Silhouette. Rundfahrten werden von Yeouido, Jamsil und Ttukseom angeboten. Von Yeouido nach Jamsil und Yeouido nach Ttukseom bzw. umgekehrt werden außerdem täglich je drei einfache Fährverbindungen angeboten.

Von Yeouido führt die Rundfahrt nach Yangwha, vorbei an den Flussinseln Bamseom (Vogelschutzgebiet) und Seonyudo, dem World Cup Fountain (mit 202 Metern die höchste Fontäne der Welt) und weiteren Sehenswürdigkeiten.

Die Rundfahrt von Jamsil führt am Ttukseom Uferpark und dem Seoul Forest (mit Vogelschutzgebiet) vorbei bis zur Hannam Brücke.

Neben den Ausflugsbooten verkehren seit 2007 auch Wassertaxis, die insgesamt 12 Anlegestellen verbinden. Sie können maximal 7 Fahrgäste befördern. Während des Berufsverkehrs gibt es außerdem Express-Wassertaxiverbindungen zwischen Yeouido und Jamsil bzw. Ttukseom.

Tipp:
1. Tickets können bis etwa 10 Minuten vor Abfahrt gekauft werden. Vorbestellungen für normale Fahrten sind nicht möglich, dass gekaufte Ticket gilt für die nächste Abfahrt.
2. Auf Yeouido gibt es zwei Anlegestellen mit insgesamt neun Eingängen. Merken Sie sich beim Kauf des Tickets Ihren Eingang.
3. Auf der Rückseite des Tickets muss man für den Fall eines Unglücks Namen und Passnummer angeben.

Fahrplan:
Je nach Anlegestelle täglich fünf bis neun Rundfahrten zwischen etwa 11:00 und 20:50, Dauer 60 Minuten, verlängerte Abendfahrten mit Live-Musik oder Buffet 70 bzw. 90 Minuten.

Fahrpreise:
11.000 Won (normale Rundfahrten bzw. einfache Fahrt Yeouido-Ttukseom)
13.000 Won (einfache Fahrt Yeouido-Jamsil)
14.000 Won (Rundfahrten mit Zaubershow)
15.000 Won (Rundfahrten mit Live-Musik)
60.000 Won (Rundfahrten mit Buffet)

Verkehrsmittel:
Yeouido: Untergrundstation Yeouinaru, Linie 5 (lila) – Ausgang 3, Fußweg 5 Minuten
Ttukseom: Untergrundstation Ttukseom Resort, Linie 7 (oliv) – Ausgang 3, Fußweg 5 Minuten
Jamsil: Untergrundstation Sincheon, Linie 2 (grün) – Ausgang 6, Fußweg 10 Minuten

besondere Aktivitäten: die Rundfahrten mit Zaubershow oder Buffet gibt es nur ab Yeouido. Im Sommer kann man Motorboote mieten.

Homepage: *http://www.hcruise.co.kr/*

Wassertaxi
Die Wassertaxis verkehren auf Bestellung (Tel.: 1588-3960) von 10:00-22:00. Fahrpreise entfernungsabhängig von 5.800-60.000 Won. Regelmäßige Expressverbindungen wochentags alle 10 bis 15 Minuten von 07:00-08:30 und 18:30-20:00 (5000 Won)
Homepage: *http://pleasantseoul.com/*

Die sogenannte „demilitarisierte Zone" ist eigentlich genau das Gegenteil zu dem, was mit dieser Bezeichnung ausgedrückt wird. Entlang der 241 Kilometer langen, mit Minen und elektrischem Stacheldraht gesicherten Waffenstillstandslinie stehen sich die zwei hochgerüsteten Armeen Nord- und Südkoreas gegenüber. Ähnlich wie die ehemalige Grenze zwischen Ost- und Westdeutschland ist dieser seit Jahrzehnten unberührte Streifen zu einem Refugium seltener Tiere, Vögel und Pflanzen geworden. Allerdings wird man kaum Gelegenheit zur Beobachtung bekommen, denn der Grenzbereich ist nach wie vor eine hochsensible Zone.

Von Seoul aus kann man eine halbtägige DMZ-Tour (vormittags oder nachmittags) buchen, die meistens den Besuch von Panmunjeom und des dritten Infiltrationstunnel beinhaltet. Panmunjeom, 56 Kilometer nördlich von Seoul, war ein kleines Bauerndorf, bis es zum Zentrum der Friedensverhandlungen zwischen Norden und Süden wurde, die am 27. Juli 1953 mit der Unterzeichnung des Waffenstillstandsabkommens endeten. Technisch ist der Koreakrieg noch nicht beendet, so dass dieser Waffenstillstand der längste in der Weltgeschichte ist. In Panmunjeom können Touristen den Konferenzraum, in dem die Demarkationslinie mittig über den Tisch verläuft besuchen und die Freiheitsbrücke und die Brücke ohne Rückkehr betrachten. Die Spannung an der Frontlinie des weiterhin stattfindenden kalten Krieges ist deutlich spür- und fühlbar.

Der 1635 Meter lange, zwei Meter breite und zwei Meter hohe dritte Infiltrationstunnel wurde 1978 von Nordkorea gegraben, um südkoreanisches Territorium zu infiltrieren. Pro Stunde hätten ihn 10.000 Soldaten passieren können. Heute ist davon noch eine Höhle mit 358 Metern Länge erhalten geblieben, die die Besucher abwandern können. Weitere öffentlich zugängliche Punkte sind das Dora Observatorium (von hier kann man die zweitgrößte nordkoreanische Stadt Gaeseong sehen und Bauern bei der Feldarbeit beobachten) und das Odusan Observatorium (von hier kann man ebenfalls nordkoreanische Bauern beobachten, außerdem gibt es ein kleines Museum zum Leben in Nordkorea). Es gibt den Imjingak Park, in dem heimwehkranke, im Süden lebende Nordkoreaner Trost finden sollen,

Preise:
Bustour ab Seoul ab ca. 46.000 Won (halbtags), bzw. ab ca. 65.000 Won (ganztags). Bei der USO (S. 288) gibt es eine günstige Tagestour.

Verkehrsmittel: Unterschiedliche Bustouren verschiedener Veranstalter oder Eisenbahn ab Seoul Hauptbahnhof, Pendelbusse ab Imjingak Bahnhof.

Homepage: *http://koreadmztour.com/ http://www.dmztourkorea.com/ http://en.paju.go.kr/*

sowie das Wiedervereinigungsdorf und Freiheitsdorf (zwei Dörfer direkt an der Waffenstillstandslinie deren Bewohner mit Sonderrechten versehen dort weiterleben dürfen).

Neben einer organisierten DMZ-Tour kann man auch mit dem Zug nach Imjingak fahren. Zwischen den einzelnen Besichtigungspunkten verkehren Pendelbusse. Für einen Besuch der verschiedenen Stätten muss man sich dann aber einer geführten Gruppe anschließen und strenge Kontrollen passieren. Sie benötigen auf jeden Fall Ihren Pass. Es gibt eine Kleiderordnung nach der Personen in militärischer Kleidung oder zu freizügiger Kleidung (Miniröcke sind z. B. nicht erlaubt) keinen Zutritt erhalten. Auch die Orte, an denen fotografiert werden darf sind genau vorgeschrieben.

Hinter dieser streng bewachten Tür beginnt Nordkorea.

277

Rund 30 Kilometer südlich von Seoul liegt Suwon. Die Stadt bietet sich für einen Tagesausflug an, da sie mit der U-Bahn in 40 bis 50 Minuten erreichbar ist. Höhepunkt einer Fahrt nach Suwon ist sicherlich der Besuch der in der Stadtmitte gelegenen Festung mit einer faszinierenden Ansammlung architektonischer Relikte aus der Joseon Zeit.

Unter König Jeongjo (Regierungszeit 1776-1800) arbeiteten ab 1794 rund 700.000 Handwerker fast zwei Jahre an der Konstruktion dieser Festung. König Jeongjo erbte den Thron von seinem Großvater König Yeongjo. Die kulturelle Blüte, die Korea unter diesen beiden Königen erlebte, wird häufig auch als „Renaissance der Joseon Zeit" bezeichnet. Trotzdem hat diese glanzvolle Episode auch eine tragische Komponente. Nachdem König Yeongjos (Regierungszeit 1724-1776) Sohn Prinz Sado Anzeichen einer Geisteskrankheit zeigte, wurde ihm vom Vater der Selbstmord befohlen, damit Sados Sohn Jeongjo auf den Thron nachfolgen konnte. Sados Diener waren jedoch so loyal, dass sie jedes Mal die Schlinge abschnitten, wenn Sado, dem Befehl seines Vaters entsprechend, sich erhängen wollte. Letztendlich befahl Yeongjo, seinen Sohn in eine Reistruhe einzusperren. Nach neun Tagen starb Sado 1762 und ist heute als „Sargkönig" bekannt.

Feuerwerksspektakel von der Festungsmauer.

278

Um die Würde seines Vaters wiederherzustellen und seine Seele zu besänftigen, ließ König Jeongjo 1789 das Grab Sados an eine neue, Glück verheißende Stätte – die Hügel von Hwasan in Suwon – verlegen. Nach konfuzianischer Ethik soll ein Kind drei Jahre lang in der Nähe des Grabes seiner verstorbenen Eltern leben. So entstand die Hwaseong Festung und ein aus 14 Gebäuden bestehender Palast. Jeongjo zog sogar in Erwägung, die Hauptstadt nach Suwon zu verlegen. Diese Pläne wurden nach seinem Tod 1800 nicht verwirklicht, aber die Tradition, den Sommerpalast aufzusuchen, wurde Generationen lang fortgesetzt. Damit hatte der regierende König die Möglichkeit, sich in der Nähe der Gräber seiner Vorfahren aufzuhalten und das im Sommer heiße und stickige Seoul zu verlassen. Vor der Thronhalle wurden sogar große Feste abgehalten. Die Vergnügungen des Königs waren nur hier, fernab der kritischen Augen des Hofes möglich. Kunstvolle Pavillons, die eindeutig nicht in diese militärische Anlage passen, sind Zeugnis des damaligen munteren Treibens.

Die gesamte Anlage wurde nach den damals neuesten Technologien erbaut. Der „Silhak" (praktisches Lernen)-Philosoph und Hofbeamte Dasan Jeong Yak-yong schrieb Richtlinien für solche Befestigungsanlagen und war für den Bau von Hwaseong verantwortlich. Eine der in den Palast eingebauten architektonischen Neuerungen war die Verwendung feuerunterdrückenden Schlamms. Insbesondere in der Küche war dieser Schlamm zwischen dünnen Dachsparren angebracht. Bei Feuer brannten die Balken besonders schnell und das herabstürzende Dach und der Schlamm erstickten den Brand, bevor der Rest des Gebäudes Feuer fangen konnte.

Neben dem Palast und dem Schrein bietet auch die Festungsanlage viele historische und architektonische Sehenswürdigkeiten. Auf der über fünf Kilometer langen Mauer, die die Festung sanft geschwungen umschließt, kann man die Anlage in zwei bis drei Stunden umrunden. Es gibt vier Tore in die Haupthimmelsrichtungen, mehrere Wach- und Beobachtungstürme und andere Verteidigungsanlagen. Durch die fünf Geheimtore wurden in Friedenszeiten Kühe getrieben und in Kriegszeiten Verstärkung geholt und Gegenangriffe gestartet. Von dem zweistöckigen

Schleusentor Hwahongmun, hangaufwärts der Banghwasuryu Pavillon mit dem dahinterliegenden Drachenteich.

westlichen Kommandoposten hat man einen ungehinderten Blick über die gesamte Stadt sowie über die Rauchsignalposten, die im ganzen Land standen, um dem König Neuigkeiten und sogar das Wetter zu übermitteln. Besonders erwähnenswert sind auch die beiden Schleusentore, die vor Überschwemmungen des Flusses Suwon schützen sollten. Eines dieser aus sieben Bogen bestehenden Flutwehre, das einzige seiner Art in Korea, ist erhalten geblieben. Es gehört mit zu den malerischsten Plätzen in Suwon. Ganz in der Nähe liegt der Drachenteich mit Lotusblumen und einem Pavillon.

Westliche Techniken fanden über China ihren Weg nach Suwon und ermöglichten die Kreativität, insbesondere bei Steinmetzarbeiten, die noch heute zu bewundern ist. Architektur und Gartenbaukunst von höchster Qualität machten die Palastgärten seinerzeit sogar in China bekannt.

Während der japanischen Besatzung (1910-1945) und des Koreakrieges (1950-1953) wurde die Festung schwer beschädigt. Zwischen 1975 und 1979 wurden die Anlagen detailgetreu restauriert und in einen öffentlichen Park umgewandelt. Lediglich zwischen dem Südtor (Paldalmun) und dem südöstlichen Turm konnte die Mauer nicht restauriert werden, da das Geschäftsviertel Suwons bereits Teile dieses Bereichs in Anspruch genommen hatte. Freiwillige in entsprechend nachgebildeter Kleidung bilden auf dem ganzen Gelände die Rolle von Wächtern und Soldaten nach. Von der UNESCO wurde Hwaseong 1997 in die Liste des Weltkulturerbes aufgenommen.

Öffnungszeiten: 24h (Gesamtanlage) 09:00-18:00 (Palast Hwaseong Haenggung)

Eintrittspreise: kostenlos, Palastbesichtigung: Erwachsene 1000 Won, Jugendliche 700 Won, Kinder 500 Won

Verkehrsmittel:
Untergrundstation Suwon, Linie 1 (dunkelblau) – Achtung: in Guro teilt sich die Streckenführung, nur die Züge mit Endstation Byeongjeom fahren über Suwon – Ausgang 1, Fußweg 25 Min. bzw. Ausgang 4, Bus 11, 13, 36 oder 39 ab Halt 03-015, fünf Stops bis Halt 03-056

besondere Aktivitäten:
Mehrere historische Veranstaltungen, Kultur- und Kunstfestivals machen einen Besuch in Suwon noch lohnenswerter. Die aktuellen Termine befinden sich auf der Internet-Präsenz der Stadt Suwon (*http://eng.suwon.ne.kr/*). Besonders empfehlenswert: abendliche Ritterspiele und Feuerwerk während des Kulturfestivals im Oktober.

Anschrift: Paldal-gu, Suwon-si, Gyeonggi-do
Homepage: *http://eng.suwon.ne.kr/*

Ausflüge

279

Incheon

인 천

Incheon, etwa 28 Kilometer westlich von Seoul gelegen, ist einer der wichtigsten Häfen Koreas mit direktem Zugang zum Gelben Meer. Bei der Eröffnung des Hafens 1883 hatte der Ort 4700 Einwohner. Erst 1981 wurde Incheon zur Stadt und seit 1995, mit der Eingemeindung verschiedener Distrikte entstand die Metropolregion Incheon mit einer Fläche von über eintausend Quadratkilometern. Mit inzwischen über 2,7 Millionen Einwohnern ist Incheon nach Seoul und Busan die drittgrößte Stadt Koreas. Zwei Freihandelszonen, der internationale Hafen mit direkten Fährverbindungen nach China, der internationale Flughafen und ein Investitionsprogramm, das massiv Infrastruktur, Industrie und Handel fördert, wird Incheon bis 2020 zum viertgrößten Güterverteilzentrum der Welt machen. Das ambitionierteste Projekt ist dabei die Songdo International City. Auf 53 Quadratkilometern entsteht südlich von Incheon ein neuer Stadtteil für 252.000 Einwohner mit IT-, Bio- und Hochtechnologiezentren. Der zwischen 2006 und 2012 erbaute Northeast Asia Trade Tower (동북 아무역타워) ist mit 305 Metern zur Zeit das höchste Gebäude in Korea. Bereits 2009 wurde die spektakuläre Incheon-Brücke mit über zwölf Kilometern Länge fertig gestellt. Sie bietet eine direkte Verbindung zwischen Songdo und dem internationalen Flughafen Incheon.

Der Northeast Asia Trade Tower am Rand der Retortenstadt Songdo.

Verkehrsmittel:
Incheon Fischmarkt, 1. Fährterminal/Yeonan Pier und 2. Fährterminal: Untergrundstation Dongincheon, Linie 1 (dunkelblau) – Ausgang 2, weiter mit Bus 12 oder 24
Wolmido: Untergrundstation Incheon, Linie 1 (dunkelblau) – weiter mit Bus 2, 23, 45, 720. Die Linie 1 teilt sich in Guro in die Strecken nach Incheon oder Cheonan, also bitte darauf achten dass man in die Bahn mit dem richtigen Endpunkt einsteigt. Die T-Money-Card aus Seoul gilt auch in Incheon und kann auf allen Bussen verwendet werden.
Sorae Fischmarkt: Untergrundstation Oido, Linie 4 (hellblau) – Ausgang 2, weiter mit Bus 1, 23 oder 510 (ab Halt 25-176), sieben Stops bis Halt 25-178, zu Fuß über die Brücke auf andere Flußseite
Northeast Asia Trade Tower: Untergrundstation Univ. of Inchon, Incheon Linie 4 (aquamarin) – Ausgang 5, Fußweg 5 Minuten

besondere Aktivitäten: es gibt sehr viele Veranstaltungen und Festivals, insbesondere in der Touristenzeit von August bis Oktober, z. B. Chinatag Kulturfestival (*http://www.inchinaday.com/*), Marinefestival (*http://www.oceanfestival.net/*), das Himmelsfestival in der Nähe des Flughafens und viele andere

Homepage: *http://english.incheon.go.kr/ http://www.songdo.com/*

Von Seoul aus ist Incheon in einer knappen Stunde mit der U-Bahn Linie 1 (dunkelblau) erreichbar. Direkt neben dem Bahnhofsausgang der Endstation Incheon befindet sich eine Touristeninformation. Hier sind ein Stadtplan und weitere Hinweise erhältlich. Hinter chinesischen Toren (Paeru), direkt gegenüber des Bahnhofs, beginnt das chinesische Viertel – übrigens die einzige „China-Town" in ganz Korea. Im Jahr 1884 wurde Siedlern aus der Ching Dynastie dieses Gebiet im Bereich ihrer Botschaft zugewiesen. Durch China-Town hindurch geht es auf einen kleinen Berg, auf dessen Spitze der Freiheitspark mit einem Denkmal, das an die 100jährige Freundschaft zwischen Korea und den USA erinnert, liegt. Hier oben gibt es mehrere Aus-

sichtspunkte, die einen Blick in verschiedene Richtungen über die Stadt und das riesige Hafengelände erlauben.

Beliebt ist auch ein Ausflug nach Wolmido (월미도). Hier wurde eine attraktive Strandpromenade mit vielen Vergnügungen, Restaurants und Geschäften geschaffen. In Teile der Uferpromenade sind fast unsichtbar Springbrunnen eingelassen, deren Fontänen sporadisch lossprudeln. Gut, wenn man dann nicht direkt mitten im Wasserstrahl steht... Von Wolmido aus gibt es auch eine Fährverbindung zum Flughafen Incheon bzw. Ausflugs-/Besichtigungstouren des Hafens, zur Incheon Brücke oder zu einigen der 152 vorgelagerten Inseln.

Unbedingt sehenswert ist auch der Incheon Fischmarkt (인천종합어시장 – http://www.asijang.co.kr/), knapp einen Kilometer entfernt vom neuen internationalen Fährterminal 1. Hier gibt es eine unvorstellbare Vielfalt an lebenden und toten Meeresbewohnern. Es herrscht eine locker-ungezwungene, freundlich-lustige Atmosphäre, und probieren und anfassen (z. B. eine Seegurke oder einen Tintenfisch – beide selbstverständlich lebend) darf man natürlich auch. Der kleinere Sorae Fischmarkt (소래어시장 – http://www.sorae49.com/) mit etwa 350 Händlern befindet sich direkt neben dem Sorae Pogu Hafen. Für regelmäßigen frischen Nachschub für die bis zu 30.000 täglichen Kunden sorgen rund 250 kleine Fischerboote. Der Sorae Pogu Hafen liegt am südöstlichen Rand von Incheon und ist nur sehr umständlich mit öffentlichen Verkehrsmitteln erreichbar.

Am Yeonan Pier ist der Hafen so wie man ihn sich romantisch vorstellt und wie er in Liedern besungen wird. Hier ist das Tor zum Ozean das bei allen Inselreisenden für Aufregung sorgt. Sei es die 20 Minuten entfernte Jagyak Insel, die Baengnyeong Insel die man nach vier Stunden erreicht, die fünf Inseln im Westmeer oder sogar Jeju - der Yeonan Pier verbindet sie alle. Und vom neuen 1. internationalen Fährterminal (인천항 제1 국제여객터미널) geht es sogar nach China. Ebenso wie am alten 2. internationalen Fährterminal (인천항 제2 국제여객터미널). ist es interessant zu sehen mit welchem Gepäck (Dutzende von Kisten, Bündeln und Kartons) einzelne Händler nach Korea einreisen und in welche hochmodernen Luxuslimousinen und Lieferwagen alles verstaut wird. Diese individuelle Wareneinfuhr über eine 14- bis 25-stündige Schiffsreise (zum Preis von 80 bis 120 Euro) scheint sehr lohnend zu sein! In der Tat gelangen so über die Routen nach Weihai, Qingdao, Tianjin und anderen chinesischen Hafenstädten, viele auf den Seouler Märkten angebotenen Waren nach Korea.

Ilsan See und Hosu Park

일산공원

Anfang der 1990er Jahre entstand auf über 1,1 Millionen m^2 der größte künstlich angelegte Seepark Asiens. Hauptattraktion des Parks ist ein künstlich angelegter See von ca. 300.000 m^2 Größe. Er bildet ein gesundes Öko-System mit sauberem Wasser, Pflanzen, Tieren und Fischen. Viele Grünflächen und gepflasterte Plätze mit Springbrunnen und Bänken laden zur Rast ein. Die Bewohner Ilsans nutzen den Park regelmäßig für einen Spaziergang, Entspannung oder sportliche Betätigung. Aber auch für weiter entfernt wohnende Koreaner ist der Park ein be-

Öffnungszeiten: 24 h

Eintrittspreise: kostenlos

Verkehrsmittel:
Untergrundstation Jeongbalsan, Linie 3 (orange) – Ausgang 1 oder 2, Fußweg 8 Minuten

Anschrift: Janghang-dong, Ilsan-gu, Goyang-si, Gyeonggi-do

liebtes Erholungsziel, so dass jährlich über zwei Millionen Besucher gezählt werden. Man kann z. B. ein Fahrrad mieten und den See in einer knappen Stunde umrunden. Oft gibt es Freilichtunterhaltung durch lokale Künstler und die jährlich stattfindende Blumenshow (im Jahr 2003 fand hier die Blumen-Weltausstellung statt) lockt besonders viele Besucher an. Die Wasserorgel ist eine weitere Attraktion und die Wasserkaskaden mit hölzerner Brücke im östlichen Teil des Parks sind ein beliebter Hintergrund für Hochzeitsfotos.

Gezeitenkraftwerk Sihwa

시화조력 발전소

1994 wurde mit einem 12,7km langen Damm ein Teil der Asan Bucht vom Westmeer (Gelbes Meer) abgetrennt, um einerseits Land zu gewinnen und andererseits ein Wasserreservoir für die landwirtschaftliche Bewässerung zu schaffen. Der so entstandene künstliche Sihwa-See hat eine Oberfläche von 56.5km^2 sowie ein Volumen von 324 Millionen m^3. Das Einleiten ungeklärter Abwässer und der Verlust des Wasseraustausches sorgte allerdings sehr schnell für eine dramatische Verschlechterung der Wasserqualität, so dass das Wasser unbrauchbar wurde
Der Bau eines Gezeitenkraftwerkes wurde als ökologisch und ökonomisch sinnvollste Möglichkeit zur Wiederherstellung des Wasseraustausches zwischen dem Sihwa-See und dem Meer angesehen. Der Tidenhub an diesem Teil der Küste beträgt bis zu acht Meter, so dass die 10 Turbinen mit jeweils 25,4 Megawatt jährlich eine Leistung von rund 550 GWh erzeugen. Damit ist Sihwa zurzeit das größte Gezeitenkraftwerk der Welt. Sihwa ersetzt die Einfuhr von ungefähr

Verkehrsmittel: Untergrundstation Ansan, Linie 4 (hellblau) – Ausgang 1, weiter mit Bus 123 (ab Halt 18-116), 18 Stops (erster und einziger auf dem Damm), bis Muschelrestaurants 20 Stops, Bus fährt alle 30 Min.

Anschrift: Sihwa Damm, Ansan
Homepage: *http://english.kwater.or.kr/*

860.000 Barrel Rohöl, reduziert den jährlichen CO_2 Ausstoß Südkoreas um 315.000 Tonnen und steigert den Anteil der Stromproduktion durch erneuerbare Energien auf 5%.
Die ökologische Funktion ist der Stromproduktion untergeordnet. Das Wasser der auflaufenden Flut treibt die Turbinen an; bei Ebbe wird das Wasser über ein Sperrwerk mit 8 Schützen, die einen geringeren Widerstand haben als die Turbinen, wieder ins Meer zurückgeleitet. Damit wird eine Wasserzirkulation erreicht die mit jedem Tidenzyklus etwa ein Viertel des Seevolumens austauscht.

Nach einer Bauzeit von acht Jahren und einem Aufwand von etwa 275 Millionen Euro konnte das Kraftwerk im August 2011 den Betrieb aufnehmen. Parallel zum Bau des Kraftwerkes wurde beiderseits der Anlage der Damm weiter angeschüttet und verbreitert. Die so geschaffene Fläche wird für Tourismus, Freizeit und Bildung (T-Light Park) genutzt. Allerdings gibt es noch kein Besucherzentrum das eine direkte Besichtigung des Kraftwerks ermöglichen würde.

Der Küstenstreifen südlich des Damms mit seinen Muschelrestaurants ist ein beliebtes Ausflugsziel, so dass an Wochenenden mit Verkehrsstau auf der Strecke zu rechnen ist.

Ganghwa   강화군청

Ganghwa besteht aus elf bewohnten und 17 unbewohnten Inseln und liegt knapp 50 km nordwestlich von Seoul. Im Norden ist Ganghwa nur durch die zwischen 1,7 und 3,5 km breite Mündung des Hangang von Nordkorea entfernt. Vom Jejeokbong Friedensobservatorium ermöglichen Spezialteleskope einen Blick über die Grenze.

Im 13. Jh. war sie Rückzugsort für das Goryeo Königshaus vor der mongolischen Invasion. Die Insel war bereits in prähistorischer Zeit bewohnt. Die bedeutendsten Relikte sind etwa 150 über die Insel verteilte Dolmen (Steingräber) aus der Bronzezeit. Der größte befindet sich im Dolmenpark (강화지석묘), erreichbar mit Bussen 1, 23, 25, 27, 30, 32 oder 35.

Die Stadt Gwanghwa-eup besitzt eine fast vollständig erhaltene bzw. rekonstruierte Stadtmauer mit vier Toren. Das Südtor ist nur etwa 12 Min. Fußweg vom Busbahnhof entfernt. Nach noch einmal 10 Minuten erreicht man weitere Ziele in der Stadt wie z.B. rekonstruierte Gebäude am Ort des Goryeo Palastes von 1232, die anglikanische Kirche im Hanok Stil von 1900 oder der Yongheunggung Palast von 1853. Viele weitere Sehenswürdigkeiten, Tempel und historische Stätten der Insel sind durch acht Wanderwege von elf bis 23 km Länge verbunden.

Öffnungszeiten: ca. 09:00-18:00 oder 24 h

Eintrittspreise: kostenlos oder 500-700 Won, Friedensobservatorium 2500 Won, Geschichtsmuseum (neben Dolmenpark) 1500 Won,

Verkehrsmittel: Untergrundstation Sinchon, Linie 2 (grün) – Ausgang 4, weiter mit Bus 3000 (ab Halt 13-142) zum Ganghwa Busbahnhof (Fahrzeit 90 Min.). Da die lokalen Busse oft nur alle 60 bis 90 Minuten fahren ist das Aushandeln einer Tagespauschale mit einem der vielen Taxifahrer eine mögliche Alternative.

Anschrift: Ganghwa-gun, Incheon-si
Homepage: *english.ganghwa.incheon.kr/*

Der Deckstein des größten Dolmens mißt 6,4 m x 5,2 m.

283

Gyeongju

Während Seoul als Hauptstadt der Joseon Dynastie (1392-1910) fast ausschließlich historische Relikte aus dieser Zeit aufzuweisen hat, war Gyeongju 992 Jahre lang die Hauptstadt des Silla-Reiches (57 v. Chr.-935 n. Chr.) mit entsprechenden historischen Stätten. Die bekanntesten sind der Bulguksa Tempel (불국사) und die Seokguram Grotte (석굴암) – beides UNESCO Weltkulturerbestätten. Sehr eindrucksvoll ist auch der Tumuli Park (Daereungwon – 대릉원) mitten in der Stadt. Hier befinden sich 23 Grabanlagen in bis zu 22,2 Meter hohen Hügeln. Die

Ziele:
Bulguksa Tempel 07:00-18:00, 4000 Won
(Bus 10, 11, 700, Fahrzeit 40 Min.)
Seokguram Grotte 07:00-17:00, 4000 Won
(Bus 12 ab Bulguksa)
Tumuli Park 09:00-22:00, 1400 Won

Verkehrsmittel:
Vom Express Bus Terminal Seoul mit Schnellbussen zum Gyeongju Express Bus Terminal (alle 60 Min., Fahrzeit ca. 4 Stunden, einfache Fahrt etwa 14-22 Euro)

Anschrift: Gyeongsangbuk-do, Gyeongju-si
Homepage: *http://guide.gyeongju.go.kr/*
http://www.bulguksa.or.kr/
http://www.sukgulam.org/

Bulguksa Tempel

Grabbeigaben ermöglichen einen Blick auf 1.500 Jahre alte koreanische Kultur. Die auch als „Museum ohne Dach" bekannt Stadt wurde als „Geschichtliche Region Gyeongju" unter den Schutz des UNESCO-Weltkulturerbes gestellt.
Um mehrere der vielen historischen und kulturellen Sehenswürdigkeiten besuchen zu können ist es ratsam mindestens eine Übernachtung einzuplanen. Sehr beliebt sind die Hotels am malerischen Bomun See. Auch direkt unterhalb des Bulguksa Tempels gibt es Hotels.

Jeonju Hanok Maeul

Jeonju kann auf eine weit mehr als tausendjährige Geschichte zurückblicken, war Hauptstadt des Späten Baekje-Königreichs und ist die Heimatstadt der Jeonju-Yi-Familie, die die Joseon-Dynastie begründete. Noch heute lebt Rhee Seok, ein Urenkel Kaiser Gojongs (dem letzten Joseon Herrscher), in Jeonju. Sein Haus ist eines von 700, oft liebevoll restaurierten, traditionellen Hanok Häusern die die größte zusammenhängende Altstadt (Hanok Maeul) Koreas bilden. Viele Bewohner haben ihre Häuser für Besucher geöffnet, man kann Künstlern und Handwerkern bei der Arbeit zuschauen und auch Rhee Seok läßt es sich nicht nehmen Besucher persönlich zu begrüßen.

Öffnungszeiten:
meist 09:00-18:00

Eintrittspreise:
fast immer kostenlos

Verkehrsmittel:
Central City Bus Terminal Seoul mit Schnellbussen zum Jeonju Express Bus Terminal (alle 10 Min., Fahrzeit 2:40, einfache Fahrt etwa 9-14 Euro). Zum Hanok Maeul mit Bussen 5-1 oder 79 oder Taxi (ca. 3500 Won)

Anschrift: Jeollabuk-do, Jeonju-si
Homepage: *http://jeonju.go.kr/*

Das Hanok Dorf in Jeonju ist eines der populärsten Touristenattraktionen Koreas. Neben dem Viertel befinden sich der Gyeonggijeon Ahnenschrein (경기전), das Pungnam Stadttor (풍남문) und die Jeondong Kathedrale (전동성당) die als schönste katholische Kirche Koreas gilt. Für eine Besichtigungstour benötigt man etwa fünf bis sechs Stunden, also ideal für einen Tagesausflug. Man sollte nicht versäumen die lokale Spezialität, Jeonju Bibimbap (전주 비빔밥), eine gesunde Mahlzeit aus etwa 30 Zutaten (Reis, Gemüse, Kräuter, Ei) zu probieren.

Pyeongchang – Winter Olympiade 2018

평창군

Pyeongchang ist ein Landkreis etwa 180 km westlich von Seoul in dem es auch eine Stadt gleichen Namens gibt. Nachdem man sich vergeblich als Austragungsort der Olympischen Winterspiele 2010 und 2014 beworben hatte, erhielt Pyeongchang für 2018 den Zuschlag. Zwei Drittel des Gebietes liegen über 700 Meter hoch - deshalb auch der Slogan „Happy 700"
Die Spiele werden an mehreren, etwa 30 Minuten voneinander entfernten Orten stattfinden: vom Phoenix Park mit einem Dutzend Abfahrtsstrecken, über das Yong-pyong Feriengebiet in dem bereits internationale Wintersport-Wettbewerbe stattgefunden haben, dem neuen Alpensia Sport- und Freizeitpark bis zur Küstenstadt Gangneung.
Der Odaesan Nationalpark nördlich des Yongpyong Gebietes ist auch im Sommer ein beliebtes Ferienziel für Wanderer, Rad- und Wildwasserfahrer. Neben vielen anderen historischen Stät-

Anreise:
Untergrundstation Gangbyeon, Linie 2 (grün) – Ausgang 3 oder 4, vom Dong Busbahnhof in zweieinhalb Stunden zu sieben Zielen in Pyeongchang. Z.B. täglich 20 Abfahrten nach Hwenggye (Alpensia Gebiet) oder ca. alle 70 Minuten Überlandbus zum Pyeongchang Busbahnhof. Von dort kostenloser Pendelbus zum Skigebiet Phoenix Park.

Anschrift: Pyeongchang-gun, Gangwon-do
Homepage: *http://www.happy700.or.kr*
http://www.phoenixpark.co.kr
http://www.yongpyong.co.kr/eng
http://www.alpensiaresort.co.kr/
http://english.knps.or.kr/Knp/Odaesan/
http://www.woljeongsa.org/

285

ten gibt es hier den Woljeongsa Tempel der auf eine 1500jährige Geschichte zurückblicken kann.

Tipps und Hinweise

성북구청
Seongbuk Dist Ofc
보문로

홍
Hong
고다
Korea

유익한

Seoul ist zwar eine internationale Metropole, trotzdem spielen im täglichen Leben die koreanische Kultur und Tradition eine wichtige Rolle. Damit Sie sich darauf einstellen können, erfahren Sie auf den folgenden Seiten alles, was für einen angenehmen und erfolgreichen Aufenthalt wichtig ist. Mit den Tipps zu Sitten und Gebräuchen auf S. 293 können Sie z.B. Ihre kulturelle Kompetenz beweisen und mit Anerkennung bei Zusammentreffen mit Koreanern rechnen.

Tipps

Touristeninformationszentrum der KNTO

Die „Korea National Tourism Organization –
KNTO" wurde 1962 gegründet, um für Korea im
Ausland zu werben und Touristen anzuziehen.
Die KNTO unterhält Büros in vielen Ländern der
Erde, in Deutschland wurde 1974 ein Büro in
Frankfurt (Baseler Str. 35-37, 60329 Frankfurt am
Main, Tel. 069-23 32 26) eröffnet.

In Seoul unterhält die KNTO vier Touristeninformationen an besonders stark frequentierten
Orten und das Touristen-Informationszentrum
(TIZ) im Untergeschoss der KNTO Hauptverwal-
tung. Das TIZ ist immer mit Englisch, Japanisch
und Chinesisch sprechendem Personal besetzt
und kann bei allen touristischen Fragen, nicht
nur zu Seoul, sondern zu ganz Korea, Hilfe und
Unterstützung anbieten. Das TIZ hält eine Vielzahl von Informationsblättern, Broschüren,
Landkarten, Büchern, Postern und audiovisuel-
len Medien bereit, die zum Teil kostenlos abgegeben werden. Die Mitarbeiter des TIZ bieten
außerdem tagesaktuelle Informationen zu Veranstaltungen, Festivals und besonderen Ereignissen. Für die Besucher des TIZ stehen Computerterminals mit kostenlosem Internetzugang
bereit.

Öffnungszeiten:
09:00-20:00, kein Ruhetag

Verkehrsmittel:
Untergrundstation Jonggak, Linie 1 (dunkelblau) – Ausgang 5, Fußweg 4 Minuten
Untergrundstation Euljiro-1(il)-ga, Linie 2
(grün) – Ausgang 2, Fußweg 6 Minuten

Anschrift: Untergeschoss, Cheonggyecheon-ro
40, 10 Da-dong, Jung-gu, Seoul
Kontakt: +82-2-7299-497 (TIZ),
+82-2-1330 (Telefoninfo) oder
+82-2-735-0101 (Beschwerdestelle)
Homepage: *http://kto.visitkorea.or.kr/*

Ein touristischer Informationsdienst steht auch
per Telefon zur Verfügung. Über die landesweit
geschaltete Rufnummer 1330 können Sie Informationen zu Sehenswürdigkeiten, Hotels, Restaurants, etc. in englischer, japanischer und
chinesischer Sprache bekommen. Bei eventuel-
len Problemen oder Unannehmlichkeiten wird die
Beschwerdestelle der KNTO versuchen Hilfestellung zu leisten.

USO

Kurz vor dem Eintritt der Vereinigten Staaten in
den 2. Weltkrieg beauftragte Präsident Roosevelt
1940 sechs private soziale Organisationen mit
dem Aufbau einer Gesellschaft, die sich um die
Freizeitgestaltung der Soldaten kümmern sollte.
Es entstand die „United Service Organisation",
(kurz: USO) die heute überall dort vertreten ist,
wo amerikanische Soldaten stationiert sind. In
Seoul befindet sich die USO in Camp Kim (etwa
20 Min. Fußweg südlich des Hauptbahnhofs,
schräg gegenüber des Kriegsmuseums), außerhalb des rein militärischen Gebietes. Deshalb
sind auch Zivilisten willkommen. Familienange-
hörige der Soldaten aber auch Touristen können
die Dienstleistungen der USO in Anspruch nehmen. In der Kantine wird von 7:00 bis 14:00
amerikanisches Essen serviert. Es gibt einen
Salon mit großem Fernseher (besonders bei
Sportereignissen sehr beliebt), Computer mit
kostenlosem Internetanschluss und amerika-

nische Zeitungen und Zeitschriften fast zu
Originalpreisen. Eine Reiseagentur vermittelt
Ausflüge zu Zielen in Korea und weltweit. So sind
z. B. regelmäßig organisierte Fahrten zur DMZ
(S. 277) zu günstigen Preisen im Angebot.

Öffnungszeiten:
Mo-Fr. 08:00-17:30, Samstag. 08:00-17:00
Sonntag ist Ruhetag

Eintrittspreise: kostenlos

Verkehrsmittel:
Untergrundstation Samgakji, Linie 4 (hellblau)
oder Linie 6 (braun) – Ausgang 10, Fußweg 3
Minuten

Anschrift: Galwol-dong, Yongsan-gu, Seoul
Kontakt: +82-2-795-3028/3063
Homepage: *http://www.uso.org/Korea/*

allgemeine Tipps und Hinweise

Stadtrundfahrt

Für eine erste Orientierung oder wenn man nur einen Tag Zeit hat, bietet sich eine Stadtrundfahrt mit dem Seoul City Tour Bus an.

Die Innenstadt-Tour (Downtown Tour) dauert 120 Minuten und fährt die wichtigsten Sehenswürdigkeiten ab. An 26 Haltestellen kann man aussteigen und mit dem nächsten Bus die Fahrt fortsetzen. Abfahrt ist zwischen 09:00 und 19:00 alle 30 Minuten.

Die Cheonggyecheon-Palast-Tour (ca. 90 Min.) fährt entlang des renaturierten Cheonggyecheon und macht auf dem Rückweg Abstecher zu den Königspalästen. Auf dieser Route bietet sich an 13 Haltestellen die Möglichkeit die Fahrt zu unterbrechen und später weiter zu fahren. Abfahrt ist zwischen 09:00 und 18:00 alle 60 Min. Um 20:00 gibt es zusätzlich noch zwei Touren die auf ähnlichen Routen durch das nächtliche Seoul, entlang des Hangang und auf den Namsan führen (Dauer ca. 90 Min.)

Bei allen Touren befinden sich an jedem Sitz Kopfhörer über die die jeweiligen Sehenswürdigkeiten erläutert werden. Es können die Sprachen Englisch, Koreanisch, Japanisch oder Chinesisch ausgewählt werden.

Die Busse fahren täglich außer montags. Start und Endpunkt ist jeweils der Gwanghwamun Bushalt vor dem Donghwa Duty Free Geschäft. Man kann die Fahrt aber auch an jeder der angefahrenen Haltestellen beginnen.

Ein Tagesticket für die Rundfahrt ist für 10.000 Won erhältlich, die Nachtfahrt kostet 5000 Won.

Computer und Internet

Das Internet gehört ebenso wie das Handy zum täglichen Leben fast aller Koreaner. Man wird deshalb an vielen öffentlichen Orten einen Internet-Zugang finden, der oft kostenlos benutzt werden kann. Es gibt auch viele Internet-Cafés, in denen Computer für eine geringe Gebühr zur Verfügung stehen. Diese PC-bangs (bang = Raum) können auch ohne Sprachkenntnisse leicht erkannt werden, da das PC in lateinischer Schrift geschrieben wird. Nichtraucher seien vor einem längeren Aufenthalt in einem PC-bang ohne rauchfreie Zone allerdings gewarnt. Die koreanischen Besucher nutzen die Computer vorzugsweise für Netzwerkspiele, dementsprechend hoch ist der Lärmpegel und die Rauchentwicklung, da man seine Nerven mit den besonders intensiv riechenden koreanischen Zigaretten beruhigen muss. Spielsüchtige verbringen oft ganze Tage vor dem Bildschirm, deshalb gibt es in den meist 24 Stunden geöffneten PC-bangs auch Getränke, Nudeln und andere kleine Snacks.

Einige Spielefreaks verbessern ihre Finanzlage, indem sie Spiele-Charaktere entwickeln und diese dann auf einem hohen Level an Geschäftsleute verkaufen, die nicht so viel Zeit in Spiele investieren können, gegenüber Kollegen und Partnern aber gut dastehen möchten.

Geschäftszeiten

Die meisten Geschäfte öffnen zwischen 08:30 und 10:00 und schließen abends zu unterschiedlichen Zeiten.

Die großen Kaufhäuser sind im allgemeinen von 10:30 bis 20:00 geöffnet.

Oft sind die Geschäfte auch sonntags und kleinere, kioskähnliche Läden 24h geöffnet.

Banken sind Mo.-Fr. von 09:30 bis 16:30 geöffnet. Sa. und So. haben Banken geschlossen. Öffentliche Ämter und Regierungsstellen sind Mo.-Fr. meist von 09:00 bis 18:00 geöffnet.

Das Kaufhaus Migliore auf dem Dongdaemun Markt hat von 10:30 am Vormittag bis 5:00 am nächsten Morgen geöffnet.

Gesundheit

Für die Einreise nach Korea sind keine besonderen Impfungen notwendig. Die hygienischen und gesundheitlichen Verhältnisse in Korea sind gut und verlangen ebenfalls keine besonderen Vorsorgeimpfungen. Notwendige Medikamente zur regelmäßigen Einnahme sollte man in ausreichender Menge mitführen, da es schon allein aus sprachlichen Gründen schwer sein könnte, entsprechende Medizin in Korea zu finden.

Ein Krankenhausaufenthalt in Korea ist deutlich günstiger als in Deutschland, bei schwerwiegenden Problemen sollte man deshalb nicht zögern ein medizinisches Zentrum aufzusuchen. Die ärztliche Versorgung entspricht westlichen Standards. In den meisten Kliniken wird zumindest etwas Englisch gesprochen, falls möglich sollte man sich aber in eines der internationalen Krankenhäuser begeben:

Severance Hospital, Internationale Klinik: 134 Sinchon-dong, Seodaemun-gu, Seoul, *http://www.yuhs.or.kr/en/*, Tel: 02-2228-5800, geöffnet Mo.-Fr. 09:30-12:00 und 14:00-17:00, Sa. 09:30-12:00

Asan Medical Center, Internationale Klinik: 388-1 Pungnap 2-dong, Songpa-gu, Seoul *http://eng.amc.seoul.kr/*, Tel: 02-3010-5001, geöffnet Mo.-Fr. 09:00-17:30

Samsung Medical Center, Internationale Klinik: 50 Irwon-dong, Gangnam-gu, Seoul *http://www.samsunghospital.com/*, Tel: 02-3410-0200, geöffnet Mo.-Fr. 09:00-17:00

Sollte ein längerer Krankenhausaufenthalt notwendig sein können Sie gegebenenfalls zwischen mehreren Arten der Unterbringung und Verpflegung wählen. Unter Umständen sollten Sie die Unterbringung in einem Einzelzimmer erwägen. Oft werden koreanische Kranke rund um die Uhr von Familienangehörigen besucht und umsorgt. Dies schließt auch das Schlafen der Familienangehörigen auf Matten neben dem Kranken ein. Ein Mehrbettzimmer kann somit ziemlich überfüllt und auch unruhig sein.

Für kleinere Probleme können Sie günstige Medizin in einer der vielen Apotheken (약국) bekommen.

Schild einer Apotheke (yakguk)

Kleidung

Im Frühling und Herbst, von etwa Mitte April bis Ende Mai und Mitte September bis Ende Oktober braucht man kurz- oder langärmelige Hemden oder Blusen und leichte Hosen, nach Einbruch der Dunkelheit eventuell auch eine Jacke. In der heißen Sommerzeit von Juni bis August benötigt man vor allem T-Shirts, kurze Hosen oder Röcke. Bei förmlichen Anlässen ist eine nicht zu legere Kleidung angebracht.

Vom späten November bis zum frühen März ist es (sehr) kalt. Besonders im Januar und Februar benötigt man Handschuhe, Schal und Mütze. In den höheren Lagen fällt auch Schnee.

Sicherheit

Die traditionelle Höflichkeit der Koreaner hat auch Einfluss auf die Kriminalitätsrate. Obwohl Seoul zu den größten Metropolen der Welt zählt, vermittelt die Atmosphäre der Stadt und das Verhalten der Menschen ein Gefühl der Sicherheit. Tatsächlich braucht man sich um Taschendiebe oder gar Raubüberfälle, selbst in dunklen Gassen, kaum Gedanken zu machen. Während in vielen anderen Großstädten der Welt jede kleine Unachtsamkeit oder Nachlässigkeit durch den Verlust der Brieftasche oder Geldbörse bestraft wird, kann man in Seoul unbeschwert seinem Tagesgeschäft nachgehen. Natürlich sollte man seinen gesunden Menschenverstand nicht ganz ausschalten, hat man aber doch einmal eine Wertsache irgendwo liegengelassen, kann man fast sicher sein, sie an gleicher Stelle oder im Fundbüro wiederzufinden.

Das westliche Frauenbild ist in Korea eine Idealvorstellung, der viele Koreanerinnen, auch mit Hilfe von kosmetischen Operationen, zu entsprechen versuchen. Eine alleinreisende „echte" westliche Frau wird deshalb viele, meist verstohlene, Männerblicke ernten, muss sich ansonsten aber kaum Sorgen um Belästigungen oder Übergriffe machen. Lediglich ein zu offenherziges Dekolleté könnte als eindeutiges Signal falsch verstanden werden. Auch eine nächtliche Taxifahrt sollten Frauen nach Möglichkeit nicht alleine unternehmen.

Korea ist eine verhältnismäßig junge Demokratie und in der Vergangenheit kam es bei Demos häufiger zu gewalttätigen Ausschreitungen.

Für den Fall der Fälle steht bei Demonstrationen immer eine Hundertschaft Polizisten bereit.

Heutzutage werden entsprechende Veranstaltungen deshalb von Polizei-Hundertschaften begleitet, um sofort einschreiten zu können. Politisch oder religiös motivierte Anschläge sind in Seoul ebenfalls kein sicherheitsrelevantes Thema. Es gab zwar Aktionen nordkoreanischer Agenten, aber die richteten sich ausschließlich gegen den Präsidenten bzw. seinen Wohnsitz. Die Gegend um das Blaue Haus ist deshalb auch der einzige Ort in Seoul, in dem massive Präsenz von Sicherheitskräften deutlich sichtbar wird.

Die einzige Gefahr in Seoul, vor der sich Touristen und Bewohner gleichermaßen in acht nehmen müssen, ist der Straßenverkehr. Die Zahl der Verkehrstoten und -verletzten ist in Seoul erschreckend hoch.

Stromversorgung

In Seoul sind Steckdosen für 220 Volt und 60 Hertz üblich. Deutsche Stecker passen in diese Steckdosen, so dass keine Adapter benötigt werden. Selbst in entlegenen Landesteilen wird man kaum noch auf das alte 110 Volt-Netz stoßen.

In vielen älteren Stadtteilen Seouls erfolgt die Stromzuführung über oberirdische, an Masten befestigten Leitungen. Der Kabelwirrwarr ergibt ein oft abenteuerliches Bild.

Telefon

Die Landesvorwahl für Korea ist 82. Gespräche aus Deutschland nach Korea beginnen also mit 0082, gefolgt von der Ortsvorwahl ohne die erste Null und dann der Teilnehmernummer. Anrufe aus Korea ins Ausland beginnen mit der Nummer der internationalen Call-Telefongesellschaft (001, 002 oder 008), erst dann folgt die Landesvorwahl (für Deutschland z. B. 49).

Die öffentlichen Telefone in Korea gibt es in drei Arten: Münztelefone, Kartentelefone und Kreditkartentelefone.

Von Münztelefonen können Orts- und Ferngespräche geführt werden. Sie geben Wechselgeld zurück, aber nicht auf bereits angebrochene 100 Won Münzen.

Telefonkarten für Kartentelefone gibt es in mehreren Wertabstufungen. Sie können in Geschäften nahe der Telefonzellen und in Banken gekauft werden. Über sie können auch Auslandsgespräche geführt werden.

Kreditkartentelefone akzeptieren alle gängigen Kreditkarten.

Der hohe technische Entwicklungsstand Koreas fällt dem Touristen als erstes wahrscheinlich durch die überall und von allen Altersschichten exzessiv genutzten Mobiltelefone auf. Im Jahr 2011 gab es über 52 Millionen Mobiltelefone (davon rund 10 Millionen Smartphones) – und das bei einer Gesamteinwohnerzahl Koreas von 50 Millionen. Die Gebühren für Gespräche und Textnachrichten sind niedrig und wenn einmal nicht telefoniert wird, dient das Handy als mobile Spielekonsole oder Fernseher. Bereits Mitte 2006 wurde in Korea das Handyfernsehen eingeführt, das, wie alle anderen Mobilfunkdienste, auch in der Seouler U-Bahn zu empfangen ist.

Aufgrund anderer technischer Spezifikationen funktionieren westliche Mobiltelefone meist nicht in Korea. Es gibt am Flughafen Incheon aber die Möglichkeit, ein Handy für die Dauer des Aufenthalts auszuleihen.

Wichtige Nummern

Außer bei den Nummern 112 und 1330 mit Notfall-Dolmetscherdienst wird die Vermittlung in den meisten Fällen nur Koreanisch sprechen.

Polizei	112
Feuerwehr	119
Notarzt	1339
Touristeninformation	1330
Fundbüro	2299-1282
Notfall-Dolmetscherdienst	1330
(24h, Englisch, Japanisch, Chinesisch)	
oder	112
(08:00-23:00 Mo-Fr, 09:00-21:00 Sa, So, Englisch, Japanisch, Chinesisch, Russisch, Französisch, Spanisch, Deutsch)	
deutsche Botschaft	02-748-4114
österreichische Botschaft	02-732-9071
schweizer Botschaft	02-739-9511

Toiletten

Überall in Seoul gibt es moderne, saubere und gut ausgeschilderte Toiletten, deren Benutzung fast ausnahmslos kostenlos ist. In jeder U-Bahn Station, in öffentlichen Gebäuden, Museen und allen größeren Sehenswürdigkeiten muss man nicht lange suchen. Auch in den Parks und sogar auf den Wanderwegen in den Bergen gibt es WC-Anlagen. Besonders in den U-Bahn Stationen sind die Räumlichkeiten oft mit Blumen, Bildern oder Mosaiken geschmückt. Die Sauberkeit ist erstklassig und bietet nur in den seltensten Fällen Grund für Beanstandungen. Toilettenpapier ist fast immer vorhanden, manchmal muss man es allerdings für wenige Won außerhalb der Kabine am Automaten ziehen. Da es in früheren Zeiten oft zu Verstopfungen der alten Abflussrohre kam, haben viele Koreaner auch heute noch die Angewohnheit benutztes Toilettenpapier nicht abzuspülen sondern in den Papierkorb zu werfen.

Die Wegweiser zur nächsten Toilette sind durchweg Piktogramme oder in lateinischer Schrift, so dass man keine Probleme hat, den richtigen Weg zu finden. Amüsant sind die genauen Meterangaben, z. B. 52m oder 86m. Die Toilette mit der besten Aussicht befindet sich im NSeoul Tower auf Ebene T2, die modernste und futuristischste Toilette hat das Seoul Walkerhill Hotel.

Visitenkarten

Für den Geschäftsreisenden sind Visitenkarten eines der wichtigsten Arbeitsmittel in Korea, Touristen mit eigenen Besuchskarten können einen besonders guten Eindruck bei Bekanntschaften hinterlassen. Koreaner unterstreichen ihre Wichtigkeit auch gerne dadurch, dass sie ihren Namen zusätzlich in alten chinesischen Buchstaben aufdrucken lassen.

Für einen Koreaner ist der Status seines Gegenübers sehr wichtig, da er danach sein Verhalten und teilweise auch seine Wortwahl ausrichtet. Das gegenseitige Überreichen von Geschäftskarten liefert dabei wichtige Anhaltspunkte. Die ersten Fragen bei neuen Bekanntschaften drehen sich deshalb immer um Beruf und Familienstand.

Zoll- und Einreisebestimmungen

Zollfreie Einfuhr: Für den persönlichen Gebrauch sind erlaubt: 1 Liter Alkohol, 200 Zigaretten, 50 Zigarren und 250 Gramm Tabak, 60 Milliliter Parfüm und Geschenke im Wert bis zu 400 US Dollar. Außerdem können Waren zollfrei eingeführt werden, die auch wieder ausgeführt werden. Besonders wertvolle Uhren, Schmuck, Pelze oder ähnliches sollte man bei der Einreise erklären, um zu vermeiden bei der Ausreise eventuell Ausfuhrzoll zahlen zu müssen.

Einfuhr: Die Einfuhr von Tieren, Pflanzen und landwirtschaftlichen Erzeugnissen ist nicht oder nur unter strengen Quarantänevorschriften erlaubt. Für Devisen im Gegenwert von über 10.000 Dollar muss eine Zollerklärung abgegeben werden.

Ausfuhr: Kunstgewerbe, Skulpturen, Gemälde und ähnliches müssen vom Büro für Kunst und Antiquitäten in Gimpo bewertet werden. Gegenstände von nationalem kulturellen Wert dürfen nicht ausgeführt werden.

Devisen im Gegenwert von über 10.000 Dollar, die nicht bei der Einfuhr erklärt wurden, dürfen nur mit Genehmigung ausgeführt werden.

Visum: Die Bürger der meisten Staaten dürfen sich zwischen 30 Tagen und sechs Monaten ohne Visa in Korea aufhalten. Deutsche Touristen brauchen für einen Aufenthalt bis zu 90 Tagen nur einen gültigen Reisepass. Deutsche, die in Korea studieren oder arbeiten wollen müssen allerdings ein Visum beantragen.

Biometrische Daten: Seit Ende 2011 werden bei der Einreise von Ausländern Gesichtsfoto und Fingerabdrucke erhoben.

Zollabfertigung am Flughafen Incheon.

Sitten und Gebräuche

Höflichkeit ist eine der auffälligsten und angenehmen Tugenden der Koreaner. Das gegenseitige begrüßen und bedanken ist deshalb sehr wichtig. Beim Gruß oder Dank verneigt sich der Sprecher leicht. Falls das Gegenüber erheblich älter ist, sollte die Verneigung deutlicher ausfallen. Allerdings ist es nicht üblich, sich für jede kleine selbstverständliche Handreichung zu bedanken. Das Gegenüber fühlt sich dann verpflichtet, die Selbstverständlichkeit durch eine zusätzliche besondere Leistung zu ergänzen.

Es gilt als besonders höflich, Gegenstände (z. B. beim Essen oder Visitenkarten) mit zwei Händen zu überreichen oder entgegenzunehmen – insbesondere gegenüber höhergestellten Personen. Statt zwei Händen kann man auch die rechte Hand benutzen und die linke zur Unterstützung an den Unterarm legen.

Auffälliges Benehmen ist in Korea nicht angebracht. Besonders Jugendliche fallen schon einmal durch Kleidung, Haarschnitt oder Schmuck auf, ihr Benehmen ist aber ansonsten tadellos. Öffentliche Zärtlichkeiten zwischen den Geschlechtern waren vor kurzem noch undenkbar. Inzwischen kann man dieses Verhalten häufiger beobachten, selbst einen kleinen Kuss erlauben sich ganz Mutige schon einmal. Hand in Hand gehende Frauen sind normal, Homosexualität ist allerdings ein absolutes Tabuthema.

Da Koreaner auf dem Fußboden sitzen, schlafen und essen werden die Schuhe vor dem Betreten einer Wohnung ausgezogen. Gegenüber älteren Menschen ist es unhöflich sich barfüßig zu zeigen. Überhaupt ist der Respekt vor älteren und höherstehenden Personen ein wichtiger Bestandteil der koreanischen Kultur. Dies gilt auch beim Essen. Warten Sie deshalb bis die älteste oder höchstgestellte Person das Mahl beginnt und passen Sie Ihre Essgeschwindigkeit entsprechend an. Dies gilt insbesondere für formelle Essen. Bei gemeinsamen Mahlzeiten mit Freunden und guten Bekannten werden diese Regeln auch von den Koreanern locker gehandhabt.

Im Allgemeinen dient das Essen in Korea zur Nahrungsaufnahme und weniger als gesellschaftliches Ereignis. Meistens wird deshalb schnell gegessen und wenig geredet. Das Naseputzen während des Essens gilt als besonders unhöflich aber gerade diese Regel ist auf Grund der meist scharfen Gerichte von Ausländern nicht einzuhalten. Man kann sich die Nase also nur möglichst unauffällig abtupfen oder verdeckt leise ausblasen und auf Nachsicht hoffen.

Essen Sie nicht gleichzeitig mit Löffel und Stäbchen. Das nicht in Gebrauch befindliche Besteck können Sie neben Ihrem Teller oder Schälchen ablegen. Auf keinen Fall sollten Sie die Stäbchen im Reis stecken lassen. Dies ist nur bei Begräbniszeremonien üblich. Teller und Schälchen bleiben während des Essens auf dem Tisch stehen. Trinken Sie nicht direkt aus der Suppenschale.

Alkohol darf in Korea nur zusammen mit Beilagen, bis hin zu einer vollen Mahlzeit, ausgeschenkt werden. In den Vergnügungsvierteln haben die Bars deshalb besondere Kombiangebote von Soju (koreanischem Bier) und zugehörigem Imbiss. Schenken Sie Ihren Tischpartnern nur dann nach, wenn das Glas wirklich leer ist. Ansonsten könnte man Ihnen unterstellen Sie wollten die Gesellschaft betrunken machen. Eine Einladung zum Trinken abzulehnen gilt als unhöflich. Nippen sie nur kurz am Getränk und lassen es dann stehen, wenn Sie nicht trinken möchten.

Falls man eingeladen wird, empfindet es der Gastgeber als Ehre die Rechnung bezahlen zu dürfen. Besteht man darauf selbst zu bezahlen, ist dies schon fast eine Beleidigung. Lieber sollte man zu gegebener Zeit eine Gegeneinladung aussprechen. Jugendliche, die gemeinsam ausgehen, zahlen üblicherweise aber jeder für sich selbst.

Straßenrestaurant in Myeongdong. Das Essen ist jedoch Nebensache. Vor allem geht es um Alkoholgenuss.

Feiertage und Festivals

In Korea gilt der Gregorianische Kalender, lediglich einige traditionelle Feiertage richten sich nach dem Mondkalender. Eine Umrechnung von Daten des Mondkalenders in den Gregorianischen Kalender ist auf *http://www.asia-home.com/china/lunarsol.php?lang=en* möglich.

gesetzliche Feiertage:
1. Januar: Neujahr – Banken und die meisten Geschäfte sind geschlossen

Januar oder Februar: Seollal (Neujahr nach Mondkalender) – Einer der bedeutendsten traditionellen Feiertage. Drei Tage lang kommt das öffentliche Leben in Seoul und ganz Korea praktisch zum Erliegen.

1. März: Tag der Unabhängigkeitsbewegung – erinnert an die Unabhängigkeitserklärung von 1919 während der japanischen Kolonialzeit. Besondere Zeremonie im Tapgol Park.

April oder Mai: Buddhas Geburtstag – Am 8. Tag des 4. Mondmonats werden in vielen Tempeln feierliche Rituale abgehalten und Laternen aufgehängt. Am Sonntag vor Buddhas Geburtstag finden Laternenumzüge statt.

5. Mai: Tag des Kindes

6. Juni: Volkstrauertag (Gefallenengedenktag) – Feier auf dem Nationalfriedhof.

15. August: Tag der Befreiung – Erinnerung an die japanische Kapitulation und Ende der Kolonialherrschaft 1945.

Sept. oder Oktober: Chuseok (Erntedankfest) – Der wichtigste traditionelle Feiertag beginnt am 15. Tag des 8. Mondmonats und wird drei Tage lang gefeiert. Seoul ist fast menschenleer, da viele Koreaner an ihren Geburtsort bzw. zu ihren Eltern fahren.

Feierliche Zeremonie zu Buddhas Geburtstag.

3. Oktober: Staatsgründungstag – erinnert an die Staatsgründung 2333 v. Chr. durch den legendären Gott-König Dangun.

25. Dezember: Weihnachten – dieser christliche Festtag hat in Korea keine besondere Bedeutung, deshalb ist auch nur der 25.12. ein Feiertag. Hotels und Kaufhäuser schmücken ihre Umgebung allerdings prachtvoll mit vielen kleinen Lichtern.

besondere Tage

Januar: Tag des großen Vollmonds – am 15. Tag des 1. Mondmonats sollen besondere Speisen und Rituale vor Unglück und Unheil schützen

5. April: Tag des Baums – Nach dem Koreakrieg 1950-1953 war das Land verwüstet und die Wälder zerstört. Nach altem koreanischem Glauben gedeiht alles besonders gut, was an diesem Tag gepflanzt wird. Man gedenkt deshalb an diesem Tag des erfolgreichen Aufforstungsprogramms. Auch heute noch wird dieser Tag gerne für offizielle und private Pflanzaktionen genutzt. War bis 2004 ein gesetzlicher Feiertag.

1. Mai: Tag der Arbeit – kein gesetzlicher Feiertag, trotzdem sind Banken und Firmen geschlossen.

8. Mai: Elterntag (früher Muttertag) – Kinder bezeugen ihren Eltern Liebe und Respekt

15. Mai: Tag der Lehrer – In der konfuzianischen Gesellschaft nahmen Lehrer eine besondere Stellung ein. Auch heute noch erweisen die Eltern mit ihren Kindern den Lehrern an diesem Tag ihren Respekt.

Juni: Dan-O-Tag Dan-O(doppelte fünf) – am 5. Tag des 5. Mondmonats, noch vor Beginn der großen Hitze, begrüßt man den Sommer mit ausgelassenen Spielen und Festen. Ist in Nordkorea ein gesetzlicher Feiertag.

17. Juli: Tag der Verfassung – erinnert an die Verkündung der Verfassung 1948. Ist seit 2008 kein gesetzlicher Feiertag mehr.

9. Oktober: Tag des Hangeul – der Ursprung liegt im 1926 gegründeten Hakja-Tag, der gegen die japanische Unterdrückung der koreanischen Schrift und Sprache aufrief. An vielen historischen Sehenswürdigkeiten finden Mitmach-Vorführungen statt.

Kirschblütenfestival auf der Junjungno Straße.

Festivals

Februar oder März: Seokjeondaeje – am 1. Tag des 2. und 8. Mondmonats findet in der Sungkyunkwan Universität am Munmyo Schrein ein konfuzianisches Ritual statt.

April: Kirschblütenfestival – mit Beginn der Kirschblüte, meistens Anfang April, mehrtägiges gemeinsames Bestaunen der Blütenpracht. Unzählige Imbissstände verlocken zur kulinarischen Schlemmerei. In Seoul ist besonders die von rund 1400 Kirschbäumen gesäumte, sieben Kilometer lange Junjungno Straße auf Yeouido für ihre Blütenpracht bekannt.

April oder Mai: Lotuslaternenfestival (*http://www.llf.or.kr*) – Am Sonntag vor Buddhas Geburtstag (8. Tag des vierten Mondmonats) findet eine kilometerlange Laternenparade zum Jogyesa Tempel statt.

Mai: königlicher Ahnenschrein Ritus – Am ersten Sonntag im Mai findet am Jongmyo Ahnenschrein ein siebenstündiges konfuzianisches Ritual statt, an dem viele Nachfahren der königlichen Familien teilnehmen und ihre Vorfahren ehren.

Laternenparade zum Lotuslaternenfestival.

Mai: Hi Seoul Festival (*www.hiseoulfest.org*) – fast den ganzen Monat lang wird über die ganze Stadt verteilt mit Konzerten, Paraden, Lasershows, traditionellen Vorführungen, Modenshows und vielen anderen Ereignissen der Sommer begrüßt.

Mai: Insadong Festival der traditionellen Kultur – im Bereich der Touristenmeile wird die traditionelle Kultur in Vorführungen, Ausstellungen und Veranstaltungen vorgestellt.

Juni: Dan-O Festival – am 5. Tag des 5. Mondmonats werden an vielen Orten shamanistische Rituale und Maskentänze abgehalten.

August: Seoul Fringe Festival (*http://www.seoulfringefestival.net/*) – missverstandene, unbekannte und experimentelle Künstler aller Genres stellen sich seit 1998 alljährlich über 2 Wochen in Hongdae dem Publikum vor.

August oder Sept.: Seokjeondaeje – am 1. Tag des 2. und 8. Mondmonats findet in der Sungkyunkwan Universität am Munmyo Schrein ein konfuzianisches Ritual statt

September: Seoul Drum Festival (*www.seouldrum.go.kr/*) – auf mehrere Veranstaltungen verteilt ziehen Trommelgruppen aus der ganzen Welt die Zuschauer in ihren Bann.

November: Seoul Laternen Festival – seit 2009 meist an mehreren Wochenenden farbenprächtige Umzüge entlang des Cheonggyecheon.

Tipp
Im Oktober, einem klimatisch angenehmen Monat, finden überall in Seoul die verschiedensten Veranstaltungen und Festivals statt. Der große Besucherandrang führt oft zu einem Verkehrschaos.

Rund ums Geld

Währung

Die Basiseinheit der koreanischen Währung ist der Won (KRW). Scheine sind in den Nominalen 50.000, 10.000, 5000 und 1000 Won in Umlauf. Selbst der neueste seit Juni 2009 verfügbare Schein zu 50.000 Won stellt einen Gegenwert von unter 35 Euro dar. Für größere Beträge (1000 Euro entsprechen z.b. etwa 30 Scheinen) wird man deshalb weiterhin die Zahlung mit Scheck oder Kreditkarte bevorzugen. Münzen gibt es zu 1, 5, 10, 50, 100 und 500 Won. Die Münzen zu ein und fünf Won sind im täglichen Geschäftsleben allerdings praktisch unbedeutend und tauchen fast nie in der Geldbörse auf.

Wechselkurs

1000 Won entsprechen etwas über 70 Eurocent, für einen Euro bekommt man rund 1.400 Won, Stand 8.2012.

Geldautomaten

An fast allen U-Bahn Stationen, in vielen öffentlichen Gebäuden, in großen Kaufhäusern, an Postämtern und in allen Banken befinden sich Geldautomaten. Trotz entsprechender Aufkleber mit den akzeptierten Kreditkarten und einer Menüführung in Englisch, erkennen viele Automaten ausländische Karten nicht an. An Automaten werden maximal 700.000 Won (etwa 475 Euro) ausgezahlt. Eventuell muss man mehrere Geräte ausprobieren da der Höchstbetrag an vielen Automaten deutlich niedriger liegt. An Maschinen die mit „Global ATM" gekennzeichnet sind, funktioniert die Geldausgabe meistens ohne Probleme.

Kreditkarten

Fast überall kann man mit Kreditkarte bezahlen. Ausgenommen davon sind Marktstände und Imbissbuden sowie sehr kleine Geschäfte und Restaurants abseits touristischer Ziele.

Banken

Die Öffnungszeiten der Geldinstitute sind Montag bis Freitag von 9:30 bis 16:00 Uhr. Dort können Reiseschecks und ausländische Währungen eingetauscht werden. Die Einfuhr von Devisen im Gegenwert von über 10.000 US-Dollar ist erklärungspflichtig.

Trinkgeld

Entsprechend der koreanischen Mentalität ist es eine Ehre, einen Kunden bedienen bzw. bewirten zu dürfen. Für diese Ehre ein Trinkgeld zu geben wäre eine Beleidigung. Beim Verlassen des Geschäfts oder Restaurants sollten aber eine angedeutete Verbeugung und ein „Dankeschön" (kamsa hamnida) obligatorisch sein. Lediglich Hoteldiener und Taxifahrer erhalten etwas Kleingeld – aber nur wenn sie beim Gepäck helfen.

Zollfreier Einkauf

Über Global Blue (*www.global-blue.com*) oder Tax Free Korea kann man 70-80 Prozent der gezahlten Mehrwertsteuer erstattet bekommen. Bei Einkäufen über 30.000 Won erhält man in teilnehmenden Geschäften einen „refund cheque". Vor der Ausreise muss dieses Formular an der Zollabfertigung abgestempelt werden. Dies sollte vor der Gepäckaufgabe geschehen, da der Zollbeamte möglicherweise die entsprechenden Gegenstände sehen möchte. Nach dem Check-In und der Kontrolle durch die Einwanderungsbehörde erfolgt dann die Rückzahlung an den Schaltern von Global Blue bzw. Tax Free Korea (im Incheon Flughafen am Gate 28).

Preisniveau

Mit vielen Informations- und Werbekampagnen versucht die Seouler Stadtverwaltung, Touristen nicht nur zu den vielen Sehenswürdigkeiten, sondern auch in die unzähligen Kaufhäuser und Einkaufszentren zu locken. Insbesondere Japaner und immer häufiger auch Chinesen kommen oft nur für ein Shoppingwochenende nach Seoul. Tatsächlich sind hochwertige Kleidung, Lederwaren und Accessoires vergleichsweise günstig zu erstehen. Allerdings werden Besucher aus Westeuropa in den meist für die zierlicheren Asiatinnen gefertigten Kollektionen europäische Konfektionsgrößen vergebens suchen. Dies wird jedoch durch äußerst niedrige Preise in vielen Bereichen des täglichen Touristenlebens mehr als wett gemacht. Eintrittspreise für die Königspaläste bewegen sich teilweise unter der zwei Euro Marke und auch viele andere Sehenswürdigkeiten können für wenige Cent oder sogar kostenlos besichtigt werden. Auch eine normale Fahrt mit der U-Bahn (bis 10 km) kos-

Geldautomat in der Hana Bank am Nordende Insadongs.

Paket in Betracht ziehen. Der Postversand ist, wie alle Dienstleistungen, preiswert (ein 10 kg-Paket kostet auf dem Seeweg etwa 20 Euro). Ein Land-/Seepaket von Korea nach Europa ist ein bis maximal drei Monate unterwegs. Ein Luftpost Express-Paket (10 kg für ca. 55 Euro) kann den Empfänger bereits nach drei Tagen erreichen.

Die 1504 geborene Künstlerin und eines ihrer Gemälde ziert die Vorderseite des 50.000 Won-Scheins, auf der Rückseite zwei Gemälde aus dem 16. Jahrhundert (japanischer Aprikosenbaum und Bambus)

Die Vorderseite des 10.000 Won-Scheins zeigt König Sejong den Großen, auf der Rückseite ist ein Himmelsglobus abgebildet.

Auf dem 5.000 Won-Schein ist der Gelehrte (Yulgok) Lee I zu sehen, die Rückseite „Insekten und Pflanzen" entstand nach einem Gemälde seiner Mutter Sin Saimdang.

Der Gelehrte (Toegye) Lee Hwang und Gaesangjunggeodo-Gemälde werden auf dem 1.000 Won-Schein gezeigt.

tet nur etwa 70 Cent. Natürlich muss man hin und wieder etwas essen und trinken. Da das Wasser in den Restaurants kostenlos gereicht wird, sind fast immer um die 10.000 Won (unter sieben Euro) für ein reichhaltiges, leckeres und sättigendes Mahl ausreichend. Und falls man einmal etwas Obst auf dem Markt kauft, ist der Preis dafür kaum erwähnenswert. Grundsätzlich lässt sich sagen, dass jede Form von Dienstleistung (auch Taxi, Friseur etc.) und landesübliche Nahrungsmittel preiswert sind.

Anders sieht es bei Einrichtungsgegenständen, Haushaltsgeräten, Fahrzeugen, Benzin etc. aus. Hier ist das Preisniveau praktisch identisch mit dem in Deutschland. Auch das Lohnniveau eines normalen Arbeiters ist mit deutschen Verhältnissen vergleichbar – allerdings bei deutlich längeren Arbeitszeiten. Die Sechs-Tage-Woche für koreanische Arbeiter und Angestellte wurde erst vor wenigen Jahren abgeschafft. Auch Kameras, Computer und andere elektronische Geräte haben ein hohes Preisniveau. Selbst in den preiswertesten Geschäften kann man bei diesen Waren kein Schnäppchen machen.

Europäischen Touristen bleibt also nur, einige Souvenirs als Andenken zu erstehen. Sollten Sie dabei einmal etwas mehr eingekauft haben als ins Fluggepäck passt, sollten sie den Versand per

Münzen:

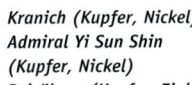

500 Won	Kranich (Kupfer, Nickel)
100 Won	Admiral Yi Sun Shin (Kupfer, Nickel)
50 Won	Reisähren (Kupfer, Zink, Nickel)
10 Won	Dabotap-Pagode (Kupfer auf Aluminium)
5 Won	Kobukson (Kupfer, Zink)
1 Won	Hibiskus (Aluminium)

Die Münzen zu ein und fünf Won sind zwar theoretisch in Umlauf, im täglichen Geschäftsleben sind sie aber praktisch unbedeutend und tauchen deshalb fast nie in der Geldbörse auf.

Viele der Paläste und andere Sehenswürdigkeiten im Zentrum Seouls sind nur wenige Fußminuten voneinander entfernt, so dass man oft gar keine öffentlichen Transportmittel benötigt. Für kurze Strecken ist die U-Bahn, besonders wenn man umsteigen muss, aufgrund vieler Treppen und langer Verbindungsgänge nicht unbedingt die erste Wahl. Als Alternative bieten sich die relativ preiswerten Taxis an – dichter Verkehr und viele Staus sorgen aber meist für langsames Vorankommen. Mit dem Fahrrad ginge es schneller, aber gute Leihfahrräder sind in Seoul fast nicht zu bekommen. Im übrigen sind Fußgänger, Fahrrad- und Motorradfahrer die gefährdetsten Verkehrsteilnehmer in Seoul. Falls Sie sich also für den Fußweg entscheiden, sollten Sie die Straßen nur an den vorgesehenen Stellen, am besten Brücken oder Unterführungen, überqueren. Auch wenn Fußgängerampeln grün zeigen, sollten Sie auf den Verkehr achten. Das überfahren roter Ampeln (rechts abbiegen ist erlaubt) ist zwar stark zurückgegangen, kommt aber immer noch vor. Fußgänger sollten außerdem auf Fahrrad- und Motorradfahrer achten, da diese bevorzugt auf den Bürgersteigen fahren. Falls man nicht schnell genug ausweicht, erntet man böse Blicke und auch das eine oder andere Schimpfwort.

U-Bahn

Das schnellste und bequemste Fortbewegungsmittel. Lediglich die vielen Treppen und langen Umsteigewege können ermüdend wirken. Vor dem Bau der U-Bahn (das erste Teilstück wurde 1974 in Betrieb genommen) verkehrten Straßenbahnen in Seoul. Die Streckenführung der Linien

Mit der T-Money-Card kann man alle öffentlichen Verkehrsmittel in Seoul und Umgebung benutzen.

1 und 2 entspricht teilweise der der früheren Straßenbahn. Das Seouler U-Bahnsystem wird ständig weiter ausgebaut (Erweiterungen der Linien 7 und 9 sowie der Bundang Linie sind in Planung bzw. in Bau) und von verschiedenen Anbietern betrieben. Sie werden deshalb auf verschiedenen Stecken auch unterschiedliche Wagenarten vorfinden. Für das ganze System gilt aber, dass es vorbildlich sauber, hell und hervorragend ausgeschildert ist. Für Behinderte gibt es überall Aufzüge oder Treppenlifte. Die Orientierung ist dank farbiger Markierungen, mehrsprachiger Schilder und zweisprachiger Ansagen kein Problem.

Die Züge fahren alle zwei bis fünf Minuten, auf manchen Linien kommt es zur Hauptverkehrszeit allerdings zu einem ziemlichen Gedränge. Betriebsschluss ist bereits gegen Mitternacht, Nachtschwärmer müssen also bis fünf Uhr in der früh durchfeiern, um die ersten Züge zu erreichen oder auf ein Taxi zurückgreifen.

Nach einer Fahrpreiserhöhung im Februar 2012 kostet die einfache Fahrt jetzt 1150 Won (1050 Won mit der T-Money-Card), umgerechnet also unter 80 Cent. Für das Einzelticket wird außerdem ein Pfand von 500 Won berechnet das man am Ende der Fahrt nach Einwurf der Karte in einen entsprechenden Automaten zurück erhält. Dieser Grundpreis gilt für Entfernungen bis zehn Kilometer. Innerhalb dieser Strecke können fast alle bedeutenden Sehenswürdigkeiten erreicht werden. Bei darüber hinausgehenden Entfernungen erhöht sich der Fahrpreis alle 5 bis 12 km um jeweils 100 Won. Selbst über einstündige Fahrten in die Trabantenstädte kosten z. B. lediglich etwas mehr als einen Euro.

Die bequemste Art den Fahrpreis zu entrichten ist die T-Money-Card. Sie kostet einmalig 2500 Won und ist an allen U-Bahn Haltestellen und vielen anderen Verkaufsstellen mit dem T-Money-Logo erhältlich. Die Karte kann mit beliebigen Beträgen aufgeladen werden. An den U-Bahn-Schleusen muss man die Karte lediglich auf das Lesegerät halten und der Fahrpreis wird abgezogen. Beim Verlassen des U-Bahn-Systems wird die Karte erneut auf das Lesegerät gelegt und ein eventueller Zusatzbetrag (bei Entfernungen über 10 km) automatisch abgezogen. Gleichzeitig wird das vorhandene Restguthaben angezeigt.

Die Seouler U-Bahn: hell, sauber und geräumig – aber selten so leer wie hier.

Die T-Money-Card hat außerdem den Vorteil, dass man mit ihr zwischen U-Bahn und Bus umsteigen kann – auch mehrmals. Der Fahrpreis richtet sich nach der insgesamt zurückgelegten Strecke, man muss nicht jedes Mal erneut den vollen Fahrpreis zahlen.

Bus

Auch die Busse in Seoul und einigen umliegenden Städten (z. B. Incheon) können mit der T-Money-Card benutzt werden. Das entsprechende Lesegerät befindet sich am Einstieg beim Fahrer. Am Ende der Fahrt sollte man daran denken die Karte erneut an das Lesegerät am Ausstieg zu halten, da ansonsten bei der nächsten

Nutzung der entfernungsabhängige Maximalfahrpreis abgezogen wird.

Das Seouler Bussystem ist sehr gut ausgebaut und man kann praktisch jedes Ziel in Seoul mit dem Bus erreichen. Allerdings ist das Netz der Buslinien so umfangreich, dass es keine Karte mit einem Streckenplan wie bei der U-Bahn gibt. An den Haltestellen hängen zwar Pläne, auf denen alle angefahrenen Ziele aufgelistet sind, aber nur die markantesten Ziele sind in lateinischer Schrift aufgeführt. Den richtigen Bus für touristisch weniger wichtige Ziele wird man deshalb kaum ohne Hilfe finden. Auf Grund der niedrigen Fahrpreise sollte man sich aber nicht ärgern, wenn man doch einmal den falschen Bus

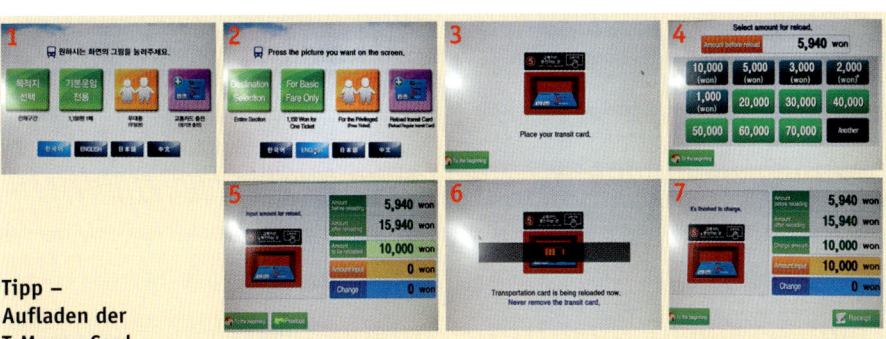

**Tipp –
Aufladen der
T-Money Card**

Man kann seine T-Money Card in einem Mini-Markt aufladen oder einen der in jeder U-Bahn Station vorhandenen Automaten benutzen.
Schritt 1: englische Menüführung auswählen.
Schritt 2: „Reload Transit Card" auswählen.

Schritt 3: T-Money Card in Aussparung legen.
Schritt 4: Aufladebetrag auswählen.
Schritt 5: Geldschein oder Münzen eingeben.
Schritt 6 und 7: T-Money Card erst entnehmen wenn die entsprechende Meldung erscheint.

erwischt hat. Hilfreich bei der Orientierung sind auch die Farben der Busse:

rot   Expressbusse in die Vororte Seouls
blau   Verbindungsbusse zwischen einzelnen Stadtteilen und dem Zentrum
grün   Distriktbusse fahren innerhalb eines Stadtbezirks und verbinden die U-Bahn-Stationen eines bestimmten Bereichs
gelb   Zirkelstreckenbusse fahren einen Rundkurs innerhalb wichtiger Stadtgebiete und verbinden Hauptgeschäftsviertel.

Kaum einer der Busfahrer spricht Englisch, in den grünen und blauen Bussen wird die jeweilige Haltestelle aber per Band zweisprachig angesagt. Es hat den Anschein, dass fast jeder Busfahrer ein verkannter Rallyefahrer ist. Deshalb sollte man sich schon beim Einsteigen mit mindestens einer Hand festhalten. Plötzliches, ruckartiges Anfahren und Spurwechsel so oft wie möglich – jede Busfahrt ersetzt eine Physikstunde zum Thema Beschleunigung und Fliehkraft.

Taxi

Taxis macht man durch Winken auf sich aufmerksam. Zu bestimmten Zeiten kann es an stark frequentierten Orten aber einige Zeit dauern bis man ein freies Taxi erwischt. Es gibt die preiswerten weißen oder silbernen Taxis und die teureren schwarzen Luxustaxis (hier sprechen die Fahrer oft Englisch). Seit 2009 versucht die Stadtverwaltung die Farbe Orange für Taxis zu etablieren um damit eine Ikone für Seoul, ähnlich den „Yellow Cabs" in New York, zu schaffen. Die Preise für die normalen Taxis sind relativ niedrig – auf einer Kurzstrecke fahren drei Personen günstiger als mit der U-Bahn oder dem Bus. Nachts, ohne Verkehrsstau kostet auch eine längere Strecke quer durch die Stadt kaum mehr als 10 bis 15 Euro. Nur die wenigsten Taxifahrer sprechen Englisch, es gibt aber Taxis mit Übersetzungsdienst. Per Telefon spricht man mit einem Übersetzer, der die Angaben dann in Koreanisch an den Fahrer weitergibt. Es ist auf jeden Fall hilfreich einen Zettel mit der Zielangabe in Koreanisch dabei zu haben. Die Namen der Sehenswürdigkeiten in diesem Reiseführer sind deshalb auch in Hangeul angegeben. Ein Trinkgeld ist unüblich, der Fahrer wird deshalb darauf bestehen das Wechselgeld herauszugeben. Lediglich wenn der Fahrer mit dem Gepäck hilft, kann ein kleines Trinkgeld gegeben werden.

Überlandfahrten

Mit Expressbussen sind fast alle Städte in Korea erreichbar. Vom Seoul Express Bus Terminal fahren die meisten Busse ab, da von hier der gesamte südliche Landesteil bedient wird. Je nach Tageszeit und Ziel fahren die Busse alle 10 bis 60 Minuten. Nur an besonderen Feiertagen wie Seollal (Mondneujahr) oder Chuseok (Erntedankfest), wenn unzählige Seouler Bürger ihre Familie im Heimatort besuchen, ist eine Reservierung notwendig. Wie bei allen anderen öffentlichen Verkehrsmitteln sind auch die Fahrkarten für Expressbusse recht preiswert. Es verkehren auch Deluxe-Expressbusse, die deutlich mehr Sitzkomfort, riesigen Fußraum und eine Klimaanlage bieten. Auf deutsche Preise bezogen ist die Fahrkarte immer noch günstig – warum sollte man sich da diesen zusätzlichen Luxus nicht gönnen? Zum Beispiel kostet die einfache Fahrt von Seoul nach Busan (zweitgrößte Stadt und wichtigster Hafen Koreas) über eine Entfernung von 384 Kilometern lediglich zwischen 16 und 24 Euro.

Züge sind nur geringfügig teuer als Expressbusse, dafür aber noch etwas bequemer und schneller. Allerdings fahren sie weniger Ziele als die Busse direkt an. Außerdem ist eine vorherige Reservierung ratsam. Mit dem KTX Hochgeschwindigkeitszug kann man Busan oder Mokpo in weniger als drei Stunden erreichen.

Auto

Am Flughafen gibt es Mietwagen von Avis (*www.avis.co.kr*) und Kumho (*www.kumhorent. com*). Um ein Auto zu mieten, muss man mindestens 21 Jahre alt sein. Außerdem benötigt man einen internationalen Führerschein. Die Nutzung eines PKW in Seoul kann allerdings nicht empfohlen werden. Die Verkehrsdichte ist sehr hoch und man kommt nur langsam voran. Die Benzinpreise haben ein vergleichbares Niveau wie in Deutschland, Parkplätze gibt es so gut wie gar nicht und in Parkhäusern sind Gebühren von sechs Euro pro Stunde nicht unüblich. Die Wegweiser sind durchweg in Hangeul und Lateinisch, auf Grund der fremd klingenden Namen ist eine Orientierung trotzdem nicht ganz einfach. Eine Alternative wäre es eventuell einen Wagen mit Chauffeur zu mieten (60-70 Euro/drei Stunden).

Fahrrad

In den großen, weitläufigen Parks und entlang des Hangang und seiner Zuflüsse macht das Radfahren Spaß. Die Räder an den Verleihstationen sind jedoch nicht für eine sportliche Fahrweise ausgelegt. Radfahren im Seouler Verkehr verlangt Mut und bedingt durch die vielen Hügel auch eine gute Kondition. Sportliche Einwohner finden in den umliegenden Bergen viele ideale Mountainbike-Strecken.

Etwa seit Mitte des letzten Jahrzehnts entdecken immer mehr Koreaner ihre Liebe zum Fahrrad und inzwischen ist kaum ein Bergpfad vor Mountainbikern sicher. Natürlich will man, wie

beim Bergwandern, vollständig ausgerüstet sein. Deshalb finden sich in Seoul immer mehr Fahrradgeschäfte und auch auf den Märkten ist Zubehör zu finden.

Die Stadtverwaltung und auch mehrere lokale Bezirksregierungen haben Verleihstationen (teilweise kostenlos) mit gut fahrbaren Rädern eingerichtet. Bislang ist der recht komplizierte Anmeldevorgang allerdings nur in koreanisch beschrieben, so dass es ohne sprachkundige Hilfe kaum gelingen dürfte ein entsprechendes Rad auszuleihen.

Flughafen Incheon

Die beliebteste Verbindung zwischen Flughafen und Stadt sind die Flughafenbusse die auf 35 Routen alle Stadtteile anfahren. Informationen und Fahrkarten gibt es auf Ebene 1 neben den Ausgängen vier und neun. Die Preise liegen zwischen 10.000 und 15.000 Won, Fahrzeit etwa 90 Min. Seit 2011 gibt es auch eine direkte Zugverbindung zum Seouler Hauptbahnhof, Preis 13.800 Won, Fahrzeit 43 Min für den Non-Stop Expresszug bzw. 53 Min./3850 Won für den Normalzug.

Bitte beachten Sie beim Rückflug, dass sich die Flugsteige für internationale Flüge (Gate 101-132) in einem separaten Terminal (Concourse) befinden. Nach dem Check-in im Hauptterminal benutzen Sie einen unterirdischen Shuttle-Zug. Dafür sollten Sie 15 Min. extra einrechnen. Im Concourse können Sie die Zeit bis zum Abflug mit einem zwanzigminütigen Besuch des kleinen „Museum of Korean Culture" auf Ebene 4F verbringen oder auf Ebene 3F, neben Gate 122, traditionelle koreanische Kultur erleben.

Unterkunft

Hotels

Als internationale Hauptstadt und wichtiges Geschäftszentrum bietet Seoul eine riesige Auswahl an Hotels mit überwiegend mittlerem oder gehobenem Standard. Dabei sind die Preise für eine Metropole relativ moderat mit Zimmerpreisen zwischen etwa 70 Euro in der mittleren Kategorie und 200 Euro in der Luxusklasse. Auf die angegebenen Preise wird eine Servicegebühr von 10 % erhoben. Die ebenfalls fällige Mehrwertsteuer von 10 % wird ausländischen Touristen bei Zahlung mit Kreditkarte oft direkt vom Hotel erlassen. Viele Hotels geben inzwischen ihre Preise bereits einschließlich aller Zuschläge an. Häufig sind auch Sonderkonditionen aushandelbar, man sollte vor der Buchung also nach speziellen Aktionspreisen fragen. Viele Hotels gewähren außerdem bei Internetbuchung einen Rabatt. Neben Zimmern mit westlichen Betten bieten fast alle Hotels auch Ondol-Räume an. Hier schläft man direkt auf dem Boden (mit Fußbodenheizung) auf gepolsterten Matten in traditionell koreanischem Stil. Man sollte allerdings vermeiden, Gepäck mit wärmeempfindlichen Gegenständen auf die Erde zu stellen. Schokolade z. B. ist sehr schnell geschmolzen.

Mitten in der City, direkt am Rathausplatz mit Blick auf den Deoksugung Palast und in unmittelbarer Nähe zum Myeongdong Einkaufsviertel und dem Namdaemun Markt befindet sich das Plaza Hotel Seoul (*www.hoteltheplaza.com*) und einige Schritte entfernt das Westin Chosun Hotel (*http://twc.echosunhotel. com/*), das mit dem Wongudan Altar sogar eine Sehenswürdigkeit aus der Joseon Dynastie im Hotelgarten aufweisen kann. Allerdings liegen die Zimmerpreise hier deutlich über 200 Euro. Zu den weiteren Luxushotels in dieser Preiskategorie zählen u. a. das Grand Hyatt Seoul (*http://www. seoul.grand.hyatt.com/*), Hotel Shilla (*http:// www.shilla.net/*), JW Marriott Hotel (*http://www. marriott.com/*) und das Seoul Walkerhill Hotel (*http://www.wseoul. com/*). Natürlich sind auch praktisch alle internationalen Hotelketten in Seoul vertreten. Die Suche nach einem Hotel ist z.B. unter *http://www.hoteltravel.com/de/south _korea/seoul/hotels.htm* möglich. Man kann die Suche auch nach Lage des Hotels auf einem Stadtplan durchführen.

Motels

Für die ursprüngliche Bezeichnung „Yeogwan" hat sich für preisgünstige Schlafgelegenheiten seit der Fußballweltmeisterschaft 2002 der Name „Motel" eingebürgert. Diese überall anzutreffenden Unterkünfte bieten relativ kleine Zimmer, die aber meist mit allen notwendigen Annehmlichkeiten wie Fernseher, Klimaanlage, Telefon, Dusche, etc. ausgestattet sind. Es gibt wahlweise westliche Betten oder die koreanischen Schlafmatten, allerdings kein Frühstück. Dafür liegen die Zimmerpreise zwischen 12 und 45 Euro eine ganze Klasse tiefer als bei den Hotels.

Die koreanischen Love Motels haben eigentlich den Status eines Stundenhotels. Inzwischen ist es allerdings durchaus üblich diese Herbergen auch für eine ganz normale Übernachtung zu nutzen. Koreaner, die z. B. ihren letzten Zug verpasst haben oder einen Wochenendausflug machen, steigen hier dank der günstigen Preise gerne ab. Es gibt fast immer freie Zimmer und die unproblematische Abwicklung (gezahlt wird bei der Ankunft) haben diese Herbergen zu beliebten Alternativen zu sonstigen Unterkünften gemacht. Als Faustregel zum Qualitätsstandard kann man davon ausgehen, dass ein Motel mit ansprechendem Äußeren auch im Inneren sauber und gepflegt ist.

Guest House

Unter dieser Bezeichnung firmieren Unterkünfte für den Rucksacktouristen mit besonders schmalem Geldbeutel. Bereits ab etwa 10 Euro kann man hier in einem Gemeinschaftsschlafsaal mit meist vier bis acht Betten übernachten. Oft steht auch eine Kochgelegenheit zur Verfügung. Einen guten Ruf hat z. B. das Hongdae guesthouse (*http://hongdaeguesthouse.com/*) im Szeneviertel Hongdae (S. 79). Im Achtbettzimmer kostet die Übernachtung mit Frühstück 14 Euro. Eine Auflistung von günstigen Hotels und einfachen Unterkünften (teilweise ab 10 Euro) findet sich unter *http://www.hotelguide.com/hotels-in/Seoul.html*.

Hanok

Immer mehr traditionelle koreanische Häuser (Hanok) werden als Herbergen um- bzw. ausgebaut und bieten luxuriöses Wohnen in altertümlichem Ambiente mit modernem Standard. Meist im historischen Viertel Bukchon (S. 52) gelegen werden Sie sich in frühere koreanische Zeiten zurückversetzt fühlen, zahlen dafür aber je nach Lage, Ausstattung und zusätzlichem Rahmenprogramm (Folkloredarbietungen, Teeherstellung) ab etwa 28 Euro (Sophia Gasthaus – *www.sophiagh.com*), Seoul Guest House – *www.seoul110.com)*, 34 Euro (Anguk Guesthouse – *http://anguk-house.com/*), 54 Euro (Tea Guesthouse – *http://teaguesthouse.com/*), bis zu rund 120 Euro (Rakgojae – *www.rkj.co.kr*) pro Nacht.

Wohnen in einem traditionellem koreanischen Hanok.

Privatunterkünfte – „Homestay"

Seit der Fußballweltmeisterschaft 2002 sind viele koreanische Familien bereit, ausländische Gäste bei sich aufzunehmen. Insbesondere bei etwas längeren Aufenthalten ist dies die ideale Möglichkeit, koreanisches Leben hautnah zu erleben. Viele Privatunterkünfte befinden sich in traditionellen Familienhäusern unweit der Innenstadt oder touristischen Zielen. Bei deutlichen Abstrichen an der Ausstattung (sehr kleines Zimmer, Gemeinschaftstoilette und -dusche) kann man schon ab 250 Euro einen ganzen Monat in Seoul wohnen – einschließlich Frühstück und Abendessen. Im Normalfall sollte man aber mit einem Tagespreis zwischen 10 und 30 Euro rechnen. Entsprechende Suchen sind unter *www.gohomestay.com* möglich. Je nach gebotener Ausstattung und Service werden diese Privatzimmer als Minbak, Yeoinsuk, Hasuk oder Goshiwon bezeichnet.

Jugendherbergen

Koreanische Jugendherbergen sind modern ausgestattet und werden in der Form eines guten Hotels geführt. Sie verfügen meist auch über Familienzimmer und sind deshalb nicht nur für jugendliche Reisende interessant. Oft sind Einrichtungen wie Schwimmbad oder Sauna vorhanden. Der Einzelpreis für eine Übernachtung in den Seouler Jugendherbergen beginnt für Gruppen bei ca. 11 Euro. Einzelreisende zahlen etwa 37 Euro.

Die neueste Jugendherberge Seouls, das Hi Seoul Youth Hostel (http://www.hiseoulyh.com/eng/) wurde im März 2011 eröffnet. Das neue moderne Gebäude befindet sich südlich des Hangang in Yeongdeungpo-gu.

Das bereits im Februar 2006 eröffnete International Seoul Youth Hostel (*http://seoulyh.go.kr/english/main.htm*) befindet sich in dem umgestalteten Gebäude des nationalen geheimen Nachrichtendienstes am Berg Namsan. Diese Jugendherberge liegt relativ zentral in der Nähe von Myeongdong.

Eine Buchung ist direkt bei den einzelnen Jugendherbergen oder über *http://www.hihostels.com/dba/country-KR.de.htm* möglich.

Eine weitere jugendherbergsähnliche Einrichtung ist das etwa 12km vom Zentrum Seouls entfernt liegende International Olympic Parktel (*http://www.parktel.co.kr*) direkt auf dem Gelände des Olympia Parks.

Camping

Freiluftenthusiasten müssen selbst in Seoul nicht auf diese Möglichkeit verzichten. Es gibt vier ausgewiesene Plätze, für Touristen empfiehlt sich das Nanji Camp nahe des World Cup Stadions (*http://www.nanjicamping.co.kr/en/*). Hier können nen Zelte in verschiedenen Größen (Tagesmiete etwa zwischen 20 und 70 Euro) samt Zubehör ausgeliehen werden.

Info – Wohnen in Seoul:

Für einen längeren Aufenthalt in Seoul sind die auf den Seiten 302 und 303 vorgestellten Touristenunterkünfte nur bedingt geeignet. Insbesondere für Studenten oder Praktikanten gibt es jedoch einige deutlich günstigere Alternativen.

Hasuk

Meist privates Wohnheim, bei dem man in einem Eigenheim ein kleines Zimmer mit Bett, Tisch und Regal/Schrank zugewiesen bekommt. WC, Dusche, Waschmaschine und andere Einrichtungen werden gemeinsam genutzt. Es gibt auch Hasuks, in denen jedes Zimmer einen eigenen Dusch-/WC-Raum hat. Ein Internetanschluss ist fast immer, ein Fernseher manchmal vorhanden. Zusätzlich zur Unterkunft beinhaltet ein Hasuk auch volle Verpflegung. Meist steht Reis und Suppe ständig warm zur Verfügung, während im Kühlschrank verschiedene Beilagen zur freien Auswahl bereitstehen. In manchen Hasuks erhält man zwei frisch zubereitete warme Mahlzeiten (Frühstück und Abendessen). Je nach Ausstattung und Service sind Monatsmieten zwischen 200.000 und 600.000 Won üblich.

Goshiwon

Goshiwons sind mit einem Hasuk vergleichbar, allerdings ohne Verpflegung. Reis und Kimchi werden jedoch auch hier meist zur Verfügung gestellt. Die üblichen Monatsmieten liegen etwa zwischen 200.000 und 400.000 Won.

Goshiwons liegen oft in den oberen Etagen eines größeren Gebäudes mit einem Dutzend kleiner Zimmer von ca. 3 Quadratmetern auf einer Etage. Sie werden bevorzugt von Studenten genutzt, die sich für einige Monate zurückziehen, um sich intensiv auf Prüfungen vorzubereiten. Bei Monatspreisen ab 600.000 Won ergibt sich ein fließender Übergang zu ein-Raum-Wohnungen, die mit dickeren (schalldichteren) Wänden erbaut sind und in die man auch schon einmal Gäste einladen kann. Oft bekommt man für diesen Preis dann einen eigenen Badraum mit Dusche und WC und einen großen Gemeinschaftsraum (15 Quadratmeter), den man mit anderen Mitbewohnern teilt.

Jjimjilbang

Diese öffentlichen Badehäuser sind meist rund um die Uhr geöffnet und bieten neben Sauna und Schwimmbecken auch einen Ruhebereich. In Notfällen kann man hierfür ca. drei bis sechs Euro ungestört übernachten bzw. den morgendlichen Betriebsbeginn der U-Bahn abwarten.

Mietwohnung bzw. Appartement

Mitarbeiter westlicher Firmen, die für längere Zeit nach Korea entsandt werden, benötigen natürlich eine „normale" Wohnung, die meist von den jeweiligen Firmen gestellt wird. Sich selbst eine Mietwohnung zu suchen, ist, insbesondere ohne gute Sprachkenntnisse, ein praktisch unmögliches Unterfangen. In diesem Fall sollte man die Dienste eines Maklers (Budongsan) in Anspruch nehmen mit dem man sich in einer gemeinsamen Sprache eindeutig verständigen kann. Englischsprachige Budongsan findet man zum Beispiel im Bereich der amerikanischen Armeestützpunkte in Seoul, also in Yongsan.

Das koreanische Mietsystem unterscheidet sich grundlegend von den in Europa gebräuchlichen Verfahren. Es ist üblich eine große Summe (etwa fünf bis 20 Millionen Won), das sogenannte „Schlüsselgeld" beim Vermieter zu hinterlegen. Dafür ist die monatliche Miete relativ gering (der Vermieter erhält zusätzlich die Zinseinnahmen des Schlüsselgeldes). Pro eine Million zusätzlicher Einlage verringert sich die Miete um ca. 10.000 Won. Dieses System nennt man Wolse (monatliches Geld).

Wenn immer möglich mieten Koreaner ihren Wohnraum jedoch nach einem zweiten, Jeonsae (gesamtes Geld) genannten, System. Das Schlüsselgeld beträgt hier etwa 60 bis 80 Prozent des Wertes der Immobilie. Dafür wohnt man während des meist über einen Zeitraum von zwei Jahren geschlossenen Vertrages vollkommen mietfrei. Lediglich die anfallenden Nebenkosten sind noch zu zahlen.

Nach koreanischem Verständnis hat Wolse einen negativen Ruf, da es sich nur für arme Leute eignet. Koreanische Jugendliche wohnen deshalb sehr lange, oft noch bis ins Alter von dreißig Jahren, bei ihren Eltern bevor sie sich Jeonsae leisten können.

Essen und Trinken

Korea ist ein lukullisches Paradies – viele bezeichnen Korea auch als das Frankreich Asiens. Unzählige Gemüsesorten und Meeresfrüchte, auf die unterschiedlichsten Arten raffiniert zubereitet und mit vielfältigen Gewürzen abgeschmeckt, ergeben nicht nur ein äußerst schmackhaftes, sondern auch gesundes Essen. Grundbestandteile einer jeden Mahlzeit, gleichgültig ob Frühstück, Mittag- oder Abendessen, sind Suppe und Reis. In jedem koreanischen Haushalt steht ein Reiskocher, der fast ständig in Betrieb ist. Die Suppe ist meist eine klare Brühe, oft mit Einlagen wie Bohnenkeimlingen, Tofu oder anderem. Dazu gibt es eine Vielzahl von Beilagen, an erster Stelle natürlich Kimchi (eingelegtes Gemüse). Neben Reis und Suppe ist Kimchi der dritte unerlässliche Teil einer koreanischen Mahlzeit. Die anderen Beilagen sind unterschiedlichste Gemüse-, Fisch- oder Fleischzubereitungen. Alles wird gleichzeitig gegessen, entweder direkt aus den Servierschüsseln oder man legt sich eine kleine Portion auf seine Reisschale. Das Besteck besteht aus einem Löffel für die Suppe und den Reis sowie zwei Metallstäbchen für die festeren Bestandteile. Ein Messer wird nicht benötigt, da in der Regel bereits alles mundgerecht zubereitet ist. Grillfleisch wird mit einer dann bereitgelegten Schere zerkleinert, während z. B. ganze Fische nach etwas Übung auch mit Stäbchen perfekt zerlegt und entgrätet werden können. Die meisten koreanischen Speisen sind recht scharf und je nach Veranlagung gewöhnungsbedürftig. Falls Ihr Magen empfindlich reagiert, essen Sie zu scharfen Speisen viel Reis (bestellen Sie gegebenenfalls eine Extraschale), trinken Sie viel von dem kostenlos bereitgestellten Wasser (man wird Ihnen gerne eine neue Flasche bringen) und greifen Sie überwiegend bei den mild gewürzten Beilagen zu.

Restaurants

Koreaner essen, auf der Erde sitzend, von niedrigen Tischen. Dementsprechend sind auch die Restaurants eingerichtet. Auch hier gilt: Schuhe ausziehen. Natürlich haben die geschäftstüchtigen Restaurantbesitzer gemerkt, dass die immer mehr werdenden Besucher aus westlichen Ländern Probleme mit dem Schneidersitz haben. So gibt es inzwischen in sehr vielen Restaurants auch „normale" Tische und Stühle. Zu jedem Tisch gehört fast immer ein kleiner Ofen, entweder in den Tisch eingelassen oder als separater Brenner, auf dem das Essen warmgehalten bzw. sehr oft sogar frisch zubereitet wird. Die meisten Restaurants haben sich auf eine Art von Mahlzeit spezialisiert, in einem Lokal gibt es nur Nudelgerichte, in einem anderen Eintöpfe und im nächsten Gegrilltes etc. Für Sprachunkundige ist es sehr hilfreich, dass die verschiedenen angebotenen Speisen in großen Fotos, meist direkt mit Preisangabe, vorgestellt werden. So kann man sich bereits vor dem Betreten das passende Lokal und die passende Speise aussuchen. Zu jeder Mahlzeit wird kostenlos Wasser bereitgestellt. Es wird nicht unbedingt erwartet, dass Sie andere Getränke mit Ihrem Essen bestellen.

Die wichtigsten Gerichte:
Kimchi   김치
Kimchi ist DIE koreanische Beilage und wird zu jedem Essen gereicht. Das Alltagskimchi besteht aus eingelegtem und scharf gewürztem Chinakohl. Es ist sehr vitaminreich und enthält viele Mineralien. Kimchi wird allerdings auch aus vielen anderen Gemüsesorten hergestellt. Außerdem unterscheidet sich Kimchi durch sein Alter (Reifezeit) und durch die bei der Herstellung verwendeten Gewürze.
Samgyeobsal (gegrillter Speck)   삼겹살
Dünn geschnittener Schweinebauch, der am Tisch gegrillt, mit der Schere mundgerecht zerkleinert und mit Sojabohnenpaste in Salatblätter gewickelt mit den Fingern verspeist wird.
Bulgogi (gegrilltes Rindfleisch)   불고기
Dünne, süßlich-pikant marinierte Rindfleischstreifen. Werden ähnlich wie Samgyeobsal am Tisch gegrillt und mit Gemüse gegessen. Wird häufig auch fertig zubereitet mit Reis serviert.

Mandu 만두

Mit Fleisch und Gemüse gefüllte koreanische Maultaschen, die in verschiedenen Formen und Größen gedämpft (jjin-mandu), gebraten (gun-mandu) oder in Rinderbrühe (mandu-guk) angeboten werden.

Bibimbap 비빔밥

Ein Eintopf, der je nach Region neben Reis und mehreren Gemüsesorten auch Fleisch und Ei enthalten kann. Wird oft mit einem Spiegelei gekrönt aufgetischt. Besonders beliebt ist das in einem heißen Steintopf servierte Dolsot Bibimbap (돌솥 비빔밥, dolsot = Steintopf)

Jeongol (Eintopf) 전골

Ein Hauptgericht aus Nudeln, Pilzen, Meeresfrüchten, Gemüse und Gewürzen. Meist kann im Restaurant die Art und Menge der Zutaten bestimmt werden, die dann in einer Kasserolle am Tisch gegart werden.

Naengmyeon 냉면

Buchweizennudeln werden in einer erfrischend kühlen Rinderbrühe serviert. Besonders beliebt an heißen Sommertagen.

Seolleongtang (Rindfleischsuppe) 설렁탕

Rinderknochen werden etwa 10 Stunden in Brühe eingekocht, dann gewürzt und mit Reis serviert.

Juk (Reisbrei) 죽

Der Reis wird mit viel Wasser über eine lange Zeit gekocht. Gemüse, Beeren, Fisch oder Körner ergeben unterschiedliche Geschmacksrichtungen.

Tipp – Essen mit traditionellem Flair:
Pimatgol (der Pfad, um Pferde zu vermeiden) war eine schmale Gasse zwischen dem Kyobo Buchzentrum und Insadong. In früheren Zeiten mussten sich einfache Bürger auf den Boden legen, wenn höhergestellte Persönlichkeiten vorbeiritten. Um schneller voranzukommen, wichen diese einfachen Bürger auf eine Gasse aus, durch die kein Pferd reiten konnte. Anfang 2009 wichen Teile dieser Gasse einem Neubauprojekt. Damit verschwanden auch viele der Gaststätten die sich in dem „pferdelosen" Weg aneinanderreihten und in denen man den Flair des alten Koreas erleben und schmackhaftes Essen genießen konnte. Der verbleibende Rest dieser Gasse beginnt am südlichen Ende von Insadong neben dem Kumkang Schuhgeschäft und erstreckt sich bis zum Jongno Tower.

Kimchi aus Chinakohl

Samgyeobsal mittig auf dem Tischgrill, umgeben von verschiedensten Beilagen.

Bibimbap

Kalte Buchweizennudeln in Rinderbrühe (Naengmyeon)

Imbissvariationen

verschiedene Arten von Twigim

Sundae

Tteokbokgi

Imbiss:

Überall verlocken die Imbissstände mit einer riesigen Vielfalt kostengünstiger Snacks zu einer Kostprobe. Sehr oft wird von kleinen, aufgeklappten Lastwagen, den Pojangmacha, serviert. Hin und wieder, besonders auf den Märkten findet man auch Zeltimbisse, in denen die Anwohner und Gewerbetreibenden gerne eine Pause machen. Die an Ministänden in Pappbechern verkauften winzigen Muscheln (zum aussaugen) sind nicht jedermanns Sache und auch die lecker schmeckenden Seidenpuppenraupen verlangen Dank ihres Gestanks viel Überwindung bevor man zugreift. Demgegenüber entspricht das in Karpfen- oder Blumenform angebotene Gebäck (Bungohbbang bzw. Gukhwabbang) mit einer Füllung aus süßer Bohnenpaste schon eher dem westlichen Geschmack.

Einige der am häufigsten angebotenen traditionellen Snacks sind:

Twigim 튀김
In Panade knusprig gebratene Meeresfrüchte, Glasnudeln, Süßkartoffeln, Gemüse etc.

Sundae 순대
Traditionelle Wurstart (koreanische Blutwurst), gefüllt mit Tofu, Gemüse und Glasnudeln. Wird meist frisch gebrüht und warm gegessen. Kann auch gebraten und mit anderen Zutaten zu einer vollen Mahlzeit werden. Gibt es auch mit anderen Zutaten (z.B. Meeresfrüchten).

Tteokbokgi 떡볶이
In mundgerechte Stücke geschnittener, schlangenförmiger Reiskuchen, mit Chilipasten und Gewürzen in der Pfanne gekocht.

Jeon 전
Pfannkuchen, zusammen mit Kimchi, Meeresfrüchten oder anderen Zustaten in Öl gebacken. Wird gerne zu Reiswein (Makgeolli) gegessen.

Gimbap 김밥
In Seetang eingerollter Reis mit einer Füllung aus Ei, Gemüse, Schinken und süßem Rettich – wird in dreieckiger Form als „samgak gimbap" in vielen Kiosken als beliebter Snack für zwischendurch verkauft. Dient vielen Koreanern als Picknickverpflegung.

Dakggochi 닭꼬치
scharf mariniertes Hühnchenfleisch, auf Spießen geröstet.

Jwuipo / Marun Ojingoh 쥐포 / 마른 오징어
getrocknetes Fischfilet oder getrocknete Tinten-
fische, werden auf Feuer/Gasbrenner geröstet/
erwärmt. Eignen sich auch gut als Mitbringsel.

Odeng-Spieße 오뎅
Scheiben aus gepressten Meeresfrüchten werden
an Spießen in klarer Brühe gekocht und dann mit
gewürzter Sojasoße bestrichen und stehend gegessen. Diese ursprünglich aus Japan kommende Köstlichkeit findet man an jedem Pojangmacha.

Hotteok 호떡
Süßes, pfannkuchenähnliches Gebäck mit brau-
ner Zucker- oder Bohnenpastenfüllung.

Waffeln 와플
Das westliche Gebäck ist auch in Korea ein beliebter Straßensnack, wird meist mit süßer
Sahne, Honig oder Apfelmarmelade und Butter
serviert.

Getränke:

Tee 차
Grüner Tee kam zum ersten Mal während der
Silla Dynastie zur Zeit von Königin Seondeok
(632-647 n. Chr.) nach Korea. Buddhistische
Mönche nutzten ihn zur Geistesbildung und während der Goryeo-Ära, zur Blütezeit des koreanischen Buddhismus, entstand „Dado", eine Anleitung zum richtigen Zubereiten, Servieren und
Trinken des Tees. Während der Joseon Dynastie
wurde die Kultur des Teetrinkens nicht weiter ge-
fördert, aber inzwischen lebt sie als kultivierte,
gesundheitsfördernde Praxis wieder auf. Im
Touristengebiet Insadong befinden sich viele
Teehäuser mit individueller und antiker Einrichtung. Zumindest einmal sollte man sich die
Muße eines solchen Besuches gönnen.
Neben grünem Tee gibt es heute eine reichhaltige Auswahl an Tees, die aus Körnern, Getreide,
Früchten und Heilpflanzen hergestellt werden.
Geschmacksrichtungen, die im Westen nicht erhältlich sind, können ein interessantes Souvenir
ergeben.

Traditionelle kalte Getränke (Hwachae) 화채
Beliebt ist ein Punsch, der aus den verschiedensten Früchten hergestellt werden kann. Es gibt
auch Hwachae mit darin schwimmenden Azaleen-

blättern, Kiefernpollen, Heilkräutern oder ge-
kochter Gerste, die mit Zucker oder Honig gesüßt
werden.

• Sikhye 식혜
Süßer Reis-Punsch, den man auch überall in
Dosen kaufen kann.

• Sujeonggwa 수정과
Süßes Getränk mit Ingwer und Zimt. Einge-
weichte, getrocknete Persimonen (Kaki-Frucht)
und Pinienkerne werden vor dem Servieren zu-
gefügt.

Weine und Spirituosen 술
Traditionelle alkoholische Getränke werden
hauptsächlich aus Reis, Süßkartoffeln und Getreide hergestellt. Man unterscheidet nach Alkoholgehalt, Grundstoffen und Destillation. Hauptsächlich unterscheidet man Yakju (destillierter
Schnaps aus gegorenem Reis), Soju (gebrannter
Schnaps), Takju (dickflüssiger Reiswein) sowie
Frucht- und Heilweine (aus Samenkörnern und
Wurzeln). Der aus Ginseng hergestellte „Insamju"
ist z. B. ein koreanischer Heilwein.

• Soju 소주
das beliebteste alkoholische Getränk in Korea.
Als Massenprodukt wird es heute hauptsächlich
aus Süßkartoffeln hergestellt. Früher diente
Getreide als Ausgangsstoff. Vergleichbar mit
Wodka, allerdings mit geringerem Alkoholgehalt.

• Cheongju 청주
ein beliebter Yakju-Schnaps

• Makgeolli / Dongdongju 막걸리 / 동동주
Milchige Reisweine nach Art des Takju. Makgeolli
hat in den letzten Jahren stark an Beliebtheit
zugenommen und wird in bedeutenden Mengen
nach Japan exportiert. Es gibt einen deutlichen
Geschmacksunterschied zwischen Flaschenab-
füllung und täglich frisch gebrautem Getränk.

*In der Bae-Sang-Myun-Brennerei
wird Makgeolli täglich frisch
hergestellt.*

Auslage in einem Geschäft für Reiskuchen

Jeon Gasse

Won-jo Mapo Halmoni Bindaetteok

Teehaus in Insadong.

Besuchstipps:

• Nagwon-dong Reiskuchengeschäfte (낙원동 떡 집) – aufwendig hergestellte Süssigkeiten aus Reis die auf keinem Fest fehlen dürfen. Untergrundstation Jongno 3(sam)-ga, Linie 5 (lila) – Ausgang 5, Fußweg 5 Minuten (östlich neben der Nagwon Arkade)

• Tteokbokgi Gasse in Sindang-dong (신당동 떡볶이) – weiche kaugummiartige Reisnudeln in einer scharfen, süßlichen Soße. Direkt am Anfang der Straße links befindet sich das Mabongnim (마복림떡볶이). Die Gründerin des Restaurants, Frau Mabongnim soll diesen Imbiss erfunden haben. Untergrundstation Sindang, Linie 2 (grün) oder Linie 6 (braun) – Ausgang 8, erste Straße links, Fußweg 3 Min.

• Majang Grill-Gasse auf dem Majang-dong Fleischmarkt (S. 29). Untergrundstation Majang, Linie 5 (lila) – Ausgang 2, Fußweg 5 Min.

• Sillimdong Sundae Town (신림동 순대타운) – in den beiden Gebäuden Folk Sundae Town (민속 순대 타운) und Yangji Sundae Town (양지순대 타운) gibt es Dutzende Restaurants und Imbissstuben für Sundae. Untergrundstation Sillim, Linie 2 (grün) – Ausgang 3, nach 100 Metern in die Gasse rechts, nach 60 Metern, vor der Kreuzung, befinden sich rechts die beiden Gebäude.

• Jeon Gasse – Pfannkuchen in Pizzagröße. Untergrundstation Hoegi Linie 1 (dunkelblau) – Ausgang 1, nach links der Straße folgen, vor der großen Kreuzung in die kleine Straße links, bis kurz vor die Unterführung durchgehen.

• Won-jo Mapo Halmoni Bindaetteok (원조 마포 할머니 빈대떡 – http://www.xn--vk1bx3cc5exvfox6a.xn--3e0b707e/) – große Auswahl an Twigim und Jeon in teilweise ungewöhnlichen Geschmacksrichtungen, bekannt aus mehreren Fernsehsendungen. Untergrundstation Gongdeok Linie 5 (lila) oder Linie 6 (braun) – Ausgang 5, nach ca. 100 Metern Eckgebäude vor einer schmalen Gasse.

• Bae-Sang-Myun-Brennerei (*http://soolsool.co.kr/* – 배상면주가) – mit Verkauf und Ausschank von traditionellen Schnäpsen, ganzjährig von 11:30-23:00 geöffnet. Untergrundstation Yangjae, Linie 3 (orange) oder Sinbundang Linie (weinrot) – Ausgang 9, Fußweg 6 Minuten.

Die lange vertretene These der Zugehörigkeit der koreanische Sprache zur altaischen Sprachfamilie (z. B. Mongolisch, Türkisch) gilt heute als überholt. Vielmehr sehen die Sprachforscher das Koreanische als eine isolierte Sprache oder als separate Abspaltung der altaischen Gruppe. Das Koreanische hat auffallende strukturelle Gemeinsamkeiten mit dem Japanischen. Gegen eine Verwandtschaft spricht allerdings, dass es im Wortschatz keinerlei Übereinstimmungen gibt. Obwohl eine Verwandtschaft mit dem Chinesischen ausgeschlossen werden kann, wurden lange Zeit ausschließlich chinesische Schriftzeichen zur Wiedergabe der Sprache verwendet. Diese waren jedoch schwer zu erlernen und in früherer Zeit konnte sich nur die gebildete Schicht schriftlich ausdrücken. Um dies zu ändern ließ König Sejong der Große die Jongum-Behörde einrichten, die mit der Schaffung neuer Schriftzeichen beauftragt wurde. Eine Gruppe von Gelehrten entwickelte 1443 die neue Schrift, das „Hunminjeongeum" (die richtigen Laute zum Lehren des Volkes) – das heutige „Hangeul". Entsprechend König Sejongs Wünschen wurden Schriftzeichen geschaffen, mit denen man die Laute so niederschreiben konnte, wie sie ausgesprochen wurden. Die Schrift sollte leicht zu lesen und zu schreiben sowie sachlich und logisch sein. Und wenn schon neue Schriftzeichen, dann sollten sie einzigartig sein und sich von den Schriften anderer Länder unterscheiden. Tatsächlich erfüllte Hunminjeongeum all diese Forderungen. Im Buch „Hunminjeongeum haerye" wurde das neue Alphabet erläutert, unter anderem heißt es dort: „Ein kluger Mann kann es an einem Vormittag lernen und auch ein dummer Mann braucht nur 10 Tage". Tatsächlich konnten nun Dokumente aus dem Chinesischen übersetzt werden, die jedermann lesen konnte. Die neue Schrift war damit die einzige auf der Welt, die nach Ideen der nationalen Selbstständigkeit und Demokratie erschaffen wurde. Nach der Annexion Koreas durch Japan im Jahre 1910 wurde die koreanische Schrift stark unterdrückt. Ein Erlass des Generalgouverneurs von 1911 bestimmte Japanisch als einheitliche Sprache für Korea. Im Jahr 1938 wurde gar der Koreanischunterricht in den Schulen abgeschafft und die Benutzung der koreanischen Schrift und

Sprache verboten. Aber gerade dadurch wurde die koreanische Schrift zu einem Symbol des koreanischen Nationalismus und ein wichtiger Teil der Unabhängigkeitsbewegung. Die damit verbundene Aufwertung des Hangeul, bislang von vielen Gelehrten als Schrift der Ungebildeten verachtet, machte es zum dominierenden Schriftsystem der koreanischen Sprache.
Während der Zeit des Widerstands gegen die japanische Unterdrückung entstand und etablierte sich auch die Bezeichnung „Hangeul". Während „geul" eindeutig für Schrift steht, bedeutet die Silbe „Han" soviel wie „gut, viel oder groß", drückt aber auch „etwas tun" aus. Die neue Bezeichnung hatte also einen tieferen politischen Sinn. Der eigenen Schrift als geistige Stütze für das koreanische Volk wird deshalb jährlich am Hangeul-Tag (9. Oktober) gedacht. Analog zum Wort Han-guk (Korea – Koreaner-Land) könnte man Han-geul alternativ auch als „Koreaner-Schrift" übersetzen. Fast 80 Millionen Menschen sprechen koreanisch und in der weltweiten Rangfolge der Benutzerzahl liegt die koreanische Sprache hinter deutsch und japanisch auf Platz 12. Bereits in der Grundschule wird neben Hangeul die lateinische Schrift und später auch Hanja (chinesische Schriftzeichen) gelehrt. Moderne Koreaner finden sich deshalb mühelos in drei Schriftsystemen zurecht.

Die grundlegenden Zeichen der koreanischen Schrift

Vokale/Doppelvokale		Konsonanten	
Hangeul	Umschrift	Hangeul	Umschrift
ㅏ	a	ㄱ	g / k
ㅑ	ya	ㄴ	n
ㅓ	eo	ㄷ	d / t
ㅕ	yeo	ㄹ	r / l
ㅗ	o	ㅁ	m
ㅛ	yo	ㅂ	b / p
ㅜ	u	ㅅ	s
ㅠ	yu	ㅇ	- / ng
ㅡ	eu	ㅈ	j
ㅣ	i	ㅊ	ch
ㅐ	ae	ㅋ	k
ㅒ	yae	ㅌ	t
ㅔ	e / ä	ㅍ	p
ㅖ	ye	ㅎ	h

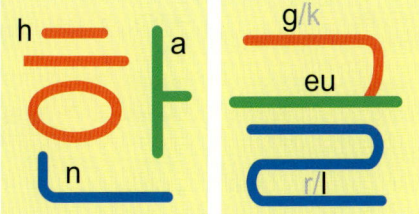

Im Koreanischen werden einzelne Buchstaben (rot, grün und blau im obigen Beispiel) in Silbenblöcken (gelb dargestellt) zusammengefasst.

Hangeul besteht aus 10 Vokalen und 14 Konsonanten. Jeweils zwei bis vier Zeichen bilden eine Silbe, die im koreanischen zu einem Block zusammengefügt werden. Auf den ersten Blick entsteht daher der Eindruck, dass das koreanische viele verschiedene Schriftzeichen besitzt. Wenn man aber einmal weiß, dass die einzelnen Silben wieder in ihre Einzelbuchstaben aufgelöst werden müssen, ist die koreanische Schrift tatsächlich leicht zu erlernen. Etwas schwieriger ist da schon die richtige Aussprache. In Korea wird überwiegend die revidierte Romanisierung 2000 als einheitliches Umschriftsystem verwendet. Die ältere McCune-Reischauer-Romanisierung ist ebenfalls noch verbreitet. Allerdings kann mit beiden Systemen die Aussprache nur näherungsweise wiedergegeben werden.

Vokale bestehen aus senkrechten oder waagrechten Strichen, die durch kleine anhängende Striche unterschieden werden. Die Konsonanten aus komplexeren geometrischen Zeichen lassen sich deutlich von den Vokalen unterscheiden. Die Grundelemente der Zeichen (senkrechter und waagerechter Strich, sowie Punkt – heute meist als kurzer Strich dargestellt) symbolisieren den Menschen, den Horizont (die Erde) und die Sonne. Die Kombination der Grundelemente in den verschiedenen Buchstaben symbolisiert den Luftstrom bzw. Zungenschlag im menschlichen Mund- und Rachenraum, wie er bei der Erzeugung des entsprechenden Lautes entsteht.

Eine Silbe besteht mindestens aus einem Konsonanten und einem Vokal. Die Silbe beginnt immer mit einem Konsonanten (Anlaut). Endet eine Silbe mit einem Konsonanten (Auslaut), wird dieser dann in einigen Fällen anders als der entsprechende Anlaut ausgesprochen.

Zahlen

In Korea gibt es zwei Zählsysteme. Das eine ist chinesischen Ursprungs mit koreanischer Aussprache, das andere ein in Korea selbst entstandenes System. Das einheimische koreanische System enthält allerdings nur Zahlen bis 99 und wird z. B. bei der Altersangabe, beim Zählen von Gegenständen oder der Stundenangabe bei der Uhrzeit verwendet. Die Zahlen des koreanischen Systems werden als Ziffern oder in Hangeul geschrieben, während beim sino-koreanischen System die Ziffern über 99 auch mit chinesischen Zeichen dargestellt werden können. Die sino-koreanischen Zahlen unter 99 werden z. B. für die Minuten in der Zeitangabe, für das Datum, den Monat, Entfernungen, Preise, Telefonnummern oder die Stockwerke eines Hauses eingesetzt.

	Sino-Koreanisch		Koreanisch	
1	il	일	hana	하나
2	i	이	dul	둘
3	sam	삼	set	셋
4	sa	사	net	넷
5	o	오	daseot	다섯
6	yuk	육	yeosot	여섯
7	chil	칠	ilgop	일곱
8	pal	팔	yeodeol	여덟
9	gu	구	ahop	아홉
10	sip	십	yeol	열
11	sibil	십일	yeolhana	열하나
12	sibi	십이	yeoldul	열둘
20	isip	이십	seumul	스물
21	isibil	이십일	seumulhana	스물하나
30	samsip	삼십	seoreun	서른
40	sasip	사십	maheun	마흔
50	osip	오십	swin	쉰
60	yuksip	육십	yesun	예순
70	chilsip	칠십	ireun	일흔
80	palsip	팔십	jeodeun	여든
90	gusip	구십	aheun	아흔
100	baek	백		
101	baekil	백일		
110	baeksip	백십		
200	ibaek	이백		
300	sambaek	삼백		
1000	cheon	천		
10.000	man	만		
100.000	simman	십만		
1.000.000	baengman	백만		

Vokabeln

Deutsch	Romanisierung	Koreanisch
Guten Tag	annyeong haseyo	안녕 하세요
Auf Wiedersehen (gehende an bleibende Person)	annyeonghi gyeseyo	안녕히 계세요
Auf Wiedersehen (bleibende an gehende Person)	annyeonghi gaseyo	안녕히 가세요
Danke	gamsa hamnida	감사 합니다
Bitte (geben Sie mir ...)	juseyo	... 주세요
Ja	ye	예
Nein	anio	아니오
Entschuldigen Sie bitte (jmd. ansprechen)	sillye hamnida	실려 합니다
Können Sie mir bitte helfen	dowa juseyo	도와 주세요
Es tut mir leid	mian hamnida	미안 합니다
Sprechen Sie Englisch	yeongeo hal chul aseyo	영어 할 줄 아세요
Sprechen Sie Deutsch	togileo hal chul aseyo	독일어 할 줄 아세요
Haben Sie freie Zimmer	bin bang isseoyo	빈방 있어요
Wo (befindet sich)	eodie isseoyo	어디에 있어요
Wieviel (kostet das)	eolmajeyo	얼마여요
Toilette	hwajangsil	화장실
Krankenhaus	byeongwon	병원
Polizeirevier	gyeongchalseo	경찰서
Bahnhof	gichayeok	기차역

Deutsch	Romanisierung	Koreanisch
Internetcafe	pissibang	PC방
Karaokebar	noraebang	노래방
Buchhandlung	seojeom	서점
Kaufhaus	baekhwajeom	백화점
Markt	sijang	시장
Postamt	ucheguk	우체국
Bank	eunhaeng	은행
Museum	bangmulgwan	박물관
Kirche	gyohoi	교회
Hotel	hotel	호텔
Restaurant (Esszimmer)	sikdang (shikdang)	식당
Essen	siksa (shiksa)	식사
Morgen (essen)/Frühstück	achim (bap)	아침 (밥)
Mittag (essen)	jeomsim (bap)	점심 (밥)
Abend (essen)	jeonyeok (bap)	저녁 (밥)
Wasser	mul	물
Saft	jyuseu	쥬스
Tee	cha	차
Kaffee	keopi	커피
Reis	bap	밥

Deutsch	Romanisierung	Koreanisch
Suppe	guk	국
Fisch	saengseon	생선
Fluss	gang	강
Berg	san	산
Baum	namu	나무
Wald	sup	숲
Norden	buk	북
Osten	dong	동
Westen	seo	서
Süden	nam	남
Tempel	jeol	절
Palast	gung	궁
Tür/Tor	mun	문
Montag	woryoil	월요일
Dienstag	hwayoil	화요일
Mittwoch	suyoil	수요일
Donnerstag	mogyoil	목요일
Freitag	geumyoil	금요일
Samstag	toyoil	토요일
Sonntag	iryoil	일요일

Stadtteile

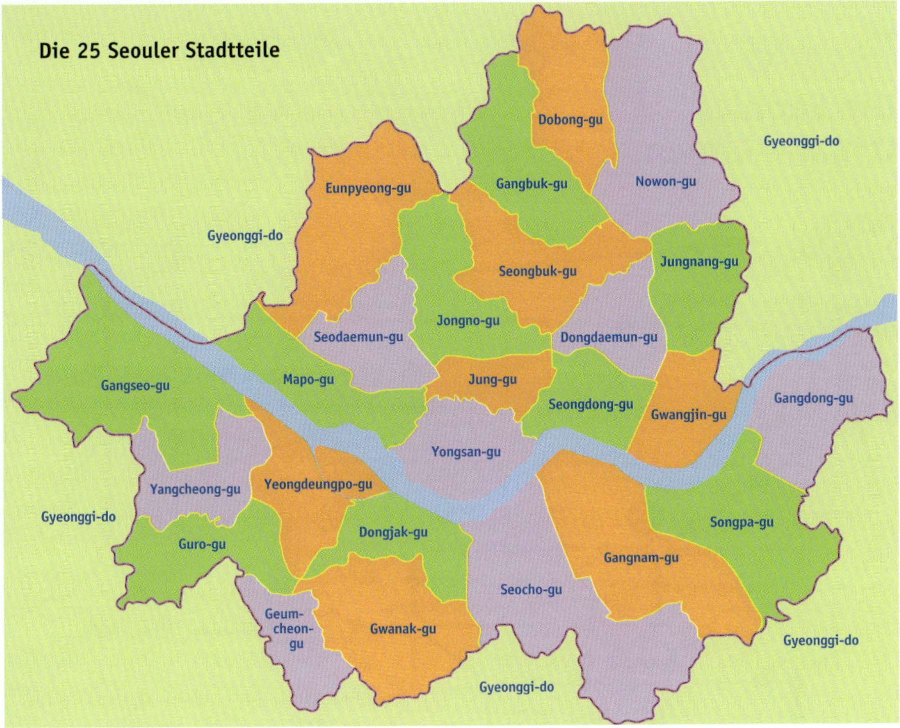

Die 25 Seouler Stadtteile

Dobong-gu
Gyeonggi-do
Eunpyeong-gu
Gangbuk-gu
Nowon-gu
Gyeonggi-do
Seongbuk-gu
Jungnang-gu
Seodaemun-gu
Jongno-gu
Dongdaemun-gu
Gangseo-gu
Mapo-gu
Jung-gu
Seongdong-gu
Gwangjin-gu
Gangdong-gu
Yongsan-gu
Yangcheon-gu
Yeongdeungpo-gu
Songpa-gu
Gyeonggi-do
Guro-gu
Dongjak-gu
Gangnam-gu
Geum-cheon-gu
Gwanak-gu
Seocho-gu
Gyeonggi-do
Gyeonggi-do

Die 25 Stadtbezirke:

Dobong-gu *http://eng.dobong.go.kr/*
Dongdaemun-gu *http://english.ddm.go.kr/*
Dongjak-gu *http://english.dongjak.go.kr/*
Eunpyeong-gu *http://cult.ep.go.kr/en/*
Gangbuk-gu *http://english.gangbuk.go.kr/*
Gangdong-gu *http://english.gangdong.go.kr/*
Gangnam-gu *http://global.gangnam.go.kr/*
Gangseo-gu *http://english.gangseo.seoul.kr/*
Geumcheon-gu *http://english.geumcheon.go.kr/*
Guro-gu *http://www.guro.go.kr/eng/*
Gwanak-gu *http://english.gwanak.go.kr/*
Gwangjin-gu *http://www.gwangjin.go.kr/eng/*
Jongno-gu *http://english.jongno.go.kr/*
Jung-gu *http://tour.junggu.seoul.kr/tour/eng/*
Jungnang-gu *http://eng.jungnang.seoul.kr/*
Mapo-gu *http://english.mapo.seoul.kr/*
Nowon-gu *http://www.nowon.kr/foreign/eng/*
Seocho-gu *http://english.seocho.go.kr/*
Seodaemun-gu *http://eng.sdm.go.kr/*
Seongbuk-gu *http://english.seongbuk.go.kr/*
Seongdong-gu *http://sd.go.kr/eng.do*

Songpa-gu *http://english.songpa.go.kr/*
Yangcheon-gu *http://english.yangcheon.go.kr/*
Yeongdeungpo-gu *http://english.ydp.go.kr/*
Yongsan-gu *http://english.yongsan.go.kr/*

313

Die Seouler U-Bahn Linien

Seouler U-Bahn Linien

314

- ❶ Linie 1 (dunkelblau)
- ❷ Linie 2 (grün)
- ❸ Linie 3 (orange)
- ❹ Linie 4 (hellblau)
- ❺ Linie 5 (lila)
- ❻ Linie 6 (braun)
- ❼ Linie 7 (oliv)
- ❽ Linie 8 (rot)
- ❾ Linie 9 (gold)
- ⬤ Airport Railroad
- ⬤ Bundang Linie (gelb)
- ⬤ Ever Line
- ⬤ Gyeongchun Linie
- ⬤ Gyeongui Linie
- ⬤ Incheon Linie (aquamarin)
- ⬤ Jungang Linie
- ⬤ Shin Bundang Linie
- – – in Bau/in Planung

Die 2009 eröffnete, vollkommen neue U-Bahn Linie 9 (http://www.metro9.co.kr/) wurde auf der gesamten Streckenlänge dreigleisig ausgeführt. Dieses zusätzliche Gleis wird von Expresszügen genutzt die nur an Bahnhöfen mit besonders hohem Fahrgastaufkommen halten. Falls Sie zu weniger frequentierten Stationen wollen sollten Sie die normalen Züge nutzen. Ein ähnliches Expresssystem wird auf Teilstrecken der Linie 1 eingesetzt.

Das Seouler U-Bahn Netz wird ständig erweitert und ausgebaut. Strecken die bis 2015 den Betrieb aufnehmen sollen sind in obigem Plan gestrichelt dargestellt.

Index

318